길을 찾다 - 2

공적 교회로 가는 길

12명의 신학자와 목회자가 전하는 공적 교회의 모습

AUTHER PROFILE

황창진 협성대학교 신학과에서 수학하고 협성대학교 대학원 사회복지학과에서 목회자 생활보장제도의 일환으로 감리교 은급제도를 연구하고 박사학위를 받았다. 산돌감리교회 담임목사이며 공적교회 회복에 관심을 가지고 감리회목회자모임 새물결 전국총무로 일하고 있다. 『옹이진 고통이 마디가 되어』, 『예레미야-미친 시대에 고하다』, 『요한복음 묵상, 예수-시대정신에 맞서다』를 집필했다.

이진경 연세대학교 경제학과와 감리교신학대학교 대학원을 졸업했고, 독일 부퍼탈/베텔(Kirchliche Hochschule Wuppertal/Bethel)신학교 신약학 전공으로 박사(Dr. theol.)를 취득했다. 현재 협성대학교 교수 및 교목으로 재직 중에 있다.

박도웅 미국 드루대학교에서 조직신학을 전공하였다. 동인감리교회 담임목사이며, 배화여대와 강서대학교에서 강의하고 있다. 저서로 『감리교회와 에큐메니칼 운동』, 역서로 『웨슬리 vs 칼빈』, 『에큐메니칼 선교학』이 있다. WCC 제10차 총회(부산) 한국준비위원회 행정사무국장, 제11차 총회(카를스루에) 한국준비위원회 집행위원장으로 활동했다. 2022년, 제11차 총회에서 중앙위원으로 선출되었다.

나형석 감리교신학대학교를 졸업하고 미국 에모리 대학교(Candler School of Theology. Emory Univ.)에서 석사(M.Div)와 예전학(Liturgical Studies)으로 박사(PH.D)를 취득했고 협성대학교에서 예배와 설교 교수로 작년에 은퇴했다.

최태관 감리교신학대학교와 동대학원을 졸업하고, 독일 마인츠 대학교 개신교 신학부 박사학위(Dr. Theol)를 취득했고 감리교신학대학교, 배재대학교, 강남대학교, 남서울대학교, 숭의여자대학교 출강했고, 현재 감리교신학대학교 신학부 조교수(조직신학)로 재직하고 있다.

황병배 감리교신학대학교 신학과를 졸업하고 연세대학교 교육학과와 동대학 연합신학대학원을 졸업했고 미국 Asbury Theological Seminary 선교학 박사(Ph.D)를 취득했다. 현재 협성대학교 신학대학 선교학 교수로 재직 중에 있으며, 한국선교신학회 회장 및 로잔교수회 회장을 역임하고 있다.

이은경   감리교신학대학교와 동 대학원을 졸업하고, 독일 로이틀링엔 감리교신학대학에서 수학한 후 튀빙엔대학교 교육학부에서 박사학위(Dr.rer.soc.)를 받았다. 현재 감리교신학대학교 학술연구교수, 감리교생태목회연구소 책임연구원으로 활동하면서 『생태사물신학』, 『철학, 중독을 이야기하다』, 『포스트휴머니즘과 교육학』 등 다수의 공저와 논문이 있으며, 『영성심리학』을 번역했다.

조은하   연세대학교 신학과(Th.B.)를 졸업하고 본대학원 기독교교육학전공(Th.M, Ph.D)으로 석사와 박사를 취득했고, 현재 목원대학교 기독교교육학 교수로 재직하고 있다. 기독교자살예방센터 교육위원장, 기독교환경교육센터 살림 지도위원 등, 교육을 통해 세상을 변혁하기 위해 힘쓰고 있다. 2022 국회자살예방대상 소방청장상 수상했고, 『통전적 영성과 기독교교육』, 『사회통합과 기독교 교육』 저서와 『참스승』, 『코로나19를 넘어서는 기독교교육』 등 다수의 공저가 있다.

신익상   서울대학교 물리학과를 졸업하고 감리교신학대학교에서 조직신학으로 석사와 동대학원 종교철학으로 박사학위를 받았다. 현재 성공회대학교 신학대학원 교수로 재직 중이며, 한국 환경연구소 소장, 기후위기 기독교 신학포럼 운영위원장로 활동하고 있다. 『변선환 신학연구』(2012) 『이제 누가 용기를 낼 것인가』(2015), 『바울 해석과 한국사회 주변부』(2019), 『낮은 곳에서 열리는 삶, 종교』(2021) 외 다수의 책을 집필하였다.

백소영   이화여자대학교 기독교학(BA)과 동대학원 기독교사회윤리학(MA)을 졸업했고 미국 보스턴대학교 신과대학 기독교사회윤리학에서 비교신학으로 박사학위(Th. D)을 받았고, 현재 강남대학교 기독교학과 교수로 재직하고 있다. 『세상을 욕망하는 경건한 신자들』, 『페미니즘과 기독교의 맥락들』 등 다수의 저서가 있으며, 〈C스토리〉〈CBS 아카데미 숲〉〈CGN 크리스천의 문화 읽기〉 등 매체를 통해 기독교적 세계관과 윤리 의식의 대중화에 힘쓰고 있다.

최대광   감리교신학대학교 졸업하고 미국 Pacific School of Religion. 신학석사(M.Div)와 문학석사(M.A)를 받았고 영국 Lancaster University, Religious Studies 종교학 철학박사(Ph.D)를 받았다. 현재는 공덕감리교회 담임목사이자 감신대 객원교수로 활동하면서 『하나님의 창조 안에 거닐다』 저서와 『종교의 근본주의』, 『그때도 옳고 지금도 옳다』 등 다수의 공저가 있다.

최형묵   연세대 신학과를 졸업하고 한신대 대학원에서 기독교윤리학 전공으로 박사학위를 받았으며, 현재 천안살림교회 담임목사로, 차별과 혐오없는 평등세상을 바라는 그리스도인네트워크 공동대표 및 한국 기독교교회협의회(NCCK)인권센터 이사를 맡고 있다. 저서로 『해방공동체1~5』(공저), 『함께 읽는 구약성서』(공저), 『사회 변혁운동과 기독교 신학』 등 다수의 공저와 국제성서주석 『열왕기상·하』(공역) 등 다수의 역서를 번역했다.

목 차

· 발간사 / 이경덕 (경서교회, 새물결 상임대표) · 6
· 추천사 / 이찬석 (협성대학교, 구성신학) · 8

첫 번째 모습 – 황창진 (산돌교회, 새물결 전국총무)

제언/공적교회로 가는 길
공적교회 회복을 위한 신학적 요인 고찰작업에 들어가면서 · 21

두 번째 모습 – 이진경 (협성대학교, 신약학)

성서 신학적 요인고찰
그리스도인의 제국생활:로마서에 나타난 공적교회 모티프 · 39

세 번째 모습 – 박도웅 (동인교회)

공적교회 회복을 위한 교회론적 요인고찰 · 61

네 번째 모습 – 나형석 (전 협성대학교, 예배학)

공적교회 회복을 위한 예배 신학적 요인고찰
존 웨슬리의 구원론적 관점에서 본 감리교 예배와 주일모임 이해 · 89

다섯 번째 모습 – 최태관 (감리교신학대학교)

한국교회의 공적 회복을 위한 조직신학적 요인 고찰 · 113

여섯 번째 모습 – 황병배 (협성대학교, 선교학)

선교 신학적 요인고찰
한국의 선교적 교회들로부터 얻은 선교적 교회의 7가치를 중심으로 · 155

일곱 번째 모습 – 이은경 (감리교신학대학교 학술연구교수)

기독교교육적 요인고찰
공공성의 위기와 공공성으로서의 기독교교육 · 189

여덟 번째 모습 – 조은하 (목원대학교, 기독교교육)

기독교교육적 요인고찰
공적교회와 기독교교육:고령사회 활기찬 노년기를 위한 기독교교육 · 217

아홉 번째 모습 – 신익상 (성공회대학교, 한국교회환경연구소, 한마음교회)

생태신학적 요인고찰
생태적 위기 대응을 위한 공교회성 회복의 길 · 251

열 번째 모습 – 백소영 (강남대, 기독교 사회윤리학)

여성신학적 요인고찰
한국교회의 "공공적(公共的)" 역할에 대한 여성주의적 제언 · 287

열한 번째 모습 – 최대광 (공덕감리교회, 감신대 객원교수)

영성신학적 요인고찰
교회의 공공성 회복을 위한 창조영성적 제언 · 313

열두 번째 모습 – 최형묵 (천안살림교회, 기독교윤리학)

공공신학적 요인고찰
국가보안법에 대한 인권 신학적 비판/국가보안법을 중심으로 · 355

발간사

『공적 교회로 가는 길』 발간에 즈음하여

이경덕 _ 경서교회, 새물결 상임대표

'감리교회는 공적인 교회로서의 그 면모를 가지고 있는가'는 목회의 여정을 걸어가는 내내 질문하는 주제이었습니다. 신학은 교단에 종속이 되어서 자율적이고 주체적인 목소리를 내지 못하고 있고 교단은 이리저리 형성된 교단 내의 조직에 의하여 사사로이 움직인지가 꽤나 오래되었기 때문입니다. 이러한 상황에서 목회를 시작하는 젊은 목회자들은 신학을 공부하는 과정 내내 자비로 학업을 마치고 교회를 세우는 과정에서도 교단의 도움을 전혀 받지 못하는 지경입니다. 그러나 이러한 개별화된 상황을 눈치채지 못한 채로 일단의 젊은 목회자들은 선배들의 패거리 문화를 답습하며 그렇게 성장해 나가는 것도 안타까운 모습이었습니다.

사회는 급속하게 변화해나가고 있는데 교회가 가지고 있는 성서해석의 틀이라든지 사회문제에 대응하는 능력은 급변하는 사회를 따라가며 우리 사회의 구성원들을 유연하게 해석된 복음으로 설득하는데 한계를 보이고 있는 모습, 그리고 사회의 민감한 문제에 관하여 뒤쳐진 응대를 하는 모습 또한 안타까운 모습이었습니다.

감리회목회자모임 새물결은 이러한 모습을 안타까워하며 뜻을 같이 하는 신학자들과 함께 교회가 공적 교회로 발걸음하는데 미력을 모으는 마음으로 '길을 찾다2'를 기획하였습니다. 이 작업은 파편화되고 그래서 사회적인 신뢰를 잃고 있는 교회가 어떠한 방향성을 가지고 나아가야 하는지에 대한 작은 응답입니다.

새물결은 2021년도에 새물결의 첫 도서인 『길을 찾다』를 출간한 이래로 두 번째 책을 기획하면서 이 작업에 공적 교회를 자임하는 감리교회 안에 있으면서도 어느덧 개교회주의와 물질주의, 성공주의에 매몰된 우리의 목회 현장을 되돌아보며, 어떻게 하면 다시금 공적 교회로서의 감리교회를 회복할 수 있을지 고민하는 발걸음의 일환이라는 의미를 담았습니다. 이를 위하여 성서신학, 교회론, 예배학, 조직신학, 선교신학, 기독교교육, 생태신학, 여성신학, 영성신학, 공공신학 등의 입장에서 진지한 고민과 방안을 생각하고 제시하고자 합니다.

도서의 출간을 위하여 황창진 목사(새물결 전국 총무)와 안성전 목사(새물결 사무국장) 그리고 필진으로 참여하신 신학자 여러분들, 그리고 출판의 과정에 도움을 주신 손길과 새물결 모든 회원들에게 깊은 감사를 드립니다.

추천의 글

예수의 길을
회복하는 길

이찬석 _ 협성대학교, 구성신학

예수는 **'하나님의 나라'**를 선포하였지만, 나중에 온 것은 **'교회'**였다. 알프레드 루아지(Alfred Firmin Loisy)의 주장이다. 오래된 주장이지만, 새롭고 깊게 회상할 필요가 있다. 나사렛 예수가 선포한 하나님 나라는 삼위일체 하나님이 통치하시는 나라이고, 하나님 나라는 전 피조물의 차원에서 보면 우주적이고, 인류의 차원에서 보면 지구적이면서 공공의 나라이다. 하나님 나라는 정의가 춤을 추고, 생명들이 입을 맞추고 평화가 넘실거리는 하나님 중심의 나라이다. 그러나 예수의 부활/승천 이후에 세워진 교회는 '하나님 나라'를 밀어내고 '교회'를 중심에 세워 놓고 성숙보다는 성장을 추구하였고, '공공화'보다는 '사사화' 또는 '교회화'의 길을 걸어왔고, 걸어가고 있다.

교회의 패러다임이 〈예수 → 하나님의 나라 → 교회 중심주의〉가 아니라 【예수 → 하나님의 나라 → 하나님 나라 중심】을 지향하였더라면, 코로나19의 상황에서 교회가 사회의 걱정거리(장애물)가 되지 않고, 사회의 빛과 소금이 되었을 것이다. 공적교회로 가는 길 (교회의 공공화)는 예수가 걸었던 길이기 때문에 새로운 길이라기보다는 교회가 망각했던 길을 회상하고 예수의 길을 재현하고 회복하는 길이다.

본 책은 한국교회가 공적교회로 가는 길을 위한 성서 신학적, 조직신학적, 예배 신학적, 선교 신학적, 기독교 교육적, 생태 신학적, 여성 신학적, 영성 신학적, 공공신학적 고찰을 시도한다. 한국교회의 '사사화' '교회화'를 회개하면서 '공적교회'를 위하여 씨름하는 모든 이들에게 본 책을 적극적으로 추천하고 싶다.

황창진은 '공적교회 회복을 위한 신학적 요인 고찰'이라는 작업에 들어가는 서론적 제안을 기술한다. 그는 교회가 공공화의 길보다는 개별화의 길을 걸어가게 된 뿌리를 자본주의의 지붕 아래에서 발현된 번영신학에서 찾는다. 번영신학은 교회성장주의가 발현하는 기초가 되었고, 대형교회 교회들의 사사화를 가져왔고, 사회적 공감 능력의 부재를 낳았다. 황창진은 엘리야의 갈멜산 대결, 예레미야와 민족주의자들, 베드로의 고백과 부인, 아나니아와 삽비라 사건을 분석한 후에 공적교회를 희망하면서 다음과 같이 제언한다. 오늘의 교회는 자본적 사고에 기반한 교회 성장 논리를 극복해야 한다. 분배로서의 자본적 사고와 교회 성장 논리를 극복하고 도덕성을 확보해야 한다. 성직자들의 인문학적 소양을 높이기 위한 꾸준한 학습이 이루어져야 한다. 오늘의 교회는 예배 중심의 공동체에서 실천적 신앙 중심의 공동체로 전환해야 한다. 마지막으로 교회는 '기존의 질서와의 단절을 통한 교회의 재구조화 작업'에 나서야 한다.

이진경은 공교회의 신약 성서적 근거를 '로마서'에 찾고 있다. 구약적 배경에서 유대교는 단일 민족 중심이었지만, 신약성경의 교회는 다른 민족과 종교와 어우러지는 삶이 기본 환경으로 주어졌으므로 스스로 공적인 존재로 의식할 수밖에 없었다. '그리스도인'이라는 명칭도 교회 밖의 사람들로부터 얻은 이름이다. (행 11:26) 이진경에 따르면, 바울은 공권력의 근원을 하나님에게서 두고 있으며, 그리스도인을 이 세상의 공적인 영역에 존재하는 공적 존재로 규정한다. 그리스도인들은 비그리스도인들 앞에 존재하는 공교회로서 '모든 사람이 선하다고 생각하는 일을 하려 힘써야 하고, 교회는 하나님께 인정받고 사람에게도 인정받는 교회가 되어서' 비그리스도인들에게 인정받는 공교회'가 되어야 한다. 결국, 이진경에 따르면, 바울에게 있어 그리스도인은 본질적으로 공적인 존재였다. 그러므로 그리스도인들이 모인 공동체인 교회는 공적인 역할을 보다 조직적이고 집단적인 차원에서 실현 시켜야 하는 기구이다.

박도웅은 공적교회 회복을 위한 교회론적 요인을 고찰한다. 그는 성서적 교회론, 신학적 교회론(어거스틴, 아퀴나스, 바르트, 몰트만)을 살펴보면서 공적 교회의 성서적, 신학적 토대를 제시한다. 박도웅은 한국교회의 공적 사명과 역할을 제시하기 위하여 존 웨슬리의 교회론을 중심으로 개인 구원과 사회구원, 개인적 성화와 사회적 성화를 제시하고, 공공신학이 담고 있는 공적 교회론에서 한국교회의 새로운 방향과 동력을 찾아본다. 박도웅은 결론적으로 이렇게 제시한다. 한국교회는 복음 전파와 하나님 나라 구현 사이에서 균형을 찾아야 하고, 잃어버린 사회적 신뢰를 회복하기 위해 공적 영역에서 더 많은 예언자적인 목소리와 행동을 보여야 한다. 더 나아가서 교회는 예배공동체로 머무는 것을 넘어서 그리스도의 사랑으로 이웃과 세상을 섬기고 이 땅에 하나님의 공의로운 통치가 이루어지기를 기도하고 실현해가야 한다.

나형석은 존 웨슬리의 구원론에 근거하여 감리교회의 예배 개념과 주일 모임의 성격을 이해하면서 현재 감리교 주일 모임에 주는 유익한 함의를 도출한다. 나형석은 감리교의 예배를 '하나님이 기뻐하실 영적 산 제물로 드리는 것'으로 이해한다. 영적 산 제물은 존 웨슬리의 구원론에서 하나님과 이웃을 사랑할 수 있는 영적 상태를 뜻하고, 성화된 삶 즉 하나님을 향한 사랑에 휩싸인 그리스도인의 삶을 지시한다. 나형석에 따르면, 구원론의 관점에서 주일 모임은 그리스도의 의를 받기 위한 조건인 회개와 믿음으로써 자기를 내어주시는 그리스도의 의를 받기 위해 그리스도인들이 그곳에서 기다려야 할 '은혜의 수단들'의 조합이다. 하나님은 은혜의 수단에서의 실천을 통한 기다림이라는 우리의 동역과 함께 우리를 구원하신다. 나형석의 제안에서 밑줄을 긋고 싶은 부분은 존 웨슬리에 근거하여 주일 모임에서 '십계명 교독'을 권하는 점이다. '십계명 교독'은 회중들에게 구원의 여정을 보여주기 때문에, 신앙의 공공화를 위하여 중요한 제안이라 생각한다.

최태관은 한국교회 공적 회복을 위한 조직신학적 요인을 고찰한다. 그는 통일신학으로서 화해 신학을 한국적 신학의 과제로 제시한다. 그는 우선 바르트, 본회퍼, 몰트만, 판넨베르그의 신학으로부터 공교회성과 화해를 위한 신학적 동기들을 살펴본다. 그 다음에 유동식의 『한국감리교회의 역사』에서 사회선교의 길과 공교회성을 추구하는 한국 감리교회의 공적 역할을 살펴본다. 마지막으로 박순경의 통일신학에서 화해 신학의 가능성을 모색한다. 결국 최태관의 글은 통일신학으로서 화해 신학을 한국적 신학의 과제로 제시하면서 한국교회의 공교회성을 위한 조직신학적 요인을 고찰한다. 그는 다음과 같은 제안을 한다. "한국교회들이 교파 간의 차이를 넘어설 수 있는 에큐메니컬 신학의 확산과 더불어 한국 사회에서 사회적 약자에 대한 사회적 책임을 다하는 일이 중요한 공적 책임이 될 것이다... 앞으로 한국감리교회가 외면당하고 있는 북한의 인권 문제나 혹은 여전히 공산 치하에 고난을 겪고 있는 사람들을 위하여 적극적으로 화해의 길을 모색해야만 할 것이다."

황병배는 공적교회 회복을 위한 선교 신학적 요인을 고찰한다. 그는 한국에서 선교적 교회에 대한 담론이 빠르게 확산하는 이유를 서술하고, 한국교회에서 선교적 교회로 분류되는 교회들 가운데 세 개 교회에 대한 사례연구를 한 후, 그들이 공통적으로 추구하는 가치들로부터 선교적 교회를 구성하는 주요 요소들이 무엇인지를 밝힌다. 그는 한국에서 선교적 교회론이 확산되는 원인으로 교회의 심각한 정체와 쇠퇴, 교회의 세속화, 교회의 양극화, 한국교회의 게토화를 제시한다. 그는 화성의 더불어숲동산교회, 아산의 송악교회, 부천의 새롬교회를 선교적 교회론의 관점에서 살펴본 후에 다음과 같은 7가지 가치들을 제시한다. 1) '부름받은 공동'체에서 '보냄을 받은 공동체'로서의 이해이다. 2) 선교의 주체를 교회가 아니라 삼위일체 하나님으로 고백한다. 3) 해외만이 아니라 지역사회(마을)가 교회의 선교지이다. 4) 하나님의 나라는 통전적으로 현세와 내세, 현재와 미래, 개인과 공동체에 임하는 하나님의 통치를 포함하는 통전적이다. 5) 에큐메니칼 선교와 복음주의적 선교를 아우르는 통전적 선교사역을 수행한다. 6) 성직자와 평신도의 구분을 본질이 아니라 기능에 따라 구분하면서 팀 리더십의 구조를 가진다. 7) 하나님의 백성들(평신도들)은 교회성장을 위한 도구가 아니라 지역사회를 하나님 나라로 변혁하는 일에 주도적으로 참여하는 선교사들이다.

이은경은 공공의 위기와 공공성으로서의 기독교교육에 대하여 고찰한다. 공공의 위기를 가져온 원인을 살펴보고, 대안으로서 공공성을 위한 기독교교육의 필요성을 논하고, 사랑과 의존성에서 공공성으로서의 기독교교육의 가능성을 탐색한다. 이은경은 공공의 위기를 부채질하는 주범으로, 무한경쟁, 능력주의 신화, 전 지구적 차원의 공공의 위기에서 찾고, 공공성으로서 기독교교육의 가능성을 타자의 고통에 함께하는 열정으로서의 사랑과 의존성에서 모색한다. 이은경에 따르면, 많은 교회가 타자의 고통에 무관심과 방관의 태도를 보이고 사랑도 조건부적이다. 그러므로 기독교교육의 시작으로 첫 번째로 '타자의 고통에 함께하는 열정으로서의 사랑'이 필요하다. 이 사랑은 아가페와 에로스의 이분법을 넘어선 사랑으로 '고난에 함께 할 수 있는 능력'이다. 두 번째로, 공공성의 조건으로 인간다움의 일부인 '의존성'을 제안한다. 근대적 인간이해가 '자율성'에 가치를 두는 것은 실수이며, 의존성을 인간다움의 일부로 보면서 공생의 윤리학을 부활시켜야 한다.

조은하는 고령사회 활기찬 노년기를 위한 기독교교육을 모색한다. 조은하는 한국 고령사회의 특징, 노년에 관한 연구의 방향, 노년에 대한 교육생태학적 성찰 이후에 활기찬 노년기를 위하여 교육생태학적 관점에서 기독교교육을 제안한다. 첫 번째로, 노년에 대한 교육은 전 생애 발달의 관점과 차원에서 접근하는 것과 더불어 발달의 생물생태학적 모델에서 접근해야 한다. 둘째로, 몸에 대한 새로운 시각과 비판적 성찰로서 교육이 이루어져야 한다. 세 번째로 교회의 간 세대 간의 만남을 늘리고 교수 방법에서 토론과 참여를 증진하는 방법을 사용하여 생각의 유연성을 담보하는 창조적 시도로서의 교육이 이루어져야 한다. 네 번째로 소명의 재발견으로서 은퇴와 일에 대한 교육이 이루어져야 한다. 다섯 번째로, 삶의 의미와 가치를 추구하는 동반자로서의 관계 교육이 이루어져야 한다. 마지막으로 영적 안녕을 추구하는 신앙생활을 위한 교육이 이루어져야 한다. 결론적으로 조은하는 노년에 대한 통전적이고 전인적인 이해와 노인에 대한 간학문적이고 간세대적인 이해, 교육의 내용에 있어서 신학적, 성서적 내용을 포함하여 몸에 대한 이해, 노년기의 신체적 특징을 고려한 교육환경의 확보를 제안한다.

신익상은 생태적 위기 대응을 위한 공교회성 회복의 길을 모색한다. 신익상에 따르면, 기후 위기를 비롯한 생태적 위기는 교회가 공공성을 회복하는 데 하나의 수단이 아니라 모든 목표와 문제에 우선하는 급박한 상황 자체이다. 그러므로 공적교회라는 이상과 목표는 기후 위기 대응이라는 목표를 기준으로 새롭게 조정되어야 한다. 그는 '보다 나은 사회'와 '지구 생태계'를 만들기 위한 목표를 '사회-생태 변화'라 명명한다. 신익상은 사회-생태 변화의 의미와 얼개를 거시수준, 미시수준, 중간수준으로 그려보고, 변화의 힘을 위하여 중간수준에서 메시아적인 삶 적용하기를 제안한다. 더 나아가서 변화의 폭: 영성의 총체성을 위하여 기독교 영성, 영성의 총체성과 사회-생태 변화를 고찰한다. 신익상은 결론적으로 생태적인 공적교회는 사회-생태 변화를 위한 중간수준의 문제에 관심을 기울여야 하고, 거시수준의 목표인 사회-생태 변화가 교회와 사회에서 인식되고 수용될 수 있도록 생태 영성을 구체적으로 적용하여 확산시켜야 한다고 주장한다.

백소영은 한국교회의 '공공적' 역할에 대한 여성주의적 제언을 내놓는다. 백소영은 우선, 한국 사회를 각자도생의 사회로, 한국 개신교를 공적 존재감을 잃은 것으로 규정한다. 교회가 회복해야 할 공공성을 위하여 백소영은 다음과 같은 세 가지 점을 지적한다. 1) 우리끼리 우리만의 답을 가지고 공적 영역으로 참여하려는 내부자적 언어와 일방향의 시도는 '공공성'을 담보하지 않으며, 2) 우리의 교회가 전달받은 신앙적 유산 중에서 '공(공)적' 내용이 심각하게 박탈되거나 탈락되었다는 것, 그리고 무엇보다 3) 신앙인 개인이 신앙적 유산을 주체적으로 성찰할 능력을 박탈당한 것이 문제라며, 우리는 어떻게 이를 극복하고 신앙적 정체성을 가지면서도 시의 적합성을 가지는 개신교 사회 담론과 실천을 모색할 수 있을까? 교회의 공공성 회복을 통해 사회에 필요한 존재가 될 수 있을까? 백소영은 여성주의적 관점에서 공공신학으로 충분한가? 라는 물음을 던지면서 두 가지를 지적한다. 여성주의적 관점에서 볼 때, 공공신학자들의 '공적 참여' 제안은 그 이전에 검토해야 하는 중요한 과정을 생략하고 진행되어왔다. 교회와 사회가 현재 가지고 있는 주장과 이론 안에서 배제된 사람들의 의미 추구가 없는지를 점검하지 못하고 시작하는 협상이고 소통이다. 또 하나의 한계성은 종교가 가진 '너머' 혹은 '초월'의 차원이 배제될 위험으로 '초월적 역사의식'이다. 백소영은 마지막으로 알랭 바디우의 바울 해석에 근거하여 다음과 같이 제안한다. "모든 신자는 크건 작건, 개인으로 하건 단체로 하건, 이미 신앙의 공적 참여를 그 삶 안에서 실천하고 있다."

최대광은 교회의 공공성 회복을 위한 창조 영성적 제언을 한다. 그는 교회의 공공성이 훼손된 이유를 밝히고, 그 대안적 도구로 창조 영성을 제안한다. 최대광에 따르면, 공적교회로 기독교가 어려워진 이유는 신화와 영적인 체험적 방식이 뒤섞여 있기 때문이다. 신화적 세계관과 뒤섞인 신학이 케리그마적 계시신학으로 변모하고 이 극단주의가 근본주의로 변형되고, 한국의 경우 반공주의와 결합되어 건강한 신학적 공공성이 성립되지 못한다고 지적한다. 이에 대안으로 아래로부터의 신학과 창조 영성을 제안한다. 계시 중심의 폭력적 신학이 주류가 된 한국교회에 아래로부터의 신학이 더 활발하게 논의되고, 창조 영성을 통하여 실천할 것을 제안한다. 최대광은 결론적으로 다음과 같은 제안을 한다. "창조영성에 대한 관심과 연구/ 실천모임, 이 영성을 활용한 활동이 더 활발히 이루어져야 할 것이고, 아래로부터의 신학이라 한 것 만큼, 신학읽기는 물론 다양한 학문과 삶의 분야와의 열린 대화와 독서 모임, 실천 모임 등을 통해 목회자들은 설교가 탄생해야 하고, 교회의 목회 방향이 설정되고 모임을 통해 이것이 공유되면서 하나의 운동이 되어야 할 것이다."

최형묵은 국가보안법에 대한 인권 신학적 비판을 시도한다. 그에 따르면, 질긴 생명력을 지니고 존속하는 국가보안법에 관한 신학적 논고는 찾아보기 어렵다. 그러므로 법조계와 법학계에서 이루어진 법리상 검토의 결과를 참고하면서 신학적으로 고찰한다. 최형묵에 따르면, 보편적 인권에 대한 성서적, 신학적 근거는 확고하며 성서는 하나님의 주권에 의한 제한된 왕권개념을 제시하고, 예언자들에 의해 하나님의 주권은 백성들 사이에서 정의실현 요구로 구체화되었다. 하나님의 주권에 관한 구약의 입장은 예수의 하나님 나라 선포로 재확인되고 강화되었기 때문에 그리스도교 입장에서 국가보안이라는 개념 자체가 용인되지 않는다. 국가보안법은 헌법에 위배되는 위헌성의 성격을 지니고, 형사법과 중복되는 중복성을 지니며, 남북교류관계법 등 다른 법률과 충돌되는 상충성의 문제를 갖고 있다. 최형묵은 자연적인 삶을 살아가는 인간은 어떤 경우든 목적으로 존재한다는 본회퍼의 통찰을 언급하면서 인간 존엄의 가치를 내세우는 것은 하나님에 대한 반역을 뜻하는 것이 아니라 인간 안에 새겨진 하나님의 형상을 복원하는 것을 뜻한다며 이런 입장에서 인간 존엄을 침해하는 법률의 부당성을 단호하게 말해야 한다고 말한다. 최형묵은 다음과 같은 결론을 제시한다. 신학적 입장에서 반공이데올로기를 강화하는 데 주도적 역할을 맡은 한 축으로서 보수교회의 성격을 다루어야 하고, 성서적 지평에서 볼 때 국가보안법이라는 개념 자체가 성립할 수 없으며, 어떤 경우든 일방적으로 국가의 절대성을 용인하는 신학적 입장은 성립하지 않는다.

    성화의 지평을 개인적 차원을 넘어서 사회적 성화와 우주적 성화로 확장한 존 웨슬리는 "애통하는 자는 복이 있나니"를 설명하면서 '복된 애통'을 언급한다. 그가 주장하는 복된 애통은 개인적 애통을 넘어서 공공적 차원에서의 애통이라 할 수 있다. 존 웨슬리는 힘주어 강조한다. "… 또 다른 종류의 애통함이 있습니다. 하나님의 자녀들이 갖게 되는 복된 애통함입니다. *인류의 죄와 불행에 대한 애통함입니다.* 그들은 우는 자들과 함께 웁니다."[1] 교회가 공공성의 지평을 회복하고 확장하기 위하여, 교회의 패러다임이 〈예수 → 하나님의 나라 → 교회 중심주의〉가 아니라 【예수 → 하나님의 나라 → 하나님 나라 중심】으로 전환하기 위하여 존 웨슬리가 일깨워주는 복된 애통함 위에 서서 정의·생명·평화가 춤을 추고 입을 맞추는 하나님 나라를 열어나가야 한다. 본 책이 한국교회가 '교회 중심주의'를 넘어서 '하나님 나라 중심주의'로 패러다임이 전환하는데 넉넉한 도전과 소중한 자료가 되기를 소망하여 본다.

---

[1] 아드폰테스웨슬리 엮음, 『그 길: 웨슬리 표준설교 읽기』(대한기독교서회, 2019), 189. 강조는 필자의 것임.

공적 교회 첫 번째 모습 _ 제언

공적 교회 회복을 위한 신학적 요인 고찰작업에 들어가면서

황창진 _ 산돌교회, 새물결 전국총무

성서 묵상하기

"시몬 베드로가 대답하였다. '선생님은 살아계신 하나님의 아들 그리스도십니다.' 예수께서 그에게 말씀하셨다. '시몬 바요나야, 너는 복이 있다. 너에게 이것을 알려주신 분은 사람이 아니라 하늘에 계신 너의 아버지시다. 나도 너에게 말한다. 너는 베드로다. 나는 이 반석위에다가 내 교회를 세우겠다. 죽음의 문이 그것을 이기지 못할 것이다. 내가 너에게 하늘 나라의 열쇠를 주겠다. 네가 무엇이든지 땅에서 매면 하늘에서도 매일 것이요, 땅에서 풀면 하늘에서도 풀릴 것이다.'" _ 마태복음 16:16-19

"그들은 가져온 소 한 마리를 골라서 준비하여 놓은 뒤에 아침부터 한낮이 될 때까지 '바알은 응답해 주십시오' 하면서 부르짖었다. 그러나 응답은 커녕 아무런 소리도 없었다. 바알의 예언자들은 제단 주위를 돌면서 춤을 추었다. . . 그들은 더 큰소리로 부르짖으면서 그들의 예배 관습에 따라 칼과 창으로 피가 흐르도록 자기 몸을 찔렀다. 한낮이 지나서 저녁 제사를 드릴 시간이 될 때까지 그들은 미친 듯이 날뛰었다. 그러나 아무런 소리도 없고 아무런 대답도 없고 아무런 기척도 없었다." _ 열왕기상 18:26, 28-29

생각하기 1.
오늘의 교회의 모습

오늘의 대부분의 교회를 지배하고 있는 가치는 자본주의의 지붕아래에서 발현된 번영신학이라고 할 수 있다. 번영신학(Prosperity theology, gospel of success, prosperity gospel, the health and wealth gospel)이란 건강과 부의 복음이라고 불리기도 하는데 재정적 공급이나 물질적 풍요로움이 하나님의 축복으로 주어지는 것이라고 믿으며 하나님을 잘 받아들이고 신뢰하는 믿음이 사람들의 물질적 부요함을 보장해 준다고 믿는 신학이다. 즉 번영신학은 사람들이 하나님을 잘 섬기고 신뢰한다면 하나님은 사람들에게 안정과 번영을 준다고 믿는 믿음이다. 번영신학의 이론은 개인적인 능력을 강조하고, 하나님의 백성들에 대한 하나님의 뜻은 사람들이 행복해지는 것이라고 주장한다. 또한 하나님과 화해가 이루어지는 것으로 보는 죄사함은 죄와 가난을 완화시킨다고 해석한다. 이러한 구도의 번영신학은 교회 지도자의 권위적인 지도력과 개교회 중심주의를 가능하게 한다는 면에서 비판의 대상이 된다.[1] 즉 번영신학을 받아들인 교회는 교회 지도자의 강력한 1인 지도력을 허용하면서 교회 개별화의 길을 걸을 수 있는 지평을 거침없이 확보하게 된 것이다.

이 번영신학에 기초하여 교회에서 발현한 것이 교회성장주의였고 이 교회성장주의는 규모의 논리를 교회에 끌고 들어와서 교회가 섬김과 낮아짐의 가치에서 규모의 경쟁(교인 숫자와 재정의 경쟁)으로 나가는 데 일조하였다.

7~90년대를 관통하였던 교회는 개발도상국가 시절을 경험하며 가난하게 살아가는 사람들에게 기복신앙을 통하여 마음의 평안과 위로를 제공했다. 또한 경제적인 안정을 담보로 하나님에 대한 절대적인 믿음과 헌신을 요구함으로 사람들에게 희망을 전해주며 이러한 순환적 구조 속에서 교회는 급성장의 동력을 마련할 수 있게 되었다. 물론 일부 사회참여에 적극적인 진보적 교회들은 민주화를 위하여, 그리고 도시 빈민 등 가난한 이웃들을 위한 사역에 투신하

---

1) 임성빈. "21세기 한국교회의 과제에 대한 소고" 『장신논단』. Vol47. p195이하 참조.

면서 사회적인 요구에 응답하는 모습을 보이기도 하였다.

　그러나 이러한 진보적인 교회들조차도 자본적 규모의 논리를 이겨내지 못하고 교회 성장주의에 빨려 들어가는 경향을 보인 것도 사실이다.(교회 성장주의는 교회 물량주의로 불리기도 한다.) 이렇게 지난 시간의 교회는 교회 성장이라는 주류 담론에 사로잡혀서 교회의 규모를 늘려나가는데 집중을 했고 이러한 교회의 여정은 세계적인 규모를 자랑하는 대형교회들을 양산하는 효과를 나타냈다.

　그러나 교회 성장이라는 이론을 바탕으로 하여 출현한 대형교회들은 심각한 부작용을 나타냈다. 그중의 하나가 교회의 사사화(私事化·privatization)이다. 교회의 사사화는 성직자 중심주의와 함께 발현하면서 세습을 가능하게 하는 매개가 되어 교회의 저변에 –특히 대형교회의 저변에- 노골적으로 흐르는 기조가 되었다. 이러한 성직자 중심주의는 성직자 중심의 교회 운영을 가능하게 하였고 이에 기반한 세습은 교회가 사회의 신뢰를 상실하게 하는 커다란 요인으로 작용하였음을 부인할 수 없게 되었다.

　교회성장주의가 가지고 온 또 하나의 부작용은 성직자의 인문학적 수준의 하향평준화였다. 성직자들은 삶의 문제에 관한 균형잡힌 통찰력을 가지고 성서를 읽어내고 목회 현장의 구성원들에게 삶의 지침을 제공해야 한다. 그러기 위하여 성서해석을 위한 신학, 인문학, 사회과학 등의 지식을 끊임없이 습득하며 자기 성장의 과정을 성실하게 소화하며 성서해석에 관한 다양한 해석들을 확보해야 했다. 그러나 교회 성장에 관한 기술만을 집중적으로 연마하고 인문학적 소양을 함양하는데 게으른 성직자의 낮은 신학적인 수준은 목회 현장에서의 성서해석 작업을 배타적이며 일방적인 방향으로 나아가게 했고 이러한 지점의 연장선상에서 설교하는 설교자들은 코미디언을 능가하는 재미를 회중들에게 제공할 수 있게 되었다. 이러한 과정은 교회의 양적 크기를 키우는데 긍정적으로 작용하였고 물량적 힘을 얻게 된 성직자들은 물질적 풍요와 권력의 유혹에 빠지게 되면서 이러한 상황은 성직자들의 도덕적, 성적 타락을 가지고 왔다.

이러한 번영신학에 기반한 교회 성장주의와 교회의 사사화, 그리고 성직자들의 인문학적 소양의 하향평준화는 교회의 '자기중심성'을 키우는 힘으로 작용을 하였고 이는 교회가 코로나19라는 사회적인 재난의 상황을 맞이하여서 객관적이고 합리적인 대응을 하는데도 무력하게 하였다. 즉 교회는 사회문제에 관한 공감능력의 부재라는 상황을 여실히 드러내고 말았는데 코로나19라는 사회적인 이슈에 대하여 자기중심적인 신념에 근거한 배타적 대응을 한 것이 그 단적인 예이다. 이는 국가의 코로나19 상황에 대한 대응 방식에 관하여 한국교회연합은 "종교시설을 영업장이나 사업장 취급을 하지 않았으면 좋겠다" 라며 반발하는 것으로 드러났다. 이러한 반응에 관하여 기독교사회문제연구원의 통계에는 그 상황을 잘 설명하는 내용이 들어있음을 볼 수 있다. 이 통계의 질문 중에는 '코로나19 상황에서 개신교 교회에 대한 언론과 여론의 비판에 대하여 어떻게 생각하십니까' 하는 질문이 있는데 이에 관하여 '부당하다'가 51.6%, '부당하지 않다'가 36.3%로 나타났다. 특히 부당하다고 응답한 이들의 경향은 교회의 중직자일수록, 예배참석 빈도가 높을수록, 신앙의 정도가 깊을수록 높게 나타났고 교인수 500-999명의 중형교회에서 상대적으로 높게 나타났다고 명시하고 있다.[2]

---

2) 김광수. "교회가 사회를 공감하지 못하면 미래가 없다." 기독교사상 2020, 10월호.

이 설문의 결과는 교회의 핵심부에 있는 이들, 의사결정 구조에 가까이 있는 이들의 의식 수준을 나타내는 것으로서 코로나19라는 사회 이슈뿐만이 아니라 또 다른 사회문제에 관한 교회의 공감 능력의 부재라는 대목을 설명할 수 있는 단서가 되는 것으로 보인다. 이러한 사회문제에 대한 공감능력과 대안제시 능력의 부재는 교회의 존재의 이유에 대하여 심각하게 고민하게 하는 요인으로 작용한다고 볼 수 있으며 하나님의 나라를 지향하는 신앙공동체로서의 의무와 책임에서 비켜서 있는 집단이라는 평가를 가능하게 하는 대목이라고 할 수 있다.

이러한 내용들은 성서에서도 찾아볼 수 있다. 순수 야웨종교에 침투해 들어오는 이방종교와 이에 저항하는 예언자들의 이야기가 그것이다.

생각하기 2.
성서에 나타난 야웨 종교(이스라엘 신앙공동체)와 이방 종교의 갈등 이야기

이스라엘은 아브라함 이래 부족공동체로 발전하여 왕조시대를 거쳐 신약의 초대교회에 이르는 동안 야웨 신앙을 기반으로 하는 신앙공동체로서의 정체성을 꾸준히 유지해 왔다. 이 신앙공동체라는 이스라엘의 정체성은 야웨 하나님 신앙을 순수하게 유지할 때 좋은 상태를 유지했다. 그러나 이스라엘의 역사 속에서는 순수 야웨 신앙과 이방 신앙의 갈등이 꾸준히 이어졌으며 성서는 이러한 갈등 상황을 적나라하게 묘사하면서 본래적인 하나님 신앙이 무엇인지에 관한 자료를 제공하고 있다.

1) 엘리야의 갈멜산 대결

아합은 북이스라엘의 왕으로 등극하고 나서 이세벨과 결혼을 하는데 이 결혼에서의 문제는 이세벨이 바알과 아세라, 즉 이방종교 전통을 북이스라엘에 가지고 들어왔다는 것이다. 이 상황은 기존의 야웨 신앙의 선명성을 떨어뜨리고 통치자의 지배이념에 의하여 이스라엘 신앙공동체의 하나님 신앙에 대한 순도를 떨어뜨리는 요인이 되었다. 이러한 상황은 열왕기상 16장 33절에 잘 나타나고 있다.

> "또 그는 사마리아에 세운 바알의 신전에다가 바알을 섬기는 제단을 세우고 아세라 목상도 만들어 세웠다. 그래서 그는 이전의 이스라엘의 왕들보다 더 심하게 주 이스라엘의 하나님을 진노하시게 하였다."

이에 엘리야는 꾸준히 이의를 제기하였으나 이러한 이의제기는 받아들여지지 않고 결국 갈멜산에서 이방 종교와의 대결을 하기에 이르게 된다. 엘리야의 야웨 하나님과 대결에 나선 바알과 아세라는 풍요의 신으로 그들이 갈멜산에서 보인 이방 종교의 제의 양식은 야웨 종교와는 사뭇 다른 모습을 보인다.

> "그들은 더 큰 소리로 부르짖으면서 그들의 예배 관습에 따라 칼과 창으로 피가 흐르도록 자기 몸을 찔렀다." _ 왕상 18:28

그러나 이에 대한 엘리야의 제사는 이방 종교로 인하여 무너진 본래적인 신앙을 회복하는 것으로 이해하기에 충분한 예배양식으로 보여진다.

> "그는 무너진 주님의 제단을 고쳐 쌓았다. 그리고 엘리야는 일찍이 주님께서 이스라엘이라고 이름을 고쳐주신 야곱의 아들들의 지파 수대로 열두 개의 돌을 모았다." _ 왕상 18:30-31

엘리야의 예배를 준비한 모습을 기록한 위의 성서 구절은 본래적인 신앙을 잃어버린 이스라엘에게 회복과 돌이킴에 관한 메시지를 주고 있는 장면으로 이해하기에 충분해 보이며 특히 열두지파의 수대로 돌을 모았다는 내용은 역사속에서 이스라엘과 함께 하시는 하나님에 관한 이야기를 기억해 내도록 하는 상징으로 읽힐 수 있는 부분이다.

이어지는 엘리야의 "이 백성으로 주님이 주 하나님이시며 그들의 마음을 돌이키게 하시는 주님이심을 알게 하여 주십시오."(왕상18:37)라는 기도는 백성들에게 호소하고 있는 내용으로 오늘날 맘몬이라는 왜곡된 물질주의의 늪에 빠져있는 교회에 시사하는 내용이 많은 부분으로 다가온다고 할 수 있다.

엘리야의 야웨종교와 번영의 신으로서의 바알종교와의 대결에는 오늘의 상황과 유사한 면이 담겨 있음을 살펴볼 수 있다. 번영신학에 매몰되어 있는 오늘의 교회는 번영신학에 기반한 교회성장이 진리라고 하는 경도된 믿음에 굳게 기반하고 있으면서 그 신념을 지키기 위하여 칼과 창으로 자기 몸을 찌르는 행위까지도 주저하지 않는 모습을 보이고 있다. 즉 무리한 성서해석과 교회 성장을 위한 평신도의 자해적 헌신을 요구하는 교회의 모습과 사회적인 신뢰를 잃어가면서까지 교회의 사사화에 성찰없이 집중하는 모습이 그것이기 때문이다.

그러나 엘리야는 이러한 바알 종교에 반하는 모습을 보이고 있다. 자신의 기도를 통하여 야웨 종교의 역사성을 부각시키며 역사 속에서 함께 하신 하나님에게로 돌아가라는 메시지를 전하고 있는 것이다. 아브라함의 삶의 여정으로서의 역사속에서 이스라엘과 함께 한 하나님은 모리아산에서의 아브라함과 이삭의 제사 이야기를 통해서 사람을 제물로 바치는 것으로서의 자해적 헌신을 허락하지 않으셨다. 엘리야의 갈멜산 제의에서 나타난 것처럼 무너진 제단을 바르게 쌓고 그 제단 위에 임하는 하나님이 이스라엘이 섬겨야 할 하나님임을 아는 일에 관심하기를 바라고 계시는 것이다.

2) 예레미야와 민족주의자들

예레미야는 남유다에서 활동한 예언자로 그가 활동할 당시의 유다는 극심한 타락상을 보이고 있었다. 그 극심한 타락상은 아래의 성서구절에서 잘 드러나고 있다.

> "너희는 모두 도둑질을 하고 사람을 죽이고 음행을 하고 거짓으로 맹세를 하고 바알에게 분향을 하고 너희가 알지 못하는 다른 신들을 섬긴다." _예레미야서 7:9

> "또 그들은 자기들의 아들과 딸들을 불태워 제물로 바치려고 힌놈의 아들골짜기에 도벳이라는 산당을 쌓아놓았는데 그런 것은 내가 명하지도 않았고 상상조차도 하여 본 적이 없다."_ 예레미야서 7:31

예레미야는 죄악이 만연한 삶을 살아가면서도 '다윗언약'과 '성전신앙'에 기대에 여전히 안일한 삶을 이어나가는 남 유다의 왜곡되어 굳어버린 신앙체계를 부정하였다. 이러한 기존의 질서를 부정하는 예레미야의 예언활동은 기존의 질서에 편승하고 있는 이스라엘의 종교지도자들과 상층부에게는 불편할 수밖에 없다.

그러나 예레미야는 이에 굴하지 않고 냉정하게 남 유다의 상황을 진단하며 자신의 객관적인 상황인식을 전하고 있다.

> "이 도성 안에 머물고 있는 사람들은 전쟁이나 기근이나 염병으로 죽을 것이다. 그러나 바빌로니아 군인들에게 나아가서 항복하는 사람은 죽지 않을 것이다. … 이 도성은 반드시 바빌로니아 왕의 군대에 넘어간다. 그들이 이 도성을 점령한다."_ 예레미야서 38:2-3

이러한 이야기는 기존의 '다윗언약'과 '성전질서'에 기반해서 살아가고 있는 기득권층에게는 받아들여지기 힘든 이야기이었고 역시 이들은 예레미야의 말을 신중하게 받아들이기보다는 오히려 예레미야를 공격하고 있다.

> "이 사람은 마땅히 사형에 처해야 합니다. … 이 사람은 참으로 이 백성의 평안을 구하지 않고 오히려 재앙을 재촉하고 있습니다."_ 예레미야서 38:4

그러나 예레미야를 사형에 처하고 백성들의 평안을 구해야 한다는 남 유다의 지도부가 하는 말은 오늘의 교회가 번영신학에 기대어 평신도들을 도구화하고 수단화하기 위하여 비판적 성찰을 근원적으로 차단하고 교회 지도부가 제안하는 교회성장을 통해서 하나님이 복을 주실 것이라는 제안을 무비판적으로 따르게 하는 모습과 유사해 보인다. 즉 교회 지도부가 가지고 있는 생각에 비판을 가하는 이들을 수용하지 못하는 모습과 비교할 수 있다는 면에서 사시하는 바가 적지 않다.

이러한 상황에 대하여 예레미야는 바벨론 포로기를 언급하면서 현재 왜곡된 교회 질서와의 단절과 현 교회의 관성의 영향을 받지 않는 새로운 세대가 나타나서 다시금 신앙공동체를 일으키는 순수한 하나님 신앙에서 희망을 보아야 한다고 말하고 있다.

3) 베드로의 고백과 빌라도 법정에서의 부인

베드로는 빌립보의 가이사랴에서 물으신 '너희는 나를 누구라 하느냐' 라는 질문에 '선생님은 살아계신 하나님의 아들'이라고 대답을 한다. 베드로는 예수의 질문에 본질적이고 바람직한 대답을 함으로써 교회의 기초가 되게 하겠다는 예수의 신뢰 어린 이야기를 듣는다. 그러나 베드로의 주님의 사역에 대한 무지는 바로 이어지는 대화에서 나타난다. 주님이 예루살렘에 들어가야 한다는 이야기에 베드로는 '절대로 안된다'는 반대의견을 개진하였고 이에 대하여 주님은 베드로는 사탄이라고 칭하면서 이렇게 말씀하신다.

"너는 하나님의 일은 생각하지 않고 사람의 일만 생각하는구나"_ 마태 16: 23

베드로는 이러한 정황을 다시 만들어 내는데 그것은 바로 예수님이 잡혀간 대제사장의 집 안마당에서였다. 여기에서 그는 한 하녀가 다가와서 묻는 말에 대하여 자신은 예수를 알지 못한다고 강하게 세 번이나 부인을 한다. 이미 예수께서 베드로가 자신을 부인할 것이라는 이야기를 해주었음에도 불구하고 베드로는 두려움과 이로 인한 자신의 안위 등을 걱정하면서 스승을 모른다고 부인하고 있다.

베드로의 이러한 모습은 때로 진리에 대한 고백이 자신의 삶의 자리에 자의적으로 이루어지는 고백이고, 스승인 예수와 진리에 대한 무지에서 나오는 즉흥적인 고백이며 자신의 욕망을 이루기 위한 이기적인 고백일 수 있는 가능성을 보여주는 대목으로 이해할 수 있다.

오늘의 교회와 성직자들은 과연 대제사장의 뜰이라는 위협에 처한 상황에서 '지식이 있는 믿음'에 근거한 신념어린 고백을 할 수 있는지를 살펴야 한다. 건강한 신념에 기초하지 않고, 예수에 관한 확고한 이해와 진리에의 투신에 관한 자기 결단과 확신이 없는 상황에서는 베드로와 같은 이중적 고백을 할 수 밖에 없다.

번영신학과 교회성장에 기반한 교회라는 틀 위에서 교회의 구성원으로 살아가는 현재의 목회자들과 평신도들은 과연 성서에 관한 개론적인 이해정도라도 가지고, 즉 성서가 기록된 시대상황과 각 성서의 저자의 기록의도, 독자들이 처한 상황 등의 이해를 가지고 성서를 읽어나가고 있는지가 궁금하다. 예를 들어 복음서를 기준으로 예수의 삶의 자리, 제자들의 삶의 자리, 초대교회의 삶의 자리, 그리고 오늘의 삶의 자리 등 각각의 삶의 자리의 관점을 가지고 성서를 바라보면서 이해하고 평신도들과 성서의 이야기를 나누고 있는가 하는 질문인 것이다. 어쩌면 복음의 진의를 알고 있으나 자신에게 부여되는 십자가를 회피하는 식의 성서해석을 하고 있는지도 모른다.

그러므로 성서에 관한 오늘의 교회의 해석학적 틀은 지식이 있는 믿음에 기초한 인문학적 소양을 바탕으로 교회와 하나님이해 등에 관하여 보편타당하고 객관적인 이해를 바탕으로 마련되는 틀거리이어야 한다.

4) 아나니아와 삽비라 사건

사도행전에 나타나고 있는 초대교회는 신앙공동체로서의 나눔의 공동체이었다. 이 나눔의 공동체에 관하여 성서는 이렇게 기록하고 있다,

> "그들 가운데는 가난한 사람이 한 사람도 없었다. 땅이나 집을 가진 사람들은 그것을 팔아서 그 판 돈을 가져다가 사도들의 발 앞에 놓았고 사도들은 각 사람에게 필요에 따라 나누어 주었다." _사도행전 4:34-35

초대교회의 나눔에는 오늘의 교회가 주목해야 하는 중요한 규칙이 담겨 있다. 그것은 '필요에 따른 나눔'이다. 이 필요에 따른 나눔은 능력에 따른 소유와는 대비되는 개념으로 오늘의 자본적 사고를 넘어서 보편적 평등을 우리 사회에 구현하는 가치로 중요한 규칙인 것이다.

오늘의 교회는 공적교회로서의 그 의미는 이미 퇴색이 되었고 교회의 사사화(私事化 · privatization)가 이루어진 시절을 살아가고 있다. 그러나 초대교회는 능력의 유무에 따라서 교회의 분배가 결정되는 구조를 뛰어 넘어 '필요에 따른 분배'를 실현하고 있었다. 그러나 이러한 초대교회의 모습은 아나니아와 삽비라의 욕심으로 인하여 무너지고 말았다.

> "베드로가 그 여자에게 물었다. '그대들의 땅 판 값이 이것뿐이오? 어디 말해보시오' 그 여자가 대답하였다. '예, 그것뿐입니다' ... 그러자 그 여자는 베드로의 발 앞에 쓰러져 숨졌다." _ 사도행전5: 8,10

교회는 소유중심의 구조에서 존재중심의 구조로 나아가야 한다. 그러나 이러한 신앙의 여정에 걸림돌이 되는 것은 욕심과 무지이다. 인간의 내면에서 끊임없이 일어나는 이 욕심은 자본주의를 만나면서 '내 것'이라는 소유개념으로 활성화된다.[3] 그러나 위 사도행전의 본문은 교회공동체 안에 '내 것'이라는 소유개념이 활성화되면 교회의 생명력은 소멸되는 것으로 묘사하고 있다. 이렇게 성서가 묘사하고 있는 교회의 모습에 비추어 오늘의 교회는 어느 지점에 위치하고 있는지를 고민해야 한다. 교회의 개별화는 개 교회를 중심으로 하는 선교전략으로서의 사회봉사 활동 등에는 열정을 가지고 참여하게 하지만 교회 안에서 벌어지고 있는 교회 양극화에 관해서는 그 어떤 제도적 대안도 마련하지 못하는 상황을 경험하고 있다. 대형교회와 초소형교회의 격차는 이루 말할 수 없는 수준을 보이고 있다. 그러나 교단의 지도력은 전시행정에 바쁜 나머지,

---

[3] 이러한 소유의 개념은 인간의 내면에서 극대화 되면서 현실교회에서 교회세습이라는 구체적인 행태로 나타났다.

또는 집단이기주의에 매몰되어 있으면서 평등적 가치가 구현되는 교회를 가능하게 하는 제도적 보완, 그리고 평등적 교회를 가능하게 하는 제도적 제안에는 등을 돌리고 있는 모습이다.

그러므로 교회공동체는 인간의 자기중심성을 잘 제어할 수 있도록 초대교회를 통해서 드러내고 있는 나눔에 관한 하나님의 뜻을 꾸준히 묵상해야 한다.[4]

생각하기 3.
다시 생각하는 교회 이야기

공적교회를 희망하며

오늘의 교회는 교회를 지배하고 있는 자본적 사고에 기반한 교회성장논리를 극복해야 한다. 교회의 자라남은 교회와 교회공동체 구성원들의 성실함과 공의로움에 동의하는 사람들이 모여서 일구는 것으로서의 자연스러운 자라남이어야 한다.

이를 위하여 오늘의 교회는 공적교회는 무엇인지를 묵상하면서 능력에 따르는 분배로서의 자본적 사고와 교회성장논리를 극복해야 한다. 공적교회는 교회가 존재하는 시간과 공간에서의 공적인 책임을 수행하기 위하여 존재하는

---

[4] 안식년과 희년에 관하여도 이 대목과 연관하여 생각해 볼 여지가 있다. 개신교 성직자에게 있어서 안식년은 대형교회와 초소형교회 사이에 심각한 양극화 현상을 보이고 있다. 대형교회 목회자들은 규칙적인 안식년을 누리고 있으나 소형교회 목회자들은 이중직 등을 수행하면서 교회의 임대료를 내는 수준의 교회유지에 주력하다가 안식년을 누리기 전에 모든 힘을 소모하고 도태되는 경험을 하고 있는 상황이다. 그러므로 대형교회는 소형교회 목회자의 안식년을 염두에 둔 채로 소형교회의 지속가능성으로서의 목회자의 목회적 동력을 유지해나가는 일에 관심을 가져야 한다.

교회를 의미한다. 공적교회는 교회의 공공성을 확보한 교회를 의미하는데 이러한 의미에서의 공적교회의 중요한 요인은 도덕성의 확보이다. 올바른 윤리의식과 건강한 도덕적 삶은 교회가 객관적이고 타당한 운영을 하게 하는 기초가 되기 때문이다.[5] 이러한 도덕적 기반을 바탕으로 교회는 세계의 이슈들을 풀어나감으로써 하나님의 나라가 실현되게 하는 실천을 가지고 있어야 하며 이를 위하여 교회는 타 교단과 타 종교와의 연합과 연대를 위한 확장성도 가지고 있어야 한다.[6]

이를 위하여는 성직자들의 인문학적 소양을 드높이기 위하여 꾸준한 학습이 이루어져야 하며 교회를 구성하고 있는 평신도들도 목회자와 함께 '지식이 있는 믿음'의 자리에 이르도록 다양한 관점의 성서학습에 꾸준히 자기를 노출시켜야 한다. 이러한 교회구성원으로서의 성직자들과 평신도들의 노력은 '코로나19'와 같은, 그리고 또 다른 중요한 사회적인 이슈를 만났을 때 교회가 적절하게 대응하는 밑바탕이 될 수 있다.

이렇게 교회공동체가 새로운 상황에 대처하기 위한 꾸준한 노력을 이어갈 때 사회적 이슈에 대한 공감능력과 대처능력이 향상되게 된다.

오늘의 교회는 '예배 중심의 공동체'에서 '실천적 신앙 중심의 공동체'로 전환해야 한다. 예배당에 모이고 예전과 의식을 중심으로 하는 믿음의 여정으로부터 삶이 중심이 되는, 하나님의 공의를 세상에 펼치는 실천이 있는 교회공동체로 그 모습을 전환 시켜내야 한다. 이제 교회공동체에서 고백되는 신앙은 실천이 있는 신앙으로 그 양상을 새롭게 해야 한다.

---

[5] 이형기외, 『공적신학과 공적교회』 킹덤북스, p152 이하 참조.
[6] 위의 책, p116.

오늘의 교회는 사회의 저항을 받는 상황에 이르고 말았다. 이는 대형집회를 통한 회개 기도만을 하는 교회의 모습에서도 그 단초를 제공한다고 할 수 있다. 실제로 많은 문제를 가지고 있는 교회지도층들이 눈물을 흘리며 하는 회개에 자신들의 행위를 돌이키는 실천행위가 동반되지 않는 한 기획되어 운영되는 회개 운동은 대중들의 동의를 받기는 어렵다. 진정한 회개운동은 돌이킴을 동반해야 하며 이 회개운동은 사회의 이슈에 대한 건강하고 합리적인 교회의 응답을 가능하게 하는 자리로 나아가는 운동이어야 한다. 이 운동은 엘리야가 갈멜산에서 제단을 새롭게 쌓는 대목에서 함의를 읽어내며 경건의 형식에서 경건의 능력으로 나갈 때 의미가 있는 운동이 될 것이다.

이렇게 교회와 교회 구성원의 신앙고백이 구체적인 실천으로 나아가게 하는 신앙은 개신교(Protestant)의 특성이라고 할 수 있는 저항하는 교회공동체를 가능하게 한다. 개신교를 protestant라고 한다. 이는 저항한다는 의미인데 그 배경은 중세 카톨릭이 너무 계급적 구조이고 교회지도자중심으로 운영되면서 부작용을 나타내는 등의 부패상이 있었다는데 있었다. 이러한 이유로 인해서 종교개혁이 일어났으며 그 운동을 해나가는 개신교를 protestant라고 부르게 되었다.[7] 이 저항하는 운동은 부패한 교회구조에 대한 저항운동이기도 하지만 동시에 부패한 구조에 동의하는 자신에 대한 저항운동이기도 해야 하는 과제를 가지고 있다고 할 수 있다.

마지막으로 생각하는 내용으로는 교회는 기존의 질서와의 '단절을 통한 교회의 재구조화 작업'에 나서야 한다는 것이다. 교회를 구성하고 있는 성직자들

---

7) 양희송. 『다시 프로테스탄트』. 복있는 사람. p83 참조.

과 평신도들은 혁명적 예언자의 역할을 해나가고 있는 예레미야와 성전을 정화하고 계시는 예수님의 성전 정화사건을 묵상하면서 망가진 기존의 질서에 대하여 적극적으로 저항하고 본래적인 하나님의 뜻이 이 세상에 이루어지도록 해야 한다.

이러한 과정을 통해서 교회는 교회 안에 굳건하게 자리하고 있는 성장 논리를 극복할 수 있어야 하고 교회 안에서 굳건하게 자리하고 있는 성직자 중심주의를 넘어서야 하며 남성중심적 구조에서 우러나오는 탈 성별의 작업에도 박차를 가해야 한다. 이러한 작업은 평등적 교회로서의 공교회를 가능하게 하는 작업으로서 의미가 있을 것이다.

'감리회 목회자 모임 새물결'은 위에서 지적한 교회의 사사화(私事化 · privatization)와 이로 인해 파생되는 상황에 대하여 심각한 문제의식을 가지고 '길을 찾다 2'를 기획하였다. 이 기획은 오랜 시간동안 진행되어온 교회의 사사화는 교회 내 각 그룹의 굳건한 카르텔을 형성하였고 이는 한 개인의 지도력으로는 풀어낼 수 없는 만성적 사사화의 지경에 이르렀다는 시중의 의견에 귀를 기울이며 교회의 사사화를 극복하기 위한 신학적 담론을 모으려는 의도로 시작된 기획이다. 이를 위해 각 신학장르별로 필진을 섭외하고 2023년 한 해 동안 새물결 각 위원회와 각 연회 새물결 별로 세미나를 진행하였다. 그리고 그 원고를 모아 출판을 하면서 공적교회 회복을 위한 작업에 미력을 보태고자 하였다.

'공적교회로 가는 길'이 비록 멀고 지루한 작업일 수 있지만 그래도 누군가는 이 길을 걸어야 한다는 생각으로 이 작업을 시도하였다. 모쪼록 이 작업이 한국교회가 공적 교회를 회복하는 길을 걷는데 작은 밑돌 하나가 되기를 기도한다.

공적 교회 두 번째 모습 _
공적 교회 회복을 위한 성서 신학적 요인 고찰

그리스도인의 제국 생활 :
로마서에 나타난
공적 교회 모티프

이진경 _ 협성대학교, 신약학

문제 제기

교회가 사회에서 일어나는 심각한 문제들에 대해 목소리를 내고 적극적으로 참여하던 시대, 또한 사회의 구성원들 역시 교회의 목소리에 귀를 기울이고 교회의 개입을 환영하던 시대가 우리에게도 있었다. 이에 대한 예는 간단하게 일제강점기와 군부독재 시기의 그리스도교 교회의 저항과 참여를 언급하는 것만으로도 충분할 것이다. 이처럼 과거의 교회는 사회 내 공적 단체로도 기능하면서 단순히 종교적 영역에만 머물지 않고 일반 시민 대중들에게도 지대한 영향을 미쳤다. 그러나 유감스럽게도 그러했던 교회의 모습이 지금은 사뭇 달라진 것처럼 보인다. 지금의 교회는 사회에서 벌어지는 다양한 문제와 이슈들에 대해 목소리를 내지 않는다. 아니, 보다 정확하게 말하자면 목소리를 내지 못한다. 사회 문제에 대해 오랫동안 목소리를 내지 않다 보니 그만 목소리를 잃어버리고 만 것이다. 물론 개인이나 개교회 차원에서는 여전히 사회 참여를 실천하고 그리스도인의 공적 역할을 감당하는 그리스도인들이 분명히 존재한다. 하지만 한 교단 전체나 교단들의 연합체 같은 기구적 단위를 놓고 본다면 사회 내에서의 교회의 공적 기능은 심각할 정도로 축소된 것이 사실이다. 아주 드물게 사회에 자신의 목소리를 낼 때도 있기는 하나 그것은 차별금지법의 예에서처럼 사회의 발전과 흐름이 교회의 교리와 상충된다고 여겨질 때이거나, 코로나 시대에서처럼 교회가 모임의 권리를 침해당한다고 여길 때이거나, 대형교회의 세습이나 성폭력 등 목회자들의 행태가 사회와 언론의 공격을 받을 때 이를 변호하고 방어하기 위해서일 때뿐이다. 이런 식의 이기적인 이슈를 제외하고 사회에 만연된 경제적 정치적 불의에 대해, 비윤리적이고 패륜적인 여러 문제들에 대해 교회가 의미 있는 공적 목소리를 내는 경우는 매우 드물어졌다. 사정이 그렇다 보니 교회는 사회 내에서 점점 더 이기적이고 자기중심적이며 배타적이고 폐쇄적으로 보이기만 한다. 실제로 개신교와 관련된 거의 모든 사회적 통계들은 세상으로부터 분리된 교회의 모습을 더욱 확실하게 보여주는 증거로 기능한다. 결론적으로 말하자면 지금의 한국 교회는 사회 내에서 공적 영향력(public influence) 또는 공적 성격(public character)을 잃어버린 것처럼 보인다. 이것이 하나님이 바라시는 교회의 모습일까? 이것이 교회의 원래 이상에 가까운 것일까? 그럴 리가 없다. 그렇다면 어쩌다 교회는 사회 내에서 자신의 자리를 찾는 일에 어려움을 겪게 된 것일까? 혹시 이 어려움의 원인은 현재 교회의 신학이 근거하고 있는 전제들 중에도 있는 것은 아닐까? 어쩌면 우리가 사용하고 있는 '교회'라는 개념 자체에도 충분한 주의를 기울이지 않는다면 문제를 일으킬 만한 요소가 포함되어 있을 수 있다.

에클레시아 – 세상 밖으로, 두 개의 세상으로

'교회'를 뜻하는 헬라어 단어 '에클레시아'(ἐκκλησία)에 대해 그리스도인들은 이 단어가 '안에서 밖으로'를 뜻하는 전치사 ἐκ(에크)와 '부르다'를 뜻하는 동사 καλέω(칼레오)의 결합으로 만들어졌다는 점에 착안하여 교회의 진정한 의미는 하나님께서 이 세상에 살고 있는 사람들 중 그리스도를 고백하는 이들을 특별히 세상 밖으로 불러내어 구성하신 구원 공동체라고 생각해왔다. 그러므로 그리스도인들에게 교회란 예수 그리스도를 구원자로 믿는 이들의 공동체로서 기존의 세속적인 세상으로부터 떨어져 나와 새롭게 생성된 하나의 또 다른 거룩한 세상인 셈이었다. 그리고 실제적으로도 교회는 세상이 당시 제국의 통치자인 황제를 '주'(κύριος, 퀴리오스)라고 부르고 있을 때 예수 그리스도를 자신들의 '주'로 고백했다. 두 명의 통치자와 함께 각기 다른 규범과 법이 존재하는 두 개의 세상이라는 관념은 자연스럽게 그리스도인들의 사고에 스며들게 되었다. '에클레시아'라는 단어와 함께 그리스도인들에게는 기존의 세상으로부터 분리된 새로운 세상이 탄생한 것이다.

   그런데 이 'ἐκκλησία'라는 단어는 그리스도인들이 새롭게 만들어낸 단어가 아니었다. 이 단어는 이미 그리스-로마 사회에서 시민들의 민회를 가리키는 것으로 사용되고 있었다.(예를 들어 행 19:39은 ἐκκλησία를 정확하게 이 의미에서 '민회' 또는 '집회'로 번역한다.) 즉, 에클레시아는 일상을 영위하는 시민들을 공공의 일을 위한 토론과 결정을 위해 잠시 일상생활 '밖으로 불러낸' 회합을 뜻했다. 하지만 앞서 살펴보았듯이 그리스도인들은 이 에클레시아에 담긴 '밖으로'를 '세상 밖으로'로 이해했고, '부르다'의 의미를 '구원을 위한 하나님의 특별하신 부르심'으로 이해했다. 그리고 이후 그리스도교의 신학은 에클레시아라는 단어와 함께 교회를 하나님께서 세속의 세상과 분리하여 세상 밖으로 불러낸 존재로, 따라서 더 이상 이 세상과는 상관없는 존재로 이해하는 경향을 발전시켰다. 세속에서는 참여와 공공성을 상징했던 에클레시아가 역설적이게도 교회 내에서는 분리와 폐쇄성의 방향으로 발전된 것이다. 두 개의 세상을 분리하여 사고하는 방식을 신학적 체계로 정리하여 소개한 신학자 중 가장 큰 영향력을 발휘한 인물은 아마도 4세기의 위대한 신학자 아우구스티누스일 것이다. 아우구스티누스는 『신국론』(De Civitate Dei)을 통해 '하나님의 나라'(civitas dei)와 '지상의 나라'(civitas terrena)를 날카롭게 분리하면서 지상의 나라를 하나님의 나라와 대비되는 악하고 열등한 것으로 평가했다. 이와 같은 두 세상, 두 나라, 두 정부라는 주제는 필연적인 역사적 배경과 함께 종교개혁 시대에 마르틴 루터에 의해 다시 한 번 강조되어 부각되었다. 루터는 그리스도인의 실존을 하나님의 왕국과 세속의 왕국, 즉 영적 정부와 세상 정부 모두에 속하는, 마치 이중국적을 지닌 시민처럼 이해했던 것이다. 비록 루터의 사상이 아우구스티누스의 사상에서 나타난 두 세상의 극단적인 대립을 벗어났음에도 불구하고 두 세상의 분리라는 요소는 결코 그 영향력을 잃지 않았다.

왜곡된 종말론을 통한 두 세상 분리의 심화

교회가 지금 발을 딛고 살아가고 있는 세속의 세상을 영적 세상과는 질이 다른 세상으로, 즉 보다 열등하며 궁극적으로는 교회와 관계없는 세상으로 이해하게 된 계기에는 교회의 역사에서 발생된 왜곡된 종말론도 한몫을 담당했다.

영혼불멸 사상을 중심으로 한 플라톤 철학이 그리스도교 신앙에 유입되고 혼합된 이후로 그리스도인들은 하나님의 나라를 마치 플라톤의 이데아처럼 죽음 이후 불멸의 영혼이 가는 '저 세상', '저 천국'으로 이해하기 시작했다. 이 관념에 따르면 이 세속의 세상은 최종적으로 버리고 떠날 세상이고 죽음 이후 영복을 누릴 세상은 저 멀리 하늘에 있는 천국이다. 하지만 이것은 결코 성경이 말하는 신앙이 아니다. 그리스도 교회가 사도신경과 함께 고백하는 것처럼 그리스도인들은 영혼의 불멸을 믿는 사람들이 아니라 죽은 자의 부활을 믿는 사람들이다. 죽음 이후 그리스도인들은 이 땅에서 하나님 품에 잠들어 안식할 것이고, 예수 그리스도의 재림과 함께 모든 인간들은 이 땅에서 부활하여 최후심판을 받을 것이다. 그리고 그 최후심판을 거쳐 그리스도인들은 이 땅에서 궁극적인 하나님의 다스림, 즉 천국을 맞이하고 영생을 누릴 것이다. 그러므로 예수님 또한 친히 천국이 이 땅에 임하기를 기도하라고 가르쳐주신다. 하나님의 나라는 이 땅에 임할 것이고, 하나님의 뜻은 이 땅에서 이루어질 것이다. 세속의 이 세상은 하늘의 저 세상과 결코 분리되지 않는다. 신약성경 마지막에 자리한 요한계시록의 환상은 이 땅으로 내려오는 예루살렘을 보여주며 "오십시오, 주 예수님!"(계 22:20)이라는 외침, 즉 "마라나 타!"라는 재림을 고대하는 종말론적 고백과 함께 전체 성경을 마무리한다. 그리스도인들에게 다른 세상은 없다. 오직 예수께서 다시 오실 이 세상 하나뿐이다.

물론 신약성경 내에는 두 세계를 상정하는 듯한, 즉 세속의 세상을 그리스도인들이 속하지 않은 이질적인 장소로 묘사한 구절도 있기는 하다. 예를 들어 예수께서 자신을 따르는 제자들을 언급하며 다음과 같이 말씀하신 곳도 있기 때문이다. "내가 세상에 속하지 않은 것과 같이 그들도 세상에 속하지 않았습니다."(요 17:16) 이러한 묘사는 마치 그리스도인들을 세속의 세상과 분리된 존재로 이해하는 것처럼 보인다. 하지만 모든 성경이 그렇듯 성경의 말씀은 그 말씀이 처해 있는 역사적 배경과 신학적 배경을 잘 파악하고 있을 때에야 비로소 올바른 이해가 가능해진다. 즉, 요한복음이 말하고 있는 세상과의 분리는 요한복음이 처한 특수한 신학적 배경과 함께 바르게 이해될 수 있다. 요한복음과 요한서신서들을 포함한 요한의 신학은 핍박의 상황을 전제로 한 신학이다. 즉, 요한의 신학이 다른 종류의 것으로 이해하는 '세상'은 그리스도인들을 박해하고 핍박하는 '세상의 특정 권력'인 것이다. 오히려 요한이 말하는 다음의 결정적인 진술은 두 세상의 분리를 명확하게 거부한다. "하나님께서 세상을 이처럼 사랑하셔서 외아들을 주셨다."(요 3:16)

초대교회는 이 세상에 예수 그리스도의 재림을 통한 하나님의 나라, 즉 천국이 임할 것으로 이해했으며, 이에 따라 그리스도인의 삶 또한 비그리스도인들과 함께 하나의 세상 속에서 살아가는 삶으로 이해했다. 심지어 그리스도교의 처음 시작 지점에서 임박한 종말론을 고대하고 있었던 바울까지도 일상과 공공의 삶을 매우 중요하게 생각했다. 임박한 종말이라는 극적인 사태를 바라고 믿고 있으면서 바울은 어떻게 평범하고 지속적인 일상생활의 공적 영역에 관심을 가질 수 있었을까? 그가 이해하고 있는 공공의 질서는 대체 어떤 것이었을까? 그는 그리스도인들이 어떤 태도로 사회 속에서 살아가기를 원했을까?

이제 우리는 바울의 마지막 편지 속에서 이 질문들에 대한 해답의 단초를 찾아보고자 시도할 것이다.

제국의 수도에 보내는 편지 로마서

> "이제는 이 지역에서 내가 일해야 할 곳이 더 없습니다. 여러 해 전부터 여러분에게로 가기를 바라고 있었으므로 내가 스페인으로 갈 때에 지나가는 길에 여러분을 만나보고 잠시 동안만이라도 여러분과 먼저 기쁨을 나누려고 합니다. 그 다음에 여러분의 후원을 얻어 그 곳으로 가게 되기를 바랍니다." _ 롬15: 23-24

로마서는 바울의 마지막 편지인 동시에 자신이 직접 세우지 않은 교회에 보내는 유일한 편지다. 더구나 이 편지는 일반적인 도시에 보내는 편지가 아니라 당시 온 세상을 통일한 로마제국의 수도로 보내는 편지였다. 편지의 목적은 매우 단순하다. 이제 소아시아 모든 지역에 그리스도의 복음을 전한 바울은 당시 세상의 끝으로 남아 있던 스페인으로 마지막 선교를 떠나고 싶었고, 이에 로마교회의 지원을 얻고자 했다. 자비량 선교를 수행했던 바울이 굳이 스페인 선교를 위해서는 로마교회의 지원을 필요로 했던 이유에 대해 어떤 학자는 흥미롭게도 언어적인 상황을 그 이유로 들었다. 지금까지 바울이 선교한 지역에서는 당시 공용어였던 헬라어로 소통이 가능했으나 스페인 지역은 바울에게는 낯선 라틴어로만 소통이 가능했기 때문이었다는 것이다. 충분히 설득력이 있는 이유이고, 그 이유가 전부는 아니더라도 이와 같은 언어적 상황은 실제로 바울이 지원을 필요로 하는 중요한 요소로 작용했을 수 있다. 하지만 정확한 이유가 무엇이든 바울은 로마교회의 지원이 몹시 필요했고, 복음 사역의 동역을 위해 로마의 교회가 자신이 전하는 것과 같은 복음의 토대 위에 서 있는가를 확인하기 위해 복음의 본질을 기록한다. 바로 이 지점에서 로마서는 그리스도교 신앙에 근본적인 도움을 준다. 바울 자신이 세운 교회에 보내는 서신이 아니기에 로마서는 그의 다른 편지들처럼 주관적이고 상황적인 주제가 아니라 객관적이고 일반적인 주제를 다루는 성격을 지니고 있기 때문이다. 여기서 주목할 점은 제국의 수도인 로마로 보내는 편지에서 바울은 교리에 관한 주제만 다루고 있지 않다는 사실이다. 로마서를 통해 바울은 교리뿐 아니라 현재 제국의 시민으로 살아가고 있는 그리스도인들에 대한 제국 생활의 지침에 대해서도 설파한다. 그리고 바로 이 부분이 공적 교회를 위한 우리의 고민에 결정적인 도움을 준다.

공권력의 근원이신 하나님 – "사람은 누구나 위에 있는 권세에 복종해야 합니다."

> "사람은 누구나 위에 있는 권세에 복종해야 합니다. 모든 권세는 하나님께로부터 온 것이며 이미 있는 권세들도 하나님께서 세워주신 것입니다. 그러므로 권세를 거역하는 사람은 하나님의 명을 거역하는 것이요 거역하는 사람은 심판을 받게 될 것입니다." _롬13:1-2

대한민국 근현대사에는 로마서 13장이 특별한 주의를 끌었던 시기가 있었다. 군부 독재정권이 민주주의와 인권을 짓밟으며 무자비한 철권으로 국가를 지배하던 시절 이 로마서의 말씀은 다양한 방식으로 오용되고 오해되었던 것이다. 불의한 폭력에 맞서려는 그리스도인들에게 이 말씀은 쓰디쓴 절망을 안겨주었고, 반대로 그 불의한 폭력에 기생하여 부와 권력을 증대시키려는 그리스도인들에게 이 말씀은 달콤한 변명을 안겨주었기 때문이었다. 권세에 불복할 수밖에 없는 치열한 정치적 상황 속에서 위에 있는 권세에 복종해야 하며, 나아가 모든 권세는 하나님께로부터 온 것이라는 선언은 가장 풀기 어려운 성경의 난제였다. 따라서 위에 있는 불의한 권세에 대항해야만 했던 그리스도인들은 로마서의 지침보다는 악한 짐승에게 복종하지 말고 죽기까지 저항하라는 요한계시록의 지침을 따르고자 했다. 절대 권력을 행사하며 무고한 이들을 핍박하고 살해하는 악한 짐승과 그 짐승의 표식이요 숫자인 666으로 유명한 요한계시록의 장 역시 공교롭게도 로마서와 똑같이 13장이었기에 로마서 13장은 늘 요한계시록 13장과 비교되곤 했다. 하지만 동일한 사태에 대하여 로마서 13장과 요한계시록 13장이 서로 반대되는 입장을 취하고 있다는 생각은 오해에 근거한 것이었다.

결론적으로 말해서 로마서 13장과 요한계시록 13장은 동일한 질문에 대한 서로 다른 답변이 아니라 다른 질문에 대한 각각의 다른 답변이다. 요한계시록이 대답한 질문은 소위 불의한 정권과 관련된 것이 맞다. 그리고 이에 대한 요한계시록의 대답은 목숨을 걸고 죽기까지 대항하라는 것이다. 그러나 로마서가 대답한 질문은 불의한 정권과는 전혀 관련이 없다. 로마서 13장, 구체적으로 로마서 13:1-7은 그리스도인이라면 불의한 정권이라 할지라도 그 권세에 무조건 복종해야 한다는 말도 아니고, 더 나아가 불의한 권세가 하나님으로부터 온 것이라는 어불성설도 아니다. 로마서 13장의 주제는 불의한 권력과 이에 대한 그리스도인의 태도가 아니다. 바울이 로마서 13장에서 논의하고 있는 것은 불의한 권세가 아니라 공적인 권세, 즉 공권력 자체의 의미와 역할에 대한 신학적 탐구이기 때문이다. 즉, 로마서 13장이 대답하고 있는 질문은 대략 다음과 같은 종류의 것이라 할 수 있다. "이제 그리스도인이 되었으니 나는 더 이상 이 세상에 속한 존재가 아니다. 그런데도 여전히 나는 이 세상의 법칙을 따라야 하는가, 이 세상의 권세는 무시해도 상관없는 것 아닌가?"

이와 같은 질문에 맞서 바울이 공권력과 관련하여 매우 구체적이고 실제적인 논의를 전개하는 배경은 무엇이었을까? 우리는 여기서 이미 초대교회에 영향력을 끼치고 있었을 두 세상에 대한 강력한 분리적 사고를 쉽게 상상해볼 수 있다. 실제로 세례를 받아 이전과는 완전히 다른 새로운 존재가 되었다는 그리스도인들의 자의식은 초대교회 내에서 개인적 윤리의 태도를 서로 상반되는 방향으로 발전시키는 경향이 있었다. 첫 번째 방향은 세상의 윤리적 기준을 훨씬 뛰어넘는 이전보다 더욱 더 철저하고 엄격한 윤리적 기준을 자신의 삶 속에 실현시키려는 경향이었다. 이는 산상설교에 나타난 예수님의 철저한 내적 윤리 기준과도 상응하는데, 절대적이고 완전하신 하나님께서 우리 안에 요구하시는 선의 기준은 세상이 요구하는 선의 기준보다 훨씬 높다고 생각하는 태도다. 보통 시민들의 윤리의식을 뛰어넘는 이러한 관점은 당연히 철저한 윤리적 실천을 가능케 한다. 하지만 같은 자의식으로부터 출발하였으나 엄격한 윤리적 실천과는 정반대의 방향으로 발전된 문제적 경향도 존재했다. 예수 그리스도를 '주'로 부르면서 이제 자신은 하나님의 나라에 속하는 존재가 되었다는 자의식이 그러므로 이제는 더 이상 이 세상의 기준이나 규범과는 전혀 관계가 없어졌다는 태도로 발전되기도 한 것이다. 윤리적인 측면에서 이러한 태도는 반윤리적이고 비윤리적인 행위를 서슴지 않고 저지르는 경향으로 나타났다. 이 세상의 윤리는 더 이상 자신들에게 통용되지 않으니 그 어떤 세상 윤리든 무시해도 상관없다는 입장이었던 것이다. 이러한 태도는 정치적인 영역으로도 확장되었는데 이러한 사상을 받아들인 그리스도인들은 정치적인 면에서도 자신들은 더 이상 이 세상의 통치자들이 세워놓은 질서와 규범, 법 따위와는 상관없는 존재로 자신들을 인식하고 행동했다. 이 세상에 속하지 않았으니 이 세상의 법은 지킬 필요도 의무도 없다는 입장이었던 것이다. 이런 생각을 지닌 사람들은 이 세상에 대해 아나키스트(anarchist), 즉 무정부주의자로서의 태도를 견지했다. 하나님 나라의 정부에 속했으니 더 이상 이 세상 정부와는 무관하며 이 세상의 사회적 질서나 공권력을 수용할 필요도 없다는 생각이었던 것이다. 이것이 바로 바울이 로마서 13장에서 답변하고 있는 질문의 배경이다.

　이러한 분리적 사고에 맞서 바울은 우선 자신의 논의 대상을 그리스도인들만으로 한정하지 않고 그리스도인들과 비그리스도인들 모두를 포함한 전체 시민으로 확장시키는 전술을 택한다. 따라서 바울은 자신의 논의를 '그리스도인은 누구나'가 아니라 '사람은 누구나'(πᾶσα ψυχή, 파사 프쉬케 = every soul)로 시작한다. 바울이 자신의 전체 논의를 시작하는 주어 '모든 사람'은 공권력에 대한 논의에 있어 그리스도인과 비그리스도인의 구별은 없다는 선언과도 같다. 그리스도인이든 비그리스도인이든 모든 시민들이 일상을 누리는 공공의 영역은 하나님의 다스림에 포함되어 있다. "모든 권세는 하나님으로부터 온 것이며, 이미 있는 권세들도 하나님께서 세워주신 것"이기 때문이다. 신앙생활의 영역과 공적 생활의 영역은 분리되지 않는다. 이러한 전제 아래 바울은 치안과 세금이라는 매우 구체적인 예를 들어 그 안에 나타난 하나님의 직접적인 다스림을 확정한다. 치안과 세금은 안전의 확보 및 질서 유지, 그리고 보편적 복지의 실현이라는 국가의 운영을 가능케 하는 가장 근본적인 공권력 시스템의 요소다. 이 시스템 자체에 대한 논의이기에 바울의 논의는 모든 시스템이 완벽하게 작동하는 상태를 가정하여 진행된다. 바울의 관심은 시스템의 어떠함이 아니라 시스템 그 자체이기 때문이다. 이 시스템이 불의한 권세에 오염된 경우라면 요한계시록이 그 답을 주고 있는 셈이다. 바울은 이 세상의 공권력 시스템과 그것의 의미를 하나님의 이름으로 긍정하는 데에 자신의 노력을 기울인다.

공권력 시스템을 그리스도인과 비그리스도인을 모두 포함하는 전체 시민이라는 공동 영역 속에서 설파함으로써, 또한 그것의 근원과 수립의 주체를 하나님으로 확정함으로써 바울은 그리스도인들을 이 세상의 공적인 영역에 존재하는 공적 존재로 규정한다. 이처럼 로마서 13장은 개별적인 그리스도인들과 그리스도인들의 모임인 교회에 공적인 성격을 부여한다. 바울에게 있어서 공권력은 그리스도인과 비그리스도인을 함께 포함하는 '모든 인간'을 위한 사회의 기본 질서다. 그리고 그리스도인들은 비그리스도인들과 함께 이 공권력의 토대 위에서 더불어 살아가는 존재다. 임박한 재림과 종말을 고대하고 있었음에도 불구하고 이러한 생각을 견지하고 있었다는 사실은 지금의 그리스도인들에게 다소 뜻밖으로 비쳐질 수도 있을 것이다. 하지만 오히려 이 사실은 바울이 이 세상을 잠시 거쳐 가는 임시장소나 버리고 떠날 장소로 인식하고 있지 않았음을 분명하게 보여준다. 바울에게 이 세상은 다시 오실 그리스도를 기다리는 장소였고, 이 세상의 공적 질서는 하나님께서 부여하신 질서였다. 종말의 때 악의 완전한 소멸과 함께 그 질서가 변화되고 완벽해질 뿐이지 그 질서가 다른 질서로 대체되지도 않으며 그리스도인들이 다른 질서가 지배하는 곳으로 이동하지도 않는다. 바로 이 전제와 함께 바울은 그리스도인들과 그들의 모임인 교회가 이 세상 속에 모범으로 존재할 것을 요구한다.

비그리스도인들 '앞에' 존재하는 공교회 – "모든 사람이 선하다고 생각하는 일을 하려고 애쓰십시오."

> "아무에게도 악을 악으로 갚지 말고, 모든 사람이 선하다고 생각하는 일을 하려고 애쓰십시오." _롬12:17

앞으로 로마서 13장에서 펼치게 될 논리를 전제하면서 바울은 먼저 그리스도인들은 모든 사람이 선하다고 생각하는 일을 위해 힘써야 한다고 권면한다. 이번에도 권면의 강조는 '모든 사람'(πάντες ἄνθρωποι, 판테스 안쓰로포이)에 놓여 있다. 하지만 "모든 사람이 선하다고 생각하는 일을 하려고 애쓰십시오."라는 〈새번역〉 성경의 번역은 헬라어 원문과 비교해볼 때 작은 차이가 있는 의역이다. 헬라어 원문에는 '모든 사람'이라는 말 앞에 '~앞에'를 뜻하는 전치사가 놓여 있기 때문이다. 헬라어 원문이 포함하고 있는 전치사를 살린 〈개역개정〉은 동일한 문장을 다음과 같이 번역한다. "모든 사람 앞에서 선한 일을 도모하라." 〈새번역〉이 "모든 사람이 선하다고 생각하는 일을 하라."는 번역으로 이 권면이 그리스도인들은 비그리스도인들의 생각을 중요하게 여겨야 한다는 뜻으로 보이게 만드는 반면, 〈개역개정〉은 원문의 헬라어 전치사를 살려 모든 사람 '앞에서'라고 장소를 강조함으로써 비그리스도인들 앞에 존재하는 그리스도인들의 현존을 강조한다.

'~앞에', '~목전에'를 뜻하는 헬라어 전치사 ἐνώπιον(엔오피온)은 문자적으로는 '눈 안에'라는 의미로 영어로는 흔히 'in sight of' 또는 'before'로 해석된다. 따라서 헬라어 원문을 따라서 본다면 바울은 그리스도인들이 선한 일을 하려고 애써야 한다는 점을 강조하는 동시에, 그것을 '모든 사람들 눈앞에서' 그렇게 해야 한다는 점을 강조한다. 즉, 바울은 그리스도인들을 비그리스도인들 앞에 있는 존재, 그들의 눈길을 대면하고 있는 존재로 상정하고 있는 것이다. 그리스도인들은 바로 그 상황을 인식하는 가운데서 선을 실천해야 한다. 바울의 강조가 단순한 선의 실천이 아니라 '모든 사람 앞에서의' 선의 실천에 있다는 사실은 그리스도인들의 선의 실천이 비그리스도인들의 '눈앞'에서, 즉 그들의 '면전'에서 실현되어야 하는 공적인 성격을 지니고 있음을 분명하게 보여준다.

더불어 한 가지 더 헬라어 원문과 함께 생각해 볼 점은 '선하다고 생각하는 일'에 관한 것이다. 대부분의 우리말 번역이 〈개역개정〉에서처럼 '선한 일'이라고 번역한 헬라어 단어는 καλός(칼로스)의 중성 복수형태인 καλά(칼라)다. 이때 καλός는 윤리적인 선함의 의미도 포함하고 있지만 본질적으로는 미적인 아름다움의 의미를 지니고 있기에 흔히 '아름다운'으로 번역되는 형용사다. 영어에서도 단어의 뜻은 'beautiful'이 'good'에 앞서 표기된다. 이처럼 καλά는 윤리적인 개념까지 포함한 '아름다운 것들' 전체를 의미한다. 이 단어의 뉘앙스가 의미하는 바가 정확히 어떤 종류의 것인가는 창세기의 창조 이야기를 통해 보다 더 잘 이해할 수 있다. 하나님께서 무엇인가를 창조하시고 난 후 창세기는 그 피조물에 대한 하나님의 마음을 다음과 같이 표현한다. "하나님 보시기에 좋았다." 이 '좋았다'는 표현을 유대인들은 자신들의 히브리 성경을 헬라어로 번역했을 때 καλός라는 단어를 사용하여 번역했다. 즉, '선한 일'로 번역된 καλά의 진정한 의미는 모든 사람들이 아름답고 좋고 선한 것으로 생각하는 일들을 의미한다. 비그리스도인들 앞에 존재하는 공적인 교회는 모든 사람들이 아름답다고 받아들일 만한 일들을 행해야 한다. 이처럼 바울은 윤리적으로나 심미적으로나 아름다운 일들을 행하기 위해 애쓰는 일이야말로 공적 교회의 사명이라고 말한다.

모든 사람들 앞에서, 즉 공공의 대중들에게 아름답게 여겨질 일을 하라는 바울의 권면은 다음과 같은 결론으로 이어진다. "여러분 쪽에서 할 수 있는 대로 모든 사람과 더불어 화평하게 지내십시오."(롬 12:18) 비그리스도인들도 아름답고 선하다고 여길 만한 일들을 실천하고 비그리스도인들과 더불어 평화를 누리며 사는 것, 이것이야말로 공적 교회의 궁극적인 목표다.

비그리스도인들에게 인정받는 공교회 – "그리스도를 이렇게 섬기는 사람은 사람에게도 인정을 받습니다."

> "그러므로 여러분이 좋다고 여기는 일이 도리어 비방거리가 되지 않도록 하십시오. 하나님의 나라는 먹는 일과 마시는 일이 아니라 성령 안에서 누리는 의와 평화와 기쁨입니다. 그리스도를 이렇게 섬기는 사람은 하나님을 기쁘게 해 드리고 사람에게도 인정을 받습니다." _롬14:16-18

심지어 바울은 교회 내에서 벌어지는 논쟁의 결과나 결정까지도 교회 밖 사람들의 시선을 의식하는 가운데 이루어져야 한다고 강조한다. 롬 14장은 신앙의 이유로 고기를 먹지 않는 사람들과 관련된 교회 내의 논쟁에 관한 것이다. 논쟁의 주제가 되고 있는 고기를 먹지 않는 이유가 고린도전서 8장에 언급된 것처럼 우상에게 바쳐졌던 고기와 관련된 것인지, 아니면 예수를 믿은 후에도 엄격한 바리새파 규정을 지켜 특정 축일에 고기와 술을 먹지 않았던 유대인 그리스도인들과 관련된 것인지는 확실치 않다. 그러나 그것이 무엇이든 결론적으로 바울은 믿음이 연약한 그리스도인들을 공동체가 받아들여야 한다고 말하고, 이어서 이 점에서도 교회가 공적인 성격을 의식해야 한다는 말을 덧붙인다.

먼저 바울은 교회가 세상의 비방거리가 되지 않도록 주의할 것을 당부하면서 교회의 공적인 성격을 환기시킨다. 교회는 교회 내에서 치열한 쟁점이 되는 교리를 논하는 자리에서조차, 또는 교회 내에서 발생한 문제점을 치리하는 자리에서조차 세상의 시선을 의식해야 한다. 이것은 교회가 세상의 눈치를 봐야 한다는 말이 아니라 교회의 모든 교리적 결정과 치리적 판결이 사회 내에서 공적인 성격을 띨 수 있다는 사실을 의식해야 한다는 말이다. 유감스럽게도 지금의 교회는 치명적인 윤리적 범죄를 행한 목회자들에게조차 사회가 납득하지 못할 수준의 치리를 행한 경우가 많았다. 대형교회의 세습처럼 교회가 좋다고 여긴 결정들 역시 세상의 조롱과 비판거리로 전락한 경우도 많았다. 이러한 현재의 상황들과 비교해볼 때 교회 내의 결정이 세상의 비방거리가 되지 않도록 주의해야 한다는 바울의 경고는 매우 쓰라리다. 교회는 세상의 시선 앞에 존재하는 공적인 존재다. 따라서 교회 내부의 결정 역시 세상의 비방거리가 되어서는 안 되며, 더 나아가 세상 사람들의 인정을 받아야 한다.

따라서 바울은 교회가 단순히 비방을 받지 않는 것을 넘어 사회 내에서도, 즉 공적 영역에서도 인정을 받아야 함을 강조한다. 교회는 하나님뿐 아니라 비그리스도인들에게도 인정을 받아야 한다. "그리스도를 이렇게 섬기는 사람은 하나님을 기쁘게 해 드리고 사람에게도 인정을 받습니다."라는 말에서처럼 바울에게 있어 하나님을 기쁘게 하는 일과 비그리스도인들에게 인정을 받는 일은 다른 것이 아니다. 이 둘은 동시에 성취가 가능할 뿐 아니라 반드시 동시에 성취해야만 하는 교회의 덕목이다. 하나님은 기쁘게 하지만 사람들에게 인정받지 못 한다면, 혹은 반대로 사람들에게는 인정받지만 하나님을 기쁘게 하지 못한다면 교회는 이미 그리스도를 올바르게 섬기는 것이 아니다. 신앙과 사회생활은 결코 이분법적으로 분리되지 않는다. 그리고 이 사실은 교회가 갖춰야 할 공적 성격의 본질과 방향을 명확하게 규정해준다.

결론 – 슬기로운 공공생활을 향하여

지금까지 우리는 공적 교회의 회복을 위한 성경적 근거로서 로마서에 나타난 교회의 공적 성격을 살펴보았다. 바울은 그리스도인 삶의 근원이 되는 공적 질서를 하나님의 이름으로 긍정함과 동시에 그리스도인들의 공동체가 공적 교회의 성격을 지닐 것을 당부한다. 그런 의미에서 이와 관련된 바울의 모든 당부는 '그리스도인의 제국 생활 지침서'라 불러도 좋을 것이며 오늘날의 표현으로는 '그리스도인의 공공생활 지침서'라 불러도 좋을 것이다.

구약성경을 기반으로 한 단일 민족 중심의 팔레스타인 유대교 토양과 달리 타민족, 타종교인과 어우러지는 삶이 기본 환경으로 주어졌던 신약성경의 교회는 스스로를 공적인 존재로 의식할 수밖에 없는 조건에 놓여 있었다. 교회는 자신이 비그리스도인들의 시선에 항시 노출되어 있음을 의식했고, 교회의 구성원인 그리스도인들 또한 비그리스도인들과 더불어 살아가고 있음을 의식했다. 그리스도교 신앙을 고백하는 교회의 구성원을 가리키는 '그리스도인'이라는 명칭이 교회 밖의 비그리스도인들로부터 처음 얻은 이름이었다는 사실과(행 11:26) 지금의 '개독'이라는 멸칭 또한 교회 밖의 비그리스도인들로부터 얻은 이름이라는 사실은 교회가 본질적으로 지니는 공적인 성격을 단적으로 보여주는 예라고 할 수 있다.

이러한 맥락 가운데서 앞선 분석에서 살펴본 바와 같이 바울은 그리스도인들이 구원받은 이후에도 여전히 살아가야 할 세속의 질서를 하나님과 무관하고 신앙과 상관없는 이질적인 질서로 이해하지 않았다. 바울은 세속의 공적 질서를 가능케 하는 공권력의 근원을 하나님으로 확증했다. 나아가 바울은 비그리스도인들 앞에 존재하고 있는 교회의 공적인 성격을 분명히 하는 동시에 이 사회 내에서 그리스도인들은 세상의 인정을 받아야 한다고 역설했다.

이러한 교회의 공적 성격에 대한 바울의 생각은 신학의 발달 초기에는 존재하지 않았다가 점점 발전하여 마지막 단계에서 무르익은 사상이 아니었다. 교회가 이 세상을 함께 살아가는 비그리스도인들에게 어떤 모습으로 보여야 하는지, 그리스도인들은 비그리스도인들 가운데서 어떤 모습으로 살아가야 하는지에 대한 고민, 즉 교회의 공적 성격에 대한 고민은 이미 처음부터 바울의 사상에 포함되어 있었다. 그러기에 교회 바깥에 있는 사람들에 대해 그리스도인들이 마땅히 보여야 할 처신을 바울은 이미 그의 첫 번째 편지에서 다음과 같이 말했던 것이다. "여러분은 바깥 사람을 대하여 품위 있게 살아가야 합니다."(살전 4:12) 같은 구절을 우리말의 다른 성경들은 다음과 같이 번역한다.

"그러면 교회 밖의 사람들에게서도 존경을 받게 됩니다." 〈공동번역〉
"이렇게 할 때 믿지 않는 사람들이 여러분을 존경하게 될 것입니다." 〈쉬운성경〉
"그러면 불신자들에게 존경을 받을 것입니다." 〈현대인의성경〉

이렇게 여러 번역들을 소개한 이유는 바울의 권면을 다양한 의미로 음미해 보기 위해서이다. 교회 밖 사람들에 대한 품위, 불신자들로부터의 존경, '품위'와 '존경'이야말로 어쩌면 지금의 교회로부터 가장 먼, 그리하여 가장 시급히 회복해야 할 단어들이 아닐까? 바울은 시종일관 그리스도인들이 불신자들의 본보기가 되고 존경받는 명예시민으로 세상 속에서 살아가기를 원했다. 임박한 종말을 고대하는 가운데에서도 그는 결코 이 세상을 버리고 떠날 열등한 곳으로 여기지 않았으며, 이 세상의 공적 생활 영역을 소중하게 여겼다. 결론적으로 바울에게 있어 그리스도인은 본질적으로 공적인 존재였다. 그러므로 그리스도인들이 모인 공동체인 교회는 이 공적인 역할을 보다 조직적이고 집단적인 차원에서 실현시켜야 하는 기구다. 공적인 존재로서의 그리스도인이라는 바울의 생각은 바울이 새롭게 창안해낸 것이 아니었다. 바울은 주님이신 그리스도 예수의 가르침을 구체적인 교회의 삶 속에서 실현시키려 애썼을 뿐이다. 산상설교에서 예수님은 이렇게 말씀하셨다.

"너희는 세상의 소금이니 소금이 만일 그 맛을 잃으면 무엇으로 짜게 하리요? 후에는 아무 쓸 데 없어 다만 밖에 버려져 사람에게 밟힐 뿐이니라. 너희는 세상의 빛이라. 산 위에 있는 동네가 숨겨지지 못할 것이요, 사람이 등불을 켜서 말 아래에 두지 아니하고 등경 위에 두나니 이러므로 집 안 모든 사람에게 비치느니라. 이같이 너희 빛이 사람 앞에 비치게 하여 그들로 너희 착한 행실을 보고 하늘에 계신 너희 아버지께 영광을 돌리게 하라."_마5:13-16

그리스도인들은 교회 안의 소금이 아니라 세상의 소금이 되어야 하고, 교회 안의 빛이 아니라 세상의 빛이 되어야 한다. 세상에서 공적인 영향력을 잃은 그리스도인의 비참함을 주님은 짓밟힌 소금과 됫박에 덮인 등불로 비유하신다. 지금의 우리 교회의 모습이 짓밟힌 소금과 됫박에 덮인 등불이 아니라고 누가 과연 자신 있게 말할 수 있을까? 1930년의 첫 번째 총회에서 감리교회는 교리적 선언을 발표하며 이렇게 고백했었다. "우리는 하나님의 뜻이 실현된 인류 사회가 천국임을 믿으며, 하나님 아버지 앞에 모든 사람이 형제 됨을 믿노라." 처음 감리교회는 이 세상을 살아가는 모든 사람이 하나님 앞에서 형제 됨을 고백했다. 그리스도인들이 비그리스도인들과 분리되지 않고 그들과 더불어 형제로서 살아감을 고백했던 것이다. 불행한 비그리스도인 형제들을 돌보고, 불의로 억압받는 비그리스도인 형제들을 위해 싸우며, 사회에 선한 영향력을 끼치는 것, 공적 교회의 역할이란 결국 이것이 전부라 해도 과언이 아니다. 교회의 슬기로운 공공생활을 위하여 우리는 교회의 공교회적 성격을 보다 깊이 성찰하고 교회의 공공성 회복을 위해 부단히 애써야 할 것이다. 더 늦기 전에 반드시 그리해야 할 것이다.

공적 교회 세 번째 모습

공적교회 회복을 위한 교회론적 요인 고찰

박도웅 _ 동인교회

1. 들어가는 말

오늘의 한국교회에 대한 우려의 시선이 많다. 내적으로 복음을 전하는 본래의 사명에 충실하고 있는지 묻는 이들이 있고, 외적으로 교회가 세상을 향하여 하나님의 뜻에 적합한 사역을 하고 있는지 묻는 이들이 적지 않다. 교회는 본래 베드로의 신앙 고백 위에 세워진 인간들의 신앙공동체이다. 그러나 지구적으로 선교의 영역이 확장되면서 이질적인 종교와 문화를 접해야 했고, 성경이 말하는 소위 이방인들에게 복음을 전하는 일을 우선적인 사명으로 삼았다. 그러나 기독교 인구가 증가하고 교회가 비대해지면서 중세기 유럽을 중심으로 건설되었던 기독교 왕국(Christendom)이 걸었던 오류들을 재현하는 것이 아닌지 염려된다. 한국감리교회 역시 그러한 우려에서 자유롭지 않다.

선교 초기 한국사회에 주었던 선한 영향력은 21세기 들어와 교단과 개체 교회의 여러 갈등과 분쟁 가운데 급격하게 약화되고, 최근에는 급격한 교인 감소가 통계를 통해 나타나고 있다. 부흥과 회복을 말하는 사람은 많지만 저마다 각각의 진단과 처방을 주장하고, 그 이면에는 개체교회 성장을 우선으로 하는 자기중심적 사고와 사역이 여전히 지배하고 있다. 세상이 교회를 보는 시선은 갈수록 차가워지고 있는데, 교회 안에서는 황금시대를 그리워하며 세상과 멀어지는 것이 아닌지 의문이다. 그런 의미에서 교회의 공적 사명과 역할을 살피고 현대 사회에 적합한 교회론을 정립하고, 그 토대 위에서 새로운 사역의 전망을 세우고 실천하는 것이 요구된다. 본고는 그러한 목적의식에서 오늘의 교회 현실과 성서와 교회사가 전하는 교회의 정체성과 사명을 밝히고, 현대 사회에서 교회의 공적 정체성과 책임을 지지하는 교회론적 요인들을 제시하고자 한다.

2. 오늘의 교회를 보는 시선들

2022년 11월 15일자, 기독교 인터넷 매체 〈뉴스앤조이〉는 "거룩한 범죄자들"이라는 제목으로 충격적인 기획기사를 보도했다. 2013년부터 2022년까지 최근 10년간 법정에 선 목회자들의 사건을 종합, 분석한 기사였다. 뉴스앤조이가 분석한 성직자들(목회자, 전도사, 신학생, 선교사 등)의 성범죄 형사사건은 모두 283건에 성직자 피의자는 259명이었다. 기사의 주요 내용은 다음과 같다.[1]

목회자 성폭력 피해자는 '여성', '아동·청소년' 그리고 '인적 신뢰 관계'에 집중돼 있었다. 판결문에 나오는 피해자는 총 529명인데, 이 중 515명(97.4%)이 여성이었다. 남성 피해자는 12명(2.3%)이었고, 나머지 피해자 2명은 성별을 파악할 수 없었다. 연령대를 확인할 수 있는 피해자는 총 479명이었다. 이 가운데 절반에 가까운 240명(45.4%)이 미성년자, 즉 아동·청소년이었다. 여기에는 10세 미만 피해자도 24명 포함돼 있었다. 성인 피해자는 239명인데, 그중 20대가 156명을 차지했다. 전체 피해자 중 20대 이하 피해자의 비율이 74.9%에 달했다. 성범죄는 '이단'과 '정통'을 가리지 않고 발생했다. 기하성 소속 박 아무개 목사(103번)가 징역 15년을, 대한예수교장로회 통합 전 익산노회장 윤 아무개

---

1) 최승현 기자. https://www.newsnjoy.or.kr/news/articleView.html?idxno=304826. "거룩한 범죄자들1", 〈뉴스앤조이〉 2022.11.15, 2023.2.21 접속.

목사(198번)와 기독교대한감리회 소속 임 아무개 목사(242번), 기독교한국침례회 소속 노 아무개 목사(96번)는 각각 징역 12년을 선고받았다. 징역 10년 이상을 선고받은 사람은 18명으로 집계됐다.

가해 목회자 259명 중 34명(13.1%)은 이미 성범죄 전과가 있는 '동종 누범'이었다. 특히 조 아무개 목사(243·244·245번)는 불법 촬영, 음란 메시지 전송 등으로 전과만 6회에 달했다. 상담사로도 일했던 강 아무개 목사(4·5번)는 2012년 강간 미수로 징역형을 선고받았다. 그는 출소 후에도 반복적으로 성범죄를 저질렀다. 2016년 내담자들을 강제 추행해 징역 3년을 선고받고 복역한 후, 2021년 또다시 강제 추행을 저질러 현재까지 복역 중이다. 경남 창원에서 목회하는 송 아무개 목사(163·164·165번)는 2012년부터 공연음란죄로 벌금형을 3회, 징역형을 1회 선고받았지만 현재도 목회를 계속하고 있다.

교회 안팎에서 이러한 범죄가 이루어지고 있다는 소식을 간간히 듣기는 했지만 구체적인 통계와 형량을 수치로 대하는 것은 안타깝고 부끄러운 일이 아닐 수 없다. 이미 한국교회는 스스로 회복할 수 있는 자정능력을 상실한 것이 아닌가 하는 자괴감이 들었다.

일반적으로 개인이나 공동체의 정체성은 두 가지 영역에서 이루어진다. 스스로 생각하는 정체성과 외부에서 보는 시선이다. 두 영역이 완전하게 일치하는 것이 이상적이지만 그런 경우는 거의 없다. 그러나 스스로 생각하는 영역과 외부의 평가가 완전하게 분리된다면 그 또한 심각한 상황인식이 될 것이다. 한국교회를 향한 사회의 시선이 곱지 않다는 것은 많은 이들이 동의할 것이다. 일부 성직자들의 도덕적 일탈, 목회직 세습, 성적 스캔들, 잘못된 재정 운영이 사회적 주목을 받는 빈도가 높아지면서 비판적인 평가가 형성된 것이 어제오늘의 일이 아니기 때문이다. 그러한 사안들을 일부 교회와 목회자들의 문제로 변증하고 잘못된 일반화를 경고하기에는 현실의 교회가 역부족한 측면이 있다.

1997년, 한국갤럽이 실시한 "한국종교의 실태 조사"에는 종교에 대한 불신 이유들을 응답한 내용이 나온다.[2] 특별히 개신교가 다른 종교들에 비해 부정적인 이미지를 갖게 된 항목들이 소개되었는데, "참 진리보다 교회 확장에 더 관심한다"는 응답이 76%에 이르고 있다. 헌금을 강요한다는 항목도 다른 종교에 비해 두 배 이상의 부정적 응답을 하고 있고, 성직자의 자질이 우수하다는 항목에서는 불교와 가톨릭에 뒤지고 있다. 22.8%의 응답자만이 개신교 성직자의 자질이 우수하다고 응답하였다. 손규태 교수는 한국교회의 신뢰성 상실의 원인으로 복음으로부터의 일탈 현상, 성직자들의 도덕적 일탈, 교회운영의 비민주성, 군사문화의 영향을 들었다.[3]

25년이 지난 2023년, 한국교회를 바라보는 세간의 시선은 어떻게 변했을까? 기독교, 특별히 개신교를 바라보는 한국사회의 부정적 여론을 보여주는 조사 결과가 최근 발표되었다. 2023년 2월 16일, 사단법인 기독교윤리실천운동이 발표한 "한국교회의 사회적 신뢰도 여론조사" 결과는 교회를 보는 한국사회의 시선이 더욱 차가워진 것을 보여준다.[4] 일천 명의 유효표본이 응답한 동 조

---

[2] 이원규, 『한국교회 어디로 가고 있는가?』 (서울: 대한기독교서회, 2000), 69-119 참조.
[3] 손규태, 『한국 개신교의 신학적-교회적 실존』 (서울: 대한기독교서회, 2014), 42-45. 손교수는 성직자들의 도덕적 일탈을 설명하면서, 성공한 일부 대형교회 목회자들의 교회 사유화, 세습, 성적 일탈행위를 들고 있다. 이러한 현상의 이면에 무자격한 자들에 대한 안수와 개신교의 제도적인 약점인 자유방임주의적 목회 현실을 말하고 있다.
[4] 기독교윤리실천운동, 『2023 한국교회의 사회적 신뢰도 여론조사 결과 자료집』, (서울: 지앤컴리치, 2023). 자세한 사항은 자료집을 참고하라.

사에서 한국교회에 대한 긍정적인 응답은 21%인데 반해 "신뢰하지 않는다"와 "전혀 신뢰하지 않는다"는 응답은 74%에 이르고 있다. 이러한 응답의 배경으로 신자 아닌 사람들이 많은가 하면 그렇지 않다. 스스로 신앙심이 깊다고 밝힌 이들이 45.8%이고, 보통이라고 응답한 이들이 36.8%이다. 신앙심이 깊지 않다고 밝힌 이들은 17.4%이다. 결국 신앙심이 깊거나 보통인 이들이 80% 넘게 참여한 조사에서 한국교회를 신뢰하지 않는다고 응답하고 있다. 구체적인 질문과 응답 중 눈길이 가는 항목은 기독교 목사의 말과 행동에 대한 질문이었다. "목사의 말과 행동에 믿음이 간다"는 질문에 긍정이 20.8%, 부정이 74.6%를 차지하고 있다. 이어지는 "기독교인의 말과 행동에 믿음이 간다"는 물음에는 긍정 20.6%, 부정 75.2%로 나타나고 있다. 가장 친근감 있는 종교를 묻는 물음에 불교 23.2%, 가톨릭 19.9%, 기독교 19.6%로 응답하였고, 가장 호감이 가는 종교에 대한 응답은 가톨릭 24.7%, 불교 23.4%, 기독교 16.2%이다.

그러나 더 심각한 것은 친근감이나 호감 자체가 없거나 모르겠다는 응답이 33.4%, 31.6%를 차지한다는 것이다. 어쩌면 이 사회는 더 이상 교회에 대하여 기대하지 않는 것인지 모른다. 부정적 인식이나 비판은 기대하는 바에 미치지 못하는 대상을 향하여 갖는 감정이다. 기대하지 않으면 비판할 필요가 없다. 원래 그런 집단으로 비춰진다면 부정적인 인식보다 더 무서운 무관심으로 발전하기 때문이다. 필자가 체감하는 무종교, 혹은 무신론적 성향은 수치로 드러난 이상이다. 필자는 감리교회 계통 대학에서 10여 년간 기독교 개론을 강의하면서 첫 수업에서 학생들의 종교를 조사하고 있다. 10년 전만 해도 40명 중 7-8명 정도가 기독교인이었다. 그러나 최근에는 1-2명이 기독교인이라고 밝히고 있고, 한 명도 없는 반도 적지 않았다. 우리 사회가 급속히 무종교 사회로 변하고 있는 것이 아닌지 심히 염려하게 되는 이유이다.

기독교윤리실천운동의 여론조사 자료집에 한국교회가 개선해야 할 우선적인 요인을 질문한 항목이 있다. 개선이 요구된다는 것은 가장 취약한 부분이라는 뜻이다. 이 항목에서 응답자의 절반이 한국교회가 "남에 대한 배려가 부족하다"와 "정직하지 못하다"고 응답하였다. 기독교인이 남에 대한 배려가 부족하고 정직하지 못하다면 그들의 신앙은 올바른 것이 될 수 없다. 심각한 현실이 아닐 수 없다. 이천년 기독교 역사에서 교회는 길 잃은 영혼들을 주님께 인도하고, 십자가에서 보여주신 그리스도의 사랑으로 세상을 섬기는 것을 사명으로 삼았다. 그러나 오늘의 사회는 교회가 그러한 사명을 충실하게 감당하지 못하고 있다고 보고 있다. 내적인 정체성과 외적인 정체성 사이에 커다란 간격이 있다. 세상을 구원하기 위하여 세워진 교회가 세상의 신뢰를 얻지 못하는 이유가 무엇인지, 복음으로 세상을 변화시키고 구원으로 인도하기 위하여 어떠한 역할을 해야 하는지 다시 한 번 진지하게 생각해야 하는 이유이다.

3. 성서의 교회론

교회를 언급하는 성서의 구절들은 모두 신약성경에 나타나고 있다. 대표적인 본문 마태복음 16장 18절은 예수님이 베드로에게 하신 말씀이다. "또 내가 네게 이르노니 너는 베드로라 내가 이 반석 위에 내 교회를 세우리니 음부의 권세가 이기지 못하리라." 복음서들 중 마태복음만 전하는 이 본문에 대하여 베드로 계열의 신앙공동체가 바울 계열의 신앙공동체에 대하여 정통성을 주장하기 위하여 추가된 구절이라고 해석하는 학자들도 있다. 학자들의 입장 차에도 불구하고 이 본문은 오늘의 교회와 같은 제도적인 교회를 말씀하신 것이 아니라 부활 이후 제자들을 중심으로 형성된 신앙공동체를 말씀하신 것으로 보는 입장이 많다. 바울은 이방인들을 위한 사도로 활약하면서 많은 교회들을 세웠다. 신약성서의 교회론은 바울이 세운 교회에 보낸 서신들을 통하여 성립되었다.

바울은 자신이 세운 교회들에 보낸 편지들을 통하여 교회의 토대와 목적을 밝혔고, 선교와 목회의 가이드라인을 보여주었다. 바울은 예수 그리스도를 통하여 나타난 하나님의 구원의 역사가 교회를 통하여 나타나야 한다고 믿었다. 그 위에 사도행전에 소개된 것처럼 성령의 임재와 역사를 통하여 교회가 되어간다고 보았다. 바울은 성령이 인도하고 역사하는 교회가 올바른 교회라고 가르쳤다. 그러한 가르침은 세 가지 특징 혹은 이미지로 요약되는데, 하나님의 백성, 그리스도의 몸, 성령의 전이다. 바울은 유대인들이 스스로 정의하였던 하나님의 백성이라는 정체성을 이방인들에게 확대하면서 교회가 이스라엘의 언약 백성의 신분과 유업을 이어간다고 보았다. 그리스도의 몸이라는 표지는 교회의 통일성과 지체의 다양성을 설명하는 가장 좋은 개념이다. 각기 다른 형태와 기능을 가지고 있다 하더라도 한 몸에 붙어있기에 하나라는 것이다.[5]

예수님의 지상 사역 중에 예수님을 따랐던 사람들이 누구인지 알아볼 필요

---

[5] 한국신약학회 편, 『신약성서의 교회론』(서울: 한들출판사, 2000). 1부에 실린 김지철, "바울의 교회 이해에 대한 성령론적인 반성"을 참고하라.

가 있다. 다양한 이들이 예수님의 기적과 말씀, 부활 사건을 보거나 듣고 따랐기 때문에 그들을 상세하게 구분하기는 어렵다. 그러나 크게 두 부류로 구분하면, 먼저 가족을 떠나 전적으로 예수님과 함께 했던 이들이 있었다. 그들은 예수님이 선포한 하나님 나라에 대한 가르침과 선교의 사명을 공유하며 활동하였다. 다른 이들은 가족과 직업을 유지하면서 예수님을 따랐던 사람들이다. 그들은 예수님과 제자들에게 음식과 숙소를 제공하고, 재산을 기부하고, 옆에서 봉사한 사람들이다.[6] 반면에 유대인들이 중심이 된 예루살렘 교회를 떠나 예수님의 가르침대로 율법에 비판적인 입장을 견지한 헬라파 그리스도인들이 중심이 된 안디옥 교회가 있었다. 그들은 처음으로 교회 밖의 사람들에게 "그리스도인"이라는 명칭을 받아, 바울 교회의 선구자가 되었다.

신약학자 두한(Helen Doohan)은 이러한 바울 교회의 특징을 "하나님의 백성, 새로운 피조물, 그리스도의 몸, 교제, 에클레시아"라는 다섯 가지 모델로 설명한다.[7] 특히 새로운 피조물로서의 교회를 설명하면서 "교회 공동체 안에서 메시아적 삶의 질과 모습을 의미하는 동시에, 세계를 보는 전적으로 새로운 시각을 제시하는 선교적 차원도 포함된다"고 해석하였다.[8] 즉, 세계가 하나님의 나라의 변혁의 터전임을 증언하고 대행하는 것이 새로운 피조물로서의 교회라는 것이다. 그는 바울의 교회론에 "그리스도 안에서의 신앙적 삶의 차원, 신앙의 공동체성, 부활한 주가 성령 안에서 임재한 것, 그리고 삶의 끊임없는 변혁과 세계 변혁을 향한 신앙인들의 책임이 그 이면에 포함되어 있다"고 보았다.

신약성서의 교회론은 예수 그리스도를 따르는 유대인 공동체에서 출발하여

---

[6] 위의 글, 17-18.
[7] 은준관, 『신학적 교회론』 (서울: 한들출판사, 2006), 154-163.
[8] 위의 책, 157.

이방인의 교회로 확장되고, 복음전도와 선교를 사명으로 이해하면서 세계를 향한 하나님의 구원의 계획을 증언하고 실천하는 신앙공동체로 발전되어 왔다고 정리할 수 있다. 이러한 특징을 적극적으로 해석하여 교회를 공적인 공동체로 보는 관점이 있다. 이러한 관점을 간략하게 소개하면, "성령의 충만한 현존, 평등 공동체, 사랑의 친교(코이노니아) 공동체, 섬김(디아코니아)의 공동체, 세계 변혁적인 종말론적 대안 공동체: 하나님 나라의 선취적 현존"이다.[9] 성령의 임재가 교회의 출발과 동력이 되었다면, 그 기초 위에 세워진 교회 공동체는 모든 구성원들이 평등한 공동체였다. 오직 하나님만이 아버지가 되고, 그리스도만이 스승이며 지도자가 되었다. 마태복음은 이 점을 분명하게 전하고 있다. "그러나 너희는 랍비라 칭함을 받지 말라 너희 선생은 하나요 너희는 다 형제니라 땅에 있는 자를 아버지라 하지 말라 너희의 아버지는 한 분이시니 곧 하늘에 계신 이시니라 또한 지도자라 칭함을 받지 말라 너희의 지도자는 한 분이시니 곧 그리스도시니라"(마23:8-10). 또한 세계 변혁적인 종말론적 대안 공동체로서의 교회는 "세상으로부터 부름을 받은 동시에 세상을 향하여 부름을 받는다. 세상으로부터의 분리와 세상을 위한 변혁, 세상으로부터의 자유와 세상을 향한 사랑의 변증법적 관계성 안에 교회의 의미와 사명이 존재한다."[10] 김균진은 몰트만의 교회론을 소개하면서 신약성서의 교회론을 다음과 같이 설명한다. "교회가 그리스도의 몸 혹은 공동체로서 실존하는 그리스도라면, 교회는 그리스도께서 하신 일을 계속해야 한다. 그의 머리 되신 그리스도의 뒤를 따라야 한다. 그리스도께서 이 세상에 대해 '책임적 존재'였다면, 교회도 이 세상에

---

9) 윤철호, 『한국교회와 하나님 나라를 위한 공적 신학』 (서울: 새물결플러스, 2019), 96-101.
10) 위의 책, 101.

대해 책임적 존재가 되어야 한다. 예수의 모습을 닮고 예수의 하신 일을 뒤따라 하는 여기에 교회의 본질적 사명이 있고, 존재 이유와 목적이 있다."[11]

4. 신학적 교회론

　신약성서의 교회론을 기초로 이천년 교회사는 신학적 교회론을 발전시켜왔다. 기독교 신학은 초대 교부들부터 시작하여 현대 신학자들에 이르기까지 하나님과 교회, 세상의 관계를 해석하고 설명하였다. 물론 처음 교회의 주된 관심은 그리스도의 정체성이었다. 인간의 몸으로 오신 하나님의 아들의 신성과 인성을 둘러싼 지난한 논쟁으로 삼백년이 넘는 시간을 소비하였고, 그 후에 완전한 하나님이시며 완전한 인간이신 그리스도를 고백하게 되었다. 신학적 차원에서 독립적인 주제로 교회론을 논하기 시작한 것은 중세기이지만, 그 후로 교회론은 대부분의 신학자들의 중요한 관심이 되었다. 주요 신학자들의 교회론을 간략하게 살펴보자.

1) 어거스틴의 교회론

　서방교회의 정통주의 신학을 대표하는 히포의 주교 어거스틴(354-430)은 서

---

11) 김균진, "교회론의 성서적·신학적 기초, 한국조직신학회 엮음, 『교회론』,
　　(서울: 대한기독교서회, 2009), 27.

방교회의 교회론을 정립한 인물이다. 그는 터툴리아누스와 키프리아누스, 옵타투스의 교회론에 영향을 받았고, 교회의 거룩성을 수호하기 위하여 온 힘을 기울이면서, 교회의 거룩성의 근원으로서 성례전의 가치를 강조하였다. 어거스틴은 니케아신조가 공표한 교회의 네 가지 표지인 단일성, 거룩성, 보편성, 사도성을 지키기 위하여 노력하였다.

어거스틴은 당시 북아프리카를 중심으로 위세를 떨치던 도나투스파와 논쟁을 벌였다. 도나투스파가 주장한 아프리카의 교회만이 유일하고 거룩한 교회라는 입장을 배척하면서 전 세계의 모든 교회가 그리스도의 몸에 속한 보편적 (가톨릭) 교회라고 설명하였다. 그는 가톨릭교회가 추구하는 올바른 길을 말했는데, 그 길은 "이단이나 분리주의자들을 무작정 몰아내는 것이 아니라 그들을 품고 함께 하면서 마침내 하나님의 은혜의 품으로 돌아올 수 있기를 추구하며 나아가서 모든 사람들이 영혼의 구원에 이르고 영적인 민족으로 세움을 얻기 위하는 것이 하나님의 뜻이라고 믿는 것이다."[12] 어거스틴은 사랑과 겸손을 강조하면서 개인적 윤리일 뿐 아니라 교회론적으로 중요한 가치로 보았다. 그는 "일치는 언제나 사랑의 열매이고 사랑은 성령의 열매이다. 교회의 일치를 위한 사랑은 결과적으로 성령의 사역의 특별한 증거가 된다"고 말했다.[13]

그는 삼위일체론에서 성령이 성부와 성자를 연결하는 매개가 되는 것처럼, 성령이 교회일치의 상징과 능력이 된다는 교회론을 전개하였다. "교회의 일치를 반대하는 자는 사랑을 반대하는 자이고 그런 사람은 더 이상 성령을 가지지 못한다"고 주장하였다.[14]

---

12) 정홍렬, "아우구스티누스의 교회론", 한국조직신학회 엮음, 『교회론』, 50-51.
13) 위의 책, 55.
14) 위의 책, 55.

그는 교회의 니케아 신조의 네 가지 표지를 교회의 본질이라면, 교회를 정의할 수 있는 표현으로 그리스도의 몸, 어머니 교회, 신의 도성을 제시하였다. 정홍렬 교수는 어거스틴의 교회론에 대하여, "어거스틴의 정신은 오늘날 신앙의 보편성을 상실한 그리스도인들과 교회의 보편성을 무시하고 분열로 치닫는 교회들에게 다시금 보편적 신앙을 회복하고 그리스도교회의 일치운동 및 교회연합운동에 힘을 모아야 할 과제를 일깨워주는 경종"이라고 평가하고 있다.[15]

2) 아퀴나스의 교회론

중세기를 대표하는 토마스 아퀴나스(1225-1274)는 대표작 『신학대전』 뿐 아니라 『대이교도대전』이나 『신학요강』에서도 교회론을 중요하게 다루지 않았다. 그는 아리스토텔레스의 목적론적 윤리 이념에 입각하여 인간의 존재 이유가 행복의 추구라는 관점에 동의하면서, "인간의 완전하고 최종적인 행복은 다만 하나님의 본체를 보는 것에 있다"고 주장하였다.[16] 그러한 관점에서 볼 때, 아퀴나스가 명시적으로 기술하지 않았지만, 그의 교회론은 교회를 그리스도의 몸, 신비적 몸으로 보았던 중세 기독교 사상에 큰 영향을 받은 것으로 보인다. 그의 교회론의 중심 주제는 "신비적 몸", "성령의 창조물", "혼합된 사회", "신실한 자들의 회중"이라고 할 수 있다.[17]

---

14) 위의 책, 55.
15) 위의 책, 62.
16) 황재범, "토마스 아퀴나스의 교회론", 한국조직신학회 엮음, 『교회론』, 69.
17) 은준관, 『신학적 교회론』, 210-212.

아퀴나스로 대표되는 중세의 교회론은 로마교회의 교황을 정점으로 하는 성직자 중심의 교회 체계와 동일한 의미였고, 사제들이 행하는 성례전이 이루어지는 공간을 의미하였다. 그런 의미에서 교회는 성도들의 모임이라기보다 성례전을 행하는 성직자들의 모임이었다. 은준관 교수는 중세기 교회론의 특색을 두 가지로 설명한다.[18] 하나는, 로마 교황이 보편적 수위권을 획득한 후에 형성된 교회의 절대권으로, 교황과 교회와 동일시하였다. 또 다른 특색은 일곱 개의 성례전을 정착시키는 가운데 성만찬의 떡과 포도주가 그리스도의 실제적인 살과 피라는 화체설을 정립한 것이었다.

이러한 배경에서 아퀴나스의 교회론 역시 성서적이고 본질적인 의미보다 성례전의 집행이라는 기능적인 측면을 강조하였다. 그러한 교회론은 하나님을 인식하는 것과 교회의 성립과 성례전의 유효성 등에 있어서 성령의 역할을 중요하게 여기지 않는데,[19] 이는 성서의 진술이나 초대교회의 전통에 비추어 볼 때 적절하지 않다고 할 것이다. 전체적인 틀에서 볼 때 아퀴나스의 교회론은 교황 중심주의, 성례전주의, 교권주의(사제중심)의 위험성을 담고 있다는 비판에서 자유로울 수 없다.[20]

3) 칼 바르트의 교회론

칼 바르트(1886-1968)는 말씀의 신학, 사건의 신학, 변증법적 신학을 전개한

---

18) 위의 책, 213.
19) 황재범, "토마스 아퀴나스의 교회론", 89.
20) 은준관, 『신학적 교회론』, 288.

19세기 유럽의 대표적 인물이다. 19세기 유럽을 지배한 자유주의 신학에서 출발하여 하나님의 절대성을 선언하는 신정통주의 신학으로 귀결하였다. 신정통주의 신학이 정통주의 신학과 구별되는 점은 현실의 불의와 악에 맞선 것이다. 바르트는 히틀러의 전체주의에 저항하였고, 이차대전 이후 등장한 반공주의가 동구의 무신론보다 훨씬 위험하다는 것을 지적하였다.

바르트의 교회론의 근거는 그리스도의 삼중직이다. 그는 그리스도가 제사장, 왕, 예언자의 세 가지 직분으로 하나님과 세상을 화해케 하셨다는 화해론을 전개하였다. 화해론의 핵심은 하나님이 그리스도를 통하여 이 땅에 내려오신 하강운동, 죽음을 이기고 부활하신 그리스도가 승천하는 상향운동, 그리고 하나님과 인간을 새롭게 연합하게 하시는 종말론적 연합이다. 하나님의 하강은 제사장적 선교, 그리스도의 상향은 왕의 선교, 하나님과 세상의 연합은 예언자적 선교라고 할 수 있다.[21] 화해론이 설명하는 그리스도의 세 가지 직분과 각각 연결된 선교적 사명은 "하나님, 세상, 교회"의 영역에서 창조, 화해, 구원을 이루시는 하나님의 은총의 패러다임이다.

바르트의 교회론에 대한 다양한 해석이 있지만 공통적인 부분은 교회론의 토대를 하나님의 말씀, 그리스도, 성령의 역사로 보는 것이다. 바르트에 의하면, 교회는 성령 안에서 모이고, 고백하고, (세상으로) 나아가는 공동체이다. 그는 사도행전에서 흩어졌던 제자들이 다시 모이고, 예수 그리스도를 고백하는 무리는 아직 교회로 볼 수 없다고 해석하였다. 그러나 오순절 사건을 거치며 세상으로 나아갈 때 비로소 교회라고 정의하였다.[22] 이러한 구조는 삼위일체 하

---

21) 이형기, 『하나님 나라와 공적 신학』, (서울: 한국한술정보, 2009), 39-40.
22) 최종호, 『칼 바르트, 하나님 말씀의 신학』 (서울: 한들출판사, 2010), 46.

나님의 유비라 할 수 있는데, "세상으로부터 부름받아 모이는 교회, 든든히 서 가는 교회, 그리고 세상 속으로 파송받는 교회"로 구분할 수 있다. 이형기 교수의 설명을 보자.

> 이 교회는 성령의 역사 가운데 그리스도의 제사장직 수행을 통한 하나님의 선교, 그리스도의 왕직을 통한 하나님의 선교, 그리스도의 예언자직을 통한 하나님의 선교에 동참하고 있고, 동참해야 한다. 즉 그리스도의 교회는 예수 그리스도의 화해와 복음을 통하여 사람들을 성령 역사로 믿고 의롭다 함을 받아 모이는 교회공동체의 구성원이 되게 하고, 예수 그리스도의 화해의 복음을 통하여 이 믿는 공동체의 사람들을 거룩하게 해야 하며, 이들 거룩하게 되는 공동체를 동일한 화해의 복음을 통하여 이 세상으로 파송하여 온 인류가 종말론적으로 하나님과 온전히 화해하여 연합할 것을 희망하면서 이를 역사 속에서 구현하기 위하여 힘쓰고 애써야 할 것이다.[23]

바르트의 교회론은 "예수 그리스도의 전 사건"(Totus Christus)이라는 빛에서 이해할 수 있다. 바르트에게 있어서 교회는 온 세계와 온 인간의 화해와 구속을 위한 그리스도의 존재 사건을 이해할 때에 온전하게 이해할 수 있다. 세계 안에서 활동하시는 하나님의 가능성이 교회의 구조와 방향 설정의 근거가 되고, 그리스도 사건을 통해 세계와 전 역사에 참여하는 하나님의 선행적 사건만이 교회의 근본적인 존재 이유와 활동의 유일한 근거와 영역이 되는 것이다.[24] 바르트는 복음전파와 세상에서의 하나님 나라 구현이라는 교회의 과제를 구분하지 않고 통전적으로 이해하였다. 그러한 교회 이해는 화해론을 통하여 "세상

---

23) 이형기, 『하나님 나라와 공적 신학』, 41.
24) 은준관, 『신학적 교회론』, 327.

을 위한 그리스도"와 그 연장선에서 "세상을 위한 교회"라는 개념을 정립하였다. 바르트가 대표하는 신정통주의 신학은 교회를 하나의 사건으로 보면서 신학적 교회론의 혁명적 변화를 가져왔다는 평가를 받고 있다.[25]

4) 몰트만의 교회론

위르겐 몰트만(1926-)은 현대신학에서 가장 영향력 있는 신학자들을 대표하는 인물이며 한국교회와 신학에 널리 알려진 학자이다. 『희망의 신학』(1964)으로 출발한 삼위일체 신학은 『십자가에 달리신 하나님』(1972)을 거쳐 『성령의 능력 안에 있는 교회』(1975)로 완결되었고, 현재까지 왕성하게 활동하고 있다. 몰트만의 신학을 규정하는 개념은 시대를 거치며 여러 단계의 변화를 거쳐왔다. 그럼에도 불구하고 그의 신학을 관통하는 중심적인 주제는 종말론의 빛에서 보는 예수 그리스도의 복음이다. 『희망의 신학』에서 그는 "하나님은 피안의 저편에 계신 것이 아니라 오고 계시고, 오시는 분으로 현존하신다. 그는 모든 것을 포괄하는 새로운 세계, 그리고 의와 진리의 새로운 세계를 약속하신다"고 밝혔다.[26] 이러한 하나님 이해는 십자가에 달리신 하나님의 종말론적 구원 행위로 실재가 되었고, 삼위일체 신학의 중심 메시지가 되었다.

몰트만의 교회론은 『성령의 능력 안에 있는 교회』에 집약되어 있는데, 전통적인 교회론을 답습하기보다 교회의 실천적인 특성과 친교 공동체로서의 의미

---

[25] 위의 책, 333.
[26] 위르겐 몰트만, Theology of Hope, (NY: Harper & Row, 1975), 42.

를 강조하였다. 그는 이차대전을 통하여 세속의 전체주의와 결합한 독일 국가 교회를 경험하면서 그 과정에서 교회의 제도화와 영성의 사사화, 신자들의 공적 신앙의 상실에 대한 비판의식을 고양하였다. 이러한 관점은 유사한 정치 환경에 있던 제삼세계 교회의 호응을 받았고, 한국교회도 그러한 범주에 들어간다고 볼 수 있다. 몰트만의 교회론은 이론적 연구에 그치지 않고 현실의 경험과 실제적 자료들을 제시함으로 보다 많은 공감을 얻었다.

전 생애에 걸쳐 정치적 해방에 지속적인 관심을 보여 온 몰트만은 신학의 사명이 성서와 세계를 해석하는데 그치지 않고, 세계를 변혁하는데 있다고 믿었다. "즉 교회는 세계 속에서의 정치적, 경제적 해방과 진정한 인간화를 위한 사회적, 정치적 운동에 동참해야 한다"는 것이다.[27] 최근 그의 신학은 공적신학, 혹은 공공신학의 영역으로 발전하여 인간 사회의 모든 영역에서 교회와 그리스도인들이 책임적으로 응답하고 실천할 것을 주장하였다. 몰트만은 자신의 교회론을 "메시아적 교회론" 혹은 "관계적 교회론"으로 정의하였다.[28] 메시아적이라는 말은 종말을 지향하는 기독론적이라는 뜻을 담고 있고, 관계적이라는 말은 교회론의 지평을 확장한다는 의미를 담고 있다. 교회는 자신만을 위하여 존재하는 것이 아니라 하나님과 세계와의 관계 속에 존재한다는 의미이다. 어찌 보면 당연한 설명이지만, 현실에서 그렇지 못한 교회를 볼 수 있다는 점에서 몰트만의 교회론을 경청할 필요가 있다.

그러한 개념 위에서 몰트만의 교회론은 삼위일체론적 교회론, 메시아적 교회론, 성령론적 교회론, 종말론적 교회론으로 구성된다. 삼위일체론적 교회론

---

[27] 신옥수, "위르겐 몰트만의 교회론", 한국조직신학회 엮음, 『교회론』, 308. 그런 의미에서 그는 『성령의 능력 안에 있는 교회』를 세계 여러 지역에서 박해받는 기독교인들에게 헌정한다고 밝혔다.
[28] 위의 책, 310.

은 삼위일체 하나님의 역사에 참여하는 교회의 본질과 사명을 논하고 있다. 교회는 삼위일체 하나님의 종말론적 하나님 나라를 향한 운동 혹은 하나님의 선교에 참여하는 공동체라는 것이다. 그는 "참된 교회는 해방 받은 자들의 찬양이다. 교회는 인간 상호 간의 연합, 사회와 자연의 연합, 피조물과 하나님의 연합에 참여한다"고 말한다.[29] 메시아적 교회론은 교회의 기초와 원인 및 근거를 예수 그리스도에게 두는 기독론적 중심성을 강조한다. 그는 "그리스도가 없으면 교회가 없다. 교회론은 ... 하나님의 그리스도인 예수와 불가분리하게 연결되어 있다. 교회가 자신에게 이름 지은 예수 그리스도의 교회는 그리스도를 그의 교회의 주체로 보고, 교회의 삶을 그에게 조율할 것을 요청한다. 교회론은 오직 기독론으로부터 발전될 수 있다. 교회론은 기독론의 결과요 기독론과 상응한다"고 말한다.[30] 몰트만의 메시아적, 기독론적 교회론은 다음과 같이 요약될 수 있다.

> 교회는 역사 안에서 살아간다. 역사는 곧 십자가에 못 박힌 그리스도의 부활에 의해서 기초되며, 그 미래는 포괄적인 자유의 나라이다. 그리스도에 대한 살아 있는 '회상'이 교회의 '희망'을 이 나라로 향하게 하고, 이 나라에 대한 살아 있는 희망은 그리스도에 대한 지칠 줄 모르는 회상으로 소급한다.[31]

몰트만은 또한 성령론적 교회론을 전개하였다. 몰트만에게 성령은 예수의 역사와 하나님 나라의 도래 사이에서 종말론적 미래를 중재하고, 하나님의 주

---

29) 위르겐 몰트만, The Church in the Power of the Spirit, (London: SCM Press, 2000), 65.
30) 위의 책, 66.
31) 위의 책, 197.

권과 영광을 지향하는 새 창조의 영이다. 그는 성령의 창조물로서의 교회를 은사공동체로 이해하면서, 성령의 은사를 받은 신자들은 세상을 위한 봉사에 나서게 된다고 주장하였다. 특별히 해방과 생태 운동에 참여하는 예언자적 선포가 성령의 은사라고 보았다.[32] 그런 의미에서 몰트만은 자신의 교회론을 "카리스마적 교회론"으로 부른다. 종말론적 교회론은 교회가 종말론적 지평을 갖고 삼위일체 하나님의 세계 참여의 역사에 동참해야 한다는 입장이다. 그는 "실제적인 핵심은 교회 자체를 확장하는 것이 아니라 하나님 나라를 확장하는 것이다. 교회 자체의 영광이 아니라 성령 안에서 아들을 통한 아버지의 영광이 교회의 목적"이라고 말한다.[33]

4. 한국교회의 공적 사명과 역할

이제 본고의 목적이 되는 한국사회에 요청되는 교회의 모습을 생각해보자. 앞부분에 제시한 것처럼 한국사회는 교회에 대하여 비판적인 시선을 넘어 부정적이고 적대적인 시각으로 보고 있다. 이러한 현실에서 성서의 교회론과 신학자들의 교회론을 바탕으로 한국교회의 방향을 찾는 것은 충분하지 않다. 세상에 복음을 전하는 본래의 사명과 함께 하나님이 창조한 세계 안에서 하나님의 창조의 목적과 계획을 드러내는 교회가 되어야 할 것이다. 필자는 그러한 방향을 보여주는 존 웨슬리의 교회론과 공공신학의 교회론을 제시하고자 한다.

1) 존 웨슬리의 교회론

감리교회의 목사로서 웨슬리의 신학과 사역은 현대 사회에서 더욱 진가를 발휘하고 있다고 믿는다. 산업혁명기의 영국사회는 오늘의 한국사회와 유사하다. 급속한 산업화의 결과 엄청난 부를 축적한 계층과 그렇지 못한 이들의 간극이 크게 벌어졌고, 물질적 풍요를 누리는 이들은 도덕적, 신앙적 일탈을 범하기 일쑤였다. 그러한 사회 환경 속에서 웨슬리는 개인적 회심을 통하여 성화의 개념을 성립하였고, 교회의 갱신과 세상을 향한 교회의 사명을 발견하였다. 영국교회의 신조에 따라 교회는 "순수한 하나님의 말씀을 듣기 위해 모인 신앙인들의[34] 모임"이라고 믿었고, 그와 함께 신자들의 친교와 성화의 장이라는 것을 깨달았다.

웨슬리는 교회를 참된 신앙공동체로 정의하면서, 몇 가지 구체적인 특성을 제시하였다. 첫 번째 특성은 성화의 공동체이다. 웨슬리의 성화 개념은 두 가지 차원을 갖는다. "세상으로부터 구별되어 거룩함을 뜻하는 '성결'과 세상 속으로 들어가 섬기는 '사랑'이다."[35] 두 번째 특성은 나누어주는 공동체이다. 이는 성화의 핵심인 사랑의 실천이다. 웨슬리 자신이 개인의 생활비를 제외한 모든 것을 나누었다는 것은 잘 알려진 사실이다. 감리교회의 사역은 선교와 함께 구제와 사회적 약자들에 대한 돌봄을 특징으로 하였다. 세 번째는, 성도의 교제의 장이다. 웨슬리는 교회가 믿는 사람들의 교제라고 보았고, 속회와 신도회, 밴드 등의 다양한 소그룹을 통하여 교제하는 기회를 만들었다. 네 번째 특징은 하나

---

34) 위의 책, 157.
35) 김영선, "존 웨슬리의 교회론", 한국조직신학회 엮음, 『교회론』, 155.

의 공동체이다. 웨슬리는 모든 교회는 하나의 공동체라고 확신하였다. 그는 분열이 교회 안에 있는 이들의 영혼을 파괴하고 교회 밖에 있는 이들에게 고통을 준다고 보았다. 다섯 번째는 사회개혁 공동체이다. 웨슬리는 성화의 개념을 개인적 차원에 제한하지 않고 사회적 차원으로 확장하였다. 그는 가난한 사람들을 돕기 위한 기금을 만들고, 대여금고를 설립하여 어려운 이들에게 무이자 대출을 실시하였다. 또한 할 수 있는 한 다 주라는 경제원칙을 제시하면서 과부와 노인, 집 없는 이들을 위한 쉼터를 설립하였다. 정기적인 교도소 방문과 킹스우드의 광부 자녀들을 위한 학교 설립도 교회의 사회적 성화를 위한 사역이었다. 감리교회의 사회적 책임은 구제에 머물지 않았다. 그는 노예제도 폐지에 앞장섰고, 의회에서 반노예 법안을 통과시키고자 하였다. 또한 여성들의 권리 보호에 기여하였고, 교회 안에서 여성 설교자들을 세웠다.

웨슬리는 교회 자체의 행복과 구원을 추구하지 않았고, 개인의 영혼과 함께 사랑으로 세상을 구원하고자 하였다. 김영선 교수는 웨슬리의 교회론을 "성화중심의 교회론, 성례를 중시하는 교회론, 교회일치를 주장하는 교회론, 그리고 사회개혁과 사회성결을 추구하는 교회론"으로 정리하였다.[36] 오늘의 한국사회와 한국교회 안에서 감리교회의 본래 특성을 회복하고 발전시켜야 할 필요가 있음을 알려주는 대목이다.

---

36) 위의 책, 167.

2) 공적신학과 공적 교회론

오늘의 교회와 그리스도인들은 성서가 전하는 예수 그리스도의 가르침을 얼마나 실천하며 살고 있을까? 세상을 향한 하나님의 사랑의 상징인 성육신하신 그리스도는 하나님을 사랑하라는 계명과 함께 이웃을 자기 몸과 같이 사랑하라고 명하셨다. 사랑에 대한 해석이 다양할 수 있지만, 그 안에 담긴 메시지는 분명하다. 그리스도인들은 하나님만 사랑하라고 부름받은 사람들이 아니라는 것이다. 이웃을 어떻게 사랑할 수 있을까? 정통주의 신학은 구제와 봉사를 말할 것이다. 민중신학이나 해방신학과 같은 정치신학과 행동신학은 구조적 변혁에 참여하는 것을 지지할 것이다. 이 장에서는 한국교회에서 확장되고 있는 공공신학의 내용을 통하여 교회의 공공성과 공적 책임을 살피고자 한다. 세상의 신뢰를 잃어가는 한국교회의 신앙실천에 새로운 방향과 동력을 제공할 수 있다고 생각한다.

최근 활발하게 논의되고 있는 공공신학의 정의가 학자들마다 다르지만 대략적으로 정의하면, "공적 영역에 있어서의 교회의 위치를 논하고, 교회의 사회적 형태에 대하여 관심하며, 사회에서의 교회의 역할에 대하여 관심하는 신학"이라고 할 수 있다.[37] 대표적 공공신학자 스택하우스는 공공신학을 정치신학과 구별하면서, 정치신학은 사회에 대한 정치적 관점에 관심하는 경향이 있는 반면, 공공신학은 정치에 대한 사회학적 이론에 더욱 관심한다고 주장한다.[38] 스택하우스는 "공공신학이란 공적인 논쟁들이나 문화, 사회, 과학기술,

---

37) 임성빈, 『21세기 한국사회와 공공신학』, (서울: 장로회신학대학교 출판부, 2017), 29.
38) 위의 책, 30.

경제, 정치에 관한 문제들을 다루는 신학의 한 종류이며, 또한 비기독교적 전통들이나 사회과학, 역사과학들과 더불어 비판적인 대화를 하고자 하는 신학의 한 종류"라고 말한다.[39] 윤철호 교수는 공적(공공)신학을 다음과 같이 정의한다. "공적신학은 성서가 증언하는 예수 그리스도의 하나님 나라 복음에 기초하여 교회와 신학의 공공성과 사회적 책임을 강조하는 신학이다."[40] 브라이텐버그는 "공적신학은 기독교의 신앙과 실천이 공적 삶과 공공선과 어떻게 관계를 갖는지, 그리고 어떻게 그리스도인과 비그리스도인 모두를 설득하여 행동하도록 할 것인지에 관심을 갖는다"고 정의하였다.[41] 이러한 정의를 종합하면, 공공신학은 하나님의 주권을 세상 모든 공적 영역으로 확장하고, 그리스도인들이 구체적으로 행동하도록 촉구하는 신학이라 할 수 있다.

이 글은 공공신학 자체를 소개하는 것을 목적으로 삼지 않는다. 오히려 한국교회가 한국사회에서 공적인 위상을 교회 안팎에서 발견하고 실천하는 방안을 찾고, 그 열매로 세상이 하나님께 돌아오고 하나님의 구원의 은총을 받아들이는 것을 목적으로 한다. 공공신학의 논의들을 통하여 한국교회가 자신의 공공성과 공적 책임을 인식하고 사회적 책임을 감당할 때, 교회의 본연의 사명인 복음 전파와 하나님 나라 구현이 실재가 될 수 있다고 믿는다.

손규태 교수는 교회의 공적 의미를 두 가지 차원으로 설명하는데, 세계 개방성과 사회적 공공성이다.[42] 그는 세계 개방성은 종교단체로서의 교회가 수도원과 같은 폐쇄적 은둔자 집단이 아니라 자기가 처한 지역에서 자기를 개방하

---

39) 위의 책, 63.
40) 윤철호, 『한국교회와 하나님 나라를 위한 공적 신학』, 331.
41) 위의 책, 331.
42) 손규태, 『한국 개신교의 신학적·교회적 실존』, 63.

고 지역민들의 삶에 동참하는 것이고, 공공성은 교회가 사적 조직이나 단체가 아니라 공적 집단으로서 자기가 속한 사회에서 책임성을 갖는 것이라고 설명한다. 한국교회가 사회적 신뢰를 상실하게 된 원인도 이러한 공적 의미를 잃어버린 것과 무관하지 않을 것이다.

윤철호 교수는 한국교회가 성장 동력을 잃어버리고 급속한 신자 감소를 맞게 된 원인들을 제시하는데 소제목만 소개하면 다음과 같다.[43] 1) 교회의 세속화. 2) 영적 능력의 약화와 종말론적 하나님 나라의 비전 상실. 3) 교회의 그리스도인의 부도덕성. 4) 공동체 의식의 약화와 분열. 5) 신학적 미성숙. 6) 목회전략의 부재와 교회 지도자의 리더십의 위기. 같은 책에서 윤교수는 한국교회가 직면하고 있는 도전과 극복 방안을 말하고 있다. 1) 물질적 풍요에 따른 교회성장의 정체와 교회갱신의 과제. 2) 첨단과학기술 문명의 도전과 교회 지도자의 목회역량. 3) 사이비 종교집단의 발흥과 미신적 신앙, 그리고 사회적 섬김으로의 전환. 4) 대형교회 지양, 교회와 사회의 민주화 지향. 5) 통일한국을 향한 노력: 남북교회의 교류와 협력. 6) 분열된 한국교회의 연합운동. 7) 생태계 파괴의 가속화와 그린목회.[44] 먼저 소개한 한국교회의 성장 동력 상실과 나중에 소개한 도전들은 교회 안팎의 상황이 얼마나 어려운지 보여준다.

특별히 지난 3년간 전 세계가 함께 겪은 코로나 팬데믹의 공포는 교회에 또 다른 과제를 안겨주었다. 사회적 위기 앞에서 그리스도인들의 신앙 실천이 어떠해야 하는지 고민하게 했다. 비대면, 비접촉 시대를 앞당기고, 전통적인 사역의 방식과 내용을 돌아보게 했다. 사회적 불평등과 불공정도 교회가 더 이상 외

---

43) 윤철호, 『한국교회와 하나님 나라를 위한 공적 신학』, 133-152.
44) 위의 책, 57-82.

면할 수 없는 문제이다. 그러나 심각한 문제는 교회 자체가 이념과 지역과 신학으로 분열하여 한 목소리를 내지 못하고 있다는 것이다.

공공신학이 과제로 삼은 일곱 가지 테제가 오늘 한국교회의 나아갈 방향이 될 수 있다.

1) 사회의 다른 영역과 대화를 통하여 기독교의 진리를 이해 가능한 방식으로 소통하고 변증한다.
2) 이론만이 아닌 실천을 통하여 사회적 책임을 수행한다.
3) 사회적 소통과 변증을 통하여 오늘의 특수한 상황들을 향해 말하고 사회의 공공선을 실현하기 위한 변혁적 실천에 있어 성서와 사도적 신앙 전통에 대한 충실성을 유지한다.
4) 모든 영역의 사회적 현실을 신학의 주제와 대상으로 삼는다.
5) 자유민주주의적인 시민사회를 전제하며 투쟁보다 대화, 혁명보다 개혁을 추구한다. 그러나 시민사회가 형성되지 못한 국가나 사회의 독재적, 억압적 상황에서는 정치신학이나 해방신학의 투쟁적, 혁명적 방법이 필요할 수 있음을 인정한다.
6) 세계화의 순기능과 역기능을 평가하고 역기능에 대하여 비판적 입장을 가질 필요가 있다.
7) 하나의 보편적인 신학이 아니라 다양한 시대와 다양한 상황에 적합한 다양한 형태의 공공신학을 논의한다.[45]

공공신학은 형성중인 신학이라 할 수 있다. 교회의 공공성과 공적 책임을 중심 주제로 다룬다는 점에서 그 자체가 교회론이다. 공공신학의 담론들은 한국교회의 공적인 신앙 실천에 실천적인 안내자가 될 수 있다. 현대사회는 날이 갈

---

45) 위의 책, 355-358.

수록 복잡한 이해관계가 형성되고, 다양한 문화와 집단이 출현할 것이다. 이러한 환경에서 교회는 세상을 향하여 그리스도의 복음을 전하되, 세상이 이해하고 동의할 수 있는 방식과 내용을 찾아야 할 것이다. 세상이 먼저 교회를 향하여 공적인 모습을 보이고, 사회 구성원의 책임을 감당하라고 요청하고 있기 때문이다.

5. 나가는 말

한국교회는 교회의 두 가지 사명, "복음 전파와 하나님 나라 구현", 혹은 "영혼 구원과 사회 구원", 웨슬리의 표현을 빌리면, "개인적 성화와 사회적 성화" 사이에서 균형을 찾아야 한다. 잃어버린 사회적 신뢰를 회복하기 위해서 공적 영역에서 보다 많은 예언자적인 목소리와 행동을 보여야 할 것이다. 성서의 가르침과 교회의 이천 년 역사를 통하여 우리는 참된 교회의 사명이 성령의 능력 안에서 복음을 전하고 세상의 빛과 소금이 되어야 한다고 배웠다. 오늘의 문제와 위기의 진정한 원인은 배우고 아는 것을 행하지 못한 것이다. 한국교회 목회자가 교인들 모두 진지하게 질문하고 답을 찾아야 한다. "우리를 교회로 부르신 이유가 무엇일까?" 그 답은 스스로 찾아야 한다.

성령의 현존과 능력 안에 있는 교회는 어떠해야 하는지, 어떤 일을 해야 하는지 물어야 한다. 예수 그리스도를 통하여 하나님과 화해하고 연합한 거룩한 백성이 현대 사회에서 어떻게 살아야 하는지 물어야 한다. 교회 안에서 예배공동체로 머무는 것은 충분하지 않다. 그리스도의 사랑으로 이웃과 세상을 섬기고, 이 땅에 하나님의 공의로운 통치가 이루어지기를 기도하고 실현해가야 한다. 물질만능주의와 과학지상주의로 포장된 무신론의 도전 앞에서 신실한 신앙인으로 훈련하는 동시에 사회적 구원을 선포하고 이루기 위해 자신을 희생하고 고통당하는 사람들 편에 서야 한다. 그것이 오늘의 한국교회가 공공성을 회복하고 선교의 과제를 수행하는 가장 효과적인 방안이다.

마태복음 5장 16절의 말씀을 결론으로 삼는다. "이같이 너희 빛이 사람 앞에 비치게 하여 그들로 너희 착한 행실을 보고 하늘에 계신 너희 아버지께 영광을 돌리게 하라."

공적 교회 네 번째 모습 _
공적 교회 회복을 위한 예배신학적 요인 고찰

존 웨슬리의
구원론적 관점에서 본
감리교 예배와 주일모임 이해

나형석 _ 전 협성대학교, 예배학

본고의 과제는 "기독교대한감리회 새예배서"[서울: KMC, 2001]가 전제하는 역사적 감리교회의 예배개념과 주일모임의 성격을 존 웨슬리의 구원론에 입각해 이해하고 그것이 오늘의 감리교 주일모임에 주는 유익한 함의들이 있는지 그 통찰을 부각시켜 보는데 있다. 아래와 같은 순서로 설명드리겠다.

I. 감리교회의 예배 이해
II. 하나님이 기뻐하실 영적 산 제물의 구원론적 정의
III. 사랑의 불의 발화 순서와 조건 (order of salvaion)
IV. 회개와 믿음 그리고 그리스도의 의를 위한 은혜의 수단
V. 은혜의 수단의 조합으로서의 주일모임 사용(Use) 자세
결론: 유익한 암시들

I. 감리교회의 예배 이해

감리교는 예배를 어떻게 이해합니까? 로마서 12장 1절에서 사도 바울이 언급했던 영적 예배로서의 예배 이해를 따르고 있다.

> 그러므로 형제들아 내가 하나님의 모든 자비하심으로 너희를 권하노니 너희 몸을 하나님이 기뻐하시는 거룩한 산 제물로 드리라 이는 너희가 드릴 영적 예배니라 _롬12:1

I appeal to you therefore, brothers and sisters, by the mercies of God, to present your bodies as a living sacrifice, holy and acceptable to God, which is your spiritual worship.

감리교도들이 그런 예배를 실천하고 있다고 보는 근거는 저들이 성찬을 통해 실제로 자신을 하나님께 거룩한 산 제물로 드리고 있기 때문이다. 저들의 역사적 성찬감사 기도문들을 통해 그런 사실들을 확인해 볼 수 있다.

아버지의 선하심과 자비하심으로 저희가 드리는 이 찬양과 감사의 희생제물을 받으시옵소서. 그리고 주님! 저희 자신, 영혼, 몸을 당신께 영적이고 거룩하며 살아있는 제물로 (reasonable, holy, and lively sacrifice) 드리나이다.
(존 웨슬리가 사용했던 BCP. 1662년판의 성찬기도문, 존 웨슬리가 1784년 북미감리교도들을 위해 편집한 예배서 Sunday Service의 성찬감사기도문, 미연합감리교회의 1992년판 Book of Worship의 "Word and Table IV"의 성찬감사기도문)

이제 감사와 찬양 중에 우리를 위한 희생제물 그리스도와 연합하여 (in union with Christ's offering for us) 우리 자신을 거룩하고 산 제물로 드리나이다.
(미연합감리교회 1992년판 Book of Worship의 "Word and Table I", "V" 의 성찬감사기도문)

우리의 사제이며 왕이신 예수 그리스도를 통해 드려지는 저희를 산 제물로 받으소서. 또한 이 백성을 당신에 대한 찬양으로 받으소서.
(영국감리교회 1999년 판 The Methodist Worship Book의 성찬감사기도문)

오 거룩하신 주님 사랑이 많으신 하나님. 예수 그리스도 안에서 이루신 하나님의 놀라운 구속의 역사를 기억하면서, 찬양과 감사 가운데 저희 자신을 거룩한 산제물로 드립니다.
(기독교대한감리회의 2002년판 『기독교대한감리회 새예배서』, "평주일 2"의 성찬감사기도문)

II. 하나님이 기뻐하실 영적 산 제물의 구원론적 정의

감리교도들이 하나님께 영적으로 예배드린다고 했을 때, 그분이 기뻐하실 거룩한 산 제물로 자신을 드린다고 했을 때, 여기서 산 제물은 존 웨슬리의 구원론에서 어떤 영적 상태와 행위를 뜻하는가? 성화, 혹은, 하나님과 이웃을 사랑할 수 있는 영적 상태를 뜻한다.

설교 "영적예배"에서 존 웨슬리는 믿음(지식)안에서 하나님의 호의와 사랑(가장 높으신 분의 능력)이 우리를 덮어 우리 죄가 용서되고 그분의 사랑이 우리 안에 그분에 대한 사랑을 점화시켜 우리의 존재가 그분에 대한 사랑(거룩, 성결)의 불에 휩싸이게 된다면, 바로 그 시점이 우리가 하나님이 기뻐하실 거룩한 산 제물 된 순간이라고 말한다. 영적 예배 혹은 산 제물은 성화된 삶, 즉 하나님을 향한 사랑에 휩싸인 그리스도인의 삶을 가리킨다고 할 수 있다.

우리 주 예수 그리스도에 대한 지식에서 자라며, 가장 높으신 분의 능력이 갑자기 여러분을 덮고 모든 죄가 파괴되며 여러분 안에 주님께 성결만이 남아 있

게 될 것입니다. 이 순간, 그리고 모든 그러한 순간, "여러분 자신을 하나님이 기뻐하시는 거룩한 산 제물로 드리십시오(a living sacrifice, holy, acceptable to God). 그럼으로써 하나님의 것인 여러분의 몸과 여러분의 영혼으로써 그분을 영화롭게(glory) 하십시오" ("영적예배", III.10).

설교 "잠자는 자여 일어나라!"에서 존 웨슬리는 산 제물의 특징을 성령을 지닌 자, 예수 안에 있던 마음을 가진 자, 새로운 피조물, 즉 하나님에 대한 사랑의 불로 타오르는 상태에 있는 자 즉 참된 종교 안에 있는 자로 이해한다.

참된 종교란 무엇입니까? 성령과 능력으로 기름 부어진 자입니다(행 10:38). 마음과 뜻과 혼과 힘을 다해 주 하나님을 사랑할 수 있게 된 자, 예수 안에 있는 마음을 가진 자, 새로운 피조물입니다.

("잠자는 자여 일어나라", II.7).

또한 설교 "결혼 예복에 대하여"에서도 산 제물의 특징을 거룩함(성화), 즉 그리스도 안에 있는 마음을 가지고 그분처럼 하나님을 사랑하고 이웃을 자기의 몸처럼 사랑하는 삶으로 정의한다.

그렇다면 참된 "결혼 예복", "그리스도 예수 안에서" 영광을 얻기 위한 유일한 자격인 거룩함은 무엇입니까? 새로운 피조물이 되는 것입니다. "하나님의 형상을 따라 지으심을 받은" 그 영혼이 새로워지는 것입니다. 이것은 하나님의 계명, 특히 "마음을 다해 주 너희 하나님을 사랑하고 네 이웃을 네 몸처럼 사랑하라"는 말씀을 지키는 것입니다. 한 마디로, 거룩함이란 "그리스도 안에 있는 마음"을 품고 "그리스도께서 걸으신 것처럼 걷는 것"입니다. ("결혼예복에 대하여", 17)

III. 사랑의 불의 발화 순서와 조건

존 웨슬리에 따르면 우리의 존재를 거룩한 산 제물로 만들어 줄 사랑의 불은 이 땅이 아니라 오직 위로부터만 주어진다. 타락과 함께 창조 때 받았던 하나님의 숨, 그분의 영, 사랑의 불을 상실했기 때문이다. 죄인의 영혼 속에 사랑의 불은 없다. 따라서 하나님과 사람에 대한 사랑의 능력, 그 불길은 오직 위로부터, 하나님으로부터만, 이 죄인에게 주어진다.

존 웨슬리의 구원론은 우리가 어떻게 다시 하나님의 숨, 성령, 하나님과 이웃에 대한 사랑의 불에 휩싸일 수 있게 되는지, 그 사랑의 불이 어디로부터 어떤 순서로 내려와 우리의 존재와 삶을 영적 예배 혹은 그분이 기뻐하실 거룩한 산 제물 되게 하는지에 대한 질문을 추적하고 있다. 그의 구원론은 하나님께서 어떻게 우리 안에서 우리를 당신이 기뻐 받으실 산 제물로 만들어가시는지 그리고 그분의 그런 사역에 우리가 어떻게 참여해야 하는지에 대한 기독교적 제물규정 혹은 제사규정이라 할 수 있다.

1. 사랑의 불은 누구의 약속에 의해, 어떤 순서로, 우리 영혼에 점화되고, 이후 지속적으로 유지, 확대되는가? (order of salvation)

존 웨슬리의 설교 "예정에 대하여"에 따르면 하늘로부터 사랑의 불이 죄인들에게 주어지는 이 구원의 여정은 죄인들을 향한 하나님의 영원한 은혜의 약속(언약, 계약)에서 시작된다. 그분은 이렇게 약속하셨다: "회개하고 예수 그리스도를 믿으라. 구원을 얻으리라." 그분은 자신이 기뻐하시는 제물을 만들기 위해 당신이 기뻐하시는 순서를 따라 그 구원을 이루시겠노라고 약속하셨다. 그분의 말씀이다: "내가 먼저 너희를 용서하리라. 정하게 하리라(칭의). 그런 후 너희가 잃어버렸던 것, 즉, 나의 숨, 나의 형상, 그리스도 안에 있는 마음, 성령, 사랑의 불을 네 안에 부으리라(신생). 그 첫 발화 후 내가 나와 이웃에 대한 네 사랑의 불을 내적으로 외적으로 더욱 광범위하고 맹렬하게 하리라. 큰 불도 끄지 못하리라. 그렇게 내가 준 그 사랑의 불로 너를 태워 너로 내가 기뻐하는 거룩한 산제물 되게 하리라. 그렇게 내가 너로부터 존귀히 여김을 받으리라(성화). 네가 소망 중에 사랑의 수고와 인내로써 내가 준 사랑을 그 폭과 깊이와 넓이에서 시험하고 견고히 하면 내가 너를 영화롭게 하는 날 네가 그 사랑을 길삼아 사랑 자체인 내게로 유월하게 하리라(영화)("예정에 대하여"). 이것이 세상에 주신 하나님의 약속(언약, 계약)이다.

2. 이 사랑의 불은 어디에 보관되어있는가?

그리스도의 내적 의로서 그분 안에 보관되어있다. 그리스도께서 우리의 구원을 위해 자기를 우리에게 내어주시겠다고 하셨다. 그분 안에 우리의 구원을 위해 결정적인 그 무엇이 있다는 것인가? 그래서 그것을 우리에게 내어주시겠다는 것인가? 그것이 무엇인가? 그리스도의 의이다.

그리스도의 의는 무엇인가? 존 웨슬리는 설교 "우리의 의이신 그리스도"에서 그리스도의 의를 그분의 신적 의와 인간적 의로 나눈다. 신적 의는 그리스도께서 삼위 하나님의 한 위로서 아버지와 성령과 함께 누리는 신적 본성에 속한 의이다. 그리스도께서 우리를 위해 내어주시겠다는 의는 이런 신적 의가 아니라 성육하신 그리스도의 인간적 의이다.

그리스도의 인간적 의는 내적 의와 외적 의로 나뉜다. 존 웨슬리에 따르면 이 내적 의는 그리스도의 영혼의 모든 능력과 기능에 각인 되어있는 하나님의 형상이다(창 1:27, P:6, 고후 4:4). 이 내적인 의에는 어떤 흠이나 부정이 없는 지고의 수준에서의 아버지에 대한 사랑과 존경과 순종, 겸손과 온유와 친절, 그리고, 하나님을 떠난 자들에 대한 사랑과 그 외의 모든 거룩하고 신적인 성품들이 속한다. 그분의 외적 의는 능동적 의와 수동적 의로 나뉜다. 능동적 의는 아버지의 뜻에 대한 순종의 행위(하지 말라는 악은 행치 않으신 소극적 의와 모든 선은 적극적으로 행하신 적극적 의)를 통해 그가 아버지 앞에서 이루신 의이다. 수동적 의는 그리스도께서 행위가 아니라 받아들임(죽음)의 순종을 통해 세우신 의이다. 존 웨슬리는 이 능동적 의와 수동적 의 둘 모두와 관련하여 예수를 '우리의 의가 되신 주님'으로 고백한다("예정에 대하여", I.2,3,4).

그리스도께서 우리의 구원을 위해 내어주시겠다는 의는 그분께 있는 이 외적 의(피의 순종으로 세우신 의)와 내적 의(하나님과 사람에 대한 사랑의 불)이다. 하나님이 주실 이 사랑의 불은 아들 안에 그의 내적 의의 모습으로 담겨 있다.

3. 하나님은 어떻게 그리스도를 통해 당신의 은혜의 약속을 이루셨는가?

그리스도의 행위와 받아들임을 통한 순종으로 세우신 그리스도의 외적 의가 죄인들에게 전가될 때 아버지께서는 아들이 피의 순종으로 세운 의를 덧입고 그것의 그늘 아래 있는 죄인을 용서하신다. 그리고 그가 아들을 옷 입고 입으므로 그를 아들로 받으시고 아들이므로 아들 그리스도의 내적 의(하나님과 사람에 대한 사랑의 불, 성령, 하나님의 형상)를 죄인 안에 심어주신다. 하나님은 전가된 그리스도의 의(imputed righteousness)를 보시고 용서하신다(칭의). 그리고 그에게 그리스도의 내적 의인 사랑의 불을 부어주심으로(inherited 혹은 implanted righteousness) 그를 거룩한 자로 만드신다(신생과 성화).

그리스도는 당신의 의(외적 의와 내적 의, 피와 사랑의 불)를 내어주시려 하신다. 누구든지 이 그리스도의 의를 자신의 의로 받아들인다면 아버지께서 아들의 의를 보사 그를 용서하시고 그에게 아들의 마음, 즉 사랑의 불을 부어주실 것이다. 그러면 이 죄인의 존재와 삶은 영적 예배, 하나님이 기뻐하실 거룩한 산 제물이 될 것이다. 그렇게 아버지는 당신이 기뻐하시는 방식과 순서를 따라 즉 아들 안에 있는 의를 통해 먼저 우리를 용서하시고 그후 우리를 사랑으로 불붙이사 우리를 거룩한 산 제물 되게 하신 후 받으시겠다는 당신의 영원한 은혜의 약속(언약, 계약)을 이루신다.

4. 사랑의 불은 어떤 조건 혹은 수단을 통해서 하늘로부터 우리 안에 처음 점화되고 지속적으로 유지.확대되는가?

그리스도 안에 우리의 구원을 위한 공로가 있다. 외적 의와 내적 의이다. 그리고 그리스도는 우리가 그것(피와 사랑의 불)을 우리의 의로 소유할 수 있도록 자기를 내어주신다. 그러나 그분의 것을 나의 것으로 소유하기 위한 필수 조건이 있다. 회개하고 그리스도의 의를 받아들이는 믿음이다. "회개하라. 누구든지 그리스도를 믿으면." 이 회개와 믿음이 없다면 하나님의 은혜로운 약속도 자기를 내어주시는 그리스도와 그분의 의도 무용지물이다. 그러나 그분의 의을 받아들인다면, 이 회개와 믿음을 조건으로, 그것을 수단으로 삼아, 하나님은 우리를 용서하시고 우리 안에 아들의 내적 의인 사랑의 불을 내리실 것이다. 그리고 우리의 존재와 삶의 제단에 처음으로 하나님과 이웃을 향한 사랑의 불이 점화되어 타오르게 될 것이다. 영적 예배의 시작이다. 거룩한 산 제물의 출현이다.

우리 안에 발화된 이 사랑의 불은 어떻게 꺼지지 않고 지속적으로 유지되고 확대됩니까? 이 역시 지속적인 회개와 믿음으로써 그리스도의 의(피와 사랑의 불)를 나의 것으로 받아들일 때만 그 사랑의 불은 유지되고 거세질 것이다. 회개가 깊어지고 그분의 의를 더 많이 받아들일수록 더 많이 용서받고, 더 많이 용서받을수록 사랑의 불은 우리 존재와 삶의 전 영역에서 지속적으로 광범위하고 강하게 퍼지며 타게 될 것이다.

IV. 회개와 믿음 그리고 그리스도의 의를 위한 은혜의 수단

어디서 구원의 조건인 회개와 예수 그리스도에 대한 믿음이 은혜로 주어지고 어디서 그리스도께서 자신의 의를 우리에게 내어주시는가?

은혜의 수단들(주일모임) (order of the means of grace)

사랑의 불은 믿음을 통해 그리스도의 의(피와 사랑의 불)를 받아들일 때만 우리 안에 점화되고 또한 유지.확대된다. 그렇다면 이렇게 사랑의 불을 받아들이는데 필수적인 조건과 수단인 회개와 예수 그리스도에 대한 믿음은 어떤 은혜의 수단에서 얻게 되며 이런 믿음을 가지고 어떤 은혜의 수단에서 그리스도의 의(피와 사랑의 불)를 기다려야 하는가?

은혜의 수단을 설명할 때 전통적인 성례 정의(visible sign of invisible grace. 비가시적 은혜를 가리키고 매개하는 가시적 표)를 폭넓게 적용해 사용할 것이다.

1. 죄인의 경우 a. 회개와 예수 그리스도에 대한 믿음을 선물로 얻기 위해 어떤 은혜의 수단으로 나가며 b. 선물로 받은 그 믿음으로써 그리스도의 의(대속의 피, 사랑의 불)를 받기 위해 어떤 은혜의 수단으로 나아가 기다리는가?

은혜의 수단	가시적 표	비가시적 은혜
a. 말씀	율법과 복음을 듣고, 읽고, 묵상	율법이 선포될 때 성령의 내적 증거로 인해 죄인은 율법적 회개(죄, 형벌, 무능력에 대한 자각)를 은혜로 받는다. 또한 복음이 선포될 때 성령의 내적 증거로 인해 죄인은 그리스도 안에 있는 바 자기를 향한 하나님의 호의와 사랑을 대면하고 그것을 알고 확신하게 된다. (칭의의 수단으로서의 믿음)
b. 세례	마귀를 부인, 그리스도에 대한 충성, 물의 성별, 물 부음/ 침수, 안수 (도유 혹은 흰옷을 입힘)	믿음의 신적 확신으로써 죄인은 그리스도의 대속의 피와 성령(그리스도의 마음, 하나님의 숨, 사랑의 불, 새 영)을 자신의 것으로 받는다. 하나님이 그 피를 보사 용서하시고 아들의 영(사랑의 불)을 은혜로 부어주신다. 사랑의 불이 점화되고 비로소 그의 존재와 삶이 영적으로 예배드림이 되고, 하나님이 기뻐하실 거룩한 산 제물이 되고 드릴 수 있게 된다.

2. 세례받은 그리스도인의 경우 회개와 예수 그리스도에 대한 믿음을 선물로 얻기 위해 어떤 은혜의 수단으로 나가며, 선물로 받은 그 믿음으로써 그리스도의 의(대속의 피, 사랑의 불)를 받고 그 사랑의 외적 표현을 위해 어떤 은혜의 수단으로 나아가 기다리는가?

은혜의 수단	가시적 표	비가시적 은혜
a. 모임	그리스도인의 교제 평화의 인사, 세례확인을 위한 순서, 삼위 하나님께 교회가 나아감, 혹은, 십계명교독이나 사랑의 계명교독 (창조 전 하나님께서 선포하신 은혜의 언약/약속의 싸인)	자신의 머리이신 그리스도와 지체의 사랑의 연합
b. 말씀	율법과 복음 (그리스도의 예언자, 제사장, 왕 직)의 선포, 읽기, 묵상	율법이 선포되고 성령께서 증거하실 때 복음적 회개가 주어지고 복음 (그리스도의 예언자, 제사장, 왕)이 선포될 때 용서와 사랑의 불을 받아들이는 믿음이 은혜로 주어짐.
c. 성찬	회개, 대제사장 그리스도 앞으로, 감사(세례의 유익에 대해)와 간구(두 개의 희생: 기억의 희생과 하나님의 은혜로 자신을 하나님이 기뻐하실 거룩한 산 제물로 드림), 주기도문, 영광송	기억의 희생을 통해 자신의 죄를 용서받고, 그리스도에 연합된 자신과 소유의 희생을 통해 더욱 큰 그리스도의 덕, 그분의 성령, 성화를 위한 사랑의 불을 은혜로 받게 됨.
d. 선행으로 파송	물리적 선행과 영적 선행으로의 파송, 분투하는 교회의 삶, 사랑의 수고와 인내, 그리스도의 말, 생각, 행위를 일치의 대상으로 삼는 삶	선행의 실천을 통해 자신 안에 존재하는 믿음과 사랑과 소망을 확인하게 됨. 지속적인 복음적 회개와 성화의 믿음의 필요성을 알게 되어 말씀과 성찬 앞에 나가게 됨. 회중을 율법과 그리스도 사이에서 동행하게 하는

V. 은혜의 수단의 조합으로서의 주일모임 사용(Use) 안내

　구원론의 관점에서 주일모임은 그리스도의 의(피와 사랑의 불)를 받기 위한 조건인 회개와 믿음을 은혜의 선물로서 기다리고, 그런 회개와 믿음으로써 자기를 내어주시는 그리스도의 의를 받기 위해 그리스도인들이 그곳에서 기다려야 할 은혜의 수단들의 조합이다. 따라서 존 웨슬리가 은혜의 수단사용에 대해 주었던 권면이 오늘의 감리교도들의 유익한 주일모임 사용자세에 도움이 될 것이다.

　1. 근본적으로 하나님은 은혜의 수단이 없어도 혹은 어떤 수단을 가지고도 자신의 구원사역을 이룰 수 있다는 사실을 전제해야 합니다. 하나님은 우리가 사용하는 은혜의 수단에서 본질적으로 자유로우시다.

　2. 그러나 약속 있는 명령으로서 우리를 위한 통상적인 은혜의 수단으로 지정하시고 그곳에서 기다리게 하셨다(wait in the means of grace). 그리고 이곳을 통해 선행은총, 칭의의 은혜, 성화의 은혜를 주시겠다고 하셨다.

　3. 은혜의 수단을 한편으로는 은혜의 출처와 다른 한편으로는 은혜의 목적과 혼동해서는 안된다. 은혜의 수단 안에 혹은 그것에 대한 외적 실천 자체 안에서 구원의 공로를 찾아서는 안된다. 이는 수단을 우상으로 만드는 행위이며 영혼

에 주는 폐해가 심각하다. 구원의 유일한 공로이며 따라서 은혜의 유일한 샘은 예수 그리스도의 의(외적 의와 내적 의)이며, 수단을 통해 하나님의 은혜를 우리 안에 능력있게 만드시는 분은 오직 성령이시며, 이 수단의 목적은 구원이다. 즉 죄인이 용서받고 성령받아 하나님과 이웃에 대한 사랑의 불로 타올라(영적 예배, 산 제물로 자신을 드림) 영화롭게 되어 훗날 사랑 자체이신 삼위 하나님과의 영원한 교제와 행복에 들게 하는데 있다.

4. 이 은혜의 수단은 경건의 행위와 자비의 행위로 구성되어있는데 그 자체로 공로가 될 수는 없다. 그러나 회개 후에 이어지는 회개의 열매로서 마땅히 그곳에 나아가 믿음과 그 믿음의 열매로서의 칭의와 신생 그리고 성화의 은혜를 기다려야 하는 곳이다. 믿음이 구원(칭의와 신생 그리고 성화)을 위해 절대적이고 직접적으로 필수적인데 반해 회개와 회개의 열매(은혜의 수단들)는 조건적이고 우회적인(믿음을 기다리는 자리를 제공한다는 의미에서) 차원에서만 필수적이다. 그렇다 해도 회개의 열매로서의 은혜의 수단은 제한적이지만 여전히 우리 구원을 위해 필수적이다. 감리교도들의 성수주일 실천의 근거가 될 수도 있다고 본다.

5. 은혜의 수단이 하나님의 은혜를 수동적으로 기다리는 곳이지만 그 수단을 최선을 다해 사용하면서 기다려야 한다. 율법과 복음의 선포를 듣고, 읽고, 묵상하면서 기다려야 한다. 성찬의 경우 율법과 복음이 가져다 주는 아픈 회개와

약속에 대한 믿음을 가지고 기억의 희생을 통해 감사와 찬양을 드리며 그리스도와 연합된 자신의 몸과 소유의 희생을 아버지께 올리며 기다려야 한다. 선행의 경우 그리스도의 말과 행위와 생각에 자신을 일치시키고, 사랑의 수고와 인내를 감당하며, 이 땅에서의 분투하는 교회로 십자가 지는 삶을 행하는 가운데 그분의 더 큰 은혜를 기다려야 한다.

존 웨슬리에 따르면 하나님은 우리의 구원을 위해 은혜의 수단을 사용하시고 그 수단을 최선을 다해 사용하는 우리를 당신의 동역자와 충성된 종으로 삼아 우리의 구원을 이루신다("우리의 구원을 이룸에 대하여"). 은혜의 수단에서의 실천을 통한 기다림이라는 우리의 동역이 없다면 하나님은 우리를 구원하실 수 없다. 존 웨슬리는 어거스틴을 따라 우리 없이 우리를 창조하신 분이 우리 없이 우리를 구원하실 수는 없다고 말한다.

호흡이 없으면 생명이 꺼지듯 하나님께서 그리스도를 통해 우리 안에 불어넣어 주시는 숨(성령, 사랑의 불)은 주일모임과 주간의 거룩한 삶(선행), 그리고 사랑과 찬양과 감사의 날숨으로 하나님께 돌아가야 한다. 날숨이 없다면 하나님이 주시는 숨만으로 영혼이 살 수는 없다. 그분이 우리 안에 불어넣으시는 숨은 일회성에 그치고 우리를 생령으로 만드는 지속적 영적 호흡(주심과 돌려보냄)은 소멸되고 말 것이다. 은혜의 수단을 통한 하나님의 숨의 "우리에게 주어짐"과 그분을 향한 "우리의 그분의 숨의 되돌려짐"의 호흡을 통해서만 이 은혜로 가능한 영적 호흡은 지속되고, 그렇게 생령이 됨으로써 우리는 우리 안에 점화된 사랑의 불을 꺼뜨리지 않고 지속적으로 타오르게 할 수 있다.

이런 주일모임과 주중의 거룩한 삶이라는 은혜의 수단들을 통한 하나님과 우리의 동역, 혹은 하나님과 우리의 호흡을 통해, 비로소 우리의 존재와 삶은 아버지께 영적 예배, 그분이 기뻐 받으실 거룩한 산 제물이 되어갈 것이다. 구원론에 있어서 신인합동설의 신학적 계보에 서 있는 감리교도들의 독특한 은혜의 수단 사용법이다.

결론 : 유익한 암시들

구원론적 관점에 입각해 감리교 예배이해와 주일모임의 성격을 보았을 때 드러나는 차원들과 제안들

1. 사랑의 불에 휩싸인 삶(산 제물, 성화)의 봉헌으로서의 영적 예배와 그것을 목적하여 주께서 지정하신 은혜의 수단들의 조합으로서의 주일모임은 구별될 필요가 있다고 본다.

2. 십계명 교독, 사랑의 계명 교독, 혹은, 감리교연합신도회 규칙 교독을 주일모임의 서두에 도입할 것을 권한다.

그런 순서와 서두에의 위치설정이 이해와 기대 가득한 회중들의 주일모임

참여에 도움을 줄 수 있기 때문이다. 어떻게 그럴 수 있는가? 십계명 교독이 회중들에게 구원의 여정(order of salvation)을 보여주기 때문이다. 그럼으로써 저들이 이 모임을 통해 어디로 가는지, 어떻게 그 목적지에 이르게 되며, 그 길을 걷기 위해 어떤 도움들을 어디서 기다려야 하는지 알려주기 때문이다. 십계명은 이 모임을 위한 구원론적 안내로 기능한다.

어떤 식으로 십계명이 회중들에게 구원의 여정을 보여주는가? 십계명은 모든 율법이 가지는 명령과 그 안에 내포된 복음적 약속이라는 구조적 형식을 통해 구원의 여정을 보여준다. 존 웨슬리에 따르면 성경의 모든 율법은 명령이면서 동시에 그 율법을 행할 수 있도록 은혜를 베풀겠다는 복음적 약속이다. 그래서 율법은 명령의 형태를 취한 약속이며 약속은 복음의 형태를 취한 명령이라고 이해한다. 그렇게 볼 때 십계명의 제1계명인 "나 외에 다른 신을 두지 말라"는 명령은 동시에 "네가 나 외에 다른 신을 네 안에 두지 않도록 은혜를 베풀리라"는 약속이기도 하다. 이런 명령과 약속의 형식 안에 구원의 여정 즉 목적지와 어떻게에 대한 진술이 들어있다.

십계명이 한 조항씩 읽힐 때 회중은 그 명령 앞에서 저들이 이르러야 할 구원의 목적지 혹은 구원받은 상태에 대해 듣는다: "나 외에 다른 신을 두지 말라. 나와의 사랑에만 빠지라. 나와의 사랑만을 향유하고 행복과 영생으로 삼으라. 너를 위한 말이다." 십계명은 동시에 약속입니다. 따라서 계명이 읽힐 때 회중은 명령과 함께 울려 퍼지는 그분의 약속의 교창을 듣습니다: "네 마음에 다른 신을 위한 여지가 없게 하리라. 나에 대한 사랑의 불로 너를 태우리라. 나와의 사랑만을 너의 기쁨, 너의 꿀송이, 너의 양식으로 삼게 하리라. 네가 잃은 나의 형상, 나의 숨, 사랑의 불, 내가 다시 빚고, 불어넣고, 부어주겠노라. 그래서 나를 알고 사랑하고 닮아가고 나의 뜻을 행하며 행복해하게 되리라." 물론 그 약속된 목적지 혹은 상태에 이르는 길, 그 길의 어떠함, "어떻게" 즉 하나님께서 그 마음에 영원한 법으로 세우시고 선포하신 약속의 계약조건에 대해서도 듣는다. 만일 너희가 "회개하고 예수 그리스도를 믿으면 구원을 얻으리라."

회개하고 예수 그리스도를 믿으면 구원을 얻으리라. "구원을 얻으리라"는 목적지에 도착하게 될 것이라는 약속입니다: "나의 명령을 준행할 수 있게 되리라. 나 외에 다른 신을 두지 않게 되리라."

"예수 그리스도를"의 의미는 이렇습니다: "너희를 위한 유일한 공로인 대속의 피와 사랑의 불을 간직한 내 아들을, 나의 숨을, 나의 형상으로서 후에 너희의 것이 될 바 나에 대한 지식과 사랑을 품고 있는 내 아들을."

"회개하고 믿으면"의 의미는 이렇습니다: "너를 거짓 사랑의 대상에서 눈 돌리게 해 주는 회개를 가지고 있다면, 그리고, 대속의 피에 그로써 네가 네 몸을 담그고, 사랑의 불을 그로써 너로 먹고 마시게 해 줄, 내가 불어넣은 나의 숨을 그로써 받을 수 있는 그런 믿음이 있다면."

아들을 통한 이런 구원만이 하나님이 기뻐하시는 구원의 길이며, 그분이 기뻐하실 거룩한 산 제물이 만들어지고, 그렇게만 그분이 우리로부터 존귀와 영광을 받기 원하시는(spiritual worship) 길이다.

십계명의 조항이 읽혀질 때 회중은 그런 명령과 숨겨진 약속의 형식을 자신들이 어디로 그리고 어떤 길을 통해 그곳에 가게 될지에 대해 듣게 된다.

그리고 십계명의 각 조항에 대해 회중은 다음과 같은 말로 응답한다: "자비를 베푸소서, 우리의 마음을 주장하소서. 이 법을 지킬 수 있게 하소서."

회중은 아마 이런 기도와 간구로써 응답하게 될 것이다: "명령하신 대로 그곳에 갈 능력이 없나이다." 하오니 "자비를 베푸소서." "아버지께서는 저희로 그 목적지에 도착할 수 있게 도우시겠다고 약속하셨나이다. 또한 그 곳에 이를 수 있는 길로 회개와 예수 그리스도에 대한 믿음을 말씀해 주셨나이다. 하나님! 감사와 찬양을 받으소서. 당신께서는 사랑하는 아들을 우리의 의로 정하셨고 아들께서는 기쁨과 순종 가운데 자신의 의를 우리를 위해 내어주셨나이다. 또한 이런 은혜를 우리의 것으로 할 수 있도록 은혜의 수단들을 지정하시고 그곳에서 저희로 기다리게 하셨나이다. 아버지 이제 저희가 말씀을 듣고 읽고 묵상하며 기다릴 때 저희에게 회개와 믿음의 선물을 주옵소서. 또한 이 믿음으로써 주의 성찬상에서 기다릴 때 능히 아들의 피와 사랑의 불로 충만해지게 하옵소서. 그 하늘로부터 내려온 사랑의 불로 "저희의 마음을 주장하옵소서." "그리하여 저희가 사랑의 거룩한 삶에로 파송되었을 때 저희 안에 점화된 그 사랑으로써 능히 이웃을 사랑함으로 율법을 지키게 하옵소서."

만일 십계명의 명령과 약속의 말씀 앞에서 회중들이 저들의 목적지, 걷게 될 길, 그리고 그 길을 걷기 위한 은혜를 어디서 얻을 수 있는지 고백할 수 있다면 분명 저들은 이해와 기대를 가지고 저들의 구원의 여정에 유익한 방향으로 이 은혜의 수단으로서의 주일모임을 사용할 수 있게 될 것이라고 본다.

하나님의 은혜의 약속(언약, 계약), 사랑의 계명 교독 혹은 감리교연합신도회 규칙을 주일모임의 서두에 도입할 수 있으며 그것이 회중들의 의미있는 모임참여에 기여할 수 있을 것이라는 생각의 근거는 십계명의 역할에 대한 논지와 동일하다.

3. 헌금봉헌과 성찬봉헌의 의미 간섭현상 문제

기독교대한감리회의 경우 설교 후 "응답과 감사"라는 소제목 아래 헌금봉헌과 헌금기도의 순서가 들어가 있다. 그런데 성찬이 있는 경우 헌금과 성찬이 가지는 희생적 의미에 상호 간섭이 일어나게 된다. 해결 방법은 있다. 성찬이 있을 경우 떡과 포도주와 함께 헌금을 함께 제단상에 올린 후 성찬 감사기도 중 "감사와 찬양 중에 그리스도와 연합된 우리와 우리의 소유를 드리나이다"라는 기도 부분에서 헌금을 들어올리는 제스처와 함께 헌금을 성별하는 것이다. 존 웨슬리는 그의 책 『성만찬 찬송』에서 "우리의 소유"를 대속과 화목의 제물 위에 얹혀져 봉헌되었던 구약의 소제에 비유한 바 있다. 소제는 회중들의 삶을 뜻한다. 대속과 화목의 제물이신 그리스도와 연합하여 소제로서 회중의 삶인 헌금이 제단상에 올려져 성별된다면 봉헌이라는 의미를 두고 서로를 간섭하는 일이 없을 것이다. 대사제이신 주님을 통하지 않고 아버지께 봉헌될 수 있는 것은 아무것도 없다. 성찬과 물질의 헌금은 우선이 분명한 사안이다. 성찬과 헌금은 한 배 안에서 의미를 두고 다투는 형제가 아니다. 이 둘을 모임의 특정 시간과 공간 안으로 나누어 버려 봉헌에서 차지하는 이 둘의 신학적 관련성을 차단하고 이 둘이 나름대로 가지는 봉헌의 신학적 위치를 훼손시키지 않는 것이 좋을 듯 하다.

부록

오늘의 강의를 찬송가사로 간략히 표현한 찰스 웨슬리의 찬송시가 있어 부를 수 있도록 운율작업을 거쳐 제공한다.

찰스 웨슬리의 찬송(scripture hymns 중)
제목: 위로부터 오신 당신이여(O Thou Who Camest From Above)
본문: 불은 끊임없이 제단 위에 피워 꺼지지 않게 할지니라(레 6:13)

"제단의 불"(레 6:13, 한국찬송가 하디성회수록곡)

1	O Thou Who Camest From Above the fire celestial to impart kindle a flame of sacred love on the mean altar of my heart	하늘의 불을 주시기 위해 위로부터 오신 당신이여 거룩한 사랑의 불 붙이소서 제 마음 그 낮은 제단 위에
2	there let it for thy glory burn with inextinguishable blaze and trembling to its source return in humble prayer and fervent praise	그곳에서 꺼지지 않는 불길로 당신 영광 위해 타게 하소서. 그리고 돌아가게 하옵소서 겸허한 기도와 뜨거운 찬양 통해
3	Jesus, confirm my heart's desire to work and speak and think for thee still let me guard the holy fire and still stir up the gift in me	예수여, 제 마음 잡아주소서 당신 위해 행케 하옵소서 제안의 당신 은혜 저으사 그 불 지키게 하옵소서
4	Still let me prove thy perfect will my acts of faith and love repeat till death thy endless mercies seal and make the sacrifice complete.	계속 저 당신 뜻 순종하며, 믿고 사랑하게 하옵소서 죽음이 제게 찾아오고 제 삶의 희생제사 끝낼 때까지.

음악

https://www.youtube.com/watch?v=T1NLdF1L6-8&ab_channel=PapalMusic
https://www.youtube.com/watch?v=R3UYybc7Xa0&ab_channel=drwestbury

공적 교회 다섯 번째 모습

한국교회의 공적 회복을 위한 조직신학적 요인 고찰

최태관 _ 감리교신학대학교

들어가는 말

최근 한국 사회가 매우 혼란스러운 상황이다. 이태원 1029 참사, 세월호 참사 9주기, 한일 위안부나 강제노역 배상 문제, 후쿠시마 원전 오염수 방류, 양곡법과 노동 개혁, 최근에 간호법에 이르기까지 온갖 사회적 갈등이 증폭되고 있다. 또한, 양곡법이나 간호법과 같은 법안 제정 사이에서 대통령과 국회 사이의 정치적 갈등은 끝을 찾아볼 수 없다. 이와 같은 상황에서 한국교회는 특별한 대안을 내놓지 못하고 있다. 오히려 사회적 갈등에 편승해 가는 모습을 보게 된다. 이와 같은 상황에서 기독교 신학은 어떠한 대안을 내어놓을 수 있을까? 개인 구원의 차원을 넘어 사회적 책임을 강조해온 한국교회가 갈등의 불씨가 되는 상황에서 정치적 갈등을 극복하고 사회적 통합으로 나아갈 수 있는 길은 무엇일까? 한국교회는 사적 차원을 넘어 공적 차원의 역할을 긴급히 회복해야 한다. 한국교회의 역할은 근본적으로 화해에 있기 때문이다. 디트리히 본회퍼는 단 하나의 현실성으로서 예수 그리스도의 현실성을 강조했다. "역사의 중심으로서 그리스도는 교회의 형태 속에서 국가와 하나님 사이의 중재자가 된다."[1] 한국적 정치 상황에서 사회적 역할로서 그리스도 중심성의 회복은 곧 교회의 공적 역할을 의미하는 것이다. 한국교회의 공교회성은 다툼이나 싸움, 혹은 전쟁으로 인해 개인과 개인, 집단과 집단, 종교들, 국가들 사이에 깨어진 관계에서 상대방을 용서하고 합의함으로써 다양한 갈등들을 해소하고 서로에 대한 기본적 관계를 회복하는 예수 그리스도의 화해 행위에 있다. 기독교 신학이

---

[1] 디트리히 본회퍼, 『그리스도론』, (서울: 대한기독교출판, 2011), 49.

주장하는 화해의 궁극적 형태는 하나님과 인간 사이의 화해이며 세계 안에 하나님 통치의 도래를 의미한다. 이는 개인의 갈등 차원에서 시작하여, 여성과 남성, 정치 권력과 민중 사이의 갈등을 넘어 남한과 북한, 국가 사이나 혹은 민족들의 화해를 지향한다. 한국 사회에서 한국교회는 화해 없이 궁극적 차원의 화해로 나아갈 수 없다. 따라서 한국의 정치적 상황에서 화해의 길을 모색하는 일은 한국교회의 책임이며 한국 신학이 나아갈 길이다.

첫째, 본 논문은 바르트와 그의 영향을 받은 신학자들에게 나타난 화해 신학의 여정을 살핀다. 나치의 반유대주의에 저항하고 그에 협력했던 독일 그리스도인들에 대해 비판하고 고백교회를 통해 반 나치운동을 전개한 바르트와 본회퍼의 신학의 길은 공교회성을 보여주는 의미있는 예시이다. 다른 한편, 제2차 세계대전 이후 독일민족의 과오에 대한 반성의 길이나 화해의 길을 보인 몰트만과 판넨베르크의 신학의 길은 민족들의 혹은 민족 안에서 화해를 위한 신학적 동기일 것이다.

둘째. 본 논문은 유동식의 『한국감리교회의 역사』에 나타난 개인의 영혼 구원을 넘어서는 사회선교의 길과 교회 일치의 길, 한국적 신학과 같은 공교회성을 추구하는 한국 감리교회의 공적 역할을 살핀다. 이를 바탕으로 공교회성의 씨앗들을 찾아보고 그 씨앗들이 발아하는 과정과 분쟁과 분열의 흔적들을 살핀다. 이 과정에서 본 글은 그리스도의 복음과 그에 따른 사회 선교의 길이 한 민족 안에서 분열과 논쟁을 거치게 됨을 밝히고 그에 따른 화해의 길이 반드시 요청되고 있음을 주장한다.

셋째, 본 글은 박순경의 통일신학에 나타난 한민족의 분열과 통합에 관한 역사인식을 바탕으로 화해 신학의 가능성을 모색한다. 이는 앞으로의 한국 신학이 한국 사회에 팽배해있는 좌파와 우파의 분열과 갈등의 구조를 극복하고 한민족 통합과 궁극적으로 한반도 평화정착과 통일로 나아갈 수 있는 길을 모색해야 함을 의미한다. 따라서 본 글은 통일신학으로서 화해 신학을 한국적 신학의 과제로 제시한다. 본 논문은 한국교회와 한국 신학이 추구해야 하는 화해의 역할과 그의 가능성에 대해 살핀다.

2. 현대신학에 나타난 공교회성 회복을 위한 조직신학적 요인으로서 '화해'

한국 교회의 공교회성은 근본적으로 교회의 사회적 책임과 그의 역할에서 나타난다. 교회는 근본적으로 구원의 공동체로서 그리스도를 중심으로 하는 신앙공동체를 의미한다. 또한, 그리스도의 몸 된 교회는 한 사회에서 문화적이고 정치적이며 신학적이고 해방적 기능을 포함한다. 20세기의 대표적인 신학자인 칼 바르트는 교회의 공교회성을 규정하는 데에 중요한 역할을 다했다. 예를 들어, 바르트는 자신의 저서인, 『교회 교의학』에서 근본적으로 삼위일체 하나님의 활동성을 교회를 통해 표현한다. 예수 그리스도와 설교, 성서를 통해서 표현되는 삼위일체 하나님의 자기 계시는 구약성서의 출애굽 사건과 이스라엘

민족의 심판과 열방의 구원에 대한 예언과 묵시문학의 전통을 통해서 메시아의 도래를 드러낸다. 궁극적으로 그의 계시는 하나님 나라의 도래를 지시한다. 바르트의 제자였던 본회퍼나 그의 신학적 입장을 이어받은 몰트만은 바르트의 신학을 평화 신학이나 유럽적 정치신학으로 발전시킨다. 이와 다르게 바르트의 삼위일체 신학을 수용한 판넨베르크는 보편사 신학의 입장에서 민족 신학의 가능성을 열어놓았다. 이것은 20세기 기초신학으로서 조직신학이 교회의 공교회성을 주제로 삼았음을 알 수 있다. 그렇다면 그들이 공교회성을 주장할 수 있었던 근본적인 토대는 과연 무엇일까? 그들은 그리스도의 화해를 토대로 교회의 공교회성을 주장했다.

바르트와 본회퍼는 국가사회주의의 반유대주의에 적극적으로 저항했다. 임마누엘 히르쉬, 파울 알트 하우스, 프리드리히 고가르텐과 같은 독일 그리스도인의 운동에 참여했던 신학자들과 다르게 그들은 독일 민족교회가 타락하는 현실에서 독일 그리스도인들과의 화해가 아니라, 철저하게 '아니요'를 외친 신학자였다. 한편으로, 바르트는 교회의 공교회성을 민족의 복음화와 정치적이고 경제적 억압에서 벗어나는 해방에서 찾았다. 그래서 그는 교회의 타락과 변절에 대해 적극적으로 저항했다. 에버하르트 부쉬에 따르면, "1933년 1월 30일 히틀러가 나치주의자들과 함께 베를린을 힘으로 점령했을 때, 바르트는 독일 민족이 잘못된 신에게 기도하기 시작했기 때문에 더는 서 있을 수 없었다"고 회고했다.[2] 왜냐하면, 독일 그리스도인들이 나치에 협력함으로써 교회의 공교회성을 심각하게 훼손했기 때문이다. 바르트의 입장에서 볼 때, 독일 민족교회는 반정

---

2) Eberhard Busch, *Karl Barth Lebenslauf*, München: Chr. Kaiser Verlag, 1975, 236.

신적이고 파괴적인 집단으로 전락했다는 것이다.[3] 게다가, 그는 "독일 그리스도인들의 신학적 행동"에 대해 거세게 저항했다. 왜냐하면, 같은 해 4월 3일 독일교회는 나치 독일과의 연대와 일치를 선포했기 때문이다.[4] 그래서 그는 나치 정권에서 벗어나는 복음의 자유를 주장했다. 복음의 자유는 그리스도인들이 국가 사회주의적인 우상숭배에서 벗어나 예수 그리스도 안에 계시된 하나님과 관계하는 과정에서 얻을 수 있는 궁극적 의미의 자유이다. 이와 같은 자유를 토대로 바르트는 자연스럽게 독일 민족교회에 저항하기 위해 고백교회를 설립하고 독일 민족교회의 정치적 타락에 직면하여 그리스도의 복음을 가지고 저항했다. 그는 이미 1934년 바르멘 선언을 통해 나치에 가담한 독일 민족교회를 벗어나 반나치 운동의 선봉에 서게 되었다.[5] 바르멘 선언을 통해 바르트는 독일 그리스도인 운동이 주장하는 자연신학과 나치의 지도자 원리를 비판한다.[6] 이는 고백교회가 하나님의 정의를 바탕으로 유대민족만이 아니라 범세계적으로 하나님 중심의 화해와 평화의 길로 나아가는 역사적 단초가 된다. 고백교회 운동은 곧 반유대주의 운동을 지지한 독일 민족교회(Die Deutsche Christen)에 대한 저항이었다. 이와 같은 저항은 곧 교회의 공교회성을 입증하는 일이었다. 이웃 민족을 억압하는 일은 결코 정당화될 수 없었고 하나님의 화해와 배치되는 일이었기 때문이다. 이는 19세기 자유주의 신학에 대한 비판 이상이었다.

　이와 같은 고백교회 운동에 본회퍼가 참여했다. 물론 고백교회가 점진적으

---

3) 앞의 책, 236.
4) 앞의 책, 238.
5) 자비네 드람, 『본회퍼를 만나다』(서울: 대한기독교서회, 2013), 272.
6) 앞의 책, 272.

로 그의 정체성을 포기하는 길로 걸어갈 수밖에 없었지만, 본회퍼는 일말의 희망을 버리지 않았다. "본회퍼는 독일 그리스도인 운동과 에큐메니즘은 근본적으로 상극적이라는 것을 알고 있었다."[7] 그는 국가사회주의와 그를 추종하는 길을 걸었던 독일 그리스도인 운동에 저항했고 독일 민족 우월성에 기반을 둔 독일 민족주의를 거부하며 범민족을 중심으로 하는 평화주의 운동을 벌였다. 독일교회가 추구하는 평화주의에 교회의 공교회성이 담겨 있기 때문이다. "교회는 교회로 남아 있을 뿐만 아니라, 교회는 고백하고 고백해야 할 것이며 교회의 주인은 오직 그리스도이며 오직 그분의 은총으로 교회는 교회답게 사는 것이다. 고백교회는 그리스도께서 보호해주시는 영원한 교회이다."[8] 볼프강 후버에 따르면, 본회퍼가 활동하던 당시의 상황은 "파울 알트 하우스나 임마누엘 히르쉬가 에큐메니컬 운동을 거부하고 민족운동에 관심을 가지고 적극적으로 대응하던 시기였다."[9] 이에 대해 본회퍼는 평화 신학을 전개하였다. 그의 평화 신학은 고백교회가 추구했던 신학적 과제, 즉 "독일적 그리스도인들과 나치 정권의 간섭으로부터 교회를 보호하는 일"에 앞장섰던 고백교회의 한계를 넘어 범세계적 화해로 나아가는 중요한 신학적 단초가 되었다고 한다.[10] 이는 약소국가를 억압하는 서구 제국주의 신학을 벗어나, 국가와 국가 사이의 비폭력적 평화의 길을 추구한다. 물론 유대인과 독일 민족 사이에서 벌어진 정치적 박해의 문제에 대해 본회퍼는 대단히 적극적인 자세를 취했다. 그리스도 중심의 저항은 곧 다른 민족을 위해 자기 실존을 기투함으로써 민족적 정체성을 깨닫고

---

[7] 앞의 책, 266.
[8] 앞의 책, 271.
[9] 볼프강 후버, 로이터/김윤옥, 손규태 옮김, 『평화윤리』 (서울: 대한기독교서회, 1997), 186.
[10] 앞의 책, 188.

그를 위해서 살아가는 것, 즉 단 하나의 현실성을 완성하는 일이다. 이것이 단 하나의 현실성으로서 교회의 공교회성이다. 그가 추구했던 타자를 위한 삶은 주체의 삶이 분리되지 않는 그리스도의 삶이다. 이처럼, 본회퍼는 나치 독일에 정치적으로 저항하고 독일에서 살아가는 정치적 실존으로서 독일 민족의 존재 의미를 분명히 드러냈다. 그의 삶은 십자가에 달려 돌아가시고 부활하신 예수 그리스도와 함께 죄인의 자리에 설 수 있었던 삶이었다. 그러므로 그는 독일 민족과 유대 민족의 분리를 극복할 수 있었다. 이것이 단 하나의 현실성으로서 예수 그리스도의 의미, 즉 교회가 지닌 공교회성의 의미이다. 이웃을 위한 삶은 바르트도 깨닫지 못했던 예수 그리스도의 길이다. 그리스도의 화해는 독일 민족과 유대민족이 함께 속하는 단 하나의 현실성을 통해 이루어진다. 예수 그리스도 안에서의 저항이 곧 사랑이다.

본회퍼의 영향을 받았던 위르겐 몰트만은 제2차 세계대전 이후 독일 민족이 겪게 되었던 홀로코스트의 현실이나 여전히 해결되지 않고 있는 라틴 아메리카의 현실에서 유럽 정치신학의 길을 모색한다. 유럽적 정치신학의 길은 근본적으로 제3 세계 신학과 구분되는 제1 세계의 신학을 의미한다. 몰트만에 따르면, "해방신학이 라틴 아메리카의 가난한 민족들 속에서 남반구와 북반구의 빈부 차이에서 생성되었다면, 유럽적 정치신학은 근본적으로 민주주의와 공산주의, 혹은 자본주의와 사회주의 이데올로기의 분쟁 속에서 형성되었다."[11] 이와 같은 그의 주장은 근본적으로 유럽적 정치신학이나 해방신학의 신학적 정체성의 출발점이 첨예한 정치적이고 경제적 갈등에서 시작되고 있음을 보여

---

11) 위르겐 몰트만/곽미숙 옮김, "정치신학과 해방신학," 『세계 속에 있는 하나님』 (서울: 동연, 2009), 76.

준다. 특히 해방신학은 억압자에 대한 피억압자의 정치적 저항과 더불어 그들의 정치적 독립과 자유에 대한 갈망을 분명히 드러내고 있다. 그러나 자본주의를 토대로 형성된 제3 세계에 대한 억압적 구조가 계속됨에 따라 신학의 과제는 분명해진다. 이것은 가해자로서 서구 중심의 자본주의에 대한 신학적 반성이 자연스럽게 선행되어야 함을 의미한다. 따라서 몰트만은 홀로코스트에 대한 독일의 정치적 책임과 그에 따른 분단의 현실을 분명히 받아들인다. 한편으로, 그는 유대인 대량 학살에 대해 외면해온 독일 민족의 도덕적이며 정치적 위기를 드러낸다고 보았다.[12] 즉 교회가 사사화 됨에 따라 나타난 공교회성의 상실과 더불어 부당한 정치적 상황에 대한 침묵의 현실이었다. 이는 자기 민족의 부당성에 대한 비판이다. 다른 한편, 그는 제2차 세계대전을 일으킨 전범 국가로서 분단된 독일의 현실에서 나타난 탈 민족주의적 현실과 더불어 유럽연합의 형성을 중요한 유럽의 정치적 상황으로 인식했다.[13] "신학은 정치적 이념과 시민적 힘의 종교에 대한 관점에서는 비판적인 자세를 견지하는 반면에, 정의와 평화 그리고 창조의 보존에 관한 그리스도인의 구체적 참여에 대한 관점에서는 긍정적인 자세를 견지해야 한다."[14] 따라서 몰트만은 교회의 공교회성을 동서독의 분단 상황에서 평화의 신학, 자본주의 영향에 따른 환경파괴에 직면하여 생태 신학과 여성 신학의 길에서 찾으려고 했다. 그러나 그의 정치신학에서 유대민족에 대한 적극적 화해는 나타나지 않는다. 독일의 분단 상황에서 빌리 브란트가 적극적으로 화해를 시도했던 것과 상당히 대조적이다. 교회와 국가는 분리되어 있으므로, 교회는 홀로코스트, 즉 민족 범죄에 대해 화해의 책

---

12) 앞의 책, 80.
13) 앞의 책, 80-81.
14) 앞의 책, 80.

임은 없는가? 물을 수밖에 없다. 가해자로서 독일교회는 행악자들에 대한 비판만이 아니라, 피억압 민족이었던 유대인들에 대해 적극적인 신학적 사과가 필요하지 않을까? 물론 몰트만은 가해자와 같은 민족적 정체성을 갖고 민족의 죄악에 대한 죄책감으로 인해 고통을 당하는 사람들에게 그리스도의 화해를 주장한다. "하나님이 자신이 스스로 속죄함으로써 가해 민족이 속죄받고 살아갈 수 있는 길을 제공한다는 것이다."[15] 이는 가해 민족이 지속해서 기억하고 기억하여 더는 비극적인 현실이 반복되지 않게 하는 것이다. 그것이 그리스도 안에서 발생한 화해가 의미하는 바이다. 몰트만은 가해자로서 규정되는 독일 민족의 연대성을 강조하면서 사라지지 않는 하나님의 질책을 외면하지 않는다. 즉 하나님 앞에서 아담이 계약을 파기한 것과 같이 혹은 아벨에게 돌을 던진 가인의 경우처럼 말이다. 그가 주장하는 독일 민족이 주도하는 화해는 "민족의 집단적인 과거에 대한 공적 고백, 마음의 후회, 피억압 민족을 자유롭게 하는 속죄의 징표를 부여하는 일이다."[16] 그러나 그는 독일 민족의 불가능한 속죄의 과제를 하나님의 도우심에 기대고 있다. 이는 유대인들이 홀로코스트 당시 그들과 함께 고난당하신 하나님이 자기를 내어주시고 그의 백성과 함께 고난 속에 존재함을 의미한다.[17] 따라서, 몰트만은 현대에 벌어지고 있는 억압적 현실에 대해 저항하고 연대함으로써 하나님 나라를 지향하며 진정한 해방을 위한 해방신학적 입장을 적극적으로 수용하고 생명에 대한 사랑과 경외를 강조한다.

판넨베르크는 신정론에서 화해의 문제를 주목했다. 그는 화해를 예수 그리

---

15) 위르겐 몰트만/곽미숙 옮김, "구덩이-하나님은 어디에 계셨는가: 아우슈비츠 이후의 유대교와 기독교 신학," 『세계 속에 있는 하나님』 (서울: 동연, 2009) 앞의 책, 266.
16) 앞의 책, 268.
17) 앞의 책, 261.

스도의 죽음과 부활을 통해 지속하고 궁극적으로 하나님 나라에서 성취되는 하나님의 화해와 일치로 이해한다. 하나님과의 궁극적 화해는 모든 인간에게 세례를 베풂으로써 인간의 죄를 없애고 모든 인류가 부활을 통해 역사의 마지막 때에 하나님의 구원에 참여하는 데에 있다. 그에 따르면, "하나님은 우리의 죽음을 예수의 죽음과 결합하는 데에, 죽음은 생명을 향하는 통로가 된다. 그러므로 예수의 죽음에서 비롯된 화해 사역은 하나님이 그분 자신과 연합한 자들에게 죽음의 종말론적 극복에 대한 신뢰를 수여한다는 데에 있다."[18] 이는 종말론적 미래를 통해 하나님 나라에 동시에 참여함으로써 구원사건과 화해 사건에 참여하는 것을 의미한다. 이와 같은 하나님 화해가 세계 안의 갈등을 해소하는 데에 어떠한 의미가 있는 것일까?

판넨베르크는 도래하는 하나님 미래의 현실성 앞에서 화해를 수용하는 자로서 인간을 이해한다. 인간이 다른 사람과의 갈등을 스스로 해결할 수 없고, 하나님 통치를 수용하는 과정에서 하나님 주도의 화해를 경험할 수 있다. 실제로 전범 국가로서 독일의 신학자로서 살아온 판넨베르크는 유대인과의 공동적인 관계를 하나님 통치에서 찾았다. 그는 하나님 통치가 곧 독일 그리스도인과 함께 유대인과 함께 하나님 앞에 종말론적으로 서는 것에서 이루어진다고 보았기 때문이다. 그 통치는 민족들 사이의 화해와 용서, 더 나아가 민족들의 통합을 의미하고 동시에 하나님 주권의 수용함으로써 분단된 세계를 극복한다. 이것이 판넨베르크가 바라보는 하나님 미래이며 동시에 하나님 창조에 따른 세

---

16) 앞의 책, 268.
17) 앞의 책, 261.
18) 볼프하르트 판넨베르크, 『조직신학 3권』 (서울: 새물결플러스, 2019), 977.

계 인식이다.[19] 또한, 모든 것을 규정하는 하나님 현실성을 중심으로 연대하는 하나님 나라의 현실성이다. 하지만 이와 같은 판넨베르크의 입장은 대단히 추상적인 맥락으로 보일 수 있고 그에 따른 문제가 제기될 수 있다. 그가 주장하는 "미래의 힘이 작용하는 것으로서 미래의 통일"[20]은 구체적으로 무엇인가? 이를 판넨베르크는 주권으로 이해한다. "하나님은 종말론적 미래로 후퇴시키고 계시기 때문이다."[21] 과거와 현재 사이에 벌어지는 하나님의 주권을 통한 예수 그리스도와 성령의 사역으로 죄는 사라진다. 따라서 인간은 자신과 타인의 죄를 용서하는 것이 아니라, 사죄할 때 열리는 "하나님의 창조적 사랑의 힘",[22] 즉 신적 창조성에 의해 과거와 현재를 극복함으로써 화해에 이를 수 있는 것이다. 진정한 의미에서의 사죄가 전제되지 않는 한, 피해자는 가해자를 용서하거나 화해하기 어렵고 화해는 요원할 수밖에 없다. 그러나 전범 국가의 신학자로서 진정한 사죄를 하지 않을 수 없다.

　더 나아가, 그들은 사회주의와 자본주의 사이의 대립에서도 적극적인 교회의 공교회성을 주장하였다. 바르트는 사회주의와 자본주의 진영 사이에서 제3의 길, 즉 하나님의 길을 택했다. 그는 히틀러의 나치 정부와 그의 추종자와 적극적으로 대항했던 것과 달리, 사회주의에 대해 온건한 태도를 보였다. 게다가, 그는 반공주의에 대해서 분명하게 부정한 태도를 보이지 않았다. 그는 공산주의자들도 인간으로 생각했고 그들을 위해 중보해야 한다고 믿었기 때문이다. "그는 공산주의자들을 위해서 중보한 것이 아니라, 한 인간으로

---

19) 볼프하르트 판넨베르크/이병섭 역, 『신학과 하나님의 나라』 (서울: 대한기독교서회, 2014), 81.
20) 앞의 책, 84.
21) 앞의 책, 85.
22) 앞의 책, 90.

서 공산주의자를 위해서 기도한 것이다. 따라서 바르트는 공산주의자가 아니었다."[23] 이는 하나님 앞에서 공산주의자들은 같은 인간이고 하나님이 화해하시기를 원하는 화해의 대상이기 때문이다. 따라서 그는 공산주의자도 아니고 반공주의도 아닌 그는 양쪽 정치적 입장 사이에서 그리스도인으로서 서 있던 것이다.[24] 그리고 그는 철저하게 독일의 재무장을 반대했다. 이는 그가 동독과 서독 사이에서 계속되어온 정치적 긴장을 제거함으로써 2차 세계대전에 대한 정치적 책임을 다하는 것으로 여겼음을 의미한다. 이는 곧 자연스럽게 독일 평화 신학으로 이어지는 계기가 되었다. 몰트만에 따르면, "1961년 이후 베를린 장벽이 구축되면서 장벽을 사이에 두고 영국, 프랑스, 미국을 중심으로 하는 서독과 소련을 중심으로 하는 동독이 서로 핵폭탄을 위시한 군비경쟁에 앞장섰다."[25] 바르트의 기대와 달리 분단된 독일은 강대국들의 전쟁터로 전락하고 만다. 그럼에도 불구하고, 몰트만은 마르크스주의와 신학과의 대화가 제3 세계에서 일어난 해방신학과 다르게 마르크스주의 철학자들의 마르크스주의적 저항정신을 비판하는 방향으로 흘러갔다는 점을 비판적으로 바라본다.[26] 왜냐하면, 비판적 태도가 마르크스주의자들과의 대화를 어렵게 만들었기 때문이다.[27] 이와 같은 유럽의 정치 신학적 태도는 상대방에 대한 상호인정과 대화를 바탕으로 하는 상호변혁이 아니라. 서로에 대한 약점을 강하게 건드리는 대단히 소극적인 의미의 대화였음을 보여준다. 하지만 몰트만은 그들과의 대화를 통해서 서유럽의 민주주의와 동유럽 국가들의

---

23) Eberhard Busch, *Karl Barth Lebenslauf*, München: Chr. Kaiser Verlag, 1975, 397.
24) 앞의 책, 397.
25) 몰트만, 『세계 안에 계신 하나님』, 77.
26) 위르겐 몰트만, 『몰트만의 자서전』, (서울: 대한기독교서회, 2011), 174.
27) 앞의 책, 177.

상호변혁에 이를 수 있었다. 그 결과가 1990년대 유럽 전역에 불어닥쳤던 동유럽 개방과 더불어 독일의 통일이었다. 상호인정을 바탕으로 하는 상호변혁은 에른스트 트뢸치가 주장한 유럽주의가 민족과 이념의 차이를 넘어 평화와 화해 운동으로 나아가는 데 이바지하는 결정적인 계기가 되었다.

3. 유동식의 『한국감리교회의 역사(1884-1992)』에 나타난 교회의 공교회성의 씨앗들

지난 한국교회의 선교역사에서 한국 감리교회는 화해 사역을 추구해왔다. 화해는 개인의 차원에만 머무르는 것이 아니라, 공적 차원에서 개인들 사이 혹은 공동체 사이에서 이루어진다. 화해의 길은 근본적으로 그리스도 안에서 화해를 전제하고 있으며 궁극적으로 하나님과의 화목을 지향한다. 고린도후서 5:18-19에 따르면, "모든 것이 하나님에게서 났으며 그가 그리스도로 말미암아 우리를 자기와 화목하게 하시고 또 우리에게 화목하게 하는 직분을 주셨으니 곧 하나님께서 그리스도 안에 계시사 세상을 자기와 화목하게 하시고 그들의 죄를 그들에게 돌리지 아니하시고 화목하게 하는 말씀을 우리에게 부탁하셨느니라."하는 이 말씀은 화해의 사역이 근본적으로 하나님의 뜻임을 보여준다. 그리스도 안에서 모든 사람이 동등하고 서로에 대해 적대적인 관계를 벗어나 화해의 길을 걸어가야 한다. 이 길은 그리스도를 통한 하나님과의 화해가 우선적이고 그리스도 안에서의 평화를 누리며 하나님 나라를 지향하는 길이기 때문이다. 따라서 한국 감리교회는 개인 전도와 사회선교를 통해 한국 사회에서 하나님 나라의 전초기지로서 교회를 세우고 한국 민족을 하나님의 부르심을 받은 하나님 백성이 되게 했다. 칼 바르트가 주장하듯이, 하나님이 한국 민족과 계약을 맺음으로써 한민족의 하나님이 되심을 선포하는 일이었다. 이는 하나님 앞에서 여성과 남성이나, 부유한 자나 가난한 자가 차별 없이 동등하게 배우고 치료받고 구원에 이를 권리가 있음을 알리는 일이 되었다. 한국감리교회의 공적 역할은 초기 선교, 정치, 토착화, 문화선교의 차원에서 다양하게 이루어졌다. 교회의 공적 역할은 개인 구원을 통한 하나님과의 관계 회복, 3.1운동, 조선감리회의 형성(1930), 토착화 신학의 차원에서 다양하게 이루어졌다. 유동식은 2권에 걸친 한국감리교회의 역사에서 다양한 공교회성의 씨앗들을 발견했다. 그 씨앗은 민족 복음화와 더불어 그에 따른 문화적이고 사회적 선교들이 발현되는 데 큰 역할을 했다.

첫째, 초창기 미국 감리교 선교사들은 개인의 영혼 구원을 목적으로 하는 사회적 선교를 감당해왔고 그에 적합한 공적 역할을 해왔다. 1885년 최초의 감리교 선교사 스크랜턴과 아펜젤러가 한국 땅을 밟은 후에 본격적인 선교가 시작되었다. 그들은 사회선교를 바탕으로 한국감리교회의 초석을 다졌다. 이들의 선교의 동기에는 화해 신학의 기초가 있었다. 왜냐하면, 아펜젤러는 그리스도 안에서 누리는 평화를 통해서 궁극적인 의미의 하나님 평화를 누릴 수 있다고 보았고 그 구원을 현재적으로 이해했기 때문이다.[28] 또

---

28) 유동식, 『한국감리교회의 역사 1』, (서울: 도서출판 기독교대한감리회 유지재단, 1994), 78.

한, 그는 궁극적으로 그리스도인으로서 하나님 나라를 소망하는 것이 곧 영생의 길이라고 보았기 때문이다.[29] 역사적으로 볼 때 하나님의 평화는 그리스도인의 정체성 근거가 되었다. 그들의 선교목적이 한국인을 서구화된 그리스도인으로 만드는 것이 아니라, 하나님 백성으로서 혹은 하나님의 민족으로서 정체성을 인식하는 일에 있었기 때문이다. 이러한 현실성이 그들의 구체적인 선교에 나타난다. 아펜젤러가 배재학당을 세움으로써 교육사업을 시작할 때, 그때를 맞추어 스크랜턴도 정동에 감리교 병원을 세움으로써 의료선교를 시작했다.[30] 스크랜턴이 세운 정동병원은 알렌의 광혜원과 달리 가난한 서민층의 환자를 위한 병원이었다.[31] 이는 자연스럽게 로드와일러가 여성병원인, 보구여관을 세우는 일로 이어졌다.[32] 학원 선교에서 아펜젤러는 "한국 사람을 죄와 죽음의 사슬에서 해방하여 그들에게 하나님 자녀들이 누리는 자유와 빛을 허락해달라"고 기도했다.[33] 반기독교적 성향이 있는 보수파 사람들의 방해에도 불구하고 그는 그리스도인의 정체성을 바탕으로 새로운 한국인으로서의 정체성을 세우려고 했기 때문이다. 아펜젤러는 그 정체성을 "신생의 체험을 바탕으로 하는 주안에 평화"로 규정했다.[34] "구원받지 못한 이들은 하나님과 적대하고 있으므로 안식이 없습니다. 그러나 회심으로 믿는 순간 이 모든 불안은 사라지고 모든 이해를 넘어서는 하나님의 평화가 그들의 마음속에 들어옵니다."[35] 이와 같은 그리스도 안에서의 평화는 하

---

29) 앞의 책, 79.
30) 앞의 책, 57.
31) 앞의 책, 58.
32) 앞의 책, 59.
33) 앞의 책, 68.
34) 앞의 책, 78.
35) 앞의 책, 78.

나님 나라에서 영원한 삶으로 이어진다. 이화학당의 설립자인 스크랜튼 대부인은 선교의 목적을 한국 여성들이 그리스도 안에서 훌륭한 한국(여성)이 되게 하는 데에 있다고 주장했다.[36] 스크랜튼 대부인에 의해서 설립된 이화학당은 여성 독립과 해방의 초석이 되었다. 왜냐하면, 선교사들에게 교육 선교는 그리스도의 복음을 받아들이는 사람들에게 임하게 될 하나님 사랑과 평화를 강조하는 일이었기 때문이다.

둘째, 한국감리교회는 일본 제국주의에 저항하고 민족의 자주독립을 위해 싸웠던 대표적인 민족운동에 이바지했다. 1919년 2월 일본 도쿄에서 시작된 만세 운동에서 촉발된 3.1운동은 중국 만주와 한반도에서 펼쳐진 종교들의 민족운동이었다. 천도교를 중심으로 펼쳐진 3.1운동에 한국감리교 목회자의 적극적인 참여가 있었다. 유동식에 따르면, "박희도, 박동완, 최성모, 오화영, 김창준, 신석구, 이필주가 거기 속했다. 장로교에 길선주, 이승훈, 양전백, 이갑성, 유여대, 이명룡, 김병조가 있었다."[37] 한국 감리교회는 천도교나 불교와 같은 다른 종교만이 아니라, 다른 교파와 협력하여 일본제국에 맞서 민족의 자주독립을 위해 저항했던 민족운동이었다. 이와 같은 역사의 흔적들은 한국 감리교회의 공적 역할이 개인 구원의 문제에 한정되지 않고 정치적 상황과 국제질서에 이르는 순간까지 확대되고 있었음을 보여주고 있다. 특히 주목할 점은 한국 감리교회는 다른 종교인들과 다른 교파의 그리스도인들과 더불어 군사력을 바탕으로 하는 제국주의 중심의 국제질서를 넘어 각 국가의 자주적인 역할과 개인의 자유를 지키고 다른 이들에 대한 배타적 태도를 넘어서는 일이었다.

---

36) 앞의 책, 67.
37) 앞의 책, 435.

셋째, 한국감리교회는 개교회주의를 넘어 교회 일치를 추구하였다. 이는 초기 선교사들이 선교하는 과정에서 분리되어 있었던 남북 감리교회를 통합함으로써 조선 감리교회를 세운다. 이는 한국감리교회가 영적 구원만이 아니라, 궁극적인 인간해방에서 찾았던 1920년대 선교목적의 변화에서 시작된 결과이다. 유동식은 이 배경을 하나님 나라의 확장에 대한 의식과 더불어 미국감리교회로부터 독립하고 개교회주의를 초월하여 자립하고 선교를 주도하는 신앙공동체로 거듭나려는 한국감리교회의 변혁에서 찾았다.[38] 1925년 남북감리교회의 통합에 관한 연구가 시작된 이후 1930년 12월 2일에 통합을 가결했다.[39] 조선감리회의 시작과 더불어 한국감리교회의 정체성이 구체화하기 시작했다. 유동식에 따르면, 웰치 감독은 조선감리회가 통합과 더불어 "진정한 기독교회, 진정한 감리교회, 진정한 한국교회"[40]를 지향한다고 주장했다. 한국감리교회의 통합에서 그는 그리스도의 능력과 성령의 역사를 통한 사회변혁과 한국적 신학의 가능성을 발견했기 때문이다. 한국감리교회가 추구했던 사회적 변혁은 그리스도의 사귐을 통한 비인간화의 극복과 웨슬리의 신학적 유산을 이어받아 교회 일치로 나아가는 사회적 성화의 길을 강조하는 것이었다. 또한, 한국 감리교회는 한국문화의 전통과 수용을 통해 한국 신학의 길을 모색할 수 있었던 것이다.[41] 더 나아가 "한국감리교회는 독자적인 신앙고백이었던 교리적 선언을 통해 신학적 방향을 구체화했다. 그 방향은 감리교회의 방향은 근본적으로 개인

---

38) 앞의 책, 502.
39) 앞의 책, 511-512.
40) 앞의 책, 514.
41) 앞의 책, 514.

의 신앙의 자유를 인정하며, 진보적이며, 자유주의적이라는 것이다.[42]

넷째, 한국감리교회는 한국 신학의 길을 적극적으로 모색하였다. 유동식에 따르면 역사·사회 참여의 전통, 문화적 토착화 전통과 복음적 자유주의 맥락에서 한국감리교회는 자신의 신학적 사상을 형성해왔다.[43] 유동식은 김창준, 정경옥, 이용도를 꼽았다. 사회 참여 시각에서, 유동식은 맑스주의와 대화를 시도한 김창준을 꼽았다. 김창준은 영혼 구원을 지향하는 예수 사회주의를 주장했고[44] 나사렛 예수가 실행한 하나님 나라 운동을 정치적이고 경제적인 관점에서 이루어진 공정 운동으로 해석했다고 한다.[45] 김창준은 사회적으로 불공정한 현실에서 사회적 죄악을 분명히 보았기 때문이다. 복음의 토착화를 토대로 하는 감리교 신학을 대표했던 정경옥은 자유주의 신학을 연구하는 진보적 성향을 보인 신학자였음에도 불구하고 그는 바르트와 같이 하나님 말씀으로서 성서를 해석하는 길을 열었고 이를 한국교회가 걸어가야 하는 진정한 복음주의의 길로 여겼다.[46] 그의 복음주의는 변선환과 같이 교회 중심주의를 거부하고 구속의 경험을 토착화한다는 점에서 특징적이다. 따라서 그의 복음주의는 배타적 특성을 보이지 않는다.[47] 더 나아가, 유동식은 이용도의 신비주의에서 동양적 기독교의 길을 발견했다. 이용도는 서구신학에서 비롯된 신비주의를 그대로 수용하는 것이 아니라,

---

42) 앞의 책, 520-521. 유동식에 따르면, "양주삼에게 진보적이라는 말을 '시대와 지방을 때라' 성장하는 생명체의 특성을 뜻하고 있다고 한다. 이것은 역사성과 토착성을 뜻한다. 즉 우리의 교리적 선언은 한국의 역사적 정황과 문화적 풍토 속에서 형성된 한국 감리교회의 교리이다. '자유주의적'이라는 말은 복음의 진리를 시대의 변천에 따라 항상 새롭게 재조명하여 새롭게 파악하는 것이 개신교의 기본원리라고 보는 신학이다."
43) 앞의 책, 540.
44) 앞의 책, 549.
45) 앞의 책, 548.
46) 앞의 책, 559-560.
47) 앞의 책, 561.

창조적으로 한국의 처한 현실성에서 신비의 체험과 시와 음악에 대한 예술적 감각을 통해 토착화된 신비주의를 추구했다. 유동식은 그의 신비신학의 특징을 "음악과 시적 감각을 통해 하나님과의 내적 관계"로 표현했다.[48]

이와 같은 신학적 태도는 자연스럽게 1960년대 토착화 신학의 형성으로 이어졌다. 한국 상황에서 한국적 기독교의 형성과 다른 이웃 종교와의 만남으로 이어졌다. 선교적 차원에 머물렀던 한국 신학의 길을 윤성범은 획기적으로 토착화 논의로 발전시켰다. "감론, 솜씨론, 멋론"으로 규정되는 한국적 신학의 근본 동기들은 근본적으로 유럽 기독교 역사와 한국의 문화적 토양 사이의 관계를 규정하는 원리가 되었다. 그는 이 원리를 바탕으로 한국문화를 이해하고 그 안에 복음을 뿌리는 과정에서 한국적 전통문화를 이해하고 그것이 생명을 가질 수 있도록 기독론적으로 변용한다. 더 나아가 그는 그리스도의 바탕으로 변용된 문화적 바탕에서 성령의 역사를 통해 기독교 신앙의 멋을 드러내는 것에서 한국 신학적 과제를 모색한 것이다.[49] 유동식은 이와 같은 한국 신학적 방법론에서 성(誠)의 신학이 전개되었다고 보고 있다. 윤성범이 주장했던 성의 원리는 예수 그리스도가 이 땅에서 구속의 원리만이 아니라 해방의 원리로 작용한다. 그는 바르트 신학의 근본원리를 바탕으로 파울 알트하우스의 원능력, 원정신, 원의지의 합일 상태로서 원자아를 규정하면서 인간의 실존을 변혁하는 원리로서 성(誠)을 이해하고 지(志), 이(理), 기질(氣質)을 통합하는 원리로서 이해했다.[50] 이것은 곧 삼위일체 하나님이 한국문화와 화해하는 화해의 사건으

---

48) 앞의 책, 579.
49) 유동식, 『한국감리교회의 역사 2』, (서울: 기독교대한감리교회 유지재단 출판부, 1994), 900-901.
50) 앞의 책, 904.

로 이해될 수 있다. 그러나 이와 같은 토착화 신학의 전통은 한국감리교회 깊게 뿌리를 내리지 못했고 변선환의 종교해방신학도 이단 시비와 함께 배격되었다. 1982년 불교와의 대화의 모임에서 문제가 된 강연에 대해 변선환은 신학적 견해를 분명히 밝혔다. 그는 3.1운동을 예시로 들면서 한국의 인간화를 위해 이웃 종교와 대화를 해야 하며 탈 서구화의 맥락에서 유불선이 공존하고 있는 한국의 독특한 종교적 상황을 인식하고 그에 다른 토착화의 과제를 수행해야 함을 강조했다. 이와 더불어 변선환은 그리스도의 복음을 포기하는 것이 아니라 대화를 통해 한국의 독특한 정치적 상황에서 복음을 새롭게 해석하려는 한국감리교회의 신학적 전통을 지키고 웨슬리의 선행은총과 속죄의 보편성에 그것을 정초하려는 데에 있음을 분명하게 주장했다.[51] 그럼에도 불구하고, 1990년 변선환은 「불타와 그리스도」라는 논문으로 인해 발생한 교리적 갈등을 빚었고 그로 인해 출교당했다. 이로 인해 한국감리교회의 토착화 신학의 길은 심각한 위기에 놓이게 되었다. 그런데도, 한국 신학의 전통은 지금껏 이어지고 있다.

4. 박순경의 역사의식에서 본 화해 신학의 길로서 통일신학: 교회의 공교회성

유동식의 『한국 감리교회 역사』에서 우리는 일제강점기와 해방 이후 한국전쟁을 거치면서 형성된 화해의 동기들을 발견할 수 있었다. 이는 한국감리교회사를 하나님 통치를 구현하고 하나님 나라를 지향하는 화해 신학의 관점에

---

51) 앞의 책, 997.

서 이해할 수 있음을 의미한다. 하나님은 한반도에서 한민족을 자기 백성으로 부르시고 이스라엘 백성과 같이 구원사에 동참시키려는 과정에서 자신과의 관계 회복을 위한 동기를 부여한다. 이 관점에서 우리는 일제강점기에 시작된 민족 해방의 문제와 더불어 해방 이후 한반도 분단체제와 그의 해방 가능성으로서 남북통일의 문제를 한민족의 과제로 수용할 수 있다. 왜냐하면, 우리는 한반도가 복음화되는 과정에서 일어난 민족 갈등과 민족 분열, 일제강점기와 해방 이후 서구 열강에 의한 분단체제가 고착화한 역사의 흔적들을 외면할 수 없기 때문이다. 또한, 한국기독교가 하나님과 언약 관계에서 민족 구원과 민족 해방의 과제를 가지고 있음에도 불구하고, 민족의 고난을 해결할 수 없었기 때문이다. 실제로 초기 기독교 선교역사에 이미 민족 분열이 나타났고 이는 곧 국가 멸망과 더불어 일본 식민지로 전락하는 결과로 이어졌다. 더 나아가, 서구 열강은 그들의 정치적 논리에 따라 한반도를 전략적 요충지로 삼기 위해 피해당사자인 한민족과 그들의 땅, 한반도를 분단의 땅으로 만들었다. 이처럼 한반도에서 펼쳐진 역사의식을 바탕으로 박순경은 일본 제국주의와 서구 열강에 의해 야기된 민족 간의 갈등과 분단체제를 극복하고 하나님 통치로 인해 회복되어야 할 화해 신학을 제안한다. 따라서 그 길은 바르트가 주장한 바와 같이, 자본주의와 사회주의 대립을 넘어서는 제3의 길이다. 또한, 그 길은 중립화를 넘어서는 하나님 초월성이 도래하는 하나님 미래의 길이다. 박순경의 통일신학은 고착화되어가고 있는 분단체제 아래에 있는 민족 위기를 극복하고 불평등이나 차별을 넘어 평등한 인간성을 추구하는 길이요, 궁극적으로 남북한의 평화통일을 지향한다. 민족분단의 원인과 고착화 과정에 대한 박순경의 역사적 인식은 다음과 같다.

첫째, 박순경은 한국기독교 역사에 있어서 민족분단을 이미 구한말로부터 예견된 일이었고 서구제국주의와 일제강점기의 역사적 산물로 이해한다. 민족의식의 형성에 영향력을 미쳤던 초기 한국교회는 공교회성을 구현했다. 이는 한국교회가 기독교적 세계관을 바탕으로 하는 민족의식 확립과 민족의 자주독립을 지향했음을 의미한다. 1919년 3·1운동은 일본 제국주의에 맞서 민족 해방을 주장하는 민족운동이었다. 화해의 시각에서. 그 운동은 한국교회가 하나님 선교에서 민족을 복음화하고 다른 이웃 종교와 협력함으로써 민족적 자주와 자유를 회복함으로써 공교회성을 회복하는 일이었다. 그러나 이는 민족의 분열을 전제로 일어났다. 왜냐하면, 서구 문화가 수용되는 과정에서 기독교는 전통적인 유교 문화와 충돌하고 망국의 현실에서 민족 내부의 갈등은 피할 수 없었기 때문이다. 박순경에 따르면, "민족주의자들이 반기독교적 태도를 보인 위정척사파와 개화파 사이의 갈등이나, 온건 개화파나 급진 개화파 사이의 갈등으로 인해 민족의 위기를 깨달았음에도 불구하고, 통합적인 민족의식을 바탕으로 일본 제국주의의 침략을 막는 데에 실패했다."[52] 기독교가 한반도 내에 서구 제국주의가 확산하는 데에 중요한 역할을 했고 보다 빠른 시기에 한국 사회에 정착할 수 있었기 때문이다. 그러나 "민족운동으로서 3·1운동은 민족의 자주독립뿐만 아니라 신민적, 세계 민족들의 평등과 같은 민족과 세계의 새로운 미래가 도래하는 필연성을 의식했고 제창했다

---

52) 박순경, 『한국 민족과 기독교의 문제』, 『민족통일과 기독교』 (서울: 한길사, 1990). 52. 그에 따르면, "서구기독교는 19세기 자유주의 문화기독교로서 서양의 팽창주의의 이데올로기였다."

는 점에서 서구민족주의를 능가하는 세계사적 의의가 있다."[53] 박순경은 3·1운동에서 근대 민족주의에서 볼 수 없고, 억압당하는 민족에게서만 자생적으로 형성된 민족주의의 고유성을 발견했다.[54] 왜냐하면, 3·1운동을 통해 한국인들은 종교적 차이를 넘어 피억압자로서 민족적 정체성을 인식하고 제국주의에 대해 저항하며 끊임없이 해방을 추구했기 때문이다. 또한, 여성도 민족 해방운동에 적극적으로 참여하였다. 따라서 3·1운동은 한국인들이 피억압자로서 민족의 정체성을 인식하고 그에 따라 새로운 민족적 정체성을 형성하는 데 중요한 역사적 근거가 되었다. 이는 서구민족주의와 구분되는 피억압자로서 형성된 한민족의 정체성이다. 그러나 3·1운동 이후 기독교는 사회주의 노선과 다르게 일본 제국주의에 협력하는 식민지 이념을 추종하게 되었다고 한다.[55] 그 결과, 타협주의적 성향을 지닌 기독교는 비타협적 민족운동을 벌였던 사회주의와 대립하게 되었다. 이와 같은 기독교와 사회주의의 대립은 민족 분열과 분단의 씨앗이 된다. 사실 처음부터 그런 것은 아니었다. 초창기 기독교와 사회주의는 자본주의 문제를 해결하는 동역자의 관계였다. 예컨대, 이대위는 「기독교 신보」에 쓴 두 편의 글에서 나사렛 예수를 자본주의 해악을 간과하지 않는 존재로 이해했고 기독교와 사회주의의 일치 가능성을 주장해왔기 때문이다.[56] 그러나 기독교가 일본 제국주의와 타협하는 과정에서 더는 공존할 수 없게 되었고 계속해서 사회주의와의 갈등을 폭발시키는

---

53) 박순경, 『한국 민족과 기독교 선교의 문제』, 『통일신학의 여정』 (서울: 도서출판한울, 1992), 114-115.
54) 박순경, 『한국 민족과 기독교의 문제』, 『민족통일과 기독교』 (서울: 한길사, 1990), 114.
55) 앞의 책, 54.
56) 앞의 책, 133.

결과를 가져왔다.[57] 또한, 민족 통합을 지향하는 사회주의는 신간회를 중심으로 민족해방운동으로 전개되었다.[58] 결과적으로 사회주의는 민족주의 진영과 여성단체들과의 연대를 통해 비타협적 민족운동을 주도함으로써 기독교와 다른 길을 걷게 되었다고 한다. 박순경은 그 원인을 사회주의의 반기독교적 태도에 찾는 의견도 있지만, 근본적인 문제는 친일 성향의 정치적 타협에 있다고 보았다.[59] 이와 같은 정치적 분열은 해방 이후 한반도가 서구 열강에 의해 분단되고 분단체제가 공고히 되는 근본적인 원인이 되었다.

둘째, 박순경은 구한말에서 시작된 한반도 분단을 곧 민족의 고난으로 이해한다. 한반도는 이미 19세기 말엽, 러시아, 중국과 일본과 같은 주변 열강과 서구 열강의 각축장이었다. 그 목적은 침략 세력들이 힘에 균형을 위해서 한반도의 지정학적 위치를 활용하는 데에 있다.[60] 이와 같은 한반도 분할론이 해방 이후 그 힘을 얻기 시작한다. 1945년 미군정이 소련과의 대립 관계에서 한반도

---

[57] 박순경에 따르면, "기독교계는 개량주의적 민족주의에 참여하여 합법적인 의미의 민족운동을 시도했다고 한다. 이와 같은 기독교의 입장은 반공 민족주의를 형성했다고 한다. 이와 달리 비타협적 민족주의의 진영은 제국주의적이고 자본주의적 침략 세력으로부터 해방을 위해 사회주의 진영과의 연대를 추구했다고 한다." 앞의 책, 128.

[58] 앞의 책, 128-129. "민족 통합을 지향하는 민족주의 운동은 신간회를 중심으로 민족해방운동으로 전개되었다." "비타협적 민족진영과 좌파의 연합전선으로서 1927년 2월 15일 결성된 것으로서 기독교계 발기인으로서 이갑성, 이승훈, 조만식 등이 참여하였고 또 연합전선의 추진과 더불어 좌파와 우파 여성단체들도 연합해서 같은 해 4월에 근우회를 발족시켰다. 이 운동은 여성해방, 사회혁명, 세계혁명에 관심했다."

[59] 앞의 책, 140. "자선사업이나 사회사업이 개별적으로 추진되면서도 교회가 민족 사회의 근본 문제를 인식하지 못할 때, 하나님 의와 세계의 불의를 증언할 수 없고, 교회 자체의 업적이나 자랑하게 되는 위선에 떨어지게 되며, 개별적인 사회 문제들의 근본적 전체적 원인을 모르게 되어 역사의 미래의 방향을 상실하게 된다."

[60] 앞의 책, 140. "이미 1894년에 청일전쟁 직전에 영국이 청일에 의한 한반도 공동지배를 위해서 38도선 분할론을 내놓았고 1894년에 청일전쟁 사이에서 한반도 중립화론이 나왔으며 1896년에 러시아와 일본 사이에 한반도 분할론이 나왔다. 1902년에 영일동맹이 체결되자 러시아는 러시아, 미국, 일본의 보장 아래에서의 한반도 중립화안을 내놓았으나 러일전쟁에서의 일본 승리에 의해서 이 중립화안은 실패했다."

의 식민체제를 지속하려는 의도에서 민족분단이 구체화 되고[61] 민족의 분단과 맞물려 한국교회는 공적 역할을 상실한다. 이는 자연스럽게 교회가 삼위일체 하나님의 초월성과 하나님 나라의 보편성 상실해가고 있음을 의미한다. 박순경에 따르면, "이승만을 중심으로 하는 교회의 주도 세력은 반공주의를 국시로 하여 분단체제를 구축하는 데 기여했다. 한국의 선교를 위해 한국에 입국한 선교사들도 그에 중요한 역할을 했다."[62] 또한, 점진적으로 한국교회가 사사화함에 따라 민족의 통일문제보다 개인 구원에 집중하게 된다. 이와 같은 현실은 민족교회의 상실로 이어진다. 이러한 역사적 비판의식을 바탕으로 박순경은 민족의 자주독립을 지향하고 그에 따른 민족주의 연대를 통해 남과 북의 통일로 나아가야 한다고 주장한다. 바르트의 변증법적 신학을 잇는 볼프하르트 판넨베르크는 화해 신학의 지향점을 하나님과의 화해를 중심으로 하는 민족들의 신학 형성을 주장한다. 이는 민족통일을 넘어 민족들의 연대로 나아가는 길에서 전쟁과 정치적 갈등을 넘어서는 하나님 통치의 길을 제시한다. 이처럼 박순경은 통일신학의 문제를 화해 신학의 과제로서 분명히 이해한다. 따라서 그는 민족의 자주독립과 민족주의 연대를 형성하고 외세에 의한 분단을 넘어서 통일로 나아가는 데에 한국교회의 공적 역할을 주장한다. 그에 따르면, 한국교회는 민족문제와 더불어 복음 전파와 세계선교의 과제를 수행해야 한다, 근본적으로 민족문제의 해결 없이 그리스도인들의 자유와 죄로부터의 해방의 문제를 해결할 수 없기 때문이다.[63] 따라서, 박순경은 한국교회는 분단체제가 계속

---

[61] 앞의 책, 141.
[62] 앞의 책, 152.
[63] 앞의 책, 153.

되면서 외면해온 통일 선교를 실행해야 한다고 적극적으로 주장한다. 왜냐하면, 한국교회가 개체교회의 성장주의에 매몰되어 공적 기능으로서 화해의 역할을 감당하지 못했기 때문이다.

셋째, 박순경은 화해 신학을 통해 민족통일의 길을 적극적으로 열어야 한다고 주장한다. 실제로 1980년대 한국교회가 민족분단의 현실을 깨닫고 화해의 문제로 돌아오는 데에 굉장히 오랜 시간이 필요로 했다. 그것은 한국교회가 한민족의 고난을 깨닫는 데 오랜 시간이 걸렸음을 의미한다. 그럼에도 불구하고, 민족종교로서 기독교에 대한 박순경의 기본적 인식은 곧 하나님과 새로운 언약을 맺는 일이었고 이는 동시에 한반도에서 벌어지는 있는 다양한 억압적 현실을 극복하여 하나님의 백성으로서 해방의 길로 나아가는 것임을 의미한다. 박순경에게 있어서 한민족의 고난은 유대인들의 고난과 유비적이다. 따라서 그는 민족의 고난으로서 분단 문제의 해결책을 화해 신학에서 찾았다. 그는 하나님 의와 그의 초월성은 복음에서 찾을 수 있다고 믿었기 때문이다.[64] 그리스도의 복음은 한반도 내의 불의한 정치세력에 대한 심판을 선언하고 한반도에서 살아가고 있는 사람들을 그리스도의 화해로 초청하고 있으며 하나님 나라의 의와 그 실현으로 인도한다.[65] 따라서 화해 신학으로서 통일신학은 민족통일의 문제를 벗어나 피안의 세계로 벗어나는 것이 아니라, 분단의 현실을 직시하고 분단체제를 극복할 수 있는 일을 한국교회의 궁극적 사역으로 제시한다. 1980년 이후 7·4 남북공동성명에 남북이 통일을 위한 정치적 원칙으로서 자주, 평화, 민족적 대단결에 합의한 이후에 남북은 평화통일을 위한 대화를

---

64) 앞의 책, 145.
65) 앞의 책, 145.

시도했고, 1989년 KNCC의 에큐메니컬 선언에 이르게 되었다. 이는 한국교회가 잊고 있었던 공교회성을 기억하고 복원했던 역사적 사건으로 볼 수 있다. 따라서 민족통일은 곧 하나님 백성으로서 한민족 해방의 종말론적 사건을 의미한다. 박순경은 이와 같은 현실에서 하나님 나라의 초월성을 강조하고 민족통일의 길을 제시한다. 이는 한민족 신학의 길이다. 이 길에서 마르크시즘과 대화를 주장했던 박순경은 사회주의에 대해 거리를 둔다. 그에 따르면, "사회주의는 주어진 역사의 문제를 극복하기 위한 방편이 될 수 있으나 그것에 의해 궁극적 구원이 성취되는 것은 아니다. 제3의 길로서 하나님 나라의 초월성은 한국민족과 제3의 길 이상이며 역사의 종말론적 구원을 의미한다. 궁극적 화해의 길은 지배자의 속죄함 없이, 피지배 민족의 실제적인 해방이 없이 성취될 수 없다."[66]

5. 한국 신학으로서 화해 신학의 가능성 모색

20세기에 태동한 한국 신학의 길은 멀고도 험한 길이었다. 박순경이 앞서 주장한 바와 같이, 한민족의 주체의식을 바탕으로 형성되어야 하는 한국 신학의 과제는 계속된 민족 분열과 분단으로 인한 민족의 고난의 길에서 막혀있었다. 한국 토착화 신학자들이 주장했던 서구신학의 바벨론 포로로부터의 해방이라는 말이 무색할 정도로 한국 신학의 길은 요원한 것이 되고 있다. 특히 한

---

[66] 박순경, 「한국 민족과 기독교의 문제」, 『민족통일과 기독교』 (서울: 한길사, 1990). 51.

국교회가 보수화되는 과정에서 에큐메니컬 신학의 위기는 더욱 분명히 그 현실을 드러내고 있다. 게다가 오늘날 한국 사회는 더욱 공동체 사이의 대립이 심화하고 있다. 대부분 한국인은 한민족으로서 공동체성보다, 지극히 개인적 관심사에 집중하며 살아간다. 한국교회 안에서도 일치보다는, 서로에 대한 배타적 태도가 심화하고 있다. 그리스도의 몸 된 교회라는 말이 무색하게 교회 안에서조차 분열이 나타나고 있다. 이와 같은 현실에서 한국교회는 어떻게 공교회성을 세워가야 하는가?

우선 한국교회는 공동체성의 근거를 찾아야 한다. 공동체성은 한민족으로서의 자기 정체성이다. 서구민족주의와 다르게, 박순경이 주장해온 민족주의적 성격은 고난에서 비롯된다. 민족의 고난은 곧 하나님과의 관계에서 민족의 정체성을 드러내는 역사적 힘이기 때문이다. 이미 일본 식민지를 극복하려는 한민족의 연합된 힘이 그 가능성을 보여주기 때문이다. 실제로, 박순경의 한민족 신학은 한국 신학으로서 화해 신학의 가능성을 외면할 수 없도록 만든다. 그가 「한민족과 신학」에서 바벨탑 사건과 아브라함의 부르심의 상호 연관성을 해명함으로써 한민족의 가능성을 밝히고 있기 때문이다. 그가 지적하듯이 아브라함의 설화가 유대민족의 신학적 정체성을 드러내는 것처럼, 한민족은 성서에 나타난 하나님과의 계약관계를 분명히 가지고 있다. 박순경은 이와 같은 민족적 정체성을 민족적 근원과 천지인 합일의 우주적 통일의식으로 이해한다.[67] 이는 한민족의 민족적 정체성은 고유한 근원을 가지고 있고 동시에 이것은 바벨탑 신화와 함께 사라진 민족적 단일성이 아니라, 오직 하나님과의 관계에서

---

67) 박순경, 「한민족과 신학」, 『통일신학의 여정』 (서울: 도서출판한울, 1992), 41.

새롭게 형성됨을 의미한다. 왜냐하면, 민족의 단일성은 제국주의적 패권을 의미하는 것이 아니라, 하나님과의 계약관계에서 새롭게 형성되는 것이다. 따라서 한국 신학의 주체는 한민족 자신이 아니라, 한민족의 의식을 가능하게 하는 삼위일체 하나님이다. 박순경에 따르면, "민족들의 통일성이 하나님 미래의 구원 주체로서 설정됨으로써 그들의 제국주의적 잠재세력과 역사적 현실은 거부되어 버린다."[68] 이와 같은 박순경의 근본적인 민족의식에서의 출발은 지금껏 한국 신학이 외면해온 부분을 잘 드러낸다. 그것은 한국의 굳어진 분단의 현실에 대한 외면과 더불어 주목받지 못했던 화해 신학으로서의 가능성이다. 박순경은 이와 같은 현실성을 잘 지적하고 있다. 민족이 사라진 형이상학적 신학이다. 그에 따르면, "민족 주체성은 공동체적 주체성으로서 사회·경제적 평등 없이는 성립될 수 없고 또 왜곡되어 버린다. 또 민족의 주체성은 외세의 침략, 억압, 경제적 착취를 방어하고 공동체적 삶의 자유와 권리를 행사하고 그 민족의 역사를 존속시키는 주체성이다, 또 민족의 주체성은 그래서 민족 내적으로 또한 대외적으로 반민족적 세력들을 극복하고 새로운 공동체적 삶의 질서를 창출하는 역사적 자유"를 의미한다.[69] 이와 같은 실천적 의미의 통일신학으로의 전이는 곧 한국 근대사에 속해 있는 민족주의의 운동을 살피는 것으로 나아간다. 박순경은 항일투쟁과 좌우합작운동, 7.4 남북공동성명, 마르크스주의와의 대화, 1980년대 이후 민주화운동과 통일운동을 그 예시로 들고 있다. 그의 통일신학은 굳어진 한반도의 분단 현실에서 한민족으로서 정체성을 구체화한다. 화해 신학으로서 통일신학은 민족분단의 현실성 자체에서 발생하는 것이 아니

---

[68] 앞의 책, 42.
[69] 앞의 책, 51.

라, 그 안에서 억압당하고 자유를 빼앗긴 자들이 통일의 주체로서 서는 과정에서 형성된다. 왜냐하면, 반민족적 상황과 제국주의적 세력에 의해 야기된 분단 상황이 극복되지 않는 한 하나님의 의와 평화는 도래할 수 없는 것이기 때문이다.[70] 따라서 그가 주장하는 한국 신학으로서 통일신학의 과제를 다음과 같이 모색할 수 있을 것이다.

첫째, 통일신학은 서구신학에서 독립만이 아니라, 서구중심주의 혹은 서구제국주의로부터 해방과 분단체제의 극복을 지향한다. 오늘 서구신학으로 규정되는 것은 독일 신학만이 아니라, 미국을 포함한 제1 세계신학 이상을 의미한다. 특히 박순경이 인지하고 있었던 것은 분단을 고착화하고 있는 주변 세계들로 인해 야기된 반통일적 세력이다. 따라서 그는 한반도 안에서 화해를 어렵게 만드는 다양한 요소들을 해소하고 궁극적으로 분단체제를 극복해야 한다고 말한다. 이 과정에서 그는 계속해서 이념적 차이에서 발생하는 충돌 가능성을 완화하고 적극적으로 갈등을 해소하는 방향으로 통일신학이 나아가야 한다고 주장한다. 다시 말해, 한민족은 지금껏 한반도 내에서 나타난 남북 갈등, 즉 자본주의나 민주주의와 공산주의와 사회주의를 넘어 하나님 나라로 나아가야 한다. 이는 하나님 미래의 도래와 현재를 통해 가능하다. 따라서, 박순경은 자본주의의 폐해를 옹호하고 있는 반공주의만이 아니라, 민족분단의 문제에 소극적인 북한의 공산주의·사회주의를 비판하고 있다. 그는 분단체제를 극복하는 과정에서 양자의 대립 문제를 극복할 수 있다고 보았기 때문이다. 게다가, 화해신학으로서 통일신학은 고난당하는 자의 목소리가 외면해서는 안 된다고 보았

---

70) 박순경, 「통일신학의 정초를 위하여」, 『통일신학의 여정』 (서울: 도서출판한울, 1992), 64.

다. 따라서 통일신학은 고난 속에 있는 사람들의 음성을 들어야 하고 그들을 해방해야 할 과제가 있다. 이는 다른 기독교 통일운동가와 비교해서도 더 분명하게 드러난다. 그것은 남과 북의 중도의 길을 넘어서는 하나님 초월의 길이다. 동시대 통일신학자들의 길은 중도의 길에 머물러 있다.

한편으로, 함석헌은 하나님의 뜻으로서의 고난을 강조하면서 주변 열강에 의해 전쟁터가 된 현실을 고발한다. 그 현실은 한민족으로서의 자각이 없는 이념 중심의 갈등에 놓인 한반도의 씨알, 즉 민중의 현실이다. 그래서 그는 민중으로서 씨알이 그 주체가 되는 민주주의를 강조하고 있으며 기독교에서 민주주의를 현실화하는 힘을 찾았다. 그에 따르면, "기독교는 지난 역사에서 유교와 불교가 하지 못했던 일을 해왔기 때문이다. 천당에 가는 것이 목적이 아니다. 구원 얻는 것이 목적이 아니다. 형제의 죄를 사해주는 것이 기독교다. 그러면 구원은 저절로 될 것이다."라고 한다.[71] 함석헌은 이미 민족의 고난 속에 있는 민족을 형성하는 힘을 인식하고 있었다. 고난은 자신의 바탈을 현실화하는 힘이기 때문이다. 그 힘은 기독교 안에 존재하는 해방의 힘이다.[72] 정치적으로 그는 그 힘을 "비폭력주의, 평화주의, 세계국가주의, 우주 통일주의"와 같은 중도의 길을 찾고 있는 근거로 삼는다.[73] 그러나 박순경은 중도의 길을 남과 북의 통일로 나아가는 궁극적인 길로 보지 않는다. 그 길은 하나님의 통치로 나아가는 길일 뿐이다.

다른 한편, 문익환은 고난당하는 민중의 해방을 위해 분단체제의 극복을

---

71) 함석헌, 『뜻으로 본 한국 역사』(서울: 한길사, 1998), 394.
72) 앞의 책, 398.
73) 앞의 책, 418.

추구했다. 이는 민주화를 통한 민족통일의 길을 의미한다.[74] 『문익환의 삶과 분단극복론』이라는 책에서 이유나는 3·1민주구국선언에 나타난 문익환의 통일관과 민중 주체의 통일론으로 구분해서 그의 통일관을 기술한다. 한편으로, 문익환은 3·1 민주구국선언에서 민주화와 민족통일의 주체를 규정하고 민주화를 통해 지리적 통일을 넘어 민족통일에 이르는 길을 주장하고 있으며 이 과정에서 민족의 역할을 강조했다고 본다. 물론 "문익환의 통일론이 반공주의적 한계를 넘어서지 못하고 있으나 이는 중립화론을 주장하는 방향으로 바뀌어 간다."[75] 이와 같은 주장의 배경에는 주변 열강에서 한 민족이 자신의 정치적 방향을 통일 주체로서 민족의 우선성과 더불어 그 지향성은 민주화에 있다는 사실이다. "남한의 민주화를 추구하는 민주화운동은 통일에 유리한 조건을 여는 것이고, 남북의 화해와 협력을 추구하는 통일운동은 안보 논리를 바탕으로 한 독재 강화를 차단하기 때문에 민주화에 도움을 준다."[76] 그는 박순경과 다르게 "외세의 분단 정책에 동조한 좌익세력과 이승만 독재 세력"에 적극적으로 비판했다.[77] 이유나는 이와 같은 양자에 대한 비판에 있어서 문익환은 적어도 분단체제의 문제점들을 분명하게 인식하고 있었다고 본다. 게다가 문익환은 남과 북이 상대방에 대한 불신으로 인해 한국전쟁과 같은 비극이 이어지고 있음을 분명하게 인식하고 있었다. 이와 같은 인식은 문익환이 민족주의와 더불어 한반도의 평화를 바라보게 되

---

74) 이유나, 『통일의 선각자. 문익환의 삶과 분단극복론』, (서울: 선인, 2014), 97. 저자에 따르면, "문익환은 시대적인 한계이지만, 반공주의의 원칙에서 쓰인 3·1 민주구국선언문을 만드는 일에 참여했다고 한다."
75) 앞의 책, 99-100.
76) 앞의 책, 102.
77) 앞의 책, 104.

는 계기가 된다. 다른 한편, 이유나는 민통련 설립을 통해서 드러나고 있는 문익환의 민중 주체의 통일론과 민족통일을 위한 연대운동으로 발전하는 과정을 기술한다.[78] 이 과정에서 그는 문익환이 주장하는 '민중 주체 통일론'의 주체는 민중이고 그들이 주체가 되는 통일운동임을 밝힌다. "민중은 한국의 발전과정에서 중첩된 인간해방, 민족 해방, 계급해방을 동시에 해결할 주체로 보았기 때문이다."[79] 그러나 "후대에 문익환은 민중민주주의 한계를 분명히 인식하게 되었다고 한다."[80] 이와 같은 점은 박순경이 가지고 있었던 마르크스주의와 사회주의에 대한 호혜적 인식을 드러나게 하고, 동시에 남북이 서로에 대한 그릇된 태도를 벗어나 실제로 대화의 장으로 나올 수 있는 현실적 태도가 된다. 왜냐하면, 그의 통일운동은 독일과 미국교회가 한반도 분단의 책임을 반성하게 했으며 한국 사회에 범 교단을 초월하는 개신교 통일운동에 이바지했기 때문이다.[81] 이와 같은 점을 미루어 볼 때, 문익환의 민중 중심의 통일운동에 대한 박순경의 긍정적인 평가는 충분히 이해할 수 있다. 왜냐하면, 박순경은 민중해방을 민족 해방으로 나아가는 중요한 과정으로 이해하고 있기 때문이다. 그럼에도 불구하고 문익환의 민중 주체 통일론의 한계로 여성해방의 부재가 비판될 수 있을 것이다. 특히 박순경의 주체는 화해와 연합을 가능하게 하는 그리스도의 십자가 사건과 부활을 바탕으로 하는 하나님의 행위에서 비롯되고 거기에는 궁극적으로 민족·민중·여성이 함께 어우러지는 통합적 주체성을 가능

---

78) 앞의 책, 132-133.
79) 앞의 책, 140.
80) 앞의 책, 143.
81) 앞의 책, 164-165.

하게 하는 성령의 역사가 전제된다.[82]

둘째, 한국 신학으로서 화해 신학은 상호인정과 공존 가능성 모색을 통해 더불어 식민지 역사의 청산과 더불어 정치적 억압의 극복과 시민 주체 형성에 책임 있는 역할을 해야 한다. 이 과정에서 특정한 정치 이념에 치우치는 일방성보다 대화와 소통을 통한 중립적 위치를 요청한다. 지난 2000년 이후 시작된 한국의 정치문화로서 시민 중심적이고 비폭력인 방식의 정치적 저항으로서 촛불혁명은 우리 한국 사회에 새로운 가능성을 보여주고 있다. 변혁적 중도주의를 주장하는 백낙청은 분단체제를 초래한 정치적 이념들 사이에서 외면되어온 분단의 고착화의 문제를 극복해야 한다고 주장한다.[83] 그는 휴전 이후의 남북의 교착상태가 사실상 남북분단을 영속화하는 분단체제의 성격을 갖게 되었고 그에 따라 자연스럽게 주변 열강에 대한 의존이나 비민주적 성격이 한국 사회를 지배하게 되었다고 보았다.[84] 따라서 그는 변혁적 중도주의의 길을 통해 특정한 이념 중심의 통일이 아니라, 남한과 북한이 민족의 문제로서 인식하고 자주적으로 고착화하는 분단체제를 해체하는 과정에서 점진적 통일로 나아갈 것을 주장한다.[85] 촛불혁명에서 가시화된 비폭력적이고 평화적인 방식의 전환은 이 시대의 정치적 결단과 그에 따른 대화와 소통의 길을 열어갈 가능성을 보인다.

---

82) 박순경, 「통일신학의 정초를 위하여」, 『통일신학의 여정』(서울: 도서출판 한울, 1992) 83.
83) 백낙청이 주장하는 "변혁적 중도주의"는 3·1운동에서 그 연원을 가지고 있으며 이는 자연스럽게 사회주의 운동과의 연관성 안에서 구체화한다. 변혁적 중도주의는 적어도 서로 대립하는 사상들이 민족의 자주와 독립을 위해서 상대방을 인정하고 공존하면서 형성되었다고 볼 수 있다. 백낙청, 『근대의 이중과제와 한반도식 나라 만들기』(파주: 창비, 2021), 61.
84) 앞의 책, 36.
85) 앞의 책, 61.

이와 같은 시대적 전환 속에서 한국교회는 중도적인 위치에서 적극적인 화해의 길을 모색할 필요가 있다. 이는 한국교회가 한국 사회에 만연하고 있는 정치적이고 종교적인 갈등을 극복해야 할 필요가 있음을 의미한다. 이와 같은 시민 중심의 정치적 행위는 특정한 이념의 정치적 승리를 지향하는 것이 아니라, 더는 분단의 고착화로 인한 고통을 극복하는 것에 의미가 있다. 박순경의 통일신학은 마르크스주의와 대화를 통해 민족 해방과 궁극적으로 통일의 길을 모색해왔다. 그의 마르크스주의의 대화는 마르크스주의자가 되는 데에 그 목적이 있는 것이 아니라, 민족 통합으로 나아가려는 절체절명의 위기에서 나온 정치적 결단이었다. 이것은 분단상황에서 겪게 될 한민족의 고난을 넘어 하나님 미래로 나아가려는 정치 신학적 태도였다. 따라서, 박순경도 끊임없이 마르크스주의와의 대화에 머물러 있었던 것이 아니라, 민족통일의 문제에 적극적으로 뛰어들었고 이 과정에서 민족을 구성하는 민중과 여성의 해방을 위해서 적극적으로 헌신하였다. 더 나아가, 그는 이웃 종교와의 대화를 추구하였다. 그 대화의 목적은 한반도에서 펼쳐진 다양한 종교들과의 대화를 통해 화해 신학으로서 통일신학의 길을 새롭게 열었다. 이는 자연스럽게 박순경의 중립주의적 태도와 일치한다. "한국기독교는 가톨릭이든 개신교든 어쩔 수 없이 서양을 선망했고 그럴수록 반공 노선에 또 자본주의 사회에 고착해왔다. 1945년 미·소가 조선 반도를 나눴을 때 여운형, 김규식, 김창준 목사와 같이 많든 적든 기독교가 중립을 지키고 통일된 민주 정부 수립에 집중했다면 민족사는 크게 달리 전개되었을 것이며 한국기독교는 세계사에서 새로운 기원을 창출할 수도 있었을 것이다."[86] 그러나 박순경은 여기에 머무르지 않고 하나님 통치로 그 걸음을 이어가는 것이다.

셋째, 화해 신학은 하나님 선교와 그의 나라를 이루어가는 종말론적 미래를 지향한다. 이는 그 하나님 미래로 나아가는 과정에서 한국교회의 선교적 과제를 제시해야 함을 의미한다. 이는 사적 종교화된 한국교회의 공적 기능을 회복하는 일이다. 왜냐하면, 한국교회는 공교회성을 위한 다양한 신학적 씨앗들을 재발견하고 그를 싹 틔우는 일에 책임 있는 역할을 다해야 하기 때문이다. 그 책임은 한민족의 복음화와 이를 바탕으로 하는 사회적 책임을 위한 화해와 용서의 복음을 전하고 이를 사회적 실천으로 옮기는 데에 있다. 이 과정에서 한국 신학은 삼위일체 하나님과 한민족 사이의 계약관계 성취와 더불어 하나님 선교를 촉진하는 데에 있다. 그러나 한국 토착화 신학의 한계를 비판하고 발전시켜야 하는 과제는 여전히 남아 있다. 박순경은 변선환의 신학적 인식에 대해서 문제를 제기했다. 변선환은 감리교회에 대해 역사적으로 비판하기보다, 긍정적인 평가와 더불어 민족의 문제에 무관심했기 때문이다. 이로 인해 감리교회 역사를 조금도 개선하지 못했다고 본다. 예를 들어, 최병헌에 대해 변선환은 친서양적 태도를 지적하지 않았고 게다가 웰치 감독이 지녔던 친일 성향에 대한 지각없이 한국감리교회에 대한 그의 주장을 비판 없이 수용했다는 점이다. 그 결과, 박순경은 감리교회가 추구해왔던 감리교 신학이 사실상. 미국의 제국주의 산물이 되었다고 비판한다.[87] 이와 같은 점들로 인해 그는 한국 감리교회의 신학적 과제를 민족과 교회의 문제를 적극적으로 비판하고 극복해야 한다

---

86) 박순경, 「하나님의 심판과 구원의 사회경제적 의의」, 『통일신학의 여정』 (서울: 도서출판한울, 1992) 146.
87) 앞의 책, 146-147.

고 주장한다. 그 과제는 웨슬리의 민중 선교를 재해석함으로써 이 땅의 민중이 사회적이고 경제적인 평등권을 회복하는 일이다.[88] 박순경은 "한국 감리교회가 웨슬리 정신을 되살려 파악한다면, 교회 선교는 교파확장과 교파 이식을 위주해서는 안 되며, 교회 선교 혹은 목회 선교는 에큐메니컬 운동이어야 한다고 주장한다."[89] 그의 에큐메니컬 방향은 삼위일체 하나님의 근거를 통해 교회가 하나가 되어야 하며, 불의한 세상 속에서 하나님 정의를 구현해야 하는 데에 있다.[90] 그는 하나님 나라의 도래와 더불어 그의 통치를 통한 민족통일의 회복을 한국교회의 종말론적이고 궁극적 과제로 이해한다.

6. 나오는 말

지금까지 한국교회의 공교회성을 위한 조직신학적 요인 고찰이란 주제로 화해 신학의 가능성을 살펴보았다. 조직신학은 성서와 기독교의 역사적 전통을 바탕으로 하나님의 화해 행위로서 인간과 세계의 구원과 더불어 하나님 나라의 종말론적 완성의 문제를 주제로 삼는다. 따라서 인간은 하나님의 은총으로 죄의 문제를 해결하고 이웃과의 관계 회복만이 아니라 하나님과의 화해를 추구해야 한다. 이것이 예수님의 지상명령인 하나님과 이웃 사랑이 의미하는 바이다. 바르트와 그를 잇는 독일의 현대신학자들은 삼위일체 하나님의 사역

---

[88] 앞의 책, 148.
[89] 앞의 책, 149.
[90] 박순경, 「교회일치와 민족통일」, 『통일신학의 여정』 (서울: 도서출판한울, 1992), 183.

과 그의 활동으로서 교회론을 적극적으로 발전시켜왔고 이 세계 안에서 하나님의 정의와 그의 실현을 추구하는 과정에서 하나님 선교의 사역과 그의 미래라는 방향으로 전이되었다. 이것은 점진적으로 교회의 사사화를 지양하고 공교회로서 그 역할을 감당해야 함을 의미하는 것이다. 박순경은 이와 같은 바르트의 사상을 수용하여 구약의 바벨탑 설화와 아브라함의 부르심과 하나님과의 계약을 한민족과의 계약으로 확대해서 해석했고 이를 바탕으로 서구 제국주의에 대한 저항과 그에 따른 한반도의 분단을 극복하는 신학적 논거로 삼은 것이다. 이와 같은 사상적 근거를 바탕으로 그는 한국교회의 한계를 비판적으로 지적하고 이를 바탕으로 한국교회의 공교회성을 회복할 것을 주장했다. 이와 같은 현실은 이미 유동식의 한국감리교회 역사에서 지적한 바와 같이 공교회성을 추구할 수 있는 역사 신학적 씨앗들이 있음을 살펴보았다. 공교회성을 추구할 수 있는 다양한 씨앗들을 한국교회가 함께 재발견하고 발전시킬 수 있는 길을 발견하는 일이 한국 신학이 추구해야 할 신학적 과제일 것이다. 예컨대, 한국교회들이 교파 간의 차이를 넘어설 수 있는 에큐메니컬 신학의 확산과 더불어 한국 사회에서 사회적 약자에 대한 사회적 책임을 다하는 일이 중요한 공적 책임이 될 것이다. 그 과정이 박순경의 통일신학이 추구하는 화해의 신학적 의미를 성취하는 일일 것이다. 2000년 후반에 이르기까지 한국 감리교회의 신학적 담론이었던 토착화 신학이나 한국적 신학의 길이 다른 교파 신학자들의 참여로 인해 지속되고 의미있는 신학적 담론이 되고 있는 것은 중요한 신학적 인식의 변화라고 볼 수 있다. 게다가, 범교단적으로 확산하고 있는 평화통일신학이나 혹은 북한 선교의 관심이 확대됨에 따라 여전히 난맥상에 머물러 있는 통일의 문제를 민족의 문제로써 해결해야 하는 적극적인 실천과제로서 인식되고 있다는 사실은 한국적 조직신학의 과제라는 사실과 동시에 한국교회의 공적 책임이 강화되고 있음을 의미한다. 앞으로 한국감리교회가 외면당하고 있는 북한의 인권 문제나 혹은 여전히 공산 치하에 고난을 겪고 있는 사람들을 위하여 적극적으로 화해의 길을 모색해야만 할 것이다. 이념논쟁 속에 갇혀있을 수 없고 실제로 관심을 가지고 해결해가야 할 문제일 것이다. 올해의 8·15 광복절에 한반도에 평화의 소식이 전해지기를 소망해본다.

7. 참고문헌

Busch, Eberhard. Karl Barths Lebenslauf. Chr. Kaiser Verlag, München, 1975.

드람, 자비네/김홍진역.『본회퍼를 만나다』서울: 대한기독교서회, 2013.

몰트만, 위르겐/곽미숙 옮김. "세계 속에 있는 하나님." 서울: 동연, 2013.

　　　　　./이신건, 이석규, 박영식.『몰트만의 자서전』. 서울: 대한기독교서회, 2011.

본회퍼, 디트리히/ 유석성옮김,『그리스도론』. 서울: 대한기독교출판사. 2011.

박순경.『민족통일과 기독교』. 서울: 한길사, 1994.

　　　　.『통일신학의 여정』서울: 도서출판한울, 1992.

유동식.『한국감리교회의 역사』. 서울: 도서출판 기독교 대한 감리회 유지재단, 1994.

이유나.『통일의 선각자 문익환의 삶과 분단극복론』. 서울: 도서출판선인, 2014.

임형택.「3·1운동, 한국근대사에서 다시묻다」.『3·1운동에서 촛불까지 100년의 변혁』.

　　　서울: 도서출판 창비, 2019.

최태관. "박순경의 통일신학에 나타난 민족 민중여성의 종교적이고 신학적 의미".

　　　「신학과 세계」100호 2021, 41-82.

　　　. "종교들의 운동으로서 3.1운동의 종교사적 의미."『3·1정신과 '以後' 기독교』.

　　　서울:모시는 사람들, 2019. 60-80.

함석헌,『뜻으로 본 한국역사』. 서울: 한길사, 1998.

판넨베르크, 볼프하르트/ 옮김.『조직신학 3』. 서울: 새물결 플러스, 2019.

　　　　　　/이병섭 옮김.『신학과 하나님 나라』. 서울: 대한기독교서회. 2014.

공적 교회 여섯 번째 모습

한국교회의 공적 회복을 위한 선교신학적 요인 고찰
: 한국의 선교적 교회들로부터 얻은
 선교적 교회의 7가치를 중심으로

황병배 _ 협성대학교, 선교학

I. 들어가는 말

선교적 교회에 대한 담론은 1970년대 레슬리 뉴비긴(Lesslie Newbigin)을 중심으로 시작되어, 그의 영향을 받은 일단의 북미 신학자들을 통해 지금까지 전 세계 교회에 큰 영향을 미쳐왔다.[1] 한국에서도 2천 년대에 들어오면서 선교신학자들을 중심으로 선교적 교회에 대한 담론이 빠르게 확산되어 이와 관련된 논의가 상당히 진전된 상황이다. 그러나 지금까지 한국교회 안에서 진행되어 온 선교적 교회에 대한 담론은 주로 신학적이고 이론적인 영역에 집중되어 왔다는 한계를 가지고 있다. 이제 한국교회에 필요한 것은 이러한 선교적 교회론이 한국적 상황에서 실제로 어떻게 적용되고 실천되고 있는지에 대한 탐구와 이를 통해 더 많은 한국 교회들이 선교적 교회를 세워갈 수 있도록 돕는 일일 것이다. 본 논문은 이러한 목적을 위한 노력의 일환이다. 이를 위해 연구자는 먼저 한국에서 선교적 교회에 대한 담론이 빠르게 확산되고 있는 이유들에 대해서 서술하고, 한국교회에서 선교적 교회로 분류되는 교회들 가운데 세 개 교회를 사례연구 한 후, 그들이 공통적으로 추구하는 가치들로부터 선교적 교회를 구성하는 주요 요소들이 무엇인지를 밝히고자 한다. 이것은 한국 기독교인들에게 선교적 교회가 추구하는 공교회 회복을 위한 시도가 무엇인지에 대해 더 구체적인 그림을 제공할 것이며, 세계 기독교인들에게는 한국의 선교적 교회에 대하여 더 깊이 이해하도록 도울 것이다.

---

[1] 본 논문은 선교신학 제47집에 발표한 것을 수정,보완한 것임.
Lesslie Newbigin의 선교적 교회이해를 세계적인 담론으로 확장시킨 선구자들은 Lois Barrett, Inagrace Dietterich, Darrell Guder, George Hunsburger, Alan Roxburgh, Craig Van Gelder 로 특히 그들이 집필한 Missional Church(1998)가 선교적 교회에 대한 담론의 확산에 크게 공헌했다.

II. 한국에서의 선교적 교회 담론의 확산

2천년대에 들어서면서 한국교회 안에서 선교적 교회에 담론이 빠르게 확산되었다. 몇 가지 이유들을 들 수 있는데 첫째, 한국교회의 심각한 정체와 쇠퇴이다. 한국교회는 1980년대까지 빠르게 성장하였다. 전 세계적으로도 찾아보기 힘들 정도의 빠른 성장이었다. 그러나 한국교회의 가파른 양적 성장은 1990년대에 들어서면서 주춤하더니 2천년대 초부터는 본격적으로 정체와 감소의 현상이 나타나기 시작했다.[2] 이러한 상황에서 한국교회는 교회성장 이론과 자연적 교회성장 이론의 한계를 극복하고 교회의 본질적인 문제에 더 큰 관심을 갖게 되었다. 즉 '어떻게 해야 교회가 성장할 수 있는가?' 보다는 '교회의 본질은 무엇이고 교회는 세상에서 무엇으로 존재해야 하는가?' 에 더 집중하게 된 것이다. 마침 전 세계적으로 확산되고 있던 선교적 교회에 대한 담론이 한국선교신학자들을 통해 한국교회에 소개되면서 한국교회 목회자들의 큰 관심을 불러 일으켰다.

둘째, 교회의 세속화이다. 이것은 한국교회의 신뢰도 추락[3]과 교인 수 감소와 깊은 관계가 있다. 한국교회는 선교 초기부터 사회개혁의 중심에 서 있었다. 일제강점기와 한국전쟁 이후 독재정권의 치하에서도 한국교회는 핍박받는 자들과 소외당하는 자들과 함께 하려고 노력했다. 그러나 1970년대 빠른 경제성장과 함께 한국 사회에 팽배해진 맘모니즘(mammonism)을 한국교회가 제대

---

2) 최윤식, 『2020-2040 한국교회 미래지도』(서울: 생명의 말씀사, 2013), 39; 강병오, "한국개신교의 사회적 신뢰 실추 원인과 대책," 「신학과 선교」 제41권 (2012): 63.
3) http://blog.naver.com/ujmiso/220996185305; 기독교윤리실천운동, 「2013년 한국교회의 사회적 신뢰도 여론조사 결과 자료집」(2014): 16.

로 비판하지 못했다. 오히려 그러한 물질만능주의가 교회 안으로까지 침투해 들어오는 것을 방치했다. 그 결과 교회의 세속화가 가속화되었고, 교회들은 점점 더 크고 화려한 외형을 갖추어 갔지만, 사회로부터의 신뢰도와 대 사회적 영향력은 크게 감소되었고 젊은 세대를 중심으로 반기독교적 정서가 빠르게 확산되었다.[4] 이것을 어떻게 극복할 것인가에 대한 질문이 선교적 교회론에 대한 관심으로 발전하게 된 것이다. 물론 선교적 교회론이 과거 교회성장 이론이나 자연적 교회성장이론을 대체하는 것은 아니지만, 분명히 이전의 교회 성장학과 자연적 교회 성장학의 한계를 극복하고자 하는 노력임에는 틀림없다.

셋째, 교회의 양극화 현상이다. 통계에 의하면, 전체 한국교회에서 미자립 교회의 비율이 약60%에 이른다.[5] 재정적으로 자립했으나 겨우 현상유지만 하는 도시 교회들도 상당히 많으며 대부분의 농촌 교회들은 미자립 이거나 작은 교회들이다. 최근에는 교인들이 소형교회에서 대형교회로 이동하는 현상이 더욱 두드러지고 있다. 대형교회는 시설, 인적자원, 재정에서 풍요롭지만, 소형교회는 모든 면에서 열악한 환경에 놓여있다. 이것은 한국교회들 간의 빈익빈부익부(貧益貧富益富) 현상을 보여주고 있는 것이다.[6] 특히 한국교회는 개교회주의가 강하다. 내 교회만 성장하면 된다는 사고가 오랫동안 한국교회를 지배해 왔다. 이러한 개교회주의는 개체 교회의 양적인 성장에는 공헌했을지 모르나, 개체 교회들 간의 협력과 연합은 상대적으로 약화시켰다. 또한 한국교회의

---

[4] 김승호, "한국교회성장정체성원인분석과 대책에 관한 연구," 「개혁논총」 제19권 (2011): 223-228; 남태욱, "21세기 한국교회 갱신을 위한 윤리적 과제: 2008 한국교회의 사회적 신뢰도 여론조사를 중심으로," 「성경과 신학」 제53권 (2010): 178.
[5] 신호균, "한국교회의 양극화 현실과 실천적인 해소방안에 관한 탐색적 접근," 「로고스경영연구」 제5권 (2007): 7.
[6] Ibid., 7-17 참조; 유광석, Danial Connolly, 김원기, "한국대형교회의 '사사화'에 관한 재해석: 새로운 패러다임의 관점에서," 「종교와 문화」 제28호 (2015): 63-64.

양극화 현상은 한국교회의 작은 교회들과 그 목회자들에게 패배의식과 열등감을 불러일으켰을 뿐 아니라 대형교회와 소형교회간의 연합을 방해하는 요인으로 작용해 왔다. 선교적 교회론의 중심에는 하나님의 나라(Kingdom of God)와 하나님의 선교(Missio Dei) 신학이 자리 잡고 있다. 이 관점에서 보면, 교회는 하나님 나라를 위해서 존재하는 것이지 하나님 나라가 교회를 위해서 존재하는 것이 아니다. 선교의 중심에도 교회가 있는 것이 아니라 하나님이 있는 것이다. 즉, 선교의 주체는 교회가 아니라 하나님이며, 하나님 선교의 목표는 하나님의 나라(통치)이다. 이러한 하나님의 나라와 하나님의 선교신학이 개교회 성장주의에 빠져 더 큰 하나님의 선교에 참여하지 못하는 한국교회들에게 도전이 되었다고 할 수 있다.

넷째, 한국교회의 게토(ghetto)화 이다. 한국교회는 80년대 이후 한국사회로부터 지역사회 안에 있으면서도 지역사회의 문제와 필요와 요구를 외면한 채 자기들만의 이익을 추구하는 '이익집단'이라는 비판을 받아왔다.[7] 교회가 개인의 영혼구원과 교회개척 및 확장에만 몰두하고 지역사회의 문제들은 외면하는 것으로 비춰져 왔다. 그래서 불신자들 중에는 "예수는 좋지만 교회는 싫다"라든지 "한국의 지역교회는 지역사회에 전도는 하지만 지역사회에는 관심이 없다"는 말을 공공연히 할 정도가 되었다.[8] 그리고 이것은 교회에 대한 신뢰도를 떨어뜨리고 반 기독교적 정서를 더욱 강화시키는 악순환을 불러왔고 교회가 지역사회로부터 더욱 고립되고 단절되는 결과를 초래했다. 반면에 선교적 교회는 자신을 하나님이 세상으로 보내신 파송 공동체로 이해한다. 여기서 세

---

7) 남태욱, "21세기 한국교회 갱신을 위한 윤리적 과제: 2008 한국교회의 사회적 신뢰도 여론조사를 중심으로," 「성경과 신학」 제53권 (2010): 180-181.
8) 한국일, "선교적 교회의 실천적 모델과 원리," 「선교신학」 제36집 (2014): 359.

상이란 타 문화권만이 아니라 지역교회가 서 있는 지역사회를 의미한다. 그러므로 선교적 교회론에서는 지역사회가 매우 중요한 선교지이며 지역사회에 대한 연구는 필수적이다. 이를 근거로 선교적 교회는 지역사회와 긴밀하게 소통하며 지역사회의 총체적인 필요를 통전적인 복음으로 응답하려고 노력하는 것이다. 이러한 선교적 교회론의 일면이 지역사회와의 단절을 극복하고 더 긴밀히 소통하고자 하는 한국교회에 크게 어필했다고 하겠다.[9]

III. 사례연구

연구자는 사례연구를 위해 세 개의 교회를 선정하였다. 선정의 기준은 선교적 교회론을 가지고 지역사회와 적극적으로 소통하면서 하나님의 선교에 참여해 왔다고 평가받는 교회들 가운데 대도시에서 한곳, 중소도시에서 한곳, 그리고 농촌에서 한곳의 교회를 선정하였다. 조사방법으로는 개인대면 혹은 전화인터뷰가 사용되었으며 인터뷰 전후로 각 교회의 보도자료, 문서자료, 인터넷 홈페이지가 참고자료로 사용되었다. 먼저 각 교회의 시작배경, 성장과정, 그

---

[9] 한국일은 한국적 상황에서 선교적 교회에 대한 논의가 한국교회에 주는 의의를 다음과 같이 열 가지로 정리했다. 첫째, 현재 침체되어 있는 한국의 지역교회들에게 활력을 불어넣을 것이다. 둘째, 지역교회가 지역사회와 새로운 관계를 열 수 있도록 도울 것이다. 셋째, 한국교회의 신뢰도를 회복시킬 것이다. 넷째, 선교지형에 대한 새로운 이해를 제공할 것이다. 다섯째, 지역교회들이 개교회주의를 극복하고 서로 협력하게 할 것이다. 여섯째, 지역교회들이 더 폭넓고 다양한 선교사역에 참여하도록 도울 것이다. 일곱째, 평신도들이 더 적극적으로 지역사회를 위한 선교에 참여하게 할 것이다. 여덟째, 목회자에게는 선교적 리더십에 대한 통찰을 줄 것이다. 아홉째, 지역사회와 함께 소통하고 지역의 변화에 영향을 미치는 생명력 있는 지역교회가 되게 할 것이다. 열째, 통일 후 북한지역을 복음화하고 지역사회개발에 기여하는 교회모델을 제공할 것이다. 한국일, "선교적 교회의 실천적 모델과 원리." 「선교신학」 제36집 (2014), 358-362.

리고 현황과 사역의 특징들을 간략하게 서술하고, 그들이 공통적으로 가지고 있는 특징들로부터 선교적 통찰을 얻고자 한다.

1. 더불어숲동산교회

더불어숲동산교회는 서울에서 남쪽으로 약 40km 떨어진 화성시 봉담읍 동화리에 위치해 있다. 봉담읍은 면적 42.7km로 화성시 전체의 약 5.1%를 차지하며 동화리에 약 5,000세대가 거주하고 있다. 이곳은 인구가 빠르게 증가하는 지역으로 인구 구성에서 3, 40대가 차지하는 비율이 가장 높고 10세 이하의 아이들이 많다는 특징을 가지고 있다. 이곳에 2010년 1월 안산동산교회에서 분립 개척한 교회가 더불어숲동산교회이다. 당시 안산동산교회 부목회자였던 이도영 목사와 15명의 교인들이 선교적 교회에 대한 비전을 가지고 이곳으로 옮겨와 새로운 교회를 시작한 것이다. 이 교회의 비전은 개척 초기에 만들어진 다음의 비전 선언문에 잘 드러나 있다.

> 하나님께서 한국 교회에 주신 다양한 영적 전통을 통합하고, 10년 후 한국교회의 나아갈 방향을 제시하는 교회가 된다. 하나님 나라 신학, 십자가의 영성, 성령의 능력으로 급진적 제자들을 통해 공교회성, 공동체성, 공공성을 회복하는 선교적 교회가 된다.[10]

---

10) http://gf21.org/gnuboard4/bbs/board.php?bo_table=gf_board2&wr_id=2

여기서 다양한 영적 전통이란 복음주의 전통, 진보주의 전통, 오순절 전통을 의미하며, 각 입장의 약점들을 극복하고 강점들을 취할 때 교회는 세 입장을 통합하는 삼위일체적 교회가 된다고 본다.[11] 이 삼위일체적 교회는 하나님 나라 신학과 십자가의 영성과 성령의 능력을 통합하므로 세상 속에서 세상을 변혁시키는 급진적 제자 공동체로 서게 된다. 이도영 목사는 처음부터 지역사회에 임하는 하나님의 나라를 표방하면서 교회가 지역사회의 변혁을 위한 플랫폼(Platform)이 되어 하나님의 선교에 참여해야 한다고 믿었다. 그는 한국교회가 개인의 영혼구원과 내세를 강조하는 구속신학에서 벗어나 전 우주적인 회복과 이 땅에 임하는 하나님의 통치를 강조하는 하나님 나라의 신학으로 옮겨가야 한다고 주장한다. 또한 이 땅의 모든 교회가 세상의 번영과 탐욕의 영성을 버리고 겸손과 희생의 십자가의 영성을 가져야 하며, 시스템과 지식의 인간 능력중심에서 성령의 능력중심으로 옮겨가야 한다고 주장한다. 이렇게 하나님 나라의 신학과 십자가의 영성과 성령의 능력이 함께 추구되고 교통될 때, 지역교회는 제도화된 조직으로 남아있지 않고 급진적인 제자 공동체로 거듭날 수 있다는 것이다.[12]

더 나아가 이러한 삼위일체적 선교적 교회는 제도적인 종교조직으로 남기를 거부하고 양날개(대그룹+소그룹)와 코이노니아를 통해 공동체성을 추구하고, 이기적인 개교회주의를 버리고 하나의 보편적인 교회를 위해 연합하는 공교회성을 추구하며, 사적이고 배타적인 교회로 남지 않고 공평과 정의의 페어라이프(Fair life)를 추구한다.[13] 이것이 바로 지역사회를 복음의 능력으로 변혁시

---

11) 이도영, 『페어처치』 (서울: 새물결플러스, 2017), 79-80.
12) Ibid., 189-192.
13) 성석환 편, 『선교적 교회의 오늘과 내일』 (서울: 예영커뮤니케이션, 2016), 245-250 참조.

키고 지역사회에 하나님의 통치가 임하도록 하나님의 선교에 참여하는 선교적 교회인 것이다. 이러한 목회철학과 비전을 가지고 더불어숲동산교회는 개척 초기부터 지금까지 공동체성과 공교회성과 공공성을 통합적으로 추구해 왔다. 공동체성을 증진시키기 위해 교회의 구조를 '은사적 평등공동체'로 만들었다. 평신도들을 은사에 따라 각 위원회에 참여케 하고, 각 위원회들이 평등한 위치에서 서로 팀리더십을 행사하도록 했다. 담임목사는 7년에 한번 재신임 받도록 했고, 장로제도 임기제로 바꾸었다. 평신도들은 운영위원회와 당회를 통해 더 적극적으로 교회의 의사결정에 참여할 수 있게 했다.

특히 소그룹을 강화시켜서 소그룹 속에서 기초적인 신앙교육과 사랑의 교제와 은사발견과 내적치유가 가능하게 했다. 이러한 소그룹은 신자들이 교회 밖에서 불신자들을 편안하게 만나고, 구도자들이 교회 밖에서도 하나님을 경험할 수 있는 장을 제공해 주었다. 지금도 교회 대그룹 예배에는 나오지 않지만 소그룹에는 나와서 교제하는 사람들이 있다. 이들이 지금은 교회 공동체에 속해 있지 않지만, 여전히 하나님의 백성들이며, 하나님의 나라를 향해 함께 여행하는 순례객들이다. 이들을 교회의 평신도 사역자들로 성장시키고 하나님의 선교에 주도적으로 참여하도록 훈련시키는 것이 목회자의 주된 사역이다. 이를 위해 더불어숲동산교회에는 체계적인 평신도 훈련과정이 있다. 예를 들어, 처음 교회에 등록하게 되면, 모든 새가족이 필수적으로 참여하게 되는 '새가족 공부'(5주과정) 에 참여하게 된다. 이것을 마치면, '신앙기초반'(8주- 성경학교와 기도학교)에 들어가서 신앙의 기초와 기도에 대해서 배우게 된다. 그 다음

단계가 '일대일 제자훈련'(10주)과정이다. 이곳에서는 이미 훈련받은 셀 리더들과 새신자들이 일대일로 만나 제자훈련을 받게 된다. 이 과정을 모두 마친 사람들은 다시 '셀양육 과정'에 참여하게 되는데, 이 과정은 모두 4단계- 셀 기초, 셀 성장, 셀 섬김, 셀 리더 과정-로 이루어져 있다. 이외에도 "독서제자훈련"과 "90일 성경통독"을 통해 성경 전체에 드러난 하나님의 구원계획을 확실히 배우게 된다.[14] 이러한 체계적이고 순차적인 평신도 이퀴핑 과정(lay-equipping process)을 통해 구도자가 교인으로, 교인이 신자로, 신자가 하나님의 선교에 참여하는 사역자로 변화되는 것이다.[15]

이도영 목사는 공동체성을 교회의 구심력으로, 공교회성과 공공성을 교회의 원심력으로 본다. 교회가 공동체성만 강조하면 지역사회에서 게토(ghetto)화 될 수밖에 없다. 따라서 교회는 공동체성을 다지면서 동시에 공교회성과 공공성을 추구해야 한다. 공교회성은 지역교회가 하나님의 선교에 참여하는 다른 공동체들과 연합할 때 이루어지며, 공공성은 교회가 세상 속에서 정의와 평등의 공공선을 위해 몸부림칠 때 성취된다. 이도영 목사는 더불어숲동산교회의 공교회성을 위해 지금까지 지역교회들과의 연합모임에 적극적으로 참여해 오고 있다. 예를 들어 큰숲형제교회 모임, 2.0 목회자운동모임, 선교적교회 네트워크 모임(MCNK), 화성 목회자 모임 뿐 아니라 지역교회와의 강단 교류를 통해서 공교회성을 추구한다. 공공성은 더불어숲동산교회가 표방하는 '페어처치'를 통해 성취되고 있다. '페어처치'는 이도영 목사가 추구하는 선교적 교회를 가장 잘 드러내는 말이다.[16] '페어처치'의 중심에는 '페어라이프센터'가 있

---

14) *Ibid.*, 236.
15) 황병배, "효과적인 평신도 훈련과 사역을 위한 제언- 이퀴핑 교회(Equipping Church)를 중심으로," 「선교신학」 제19집 (2008): 296.
16) 이도영, 『페어처치』 82-82.

는데 이것은 성도들이 페어 라이프를 살 수 있도록 돕는 중요한 역할을 하고 있다. 페어라이프센터를 통해 더불어숲동산교회의 다양하고 통전적인 선교사역들이 세상 속으로 침투해 들어간다. 그리고 그것은 '마을만들기'로 결실을 맺었다.[17)]

이도영 목사에게 교회와 마을은 서로 분리되지 않는다. 교회는 마을 속에 있고, 마을은 교회에 의해서 더 좋은 마을로 변혁된다. 하나님은 교회를 마을 속으로 보내셨고, 그 마을에 하나님의 통치가 임하도록 교회를 사용하고 계신 것이다. 그러므로 교회는 그 마을에 보내진 선교 공동체로 마을을 변혁해 나가는데 하나님께서 사용하시는 중요한 선교적 플랫폼(platform)인 것이다. 이 선교적 플랫폼은 자신의 공간을 마을 사람들과 함께 지어가며 공유한다. 마을 사람들과 함께 공정무역을 수행하므로 공평하고 정의로운 경제 파트너십을 실천한다. 마을 주민들과 함께 하는 문화예술을 추구하고, 교회가 가지고 있는 자원들을 마을 사람들과 함께 나눈다. 마을 주민들과 함께하는 협동조합 활동을 통해 공유경제를 실천한다. 마을 사람들에게 배움의 장을 제공한다. 최근 화성시로부터 지원을 받아 시작한 '꿈의 학교'가 좋은 예이다. 이 꿈의 학교를 통해 마을 아이들은 화성시에 살고 있는 각 분야의 전문가들로부터 직접 교육을 받는다. '꿈의 학교'는 생태학교, 의회학교, 카메라학교, 오케스트라학교, 독서학교, 뮤지컬학교 등 다양한 프로그램으로 진행되고 있다. 더불어숲동산교회는 개인의 영혼구원과 이 땅의 모든 피조물들의 총체적인 구원을 함께 추구한다. 이것이 이 교회가 생태환경보존과 회복사역에 집중하는 이유이다. 이상의 사역들은

---

17) 성석환 편, 『선교적 교회의 오늘과 내일』, 243-244.

1) 함께 짓는 공간, 2) 공정무역, 3) 문화예술, 4) 나눔, 5)사회적 경제, 6) 교육, 7) 플랫폼, 8) 생태 라는 8가지 키워드로 정리될 수 있다.[18] 더불어숲동산교회는 이 8가지 선교영역에 집중하면서 지역사회(마을)의 변혁을 실험하고 주도하는 선교적 플랫폼으로 자리 잡았다. 현재 더불어숲동산교회는 매주일 250여명이 출석하는 자립교회로 성장했다. 이도영 목사는 더 이상의 양적인 성장에 집중하지 않는다. 오히려 지금이 분립개척을 준비할 때라고 말한다.

2. 송악교회

송악교회는 충남 아산시 송악면에 위치해 있다. 천안에서 자동차로 30분 거리이고, 신도시인 아산에서부터 15분 거리에 있지만, 송악면은 지리적으로 아산시에서 가장 높은 지대에 있고, 송악면 전체가 광덕산 줄기에 둘러싸여 있어서 오래전부터 상수도 보호구역으로 지정된 청정지역이다. 마을 전체 인구는 약 4000명이고, 초등학교가 두 개, 중학교가 하나 있다.[19]

송악교회의 시작은 1951년으로 거슬러 올라간다. 당시 한국전쟁 중에 개척된 이 교회는 80년대 이후 농촌개혁운동에 앞장섰던 분들이 담임 목회자로 오면서 농촌지역사회에 필요한 선교사역에 더욱 집중하게 되었다. 특히 94년도에 부임한 현재 담임목사인 이종명 목사는 교회가 지역사회를 위해 할 수 있는 일이 무엇인지를 조사한 후, 지역 특성상 친환경 유기농법을 보급하여 마을을

---

18) 이도영, 『페어처치』, 246-302 참조.
19) 이종명, "송악교회와 송학마을 이야기 지역사회 공동체와 함께 하는 선교." 「제15회 바른교회 아카데미 연구위원회 세미나 자료집」, 26.

친환경마을로 변혁시켜야겠다는 결론을 얻게 된다.[20] 이를 실천하기 위해 이 목사는 먼저 교회 안에 '농민선교위원회'를 조직하고 복음 안에서 생명 운동의 가치와 중요성을 교육하기 시작했다. 그것의 결실이 '송악동네 친환경 농사연구회'이다. 처음에는 약 30여 농가가 이 모임에 참여했으나 '한살림 송악면지회'와 '송악골 영농조합법인'이 세워지면서 안정적인 판로가 확보되자 더 많은 농가가 친 환경 농업에 참여하게 되었다. 현재는 200여 농가가 논농사 20만평, 밭농사 20만평을 경작하고 있으며 재배작물도 쌀, 콩, 잡곡, 야채, 버섯, 벌꿀농사 등으로 확대되었다.[21]

친환경 유기농업으로 시작된 이 목사의 농촌선교는 시간이 흐르면서 지역사회를 위한 다양한 교육, 복지, 공동체 사역으로 확대되어 갔다. 먼저 친환경 농업의 성공이 전국에 알려지면서 마을을 떠났던 사람들과 도시민들이 이주해오기 시작해서 오히려 인구가 증가했다. 학생 부족으로 폐교 위기에 놓여있던 마을의 초등학교도 학급수가 늘어나 본교로 승격되었으며, 교회 옆에 위치한 초등학교는 생태교육과 인성교육으로 유명세를 타서 정부로부터 '환경교육 시범학교'로 선정되었다. 송악마을의 초,중등 세 학교는 모든 교육과정이 자연 속에서 생태와 감성 중심으로 이루어지고 모든 식재료는 유기농 농산물로 제공된다. 이 목사는 앞으로 생태교육을 하는 중학교와 농업과 생명을 주제로 하는 대안고등학교 설립도 꿈꾸고 있다.[22]

또한 송악교회는 지역아동센터인 '반딧불 교실'을 열어 지역 내 한부모가정, 조모자녀가정, 저소득층 가정의 아이들을 돌보고 있다. 현재는 지역주민들도

---

[20] 황병배, "선교 공동체로서의 농촌교회와 통전적 선교 가능성"「선교신학」제36집 (2014) : 467-468.
[21] 이종명, "송학교회와 송학마을 이야기 지역사회 공동체와 함께 하는 선교." 27.
[22] *Ibid.*, 28.

적극 참여하여 약 100여 명의 자원봉사자와 후원자들이 함께하고 있다. 지역의 저소득 노인들을 위해서는 '오병이어사업'을 시작하여 독거노인 30여명에게 반찬을 만들어 배달해 드리고 있다. 앞으로 노인복지센터(지역요양원)를 건립하려고 준비 중이다. 송악교회는 공동체 문화를 만드는 일에도 집중하고 있다. 문화가 가진 힘을 알고 있기 때문이다. 교회에서 풍물패를 조직하여 '친환경 농사를 위한 오리 놓기' '논매기 두레 풍물' '친환경 들판 메뚜기 잡기와 추수체험' '짚불 문화 축제' 등 마을의 문화축제를 교회가 주도하고 있으며 그 외에도 청소년연극동아리, 영화모임, 인문학독서모임, 주민연극단, 마을밴드, 숲학교, 서예 등 마을 주민들을 위한 다양한 문화 활동에 적극적으로 참여하고 있다.[23]

이종명 목사는 통전적인 구원관을 가지고 있다. 따라서 사람의 영혼구원 뿐만 아니라 하나님의 창조물인 자연 전체의 회복을 추구한다. 이것이 송악교회가 친환경 유기농법을 마을에 보급하고 마을이 친환경 마을로 변화되는 일에 앞장서는 이유이다. 이러한 노력이 2012년부터는 에너지 영역으로까지 확대되었다. 송악교회 성도들이 중심이 되어 에너지 협동조합인 '에너지공방'이 만들어졌다. 이 협동조합은 폐유를 이용하여 바이오디젤 연료를 만들어 주민들과 함께 나누고, 겨울철 저에너지 난방시설을 제작하여 보급하는 등, 마을에 적합한 재생가능 에너지와 지속 가능한 천연 에너지를 생산 공급하는 일을 주도하고 있다.

송악교회가 마을에서 실천하고 있는 비전은 '생태공동체마을'이다. 이종명 목사는 이것을 '모든 생명 하늘같이!' 라는 표어로 담아냈다.[24] 모든 생명이 살

---

[23] *Ibid.*, 29.
[24] 송악교회, 「교회요람」 (2017): 2.

기 좋은 마을이고 동시에 살아있는 마을이며 함께 사는 마을이 되어야 한다는 의미를 담고 있다. 더 나아가 마을을 이루고 있는 사람들뿐만 아니라 하나님의 모든 창조물들이 함께 생명력을 회복하고 조화로운 삶을 살아가도록 하는 일에 교회가 적극적으로 참여해야 한다고 믿는다. 이 목사에게 교회는 세상 속으로 보내진 하나님 백성들의 공동체로, 이 공동체는 지역사회에 임하는 하나님의 통치를 위해 헌신해야 할 사명을 가지고 있다.[25] 다시 말하면, 교회는 교회 자체를 위해 존재하는 것이 아니라 하나님의 선교에 참여하는 중요한 도구인 것이다. 그러므로 지역교회와 마을은 떼려야 뗄 수 없는 불가분의 관계에 있다. 그에게는 교회가 곧 마을이고, 마을이 곧 교회이다.

3. 부천새롬교회

부천새롬교회는 부천시 원미구 약대동에 위치해 있다. 부천시는 경기도에 있지만 서울과 근접해 있는 도시로 인구밀도가 높은 지역이다. 1986년 이원돈 목사가 이곳에서 교회를 개척할 당시 이곳은 도시 빈민들이 모여 살던 곳이었는데 서울과 인천 중간지역에 위치한 지리적인 여건 때문에 기업들이 많이 들어서면서 생활 여건도 빠르게 개선되었다. 물론 약대동 일대에는 아직도 공장들이 많이 있어서 생활환경이 좋은 것만은 아니지만, 과거에 비하면 많이 발전한 도시이다.[26]

---

[25] *Ibid.*, 3.
[26] 조용훈, "마을만들기를 통한 지역교회 활성화 방안." 「기독교사회윤리」 제24집 (2012): 230.

이원돈 목사의 목회는 '마을 만들기'와 '생명망 구축'으로 요약될 수 있다. 그에게는 마을 주민 모두가 목양의 대상이다. 교회는 절대로 마을과 단절되어 고립되어서는 안 된다. 오히려 마을에 하나님의 통치가 임하도록 적극적으로 마을의 변혁에 앞장서야 한다. 하나님은 그의 백성들이 교회 안에 갇혀있기를 원하지 않으신다. 교회 안에서 말씀으로 훈련받은 성도들은 이제 하나님의 선교에 참여하는 선교사들로 세상 속에서 선교적 삶을 살아야 한다. 그 세상이 바로 '마을'이다. 그리고 그 마을에서 교회가 제일 먼저 해야 할 일은 마을과 교회 간의 생태적 생명망을 구축하는 것이다. 이 생명망을 통해 교회와 마을은 서로 긴밀하게 연결되며 하나가 된다.[27] 이원돈 목사는 앞으로 한국교회가 다시 살아나기 위해서는 반드시 교회중심, 성장중심, 목사중심에서 마을중심, 봉사중심, 평신도 중심으로 옮겨가야 한다고 믿는다. 특히 교회는 하나님이 만드신 모든 생명체들이 생태학적, 상호의존적 연결망을 통해 서로 연결되어 있어야 함을 강조한다. 즉, 지역교회는 지역사회와 생명적 생태계를 함께 만들어 가면서 마을에 생명력을 불어넣는 중심이 되어야 한다는 것이다. 그동안 이원돈 목사는 교회와 마을간 생태적 생명망 구축을 위해 네 가지 영역, 즉 복지생태계, 교육생태계, 문화생태계, 사회경제생태계를 만드는 일에 주력해왔다.[28]

그 결과 교회가 마을의 어린이집, 아동센터, 가족도서관, 어르신 꿈터 등, 교육 및 복지 프로그램을 주도하면서 마을 주민들과 소통하게 되었고, 주일학교로 국한되어 있던 교회학교는 마을 주민들의 평생학습을 위한 중요한 플랫폼이 되었다. 마을 전체가 배움터가 되었는데 그 중심에 교회학교가 있다. 교회

---

27) 한국일, "선교적 교회의 실천적 모델과 원리." 375-376.
28) 이원돈, "지역사회를 움직이는 선교적 마을교회." 「한국교회선교연구소 정기회보」 (2015): 28-32.

가 주도하는 마을 청년아카데미, 마을 선교아카데미가 진행중이고, 공동여름 마을학과 마을학교 교사대학도 준비 중에 있다. 이러한 교육생태계 형성을 통해 마을에 젊은이들이 모여들고 생기가 넘치는 마을로 변화되었다. 그 외에도 중년 성인들의 소그룹 모임인 '장년여성사회복지모임', '소담언니공부방' '달토세미나' '성서아카데미' 등도 활발하게 진행되고 있으며, 노인들을 위해서는 은빛인문학, 민주시민학교, 실버방송단도 운영하고 있다. 이렇게 학습동아리들을 통해 마을 주민들이 서로 네트워크를 이루며 하나의 마을공동체로 만들어져 가고 있는 것이다. 문화생태계 구축을 통해서는 '꼽이 청소년 심야식당'과 '꼽이 청소년 심양상담실'이 만들어졌다. '꼽이'(ggob)는 약대동의 마스코트(mascot)로, 순수 우리말인 '꼽사리'의 준말이다. 꼽사리는 다른 사람이 노는 자리에 끼어드는 것을 의미한다. 이것은 원래 새롬교회가 부천시 국제영화제(Bucheon International Fantastic Film Festival)에 참여하면서 사용하기 시작한 말인데, 지금은 교회와 마을 주민들과의 만남과 연합의 자리를 뜻하는 것으로 그 의미가 확대되어 사용되고 있다. 그래서 약대동 안에서 이루어지는 각종 모임과 문화 행사들에 '꼽이'라는 말이 많이 들어간다. 예를 들면, '꼽이 영화제', '꼽이 마을방송국', '꼽이 식당', '꼽이 상담실' 등이다. '꼽이'가 교회와 마을, 그리고 마을 주민들을 하나의 공동체로 만들어주는 중요한 역할을 하고 있는 것이다. 마지막으로 약대마을의 사회경제생태계 구축을 위해서 새롬교회는 '달나라 토끼 협동조합'을 세웠다. 일명 '달토'라고 불리는 이 협동조합은 떡과 차를 판매하는 까페로 사회적 기업이다. 이 사업을 통해 교회와 마을이 연결되고, 교회와 교회들이 연결되고 있다. 이 장소에서 마을의 교육, 복지, 문화를 위한 새로운 시도들이 이루어질 뿐 아니라 지역 교회들 간의 연합 모임도 이루어지고 있다. 그리고 이 기업을 통해 얻어진 수익은 조합원들이 공평하게 나눈다. 앞으로 약대 마을의 더 많은 주민들이 사회적 협동조합에 참여할 것을 기대하고 있다.[29]

이상과 같이 새롬교회는 마을 주민들과 매우 긴밀하게 소통하면서 교회의 울타리를 마을로까지 확장시켰다. 이원돈 목사는 새롬교회의 목사이지만 동시에 마을의 촌장과도 같다.[30] 그는 교회가 교인들만의 공동체가 되어서는 안되며 교회의 영역이 마을로 확장되어야 함을 강조한다. 그에게 지역사회, 즉 마을은 하나님의 통치가 임하는 현장이며, 이 일을 위해 교회는 마을로 보냄을 받은 것이다. 지금까지 이원돈 목사와 새롬교회는 마을주민들을 위한 복지, 교육, 문화, 사회경제 생태계를 만들어가면서 교회와 마을이 하나의 공동체가 될 수 있다는 가능성을 보여주었다. 그리고 이것이 오늘날 대사회적인 영향력을 빠르게 상실해가면서 심각한 정체와 쇠퇴의 위기 앞에 놓여 있는 한국교회가 다시 일어설 수 있는 유일한 길이라고 믿고 있다. 따라서 마을과 긴밀하게 소통하지 못하거나 지역사회에 어떤 영향력도 끼치지 못하는 교회라면, 그것은 더 이상 교회라고 할 수 없다. 교회는 지역사회에 하나님의 통치가 임하도록 하나님이 파송한 선교공동체이기 때문이다.

---

29) *Ibid.*, 33-35.
30) 조용훈, "마을만들기를 통한 지역교회 활성화 방안." 237.

IV. 선교적 통찰: 선교적 교회의 7기둥(가치)

　지금까지 연구자는 한국적 상황 속에서 선교적 교회론에 기초하여 지역사회와 긴밀히 소통하며 지역사회, 즉 마을의 변혁을 이끌어 온 교회들의 사례를 서술하였다. 이들은 지역, 배경, 규모, 상황, 그리고 집중하는 사역들에서 서로 달랐다. 더불어숲동산교회는 지방 중소도시에, 송악교회는 농촌 시골에, 새롬교회는 서울근교의 대도시에 위치하고 있었다. 개척 배경도 더불어숲동산교회는 신도시에 분립개척한 교회인 반면, 송악교회는 전통적인 농촌에, 그리고 새롬교회는 전형적인 도시빈민 지역에 개척된 교회이다. 집중하는 사역들도 매우 다양했다. 더불어숲동산교회는 교회의 공동체성과 공교회성과 공공성이라는 삼위일체적 선교적 교회를 추구하면서 지역사회의 변혁을 위한 플랫폼이 되었다면, 송악교회는 친환경 유기농법을 마을 주민들에게 보급하면서 마을 변혁의 중심에 서게 되었고, 새롬교회는 복지, 교육, 문화, 사회경제의 네 영역에서 생명망을 확장해 가면서 교회가 지역사회와 하나가 되어가고 있었다. 그러나 이러한 차이들에도 불구하고 이 교회들은 몇 가지 중요한 가치들을 공통적으로 추구하고 있었다. 이 공통점들은 오늘 한국 교회들이 선교적 교회로 거듭나기 위해서, 특히 공교회로의 회복을 위해 어떤 요소들을 갖춰야 하는지에 대한 선교적 통찰을 준다. 정리하면 다음과 같다.

첫째, 보냄받은 공동체(the sent-community)로서의 교회이해

지금까지 한국교회는 교회를 에클레시아(ecclesia), 즉 '부름을 받은 하나님 나라 백성들의 공동체'로만 이해하는 경향이 강했다. 이것은 모이는 교회로서의 정체성을 강화시켜서 지역교회들로 하여금 교회 밖에 있는 사람들을 교회 안으로 끌어 모으는 일에 전력을 다하게 했다. 그러나 이러한 교회 이해는 하나님이 우리를 부르셔서 다시 세상으로 보내신다는 '보냄받은 교회' 혹은 세상 속으로 '흩어지는 교회'를 상대적으로 약화시키는 결과를 초래했다.[31] 사례 연구한 교회들은 모두 자신이 세상으로 보냄을 받은 하나님 나라 백성들의 공동체라는 '선교적 자기 정체성'을 가지고 있었다. 송악교회는 농촌마을로, 새롬교회는 도시빈민들에게, 그리고 더불어숲동산교회는 대도시와 비교되는 열악한 환경에서 성공에 대한 열망을 가지고 살아가는 신도시 지역사회로 보냄을 받았다는 것이다. 이들이 보냄을 받았다는 것은 보내신 주체를 인정하는 것이다. 보내심의 주체가 곧 선교의 주체이고 그것을 삼위일체 하나님으로 보는 것이 선교적 교회론의 일관된 입장이다.[32] 단지 보냄받은 공동체를 지나치게 강조하다 보면, 역으로 부름받은 공동체로서의 정체성이 약화될 수 있는데 사례 연구한 세 교회들은 보내심과 부르심을 함께 강조하며 둘 사이의 균형을 유지하고자 노력하고 있었다. 이렇게 부름받음(being called)과 함께 지금까지 한국의 많은 교회들이 간과해 온 보냄받음(being sent)의 정체성을 회복하는 것이 한국적 상황에서 선교적 교회를 세우기 위한 필수적인 요소라고 하겠다.

---

31) Darrell Guder, *Missional Church*, 9.
32) Craig Van Gelder & Dwight J. Zscheile, *The Missional Church in Perspective* (Grand Rapids, MI: Baker Academic, 2011), 110-111.

둘째, 하나님의 선교 (Missio Dei): 보냄심의 주체는 삼위일체 하나님

선교적 교회는 하나님을 '파송하시는 하나님'으로 이해한다. 데이빗 보쉬(David Bosch)는 보내심은 삼위일체 하나님의 속성이며 그 하나님이 오늘 교회를 세상 속으로 보내신다고 했다.[33] 이것은 '선교의 주체가 누구인가'의 문제이다. 한국교회는 오랫동안 교회가 선교를 한다고 생각하는 경향이 강했다. 이 경우 선교의 주체는 교회가 된다. 그러나 선교의 주체는 하나님이시다. 왜냐하면 삼위일체 하나님이 교회를 세상으로 보내시기 때문이다. 교회가 선교의 주체가 아니라 하나님이 선교의 주체라는 생각, 이것이 바로 하나님의 선교(*Missio Dei*)의 핵심이다.[34] 이런 관점에서 볼 때, 교회는 하나님의 선교에 참여하는 참여자이며 대행자이다. 교회는 선교의 목적이나 목표가 아니라 하나님의 선교의 중요한 도구이다. 선교가 교회를 위해 존재하는 것이 아니라 교회가 선교를 위해 존재하는 것이다.[35] 사례 연구한 세 교회는 자신들이 선교를 주도하거나 선교의 주체라고 보지 않았다. 오히려 그들이 더 큰 하나님의 선교에 참여하고 있다고 고백한다. 더불어숲동산교회 이도영 목사는 교회 개척의 동기를 하나님의 선교에 참여하여 교회의 본질을 드러내는 새로운 교회를 세우고자 했기 때문이라고 말한다.[36] 송악교회 이종명 목사와 새롬교회 이원돈 목사도 분명한 하나님의 선교(Missio Dei) 신학을 가지고 하나님의 나라(통치)가 지역사회에 임하도록 최선을 다하고 있었다. 이것은 교회가 스스로 자신을

---

[33] David Bosch, *Transforming Mission: Paradigm Shifts in Theological of Mission* (Maryknoll, N.Y.: Orbis, 1991), 390.
[34] Darrell Guder, *Missional Church*, 4.
[35] *Ibid.*, 81-82.
[36] 이도영, 『페어처치』 342.

낮추고 하나님을 선교의 주인공으로 높여드리는 것이다. 교회가 지역사회 위에 군림하며 지배하는 세력이 되기를 거부하고, 지역사회 안으로 들어가서 마을 주민들과 함께 하며 그곳에 하나님의 통치가 임하도록 통로가 되는 것이다. 이때 지역 주민들은 교회를 마을 안에 있지만 마을과 동떨어진 이기적인 집단으로 보지 않고, 자신들과 늘 함께 하며 아픔을 함께 나누는 동거집단으로 보게 될 것이다. 이것이 교회와 마을 사이의 담을 무너뜨리고 서로가 복음 안에서 하나가 되게 하는 길이다. 이런 의미에서 하나님의 선교(Missio Dei) 신학은 선교적 교회가 꼭 갖추어야 할 중요한 요소이다.

셋째, 선교지로서의 지역사회 (Local community as mission field)

선교의 주체이신 하나님은 교회를 세상으로 보내신다. 선교적 교회는 그 세상을 '지역사회'(local community)로 본다. 지역사회가 하나님이 교회를 보내시는 선교지(mission field)인 것이다.[37] 지역사회를 선교지로 새롭게 인식하게 된 것은 선교적 교회의 담론을 시작한 레슬리 뉴비긴(Lesslie Newbigin)의 경험에서 비롯되었다고 할 수 있다. 그가 선교적 교회에 관한 통찰을 얻게 된 계기는 38년간 인도에서의 선교사역을 마치고 영국으로 돌아온 후, 변화된 영국사회에 직면하면서부터였다. 영국은 이미 탈 기독교적이고 세속적이며 다원주의적인 사회로 빠르게 변해가고 있었고, 교회들은 지역사회 안에 존재하면서도 지역사회와 단절된 채, 게토(ghetto)화된 집단으로 전락해 가고 있었다.[38] 이

---

37) Alan J. Roxburgh & M. Scott Boren, *Introducing the Missional Church* (Grand Rapids, MI: 2009), 76-77.

런 상황에서 뉴비긴은 서구 기독교 사회(Christendom)의 붕괴를 겸손하게 인정하고, 지역사회를 새로운 선교 현장으로 인식하게 된다. 그에게는 지역사회가 곧 선교지이다.[39] 따라서 선교적 교회에게 선교란 해외만을 의미하지 않는다. 교회가 서 있는 마을이 곧 오늘 하나님이 교회를 보내시는 선교지인 것이다.[40] 연구자가 사례 연구한 세 교회는 모두 지역사회, 즉 마을을 매우 중요한 선교지로 인식하고 있었다. 마을은 복음이 증거되고 실현되며 하나님의 통치가 임해야 할 장소이다. 하나님의 주권과 통치가 임하는 마을이 곧 하나님의 나라인 것이다. 이런 의미에서 교회가 서 있는 지역사회(마을)는 매우 중요한 선교지라 하지 않을 수 없다. 세 교회는 공통적으로 지역사회에 대한 상황과 필요가 무엇인지를 이해하기 위해 지역에 대한 연구를 먼저 수행하였다. 더불어숲동산교회는 서울 외곽에 위치한 작은 도시 봉담에 살고 있는 사람들의 성향과 필요를 철저하게 조사하고 그에 합당한 사역들을 제공하였다. 송악교회도 송악마을의 지리적 환경을 조사한 후 친환경 농사를 보급시켜 인간과 자연의 통전적인 회복을 이루었다. 새롬교회도 도시빈민들이 모여 있는 곳에 개척하여 그들에게 가장 필요한 복지와 교육을 위한 사역을 시작하고 그것이 문화와 사회경제 영역에까지 확산되어 교회와 마을의 경계를 허무는 생명망 생태계를 만들었다. 그러므로 교회가 지역사회를 선교지로 인식하고 마을의 필요를 정확하게 파악한 후 적합한 방법으로 응답하는 것은 선교적 교회를 이루기 위해 꼭 필요한 요소이다.

---

38) Alan J. Roxburgh, *Missional Joining God in the Neighborhood* (Grand Rapids, MI: 2011), 35-36.
39) Lesslie Newbigin, *Unfinished Agenda: An Autobiography* (Grand Rapids, MI: Wm. B. Eerdmans, 1985), 249.
40) Darrell Guder, *Missional Church* (Grand Rapid, MI: Eerdmans Publishing Co, 1998), 5.

넷째, 하나님의 나라 (Kingdom of God)

하나님의 나라는 하나님의 통치를 의미한다. 하나님의 선교의 목적은 사람들을 구원하는 일이며 이 땅에 하나님의 통치(나라)가 임하도록 하는 것이다. 교회는 이 일을 위해 부름을 받았고 다시 보냄을 받은 선교 공동체이다.[41] 이 원론적 사고를 가진 사람은 하나님의 나라를 '하늘나라'로만 이해한다. 우리가 이 땅에서의 생을 마치고 가는 하늘나라가 천국이고 그것이 곧 하나님의 나라라고 이해한다. 이런 관점은 이 땅에 임하는 하나님의 통치 개념을 약화시키며, 교회로 하여금 사람들을 끌어 들이는 일에만 몰두하게 하게 만들기 때문에 세상에 대한 관심이 매우 약화된다.[42] 예수가 선포한 메시지는 '하나님의 나라'였다. 그 나라는 미래에 경험할 하나님의 나라이면서 동시에 지금 이 땅에 임하는 하나님의 통치를 모두 포함하고 있었다.[43] 또한 하나님의 나라는 우리의 선포를 통해서 세상에 알려지지만, 우리의 삶과 실천을 통해서 이 땅에 실제적으로 실현되는 하나님의 통치이다. 따라서 선교적 교회는 이 땅에 임하는 하나님의 나라(통치)를 추구한다.[44] 본 연구자가 사례 연구한 교회들은 모두 하나님의 나라를 하나님의 통치로 이해하고 있었으며, 선교의 궁극적인 목적을 하나님의 통치가 이 땅에 임하도록 하기 위함이라고 보았다. 물론 내세의 천국을 부정하지는 않지만, 이 땅에 임하는 하나님의 통치로서의 하나님 나라도 놓치지 않고 있는 것이다. 따라서 이들이 믿는 천국은 현세와 내세, 현재와 미래, 개인

---

[41] Craig Van Gelder & Dwight J. Zscheile, *The Missional Church in Perspective*, 55-57.
[42] Will Mancini, *Church Unique* (San Francisco, CA: Jossey-Bass, 2008), 34-35.
[43] Darrell Guder, *Missional Church*, 89-90.
[44] *Ibid.*, 102-109; 눅 4:18-19.

과 공동체에 임하는 하나님의 통치를 포함하는 매우 통전적인 것이다. 그리고 그 하나님의 통치가 이 땅에 임할 때, 이 땅에는 공평과 정의와 평화가 실현된다.[45] 이것이 교회가 서 있는 지역사회(마을)에서 이루어지도록 하나님은 교회를 마을에 파송하신 것이고, 교회는 이 하나님의 선교에 참여하고 있는 하나님 나라 백성들의 공동체이다. 따라서 하나님의 나라에 대한 통전적인 이해를 가지고 이 땅에 임하는 하나님의 통치, 즉 공평과 정의와 평화(샬롬)를 추구하는 것은 선교적 교회를 이루는 필수적인 요소라 하겠다.

다섯째, 통전적 선교 (Holistic mission)

선교적 교회는 지역사회로 보냄을 받은 교회들이 통전적 선교사역을 통해 하나님의 선교에 참여해야 한다고 믿는다.[46] 통전적(統全的)이라 함은 '전체를 하나의 큰 줄기로 통합하고 큰 통에 담는다'는 의미로, 개인의 영혼구원과 사회구원, 복음선포와 사회참여를 서로 대립적인 것으로 구별하지 않고 모두를 하나로 포괄하는 총체적인 선교를 의미한다. 오랫동안 한국교회 안에서 두 입장이 대립되어왔다. 에큐메니칼과 복음주의이다. 에큐메니칼은 교회의 대 사회적 책임을 강조한 결과 개인구원과 복음증거에 대한 관심이 약하다는 지적을 받아왔고, 복음주의는 개인구원과 복음증거를 강조한 결과 대 사회적 책임에

---

45) 이도영, 『페어처치』, 89-101.
46) Craig Van Gelder, *The Ministry of the Missional Church* (Grand Rapids, MI: Baker Books, 2007), 61.

소홀했다는 지적을 받아왔다.[47] 선교적 교회는 이 둘을 하나로 통합하여 하나의 사역으로 인식하고자 한다.[48] 사례연구를 한, 세 교회는 모두 통전적 선교사역을 수행하고 있었다. 이들은 교회 내적으로 개인의 영성과 제자훈련에 집중하면서 동시에 교회 밖 마을 주민들의 다양한 필요에 응답하는 다양한 선교사역들을 수행하고 있었다. 더불어숲동산교회는 교회의 공동체성을 형성하기 위해서 대그룹 예배 공동체와 소그룹 성경공부에 집중해왔고, 공공성 형성을 위해서는 페어처치를 표방하며 다양한 마을협동조합을 운영하고 있다. 송악교회의 경우는 친환경 농사를 마을에 보급하는 것으로 시작한 것이 다양한 복지, 교육, 문화, 사회경제 생명망 구축으로까지 확장되면서 외지에서 젊은 세대들이 몰려와 지금은 교회의 예배 출석인원도 많이 늘어났고, 성도들의 영성을 위한 다양한 프로그램들이 진행중이다. 새롬교회도 초기에는 도시빈민들을 위한 사회사업에 집중했지만, 점차 시간이 지나면서 교회 내 성도들의 영적인 성장도 함께 추구하게 되었다. 이렇게 선교적 교회들이 통전적 선교사역을 수행하는 것은 복음의 통전성을 인정하기 때문이다. 복음은 개인의 영혼을 구원하는 능력일 뿐 아니라 자연 만물의 온전한 회복을 가능케 하는 능력이다. 그러므로 선교적 교회의 복음증거는 통전적이어야 하며, 통전적 선교사역은 선교적 교회를 이루는 중요한 요소이다.

---

47) 양낙흥, "세계교회협의회의 선교신학 분석과 평가," 「선교와 신학」 제28집 (2011): 226.
48) Tom Sine, *Mustard Seed versus McWord* (Grand Rapids, MI: Baker Book, 1999), 218-219.

여섯째, 선교적 교회의 구조, 한 백성이 함께 이끌어 가는 팀 리더십 구조(Laos-Driven Structure)[49]

선교적 교회는 하나님의 백성들이 함께 이끌어 가는 팀 리더십의 구조를 가진다. 초대교회 에서는 하나님의 백성들(λαο? του θεου) 가운데 리더십 은사를 가진 사람들이 팀 리더십을 이루고 있었다.[50] 그러나 중세에 들어서면서 교회 내에 성직자 그룹과 평신도 그룹이 생겨나고, 이것이 중세 1천년을 거치면서 더욱 확고해져서 오늘날 대부분의 전통교회가 가지고 있는 목회자와 평신도 간의 명확한 구분으로 이어진 것이다.[51] 그러나 성직자와 평신도의 구분은 사역 기능에 따른 구분(functional difference)이지, 본질상 차이가 있는 존재론적인 구분(ontological dichotomy)이 아니다.[52] 선교적 교회는 목회자와 평신도 사이의 존재론적 이분법의 긴장 구조를 배격한다. 목회자의 성직 자체를 부정하는 것은 아니지만, 그렇다고 목회자의 특권과 권위만을 강조하지 않는다. 목회자나 평신도나 모두 하나님의 한 백성으로 부름을 받고 보냄을 받은 사역자들이기 때문이다. 따라서 선교적 교회는 목회자가 평신도 사역자들과 함께 사역을 이끌어가는 수평적 파트너십 구조를 추구한다.[53] 이러한 파트너십을 만들어내기 위해서 꼭 필요한 것이 '제자훈련과정' 혹은 '평신도훈련과정'이다. 성도들은 이 과정을 통해 자신의 은사를 발견하고 팀 리더십을 함께 공유

---

49) 황병배, "효과적인 평신도 훈련과 사역을 위한 제언." 「선교신학」 제19집 (2008): 291.
50) Paul Stevens, The Other Six Days: Vocation, *Work and Ministry in Biblical Perspective* (Grand Rapid, MI: Eerdmans Publishing Co, 1999), 26-27.
51) Greg Ogden, *The New Reformation: Returning the Ministry to the People of God* (Grand Rapid, MI: Zondervan Publication, 1999), 66-67.
52) Paul Stevens, *The Other Six Days: Vocation, Work and Ministry in Biblical Perspective*, 31-32.
53) Greg Ogden, *The New Reformation: Returning the Ministry to the People of God*, 60.

하면서 교회의 내적그룹(inner circle)인 언약그룹(covenant community)안으로 이동하게 된다.[54] 이렇게 선교적 교회의 구조는 목회자와 평신도가 팀 리더십을 구축하고 평신도들이 은사를 따라 선교사역에 자발적으로 참여하게 하므로 교회 안팎의 총체적인 필요에 효과적으로 응답하게 한다. 사례 연구한 세 교회는 목사들이 모든 사역을 감당하고 있지 않았다. 평신도 리더들과 함께 사역을 이끌어가고 있었다. 평신도들은 훈련과정을 거치면서 교회를 선교공동체로, 자신을 선교사로 새롭게 인식하며 선교적 자기 정체성을 확고히 하게 된다. 물론 교회들마다 처한 상황과 구성원들이 달랐기 때문에 훈련과정이나 방법도 상이하지만, 평신도들을 훈련시켜서 함께 사역해야 한다는 신념은 모두 같았다. 그리고 실제로 많은 사역들을 평신도들이 중심이 되어 이끌어 가고 있었다. 따라서 선교적 교회를 이루기 위해서 '평신도 훈련과정' 혹은 '제자훈련과정'은 매우 중요한 요소라 하겠다.

일곱째, 하나님의 선교적 백성들 (God's missionary people)

선교적 교회에서 하나님의 백성들(λαο? του θεου)은 매우 중요한 위치를 차지한다. 그들은 교회 안에만 머무르면서 구원받았다는 안도감에 자족해서는 안 된다. 오히려 교회 밖 세상으로 나아가 자신들의 삶의 자리에서 복음을 전하며 하나님 나라의 가치를 드러내는 선교사적인 삶을 살아야 한다. 이런 의미에서 하나님의 백성들은 모두 선교사들이다.[55] 이들이 각자의 삶의 현장에서 하

---

54) Darrell Guder, *Missional Church*, 211-212.
55) Craig Van Gelder & Dwight J. Zscheile, *The Missional Church in Perspective*, 153-154.

나님 나라의 가치를 온전히 드러낼 때, 하나님의 나라는 더욱 견고히 서게 될 것이다.[56] 앞에서 언급한대로 한국교회는 오랫동안 교회 중심, 성직자 중심의 문화를 만들어왔다. 성도들이 세상에서 어떤 삶을 사느냐 보다는 교회에 얼마나 열심히 다니느냐가 신앙의 정도와 수준을 측정하는 기준이 되어왔다. 교회 안에서도 대부분의 일들이 성직자 중심으로 이루어지기 때문에 평신도들은 주변인으로 인식되거나 부차적인 조력자로 인식되어 왔다. 그 결과, 성도들이 세상에서 어떤 삶을 살든 상관없이 교회만 열심히 나와서 자리만 채워주면 된다는 식의 잘못된 생각이 한국교회를 오랫동안 지배해 온 것이 사실이다. 선교적 교회는 이러한 교회 중심적이고 성직자 중심적인 이분법적 사고를 배격한다. 선교적 교회는 성도들을 교회 안에 가둬두지 않는다. 오히려 성도들이 삶의 자리에서 불신자들(the unchurched)에게 복음을 전하며 하나님 나라의 가치를 함께 추구하기를 원한다. 최동규는 "선교적 교회의 평신도들은 그들의 삶의 현장에서 교회됨을 드러내며 살아야 하며, 그들의 사역은 예배당 안에서의 봉사를 넘어 세상에서 그리스도의 증인으로 살아가는 삶의 방식으로 확장되어야 한다"고 했다.[57]

사례 연구한 세 교회의 목회자들은 모두 이와 같은 생각을 공유하고 있었다. 그들에게 평신도는 교회성장을 위한 도구가 아니라, 지역사회를 하나님의 나라로 변혁하는 일에 주도적으로 참여하는 선교사들이다. 그들의 다양한 선교사역들을 통해서 지역사회 안에 하나님의 통치가 임하는 것이다. 송악교회의 성도들은 농촌이라는 상황속에서 친환경 농사를 통해 지역사회를 통전적으로

---

55) Craig Van Gelder & Dwight J. Zscheile, *The Missional Church in Perspective*, 153-154.
56) Kim Hannond & Darren Cronshaw, *SENTNESS* (Downers Grove, IL: InterVarsity Press, 2014), 46.
57) 최동규, "선교적 교회의 평신도들을 위한 사도직 이해," 「선교신학」 제41집 (2016): 455.

회복시키면서 선교자적 사명을 다하고 있었다. 이 교회의 표어는 '농촌을 하나님 나라로, 교회의 제직을 지역사회의 리더로'이다.58) 새롬교회 성도들은 지역 주민들과 함께 복지, 교육, 문화, 사회경제 생태계를 구축하여 교회와 마을을 하나의 공동체로 만들면서 선교사적인 삶을 살아가고 있다.59) 더불어숲동산교회 성도들도 자신들의 삶 속에서 페어라이프(fair life)를 살아가면서 선교사적 사명을 감당하고 있다.60) 교회는 하나님께서 세상으로 파송한 선교 공동체이며, 그 공동체를 이루는 성도들은 교회 안에서 뿐 아니라 교회 밖 세상 속에서 더욱 하나님 나라의 가치를 드러내야 할 선교사들인 것이다. 이런 의미에서 성직자와 평신도를 하나님의 선교에 참여하는 선교사들로 인식하는 것은 선교적 교회를 구성하는 매우 중요한 요소라 하겠다.

다음 그림은 지금까지 서술한 선교적 교회가 추구하는 7가지 핵심요소를 보여준다.

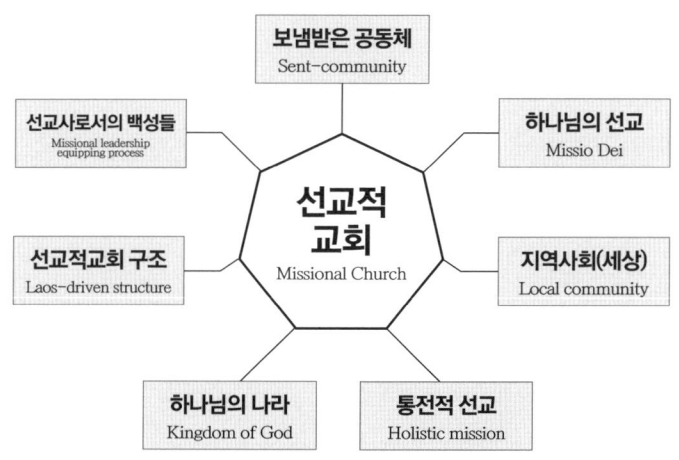

---

58) 한국일, "선교적 교회의 실천적 모델과 원리" 378.
59) 이원돈, 『마을이 꿈을 꾸면 도시가 춤을 춘다』(서울: 동연, 2011), 238-239.
60) 이도영, 『페어처치』, 341-342.

V. 나가는 말

본 논문은 선교적 교회론이 한국적 상황에서 실제로 어떻게 실천되고 있는지를 알아보고, 그들이 추구하는 공통적 가치들로부터 선교적 통찰을 얻고자 했다. 이를 위해 연구자는 먼저 한국에서 선교적 교회론에 대한 담론이 급부상하게 된 이유들을 간략하게 서술한 후, 세 교회를 선택하여 사례연구를 수행하였다. 사례 교회를 선택한 기준은 선교적 교회론에 기초하여 지역사회와 긴밀히 소통하며 마을의 변혁을 이끌어 온 것으로 평가받는 교회들이었다. 이들은 지역, 배경, 규모, 상황, 그리고 집중하는 사역들에서 서로 달랐지만, 몇 가지 중요한 가치들을 공통적으로 추구하고 있었다. 그것은 첫째, 보냄받은 공동체(the sent-community)로서의 교회이해. 둘째, 하나님의 선교(Missio Dei). 셋째, 선교지로서의 지역사회(Local community as mission field)이해. 넷째, 하나님의 나라(Kingdom of God). 다섯째, 통전적 선교사역(Holistic mission). 여섯째, 하나님의 한 백성이 함께 이끌어 가는 팀리더십 교회구조(Laos-Driven Structure). 일곱째, 하나님의 선교적 백성들(God's missionary people)이다.

한국의 모든 교회들이 선교적 본질을 회복하고, 하나님으로부터 세상으로 보냄을 받은 선교 공동체라는 자기 정체성을 가지고 이 땅에 임하는 하나님의 나라(통치)를 위해 통전적 선교사역을 수행하는 사명 공동체로 다시 세워지기를 소망한다. 이 때 한국교회의 공교회성도 온전히 회복될 수 있을 것이다.

참고문헌

Bosch, David. *Transforming Mission: Paradigm Shifts in Theological of Mission.* Maryknoll, N.Y.: Orbis, 1991.

Guder, Darrell. ed. *Missional Church: A Vision for the Sending of the Church in North America.* Grand Rapids: William B. Eerdmans Publishing Company, 1998.

Guder, Darrell. *Called to Witness.* Grand Rapids, MI: Eerdmans, 2015.

Hannond, Kim & Darren Cronshaw. *SENTNESS.* Downers Grove, IL: InterVarsity Press, 2014.

Mancini, Will. *Church Unique.* San Francisco, CA: Jossey-Bass, 2008.

Newbigin, Lesslie. *Unfinished Agenda: An Autobiography.* Grand Rapids, MI: Wm. B. Eerdmans, 1985.

Ogden, Greg. *The New Reformation: Returning the Ministry to the People of God.* Grand Rapids: Zondervan Publication, 1999.

Roxburgh, Alan J. & M. Scott Boren. *Introducing the Missional Church.* Grand Rapids, MI: Baker Books, 2009.

Roxburgh, Alan J. *Missional Joining God in the Neighborhood.* Grand Rapids, MI: Baker Books 2011.

Sine, Tom. *Mustard Seed versus McWord.* Grand Rapids, MI: Baker Book, 1999.

Stevens, Paul. *The Other Six Days: Vocation,* Work, and Ministry in Biblical Perspective. Grand Rapid: Regent College Publishing, 1999.

Van Gelder, Craig. *The Ministry of the Missional Church*. Grand Rapids, MI:

　　Baker Books, 2007.

Van Gelder, Craig & Dwight J. Zscheile. *The Missional Church in Perspective*. Grand Rapids,

　　MI: Baker Academic, 2011.

http://gf21.org/gnuboard4/bbs/board.php?bo_table=gf_board2&wr_id=2

http://blog.naver.com/ujmiso/220996185305

강병오. 한국개신교의 사회적 신뢰 실추 원인과 대책.「신학과 선교」제41권 (2012): 61-84.

기독교윤리실천운동.「2013년 한국교회의 사회적 신뢰도 여론조사 결과 자료집」. 2014.

김승호. 한국교회성장정체성원인분석과 대책에 관한 연구.「개혁논총」제19권 (2011):

　　219-244.

남태욱. 21세기 한국교회 갱신을 위한 윤리적 과제: 2008 한국교회의 사회적 신뢰도 여론조사

　　를 중심으로.「성경과 신학」제53권 (2010): 171-201.

성석환 편.『선교적 교회의 오늘과 내일』. 서울: 예영커뮤니케이션, 2016.

송악교회.『교회요람』. 2017.

신호균. 한국교회의 양극화 현실과 실천적인 해소방안에 관한 탐색적 접근.

　　「로고스경영연구」제5권 (2007): 1-19.

양낙흥. "세계교회협의회의 선교신학 분석과 평가."「선교와 신학」제28집 (2011): 223-258.

유광석, Danial Connolly, 김원기. 한국대형교회의 '사사화'에 관한 재해석: 새로운 패러다임

　　의 관점에서.「종교와 문화」제28호 (2015): 53-77.

이도영. 『페어처치』. 서울: 새물결플러스, 2017.

_____. 공교회성과 공동체성과 공공성을 회복하는 선교적 교회. 「한국교회선교연구소 정기회보」 (2016): 18-37.

이종명. 송학교회와 송학마을 이야기 지역사회 공동체와 함께 하는 선교. 「제15회 바른교회아카데미 연구위원회 세미나 자료집」 (2011): 25-32.

이원돈. 『마을이 꿈을 꾸면 도시가 춤을 춘다』. 서울: 동연, 2011.

_____. 지역사회를 움직이는 선교적 마을교회. 「한국교회선교연구소 정기회보」 (2015): 28-35.

조용훈. 마을만들기를 통한 지역교회 활성화 방안. 「기독교사회윤리」 제24집 (2012): 223-246.

최동규. 선교적 교회의 평신도들을 위한 사도직 이해. 「선교신학」 제41집 (2016): 453-490.

최윤식. 『2020-2040 한국교회 미래지도』. 서울: 생명의 말씀사, 2013.

한국일. 선교적 교회의 실천적 모델과 원리. 「선교신학」 제36집 (2014): 355-401.

황병배. 효과적인 평신도 훈련과 사역을 위한 제언. 「선교신학」 제19집 (2008): 273-298.

_____. "선교 공동체로서의 농촌교회와 통전적 선교 가능성" 「선교신학」 제36집 (2014): 445-488

_____. 한국의 선교적 교회들로부터 얻는 선교적 통찰. 「선교신학」 제47집 (2017): 379-411.

공적 교회 일곱 번째 모습 _
공적 교회 회복을 위한 기독교 교육적 요인고찰

공공의 위기와
공공성으로의 기독교교육

: 타자의 고통에 함께하는
 열정(compassion)으로서의
 사랑과 의존성

이 글은 『용봉인문논총』 63집(2023)에 실린 것을 수정, 보완한 것이다.

이은경 _ 감리교신학대학교 학술연구교수

I. 들어가는 말

오늘날 각자도생과 승자독식의 삶으로 내몰린 개인들이 점점 더 사적인 행복과 부의 축적에 몰두할수록 공공에 대한 관심은 줄어들고 있다. 그런 사회에서는 공동선에 대한 관심뿐 아니라, 공론의 장이나 공적 영역이 들어설 자리도 점점 축소되고, 결국에는 사람들 간의 소통과 협력이 일어나는 사이(in-between) 공간이 몰락하게 되면서, 개인과 집단 사이의 경쟁은 더욱 치열해질 수밖에 없다. 이러한 경향은 공적 가치를 실현하고 공공성을 함양하며 공적 존재로서의 시민을 양성해야 할 책임이 있는 교육 현장에서 더 이상 드문 일이 아니다. 뿐만 아니라, 하나님 나라의 백성과 예수의 제자를 길러내는 것을 목적으로 삼고 있는 신앙교육의 영역에서도 별반 다르지 않다. 그리고 미래에 대한 불안과 불확실성이 이러한 경향을 점점 더 가속화시키고 있다.

그러다 보니 영혼까지 끌어모아 집이나 차를 사고, '소확행(소소하지만 확실한 행복)'을 통해 일시적으로 스트레스를 해소하는 것이 불안과 우울을 떨쳐내는 하나의 해법 혹은 마치 유일한 해법처럼 널리 퍼지고 있으며, 쇼핑과 소비가 이를 부추긴다. 성취 불가능한 목표보다는 충분한 대리만족감을 주는 소소한 것을 구매하고, 소비하는 것이 훨씬 더 수월하기 때문이다(이은경, 2020b, 231). 도를 넘어선 사적 소유에 집착하는 것을 이반 일리치(Ivan Illich)는 우리 모두를 "가난하게 만드는 부(impoverishing wealth)"라고 말한다. 이것은 사회의 가장 힘없는 사람들의 자유와 해방을 빼앗아 쌓아 올린 부(富)이며, 다른 이들과 함께 나눌 수 없는 부이기 때문이다(Illich, 2014, 15). 더욱이 이것을 통해서는 어느 누구도 행복할 수 없다.

그러므로 우리 사회에 지배적인 가치관 특히 부와 소유에 대한 집착과 이를 성취하기 위한 무한경쟁주의적 관점을 공공의 관점으로, 나아가 공생의 관점으로 바꾸는 것이 필요하다. 모두가 인간답게 살기 위해서는 우리 삶 속에서 사적 영역과 공적 영역이 적절하게 자리매김하고, 그에 따라 무조건적 경쟁이 아닌 상호의존성에 기반한 공생적 가치관이 전제되어야 하기 때문이다. 이를 위해서 세상의 모든 존재가 하나님의 자녀이며, 동시에 하나님의 피조물이라는 것을 인식하고, 피조된 공동-창조자(created co-creator)로서의 자기 인식과 하나님에 대한 절대적 의존 그리고 이웃 사랑에 근거하여 하나님과 함께, 이웃과 함께 이 땅에 하나님의 정의와 공생의 질서가 강물처럼 흐르도록 해야 할 것이다(김영호, 2022, 114).

이런 맥락에서 공공의 위기를 가져온 원인을 살펴보고, 이를 극복하기 위한 하나의 대안으로서 공공성을 위한 기독교교육의 필요성을 논하고자 한다. 그리고 마지막에는 타자의 고통에 함께하는 열정(compassion)으로서의 사랑과 의존성에서 공공성으로의 기독교교육의 가능성을 탐색해 보고자 한다.

II. 공공의 위기

자본주의는 시대에 따라 진화를 거듭해 왔으며, 4차 산업혁명 시대라 일컬어지는 오늘날에는 산업자본주의, 소비자본주의, 금융자본주의를 거쳐 기호자본주의(semiocapitalism) 시대로 들어섰다. 기호자본주의 시대는 더 이상 생산과 소비, 즉 인간의 행위를 통해 자본을 만드는 것이 아니라, 모든 것이 네트워크로 연결된 세상에서 추상적 기호의 생산과 교환을 통해 자본을 창출한다. 더 이상 인간의 육체가 아닌 영혼, 정신 혹은 마음이 노동하는 기호자본주의 시대의 인지 노동은 우리의 신체 데이터뿐 아니라, 감정 에너지까지도 공공연하게 착취하고 있다.

그리고 이에 기반한 승자독식 사회는 한편으로는 무한경쟁을 부추기면서, 다른 한편으로는 우리 모두를 '무능한 패자', 즉 '루저'(looser)로 만들고 있다. 승자독식 사회는 한 번의 실수나 실패도 용납하지 않으면서, 어느 순간 '나도 루저가 될 수 있다'는 불안감과 두려움을 지속적으로 양산하기 때문이다. 그래서 이러한 사회에서는 끊임없이 경쟁이 재생산된다(백은미, 2018, 226). 또한 이 경쟁사회에서 '루저'가 되는 것은 비존재(nonbeing 혹은 those who are not)가 되는 것을 의미하기에(이은경, 2020b, 215-219), 우리는 루저가 되지 않기 위해 오늘도 경쟁의 사다리에서 내려올 수 없으며, 그 사다리에 오르는 순간부터 타자와 공공 따위에는 관심을 가질 여유가 없다.

1. 무한경쟁으로 인한 공공의 위기

기호자본주의가 만들어낸 '무한경쟁'으로 인한 폐해는 특히 패자를 솎아내는 시스템 자체에 있다. 철저한 승자독식의 시스템 안에서는 상위 0.1%와 나머지 99.9%가 첨예하게 나누어질 뿐 아니라, 사회의 대부분을 차지하는 나머지 99.9%는 아예 시스템 밖으로 쫓겨날 운명에 놓이기 때문이다. 이런 상황에서 공동선, 공동의 가치, 공론의 장 따위는 생각할 수도 없고, 개인의 행복을 실현할 기회마저 박탈당할 수밖에 없다. 경쟁은 필연적으로 실패와 패배를 전제하지만, 행복은 결코 실패의 가능성을 인정하지 않기 때문이다(이은경, 2020a, 6-7). 그러므로 경쟁에서 실패한 이들은 행복을 누릴 기회조차 얻지 못하게 되는 것이다.

그럼에도 불구하고 실낱같은 기회를 포기하지 않으려면, 경쟁의 사다리에서 내려오지 않아야 한다. 1972년에 처음 출간된 이후 50년이 지난 지금까지도 전 세계적으로 사랑받고 있는 베스트셀러 중 하나인 『꽃들에게 희망을』에 등장하는 애벌레들처럼 저 '꼭대기'에 무엇이 있는지는 궁금해할 필요도 없다. 그저 '꼭대기'를 향해 올라가야 한다. 그 길에서는 누구와도 친구가 될 수 없고, 되어서도 안 된다. 왜냐하면 사다리를 오르기 위해서는 반드시 다른 애벌레를 '밟고 올라서야만 하기' 때문이다.

> 호랑 애벌레는 들뜬 마음으로 옆에 있는 애벌레에게 물었습니다.
> "저 애들이 지금 무얼 하고 있는지 아니?"
> 그러자 그 애벌레가 말했습니다.
> "나도 방금 도착했어. 아무도 설명해 줄 시간이 없나 봐.
> 다들 저 꼭대기로 올라가려고 애쓰느라 바쁘거든."
> 호랑 애벌레가 또 물었습니다. "저 꼭대기에 뭐가 있는데?"
> "그건 아무도 몰라. 하지만 모두 저기에 가려고 서두르는 걸 보면 아주 멋진 곳인가 봐.

> 나도 빨리 가 봐야겠어! 잘 가."
> 그 애벌레도 수많은 애벌레들 속으로 뛰어들었습니다. (Paulus, 1999, 21)

> 호랑 애벌레는 노랑 애벌레를 피하려고 애를 썼지만, 어느 날 다시 마주치고 말았습니다.
> 노랑 애벌레는 위로 올라갈 수 있는 유일한 길목을 가로막고 있었습니다.
> "그래, 네가 올라가느냐, 아니면 내가 올라가느냐, 둘 중 하나야."
> 호랑 애벌레는 이렇게 말하고는, 노랑 애벌레의 머리를 밟고 올라섰습니다.
> (Paulus, 1999, 33)

그러다 어느 순간 '쿵' 소리와 함께 꼭대기에서 애벌레 하나가 땅으로 떨어져 널브러진다. 모든 애벌레들이 이 모습을 보았지만, 노랑 애벌레를 제외한 대부분 애벌레들은 포기 대신에 더 열심히 미지의 저 높은 곳을 향해 '애벌레(로 만들어진) 사다리'를 오르기 시작한다. 이 경쟁의 사다리에서 추락하는 실패자가 되지 않기 위해서는 또다시 전력을 다해야 하기 때문이다. 악순환의 반복이다. 그 끝에 무엇이 있는지도 모르고, 그것이 자신들을 정말 행복하게 하는지도 알 수 없지만, 모두가 경쟁의 사다리를 오른다. 사다리에 한 발을 올린 순간부터 자력으로 멈추기는 힘들고, 다른 애벌레에게 밟히지 않으려면 내가 먼저 그를 밟고 올라야만 한다.

> 호랑 애벌레는 사방에서 떠밀리고 채이고 밟혔습니다.
> 밟고 올라가느냐, 아니면 발 밑에 깔리느냐···.
> 호랑 애벌레는 밟고 올라섰습니다.
> 이런 상황에서 애벌레들은 더 이상 친구가 아니었습니다.

이제 그들은 위협과 장애물일 뿐이었습니다.
호랑 애벌레는 그 장애물을 디딤돌로 삼고, 위협을 기회로 바꾸었습니다.
오로지 남을 딛고 올라서야 한다는 생각이 실로 큰 도움이 되었고,
호랑 애벌레는 점점 더 높은 곳으로 올라가고 있는 듯한 기분을 느꼈습니다.
하지만 어떤 날은 제자리를 지키고 있는 것만도 힘겨웠습니다.
그럴 때면 특히 불안의 어두운 그림자가 호랑 애벌레의 마음을 괴롭혔습니다.
(Paulus, 1999, 25-27)

이렇게 내 옆에 있는 이가 더 이상 친구가 아닌 경쟁자로 보이기 시작하면, 혹시 내가 밟히거나 뒤처질지도 모른다는 불안감과 한눈을 파는 순간 바닥으로 곤두박질칠 수도 있다는 두려움이 내 안에, 우리 안에 그리고 결국에는 사회 전체까지 퍼지게 된다. 그곳에 연대나 공공선, 공공의 가치와 같은 것들은 더 이상 들어설 자리가 없다.

또다시 위에서 속삭이는 소리가 들렸습니다.
"저기 좀 봐. 기둥이 또 있어. 그리고 저기도 … 사방이 온통 기둥이야."
이제 호랑 애벌레는 실망만이 아니라, 분노마저 느꼈습니다.
호랑 애벌레는 한탄을 했습니다.
"그토록 고생해서 올라온 기둥이 수천 개의 기둥들 가운데 하나일 뿐이라니!
수백만 애벌레가 꼭대기까지 올라오느라 헛고생을 하고 있어!
뭔가 잘못된 게 분명해. 하지만 … 다른 무엇이 있지 않을까?"
(Paulus, 1999, 96)

우리가 사는 세상과 『꽃들에게 희망을』의 배경이 되는 애벌레들의 세상이 그대로 겹친다. 그러나 이 두 세상 사이에는 결정적으로 다른 것이 있다. 그것

은 먼저 오늘날 우리 시대는 마음과 정신까지도 노동하는 기호자본주의 시대라는 것이며, 두 번째는 전 세계가 디지털 네트워크를 통해 하나로 연결된 시대에는 각종 미디어와 SNS를 통해 상위 1% 초부유층과 성공한 셀럽들의 삶이 여과 없이 실시간으로 공개되고, 실제보다 더 행복하고 성공한 것처럼 보인다는 사실이다. 애벌레들이 꼭대기에 무엇이 있으며, 그 마지막이 어떠한지 모른 체 무작정 사다리를 올랐다면, 오늘날에는 상위 1%의 보여지는 삶을 보면서 나도 저들처럼 살고 싶다는 희망을 품게 된다. 그러나 그와 동시에 아무리 노(오)력해도 절대로 저들처럼은 될 수 없다는 좌절을 더 크게 경험하게 된다(Schnabel, 2020, 48-49).

이러한 좌절감, 우울감과 함께 각자도생의 경쟁 원리가 사회 전반에 확산되면서 우리는 공감 능력을 상실해버렸다. 이탈리아의 마르크스주의 이론가이자 미디어 활동가인 프랑코 '비포' 베라르디(Franco 'Bifo' Berardi)는 이것을 "공감의 마비(the paralysis of empathy)"(2009, 133)라고 표현했다. 공감능력을 잃어버렸거나 심지어 공감이 마비된 개인들로 이루어진 사회에서는 더 이상 공공의 자리를 기대할 수 없다. 그야말로 공공의 위기이며, "사회적 감수성(social sensitivity)"(김도일, 2020, 55)을 회복하는 것이 더욱 중요하고, 시급해지는 이유이다.

2. 능력주의 신화의 허구

　공공의 위기를 부채질하는 또 하나의 주범은 '능력주의'라는 신화다. 능력주의는 개인이 노력한 만큼 그리고 개인의 능력에 따라 보상을 해주는 사회 시스템을 말한다. 오래전 개천에서 용이 날 수 있었던 것은 모두 열심히 노력한 덕분이었다. 그러나 오늘날에는 이것을 가능케 하는 능력주의가 제대로 작동하지 않는다. 더 이상 개천에서 용은 나지 않으며, 아무리 열심히 '노(오)력'해도 노력의 대가는 고사하고 실패하는 일이 더 빈번하다. 오늘날에는 능력이 아니라, 능력과는 아무런 상관이 없는 비 능력적 요인들이 성공에 더 큰 영향을 미치기 때문이다. 예를 들면, 부모에게서 인생의 출발점을 물려받는 '상속주의'가 대표적이다. 금수저를 물고 태어난 사람들, 즉 부유한 부모를 둔 사람들은 그렇지 못한 사람들과는 다른 출발점에서 혹은 처음부터 결승점에서 경주를 시작하기도 한다(McNamee & Miller, 2015, 11-24). 그래서 조귀동(2020)은 오늘날의 이런 사회를 "세습 중산층 사회"라 부른다.

　부모의 물적 자원뿐 아니라, 인적, 사회적 심지어 문화적 자원까지 대물림되는 세습 중산층 사회에서 학교와 교육은 더 이상 성공의 열쇠가 아니며, 능력주의를 뒷받침하지도 못한다. 그와는 반대로 오히려 학교와 교육을 통해 부모 세대의 인적, 사회적, 문화적 자원이 자녀 세대로 대물림되고, 그 안에서 교육의 불평등마저 대물림되고 있다. 또한 오로지 입시를 위한 지적 활동에 치중하게 된 학교는 더 이상 건전한 시민을 양성하고, 공동체성을 함양하며, 공적 영역에서의 정당한 토론과 민주적 절차를 실질적으로 가르치지 않는다.

그렇다고 무조건 다시 능력주의로 돌아가야 한다는 것은 아니다. 능력주의가 전적으로 옳다고 주장하려는 것도 물론 아니다. 능력주의는 생각만큼 공정하지도, 바람직하지 않을 수도 있다. 다윈의 지적처럼, 능력주의 사회를 완벽하게 움직이도록 하는 원리는 '적자생존'이기 때문이다(McNamee & Miller, 2015, 35-39). 또한 능력은 절대적인 것이 아니라, 개인의 성장과 성숙에 영향을 미치는 수많은 요인 중 하나일 뿐이다.

그동안 우리는 비능력적 요인을 능력과 무관한 것으로 과소평가해왔다. 그러나 가정환경, 부모의 교육 수준과 직업, 경제력, 사회적 계층 등과 같은 비능력적 요인들이 능력과 공존하면서 오늘날 개인에게 훨씬 더 많은 영향을 미치고 있다. 동시에 능력이 미치는 영향력을 약화시키기도 하고, 때로는 그 능력을 억압하기도 한다(McNamee & Miller, 2015, 21-22). 예를 들면, 흙수저 부모 밑에서 자란 아이들의 경우, 어린 시절에 형성된 "문화적 약점(cultural disadvantage)"으로 인해 학교에 입학한 후 열등반 혹은 하위반에 배정됨으로써, 출발선에서부터 불리한 위치에 놓일 수도 있고, 나쁜 성적을 낼 가능성이 커지기도 하기 때문이다(McNamee & Miller, 2015, 284-285). 그러므로 오늘날 우리 사회에서 '노(오)력은 배신하지 않는다'라는 능력주의 신화는 허구이며, 이로 인해 불평등은 더욱 심화되고, 공공의 영역은 점점 더 줄어들고 있다.

능력주의 신화가 해로운 또 다른 이유는 '잘못된 가정'을 근거로 부자들을 치켜세우면서, 반대로 가난한 사람들을 부당하게 비난하는 등 성공과 실패의 원인을 정확하게 설명하지 못하기 때문이다. 그리고 이러한 모습은 오늘날 교회 공동체 안에서도 비일비재하게 벌어지고 있다. 사회뿐 아니라, 교회 안에도 언제나 부자와 빈자가 있었고, 지금도 있으며, 앞으로도 있을 것이다. 그러나 부유함이 곧 하나님의 축복이고, 가난과 곤궁함은 하나님에 대한 불순종의 대가로 몰아가서는 안 될 것이다. 또한 이로 인해 교회 공동체 안에서 어떠한 차별이 있어서도 안 되고, 그들을 불평등하게 대우해서도 안 된다.

그동안 우리는 마태복음 25장 14-30절의 달란트 비유에 등장하는 '달란트'를 날 때부터 주어진 천부적 재능으로 이해해 왔다. 그러나 그것이 재능이 아니라, '필요'라고 이해할 수도 있지 않을까? 그렇다면, 주인이 각 사람에게 각기 다른 달란트를 준 까닭은 그를 특별히 사랑해서 그에게 더 많은 재능을 준 것이 아니라, 필요에 따른 적절한 분배로 이해할 수도 있을 것이다. 경쟁이 아닌 공생적 관점으로의 인식 전환은 능력주의 신화에 따른 각자도생, 승자독식을 외치는 사회에서 공공성을 실현하고, 공생의 삶을 도모할 수 있는 하나의 실마리가 될 수 있을 것이다.

3. 전지구적 차원의 공공의 위기

무한경쟁과 승자독식 그리고 그로 의해 형성된 부모 세대의 출발선이 자녀 세대에게 그대로 대물림되는 세습 중산층 사회에서 공공은 위기를 맞고 있으며, 이와 함께 우리는 보다 넓은 차원의 공공의 위기, 즉 전지구적 차원의 위기에 직면하게 되었다. 오늘날 인류는 전염병의 위기, 경제위기, 기후위기 등의 전지구적 위기에 내몰렸으며, 코로나 팬데믹이 이러한 위기 담론을 강화하는 방아쇠가 되었다. 코로나 이후(Post Corona)를 꿈꾸었지만, 코로나와 함께(With Corona) 살아가야 하는 시대가 되면서 일시적이고, 예외적이었던 것이 새로운 일상(new normal)이 되었다. 이와 더불어 다음과 같은 성찰과 자각이 일어나기 시작했다. 사스, HIV, 에볼라, 코로나 등과 같이 종간감염을 일으키는 바이러스가 계속해서 등장할 것이다. 그리고 바이러스가 없던 시절로 돌아가는 것은 불가능할 것이고, 앞으로는 이것을 적절히 관리하면서 함께 살아가야 한다는 것을 깨닫기 시작했다. 한 마디로, 위기가 새로운 일상이 된 것이다.

이렇게 평범한 일상이 위협받는 시대의 위기는 더 이상 개인의 차원이 아닌 공공의 영역에까지 영향을 미칠 수밖에 없다. 한 마디로 전지구적 차원에서 '공공의 위기'가 도래한 것이다. 토머스 홉스(Thomas Hobbes)에 따르면, 인류는 만인에 대한 만인의 투쟁으로 인류 전체가 멸망하는 것을 막기 위해 사회계약을 맺었다. 과거에는 공동체를 위해 타인과 더불어 모이고 협력했다면, 오늘날 인류는 공동체를 위해 '타인과 어울리기'를 중단하기로 사회계약의 내용을 변경해야만 했다(한국경제신문 코로나 특별취재팀, 2020, 6). 그러나 이것은 어디까지나 일시적이고, 예외적인 상황이다. 과거에도 그러했지만, 특히 오늘날처럼 인간과 인간, 인간과 비인간이 존재론적으로 얽혀 상호영향을 주고받으며 살아가는 시대에는 더 이상 속칭 '독고다이'로 살아갈 수는 없기 때문이다.

그리고 오늘날에는 인간의 활동이 지구의 지질시대에까지 영향을 미치게 되면서, 오늘날 시대를 '인류세'라 부르기도 한다. 인류세라는 말은 1982년 앤드루 레브킨(Andrew Revkin)이 처음 사용했지만, 18세기 말 시작된 산업혁명으로 인한 이산화탄소 배출과 연결해서 인류세를 사용한 것은 2000년 한 학회에서 네덜란드의 화학자인 파울 크뤼천(Paul J. Crutzen)과 생태학자인 유진 스토머(Eugene Stoermer)에 의한 것이다(Ellis, 2021, 12).

인류세는 이처럼 인간의 활동이 지구에 그 흔적을 남기기 시작했음을 알려주는 표지이기도 하지만, 이제는 인간이 자연과 지구생태계를 보호할 수 있는 존재, 나아가 보호해야만 하는 존재가 되었음을 알려주는 표지이기도 하다. 그러나 도나 해러웨이(Donna Haraway)가 보기에 '인류세'라는 말은 여전히 개체중심적이고 인간중심적이다. 그래서 해러웨이는 인간종을 중심으로 한 인류세 서사를 거부하면서, 인간과 비인간이 한데 얽혀 살아가는 시대를 '쑬루세(chthulucene)'라 이름 붙였다. 이것은 땅이라는 뜻의 그리스어 '크톤(khthôn)'과 '피모아 크툴루(Pimoa cthulhu)'라는 긴 다리를 가진 거미의 촉수에서 착안한 것으로, '땅 밑의 수많은 존재자'를 뜻하는 chthul[h]u와 '지금, 시작, 새로운'의 뜻을 지닌 ~cene을 조합하여 해러웨이가 만들어낸 것이다. 한 마디로 '쑬루세'란, "상호의존적으로 복잡하게 얽혀서 함께 살고 죽는 현재 시대"를 의미한다(Haraway, 2016, 51-57). 해러웨이는 쑬루세를 통해 인간이 더 이상 존재의 중심이 아닐 뿐 아니라, 존재 피라미드의 꼭대기에 있지 않다는 것 그리고 비인간을 포함한 모든 개체가 연결되어 있음을 주장하면서, 이것을 인식하는 것이 바로 오늘날 전지구적 차원의 위기를 극복하는 대안이라고 말한다.

오늘날 시대를 인류세라 부르든지 쑬루세라 부르든지 간에 이 새로운 개념이 "오래된 서사와 철학적 질문들을 다시 논의하고 다시 쓰도록 하는 렌즈 역할"을 하고 있으며, "인간 존재의 의미에 대한 사고를 근본적으로 바꿀 수 있는 잠재력"을 가지고 있다는 것은 분명한 사실이다(Ellis, 2021, 15). 그리고 이러한 논의들이 사회적, 경제적 차원만이 아니라, 교육의 영역에도 동일하게 적용되어야 한다. 이제까지 우리의 교육 시스템은 개별적으로 분리된 독립 존재들에 초점을 맞추어 그들의 개별권리를 보장해주었으며, 그 시스템 안에서 개개인의 역량을 개발하고, 학업성취도를 높이는 것을 목적으로 삼아왔다. 그뿐 아니라, 승자독식의 논리가 지배하는 팔꿈치 사회에서 살아남기 위해서는 반칙과 편법도 묵인하고, 오로지 각자도생을 최고의 좌우명으로 가르쳐왔다. 하지만, 오늘날 우리가 마주한 공공의 위기를 극복하기 위해서 교육은 개별존재들의 연대와 공생을 모토로 새롭게 구성되어야 한다.

이러한 목적을 이루기 위해서는 먼저 우리의 인식을 전환하는 것이 필요하고, 이와 더불어 교육도 함께 바뀌어야 한다. 개인의 개별권리를 확장하기보다는 오히려 인간으로서 그리고 존재로서 자신의 존재 역량을 최선으로 발휘할 수 있는 조건들을 구현하고, 이를 통해 공적 가치와 공동선을 지향하는 공공성으로서의 교육으로 바뀌어야 한다. 이것은 물론 신앙의 영역인 기독교교육에도 해당한다.

오늘날 우리가 맞닥뜨린 공공의 위기는 우리에게 다른 선택을 할 수 있는 기회를 제공할 것이다. 위기(crisis)는 본래 그리스어 명사인 krisis와 동사 krino 에서 파생한 것으로 '선택'이나 '전환점' 그리고 '분리하다' '결정하다' '구분하다'의 뜻을 지니고 있기 때문이다. 그러므로 위기는 "중대한 고비 혹은 결정적 순간"(Diamond, 2019, 7)이며, 다른 순간들과 확연히 달라지는 전환점으로서 "다른 삶의 가능성을 모색하는 기적의 순간"이 될 수 있다(Illich, 2014, 21-22). 그렇다면, 위기를 전환점으로 삼은 새로운 기독교교육은 어떻게 시작할 수 있을지 탐구해보자.

III. 공공성으로의 기독교교육

승자독식의 경쟁방식을 부추기는 사회는 갈등과 분열을 조장하고, 이 경쟁에서 밀려난 이들의 분노는 점점 더 심각해질 수밖에 없다. 그리고 이들은 그 좌절과 고통을 피하려고 무의식적으로 공격할 타자를 찾게 된다. 김진호는 이러한 '분노 프레임'을 통해 공격 대상을 지목하는 역할을 오늘날 종교, 특히 개신교가 하고 있다고 진단한다. 이뿐 아니라, 타인의 고통에 손 내미는 사람들이 개신교 안에서는 오히려 아웃사이더로 밀려가는 듯 보인다고까지 말한다(김근수 외, 2016, 80-81). 나도 공격당할 수 있다는 두려움으로 인해 또는 지체하다가는 더 멀리 떠밀려갈지도 모른다는 불안감 때문에 고통당하는 이를 보고도 누구도 선뜻 나서려 하지 않는다는 것이다.

이처럼 공감이 마비되고 사회적 감수성을 상실한 한국교회는 더 이상 우리 사회에 희망과 구원을 주지 못하고 있을 뿐 아니라, 무한경쟁을 부추기는 자본주의 경제질서를 그대로 답습하면서 종교시설의 대형화, 신앙의 상업화, 종교적 권위를 빙자한 권력의 사유화 등 종교의 부끄러운 민낯을 여실히 드러내고 있다(김근수 외, 2016, 6). 특히 기독교가 "사사화(私事化, privatization)"되고, 그로 인해 교회가 공적 기능을 상실한 것이 주된 원인으로 꼽힌다(이수인, 2018, 537).

어떠한 상황에서도 삶의 올바른 의미를 제공하고, 위기를 극복하기 위한 대안을 모색하는 것이 본래 종교의 역할이다(정재영, 2021, 860). 그러나 오늘날의 공공의 위기뿐 아니라, 코로나 팬데믹 이후 전지구적 관심사가 된 환경위기, 생태위기 등에 대해서도 여전히 많은 교회와 그리스도인들이 무관심으로 냉담히 방관하고 있으며, 상당수의 보수적 그리스도인과 교회들은 여전히 그 어느 것도 복음 전파와 전도보다 우선할 수 있는 것은 없다고 여기고 있다. 그러나 지구가 사라진다면, 지구 상에서 인간들이 사라진다면 무슨 소용이 있겠는가? 특히 오늘날과 같이 공공(성)이 사라진 시대에는 자기 혼자만의 구원과 행복을 추구하는 신앙이 아니라, 개인과 공동체의 성숙과 사회적 감수성을 추구하는 신앙이 더욱 절실히 요구된다. 또한 교회가 공공성에 관심을 가져야 하는 까닭은 시장과 자본이 지배한 대중매체를 통해 공공성이 조종되고 왜곡됨으로써, 신앙인과 비신앙인 모두 자신의 정체성을 상실할 위험에 노출될 수 있기 때문이다(김미영, 2022, 722).

전 캔터베리 대주교이자 성공회 신학자인 로완 윌리엄스(Rowan Williams)는 이러한 위험과 위기 앞에서 종교적으로 성숙한 인간이 되기 위해서는 첫째, "의존성과 자유를 수용"하고, 둘째 "충동적인 삶에서 정직과 훈련의 필요성"을 받아들이고, 셋째 "시간의 경과를 상징적이고 복합적인 것으로 기꺼이" 바라보면서, 마지막으로 "유한성이 부과한 궁극적 한계를 인식"해야 한다고 말한다(Williams, 2019, 112). 윌리엄스의 제안을 바탕으로 공공성을 가진 성숙한 그리스도인을 위한 기독교교육에 대해 논해보고자 한다.

1. 공공성을 위한 기독교교육의 시작
: 타자의 고통에 함께하는 열정(com-passion)으로서의 사랑

이은선은 공공에 대한 감각이 사라지고 공론의 장이 부재한 상황에서는 "미신과 기만이 현저하게 증가"하고, 예측불가능성에 대한 두려움 때문에 행위가 일어날 수 없다고 지적한다. 모두가 익명으로 숨어서 자신을 드러내려 하지 않기 때문이다. 그러므로 공공성으로의 교육을 통해 "용서하는 능력, 약속하는 능력, 관용할 수 있는 능력 그리고 성실성과 신용"을 길러주어야 한다고 말한다(이은선, 2013, 85-86). 그렇다면, 이러한 공공성을 이루기 위해 기독교교육은 무엇을 해야 할까? 또한 인간 이외의 다양한 존재들과 공존공생하기 위해 우리는 어떻게 살아야 할까?

새로운 인간학으로서 '생명학'을 주장하는 일본의 윤리학자 모리오카 마사히로(森岡正博)는 오늘날의 자본주의 산업사회를 "무통문명(無痛文明)"(Morioka, 2005)이라 부른다. 무통사회에서 인간은 고통에 대한 감수성이 둔화되어서 마치 마비증에 걸린 사람들처럼 행동한다. 그들은 자신의 고통에 대해서도 인지하지 못하지만, 타인의 고통에도 무감각하다. 이와같이 인간의 행동규범이 붕괴한 것에 대해서 베라르디는 "일반화된 인지적 장애", "사회적 심리계 안에서의 공감의 마비로 해석"(2009, 133)한다. 안타깝게도 오늘날에는 사회뿐 아니라, 많은 교회가 타자를 향해 열려있기보다는 타자의 고통에 대한 무감각을 넘어 무관심과 방관하는 태도를 보인다. 또한 사랑도 조건부로 한다. 이러저러한 조건을 만족시킬 때, 내 생각과 다르지 않을 때, 그럴 때만 타인의 존재를 인정하고 축복한다. 그리고 나의 생활과 삶의 방식에 어떠한 영향도 미치지 않는 범위 안에서만 타인을 받아들인다(Morioka, 2005, 61).

이러한 무감각, 무관심, 조건부 사랑을 넘어 타자에 대한 "절대적 환대"(김현경, 2015, 205-242), 타자와의 연대(정하은, 2022, 380-381) 그리고 공공에 대한 관심을 회복하는 길은 무엇일까? 다소 진부하게 보일 수도 있지만, '사랑'에서부터 시작할 수 있을 것이다. 물론 여기서 말하는 사랑은 무조건적 사랑을 뜻하는 아가페도 아니고, 남녀 간의 사랑을 지칭하는 에로스도 아니다. 이 사랑은 아가페와 에로스의 이분법을 넘어선 'com-passion으로서의 사랑'에 더 가깝다. 일반적으로 compassion은 연민, 동정, 긍휼 등으로 번역되지만(이향순, 2019, 411), 그 본래 의미는 '고난에 함께 할 수 있는 능력'을 말한다. 접두어 com-은 '함께'를 의미하고, passion은 라틴어 어원상으로 '고통(suffering)'을 의미하기 때문이다. 그래서 미국의 구성신학자인 캐서린 켈러(Catherine Keller)는 이것을 "타자의 고통에 함께하는 열정"(2020, 275)으로서의 사랑이라 표현했다.

이것이 바로 이은선이 말하는 공공성으로의 교육에서 요구되는 역량, 한 마디로 공생의 역량이라 할 것이다. 내가 아닌 타자 그리고 비인간 존재에까지 관심을 두고, 그가 처한 상황 특히 그의 고통에 함께하기로 작정하는 것, 이것이 바로 오늘날 공공의 위기를 극복할 수 있는 하나의 대안, 즉 공생을 위한 공공성의 시작이 될 수 있을 것이다. 신약성서 누가복음 10장 25~37절의 '자비를 베푼 사마리아 사람'의 이야기에서 우리는 타인의 고통에 함께하는 열정으로서의 사랑, 즉 com-passion의 전형을 보게 된다.

> 그 사람이 자기를 옳게 보이려고 예수께 여짜오되 "그러면 내 이웃이 누구니이까." 예수께서 대답하여 이르시되, 어떤 사람이 예루살렘에서 여리고로 내려가다가 강도를 만나매 강도들이 그 옷을 벗기고 때려 거의 죽은 것을 버리고 갔더라. 마침 한 제사장이 그 길로 내려가다가 그를 보고 피하여 지나가고, 또 이와같이 한 레위인도 그곳에 이르러 그를 보고 피하여 지나가되, 어떤 사마리아 사람은 여행하는 중 거기 이르러, 그를 보고 불쌍히 여겨 가까이 가서 기름과 포도주를 그 상처에 붓고 싸매고 자기 짐승에 태워 주막으로 데리고 가서 돌보아 주니라. 그 이튿날 그가 주막 주인에게 데나리온 둘을 내어 주며 이르되, 이 사람을 돌보아 주라. 비용이 더 들면 내가 돌아올 때에 갚으리라 하였으니, 네 생각에는 이 세 사람 중에 누가 강도 만난 자의 이웃이 되겠느냐, 이르되 자비를 베푼 자니이다. 예수께서 이르시되 "가서 너도 이와 같이 하라" 하시니라. _ 눅 10:29-37

'학구적, 사회적, 감성적 학습을 추구하는 사람들의 모임'(The Collaborative for Academic, Social and Emotional Learning, CASEL)에 따르면, 타인의 고통에 함께하는 공감 능력의 핵심은 다음의 다섯 가지이다. 첫째는 '자기 인지'(Self-Awareness) 능력, 둘째는 '사회적 인지'(Social Awareness) 능력, 셋째는 '자기 조절'(Self-Management) 능력, 넷째는 '관계의 기술'(Relationship Skills) 그리고 마지막 다섯째는 '책임있는 결정 내리기'(Responsible Decision Making)이다(Baratz-Snowden (Eds.), 2003, 1; 이은경, 2022, 234 재인용). 사마리아인은 이 다섯 단계에 따라 강도당한 이의 고통에 함께 참여하였다. 그의 처지를 보자 가엾은 마음이 들었던 사마리아인은 그를 그냥 내버려 두지 않았다(자기 인지 능력). 그의 상처를 소독하고 붕대를 감아 응급조치를 한 후에(사회 인지 능력), 자기 나귀에 태워 여관으로 데려가 편히 쉬게 해주었다(관계의 기술). 그리고 여관 주인에게 돈을 주며, 자기가 돌아올 때까지 잘 돌봐 달라 부탁하였다(자기 조절 능력). 사마리아인은 자신의 상황뿐 아니라, 강도당한 이의 처지를 제대로 인지하고 행동함으로써, 책임있는 결정을 내릴 줄 아는 사람이었다(책임있는 결정 내리기).

사마리아인은 사회적-감성적 능력, 즉 공감 능력뿐 아니라, 타인의 고통에 함께하는 사랑(com-passion)을 할 줄 아는 사람이었다. 베라르디의 시각으로 보자면, 사마리아 사람이 강도당한 이를 돌아본 것은 그의 신체가 타자를 향해 열린 것으로, 한 인격이 다른 인격에 대하여 가지는 "개방성"을 의미한다. 그가 바로 "동감하는 인간(homo sympatheticus)"이며, "공감하는 인간(homo empathicus)"이다(신문궤, 2016, 847).

2. 공공성의 조건: 인간다움의 일부인 '의존성(dependence)'

타자의 고통에 함께 하는 공공성이 사랑에서부터 시작한다면, 이것을 가능케 하는 공공성의 조건은 바로 인간의 의존성이다. 인간은 본래 경쟁이 아닌 협력을 통해 공공과 공생을 이루어가는 사회적 동물이기 때문이다. 그런 의미에서 로완 윌리엄스는 인간의 최고 가치를 자율성(autonomy)에 두는 것을 근대적 인간 이해의 실수라고까지 말한다. 오늘날 불평등과 사회적 단절, 공공의 위기, 전지구적 위기를 가져온 각자도생과 승자독식의 배후에는 근대 이후 인간의 자율성에 근거한 인간 이해가 깔려있기 때문이다. 그래서 윌리엄스는 자율성이 아니라, '의존성(dependence)'이 "인간다움의 일부"를 구성하고 있으며, 의존성이 익명의 다수가 협동할 수 있는 근거가 된다고 말한다. 여기서 윌리엄스가 말하는 의존성은 자기 삶의 모든 것을 자율적으로 결정할 수 있다고 여기는 것이 아니라, 특정한 상황에서 우리가 피해 갈 수 없다는 것을 인식하고 그것을 수용(receiving)하는, 즉 "피형성(formation-by)의 차원"을 말하며, 이것은 결코 "무기력하지 않은 의존"이다(Williams, 2019, 100-103, 112).

만일 이러한 의존성이 다시 한번 인간 사회의 가치 규범, 즉 '공생의 윤리학'으로 부활한다면, 우리는 공동체 안에서 공공성을 위한 사회적 자본을 형성할 수 있고, 이 사회적 자본은 사회적 연대를 강화하는 데 유익하게 작용할 수 있을 것이다(김도일, 2019, 171-172). 사회학자인 로버트 퍼트넘(Robert Putnam)은 사회적 자본을 결속형과 가교형으로 나눈다. '결속형(bonding)' 사회적 자본은 자신과 비슷한 사람들 사이에서 형성되는 것으로, 때로는 자신이 속한 집단의 외부에 대해서는 강한 적대감을 만들어내기도 하지만 사회적 유대를 강화하는 '접착제' 역할을 한다. 반면 '연계형(bridging)' 사회적 자본은 나와 다른 사람들과의 사이에서 형성되는 것으로, 외부 지향적이며 사회학적으로 '윤활유' 역할을 한다. 가교형과 연계형 사회적 자본은 둘 모두 사회 안에서 매우 긍정적인 효과를 발휘한다. 사회적 차원에 따라서, 상황에 따라서 집단 내 "구성원들을 결속"하기도 하고, 동시에 집단 밖의 "다양한 구성원들을 서로 연계"하기도 하기 때문이다(Putnam, 2009, 25-28). 결속과 연계를 통해 상호의존적 공간인 사이(in-between) 공간에서 우리는 공동체성을 발견할 수도 있고, 이를 바탕으로 공공성을 함양할 수도 있다. 그리고 이것은 나아가 공생 교육을 가능케 하는 조건이 된다. 공생이란 자기 혼자 할 수 있는 것이 아니라, 공적 영역에서 상호의존적으로 '함께 만들어 가는 것(making-with)'이기 때문이다.

    교회는 대표적인 사이 공간으로서, 신앙공동체 안에서 신자들은 상호의존적 관계를 맺는다. 그리고 그리스도인이 된 우리는 "예수께서 '아바, 아버지'라고 부르신 그분과 의존관계"를 맺음으로써, 더 근원적인 의존 행태 즉 "신적 자유에 기대어 살아가는 의존"을 경험하게 된다. 하나님에 대한 우리의 의존성을 인정하는 것은 우리의 존재 자체뿐만 아니라, 그리스도 안에서 새로워진 우리 존재에 대한 응답이다. 그리고 이 의존성을 인정할 때, 우리는 하나님과 그리스도 안에 있게 되고, 하나님의 일을 타자와 함께 도모할 수 있게 된다. 그와 더불어 우리는 경쟁이나 성공을 위해 애써 노력하지 않아도, 있는 모습 그대로 "우리를 존재하게 하고 또 존재 속에서 우리를 붙들어 주는 인정의 차원"을 획득하게 된다(Williams, 2019, 102). 그 사이(in-between) 공간에서 우리는 타인을 공공의 장으로 불러내고, 그를 기꺼이 환대할 수 있게 된다.

IV. 나가는 말

한나 아렌트는 『인간의 조건』에서 노동과 작업과 행위를 인간의 세 가지 삶의 양식이라고 말하면서, 이 중에서 오직 인간만이 가진 것으로 '행위'를 꼽았다. 행위는 사물이나 물질의 매개 없이 인간과 인간 사이에서 직접적으로 이루어지는 유일한 활동이기 때문이다(2017, 73). 그러므로 행위가 수행되기 위해서는 사적 영역과는 구별되는 공적 세계에서 다른 인격들과 상호작용하는 것이 필수적으로 요구된다고 아렌트는 말한다.

오늘날 공공의 위기를 극복하기 위해 우리에게 필요한 것은 공공성을 기르는 교육이며, 이것은 철저하게 사적 공간이 아닌 공적 영역에서 이루어져야 한다. 왜냐하면 공적 영역은 누구나 볼 수 있고, 누구나 들을 수 있고, 누구나 접근할 수 있다는 의미에서 "가장 폭넓은 공공성"을 가진 공간이며, 사적 소유의 공간과는 구별되는 세계이기 때문이다(Arendt, 2017, 109). 이런 맥락에서 공공성으로의 기독교교육을 제안하였으며, 그 가능성을 '타자의 고통에 함께하는 열정(com-passion)으로서의 사랑'과 '의존성'을 통해 탐색해 보았다.

교회는 누구에게나 열려있는 대표적인 공적 공간이며, 사이 공간이다. 그러므로 교회 안에서 공공성으로의 기독교교육을 통해 각자도생이나 승자독식이 아닌 타자의 고통에 함께하고자 하는 마음을 길러야 한다. 또한 이러한 공생의 역량은 의존성을 인간다움의 일부로 받아들이고, 그리스도인의 의존성이 초월적 절대자인 하나님에 대한 의존성으로부터 시작된다는 것을 잊지 않아야 한다. 사랑과 의존성에 기초한 공공성으로서의 기독교교육을 통해 우리 사회에 다시금 공공을 위한 사이 공간과 공공성을 회복하는 것이 가능할 것이다.

참고문헌

김근수 외.『지금, 한국의 종교: 가톨릭·개신교·불교, 위기의 시대를 진단하다』.

　　　서울: 메디치, 2016.

김도일. "사회적 약자와 함께 하는 기독교교육." 기독교교육논총, 64(2020), 51-79.

　　　. "마을목회, 마을학교에 관한 기독교교육적 고찰." 기독교교육논총, 59(2019),

　　　159-194.

김미영. "사회적 자본으로서 복음의 공공성 연구: 21세기형 프로테스탄티즘 연구."

　　　신학과 실천, 79(2022), 719-755.

김영호. "루소의 교육철학과 기독교 공공교육론." 기독교교육논총(2022), 71, 97-120.

김현경.『사람, 장소, 환대』. 서울: 문학과 지성사, 2015.

백은미. "탈경쟁 사회를 위한 연민의 교육목회." 신학과 실천, 58(2018), 223-248.

신문궤. "공감의 학제적 담론에서 공감신학의 실천으로." 신학과 실천, 52(2016), 827-866.

이수인. "한국교회의 공공성 회복의 과제와 신학교육을 위한 제언." 신학과 실천, 61(2018),

　　　535-561.

이은경. "기독교 선교의 핵심으로서 에큐메니칼 신앙교육의 중요성과 한국적 '연합주일학교'

　　　모델." 기독교교육정보, 72(2022), 221-251.

　　　. "포스트휴먼 기호자본주의 시대의 '인간'의 의미에 대한 고찰: 경쟁이 아닌

　　　상호의존적 협력의 존재." 인간환경미래, 25(2020a), 3-27.

　　　. "기호자본주의 시대 사회 질병으로서의 정신질환에 대한 분석과 이야기를 통한 사회

적 치료의 가능성 고찰- '해석자들의 공동체를 중심으로." 용봉인문논총,

57(2020b), 215-250.

이은선. 『생물권 정치학 시대에서의 정치와 교육: 한나 아렌트와 유교와의 대화 속에서』.

서울: 모시는 사람들, 2013.

이향순. "공감에 기초한 타자 지향적 기독교교육에 관한 연구." 기독교교육논총, 60(2019),

405-435.

정재영. "코로나 팬데믹 시대에 교회의 변화와 공공성." 신학과 실천, 73(2021), 857-886.

정하은, "초연결성 사회에서의 기독교교육 방향 모색." 기독교교육논총, 71(2022),

371-399.

조귀동. 『세습 중산층 사회: 90년대생이 경험하는 불평등은 어떻게 다른가』.

서울: 생각의 힘, 2020.

한국경제신문 코로나 특별취재팀. 『코로나 빅뱅, 뒤바뀐 미래』. 서울: 한국경제신문, 2020.

Arendt, H. 『인간의 조건』(개정판). 이진우 역. 서울: 한길사, 2017.

Baratz-Snowden, J. (Eds.). *Safe and Sound: An Educational Leader's Guide to Evidence-Based Social and Emotional Learning(SEL) Programs*. Philadelphia: The Laboratory for Student Success, 2013.

Berardi, F. 'Bifo'. *The Soul at Work: From Alienation to Autonomy*. Los Angeles: Semiotext(e), 2009.

Diamond, J. *Upheaval: Turning Points for Nations in Crisis*. New York: Little, Brown and Company, 2019.

Ellis, E. C. 『인류세』. 김용진·박범순 역. 파주: 교육서가, 2021.

Haraway, D. *Staying with the Trouble: Making Kin in the Chthulucene*. Durham: Duke University Press Books, 2016

Illich, I. 『누가 나를 쓸모없게 만드는가: 시장 상품 인간을 거부하고 쓸모있는 실업을 할 권리』. 허택 역. 서울: 느린걸음, 2014.

Keller, C. 『길 위의 신학: 하나님의 지혜를 신비 가운데 분별하기』. 박일준 역. 서울: 동연, 2020.

McNamee, S. J. & Robert K. M. Jr. 『능력주의는 허구다』. 김현정 역. 서울: 사이, 2015.

Morioka, M. 『무통문명』. 이창익·조성윤 역. 서울: 모멘토, 2005.

Paulus, T. 『꽃들에게 희망을』. 김석희 역. 서울: 시공주니어, 1999.

Putnam, R. D. 『나 홀로 볼링: 사회적 커뮤니티의 붕괴와 소생』. 정승현 역. 서울: 페이퍼로드, 2009.

Schnabel, U. 『확신은 어떻게 삶을 움직이는가』. 서울: 인플루엔셜, 2020.

Williams, R. 『인간이 된다는 것: 몸, 마음, 인격』. 이철민 역. 서울: 복있는 사람, 2019.

공적 교회 여덟 번째 모습 _
공적 교회 회복을 위한 기독교 교육적 요인고찰

공적 교회와 기독교교육
: 고령사회 활기찬 노년기를 위한 기독교교육

조은하 _ 목원대학교, 기독교교육

I. 들어가는 말

본회퍼(D. Bonhoeffer)는 우리의 삶은 그리스도와 공동체 그리고 사랑 안에서 사는 것이라고 한다. 타인을 위해서 그리고 타인과 함께 존재하는 것은 교회의 본질이다.(스티븐 니콜스, 2014) 선교적 교회의 논의에 따르면 교회는 세상 속에 존재한다. 선교는 교회의 본질이다. 이것은 교회가 선교를 위하여 세워졌다는 토대에서 출발한다. 삼위일체 하나님의 보냄 받은 자로서 자신의 정체성을 인식하고 성직자와 평신도 모두 일상에서 하나님의 선교에 동참하고 실현하는 것을 교회의 본질로 이해하는 것이다. 교회와 그리스도인의 존재론적 이해에서 선교적 교회의 개념은 출발한다. 즉, 그리스도인은 세상 속에서 살아가도록 선교적 사명으로 부름을 받은 것이다. 그렇기에 기독교적 가치를 가지고 살아가는 존재론적 인식을 갖고 삶이 곧 선교가 되고 일상이 "세상의 빛과 소금"(마5:13-16)이 되는 것이 바로 선교적 교회론의 핵심적 개념이다. 그렇기에 선교적 교회의 관심은 교회를 넘어서서 마을과 세상으로 관심과 목회의 영역을 확장시키는 것이다. 그리고 목회자 중심의 사역을 넘어서서 평신도들의 참여와 그들의 일상적 삶 가운데 기독교적 가치를 실현하는 것에 관심을 갖는다(한국일, 2016).

교회의 본질이 선교이고, 그리스도인은 선교를 위하여 부름 받은 존재라면 선교는 일상의 삶 속에서 그리스도인으로서 섬김과 더불어 사는 삶을 통하여 기독교의 복음과 가치를 실현하는 삶의 과정이라고 볼 수 있다. 활동과 존재론적 이해의 통합, 공간적 개념에서 일상적 개념으로의 통합, 특정한 사람의 참여에서 모든 그리스도인의 참여로 선교적 교회의 개념을 이해할 수 있다. 이러한 선교적 교회는 교회와 세상의 공존과 열린 관계, 소통과 대화, 참여와 변화를 기본적 개념으로 한다. 그동안 교회가 지역사회에서 봉사와 전도의 모습으로 존재했다면 이제는 교제와 동행, 연대와 공존 등의 개념으로 이해하는 것이다(조은하, 2021).

이를 위하여 교회는 공적 만남의 장으로 개방된 교육의 장으로 전환이 필요하다. 공적이라는 단어는 poplicus라는 라틴어에서 유래하는데 "사람들에게 관련된"이라는 뜻이다. 그 단어의 뜻은 pubes(어른)이라는 라틴어로도 드러난다. 공적이라는 뜻은 어린이에서 어른으로 이행하여 자신을 돌보고 타인을 돌보는 사람들의 활동무대를 의미한다. 파커 팔머는 사람들과의 관계가 더욱 유쾌해지고 강인해지고 튼튼해질 수 있는 사람들의 사회적 정치적 연합의 유대가 이루어지는 곳이면 어디든 공적인 삶이 이루어질 수 있다고 한다. 이런 자유로운 공간에서 낯선 사람들과의 만남 속에서, 우리는 많은 차이에도 하나라는 것을 배우고 차이는 오히려 삶을 풍부하게 할 수 있음을 배운다(파커 팔머, 2018). 갈등하는 이해관계에 직면해서도 다른 사람들과 즐겁게 만날 수 있고 그 안에서 다양성 안에 있는 공공선을 배울 수 있다는 것이다(파커 팔머, 2012).

또한 그리스도인이 공적 신앙을 갖는 것은 공적 차원에 관심을 가지고 참여하고 실천하는 것이다. 사적 영역으로 축소된 신앙은 사회의 구조적 악에 대하여 과소평가할 수 있다(김회권, 2021). 공적영역에서 사회적 약자와 사회의 안

전망을 구축하기 위해 교회와 사회가 협력해야 하고 실행의 상상력을 길러가는 것이 필요하다. 또한 편견과 혐오를 넘어 예수가 가르친 사랑과 용서, 관용과 화해의 정신을 일상의 정치속에서 구현할 수 있는 능력을 배양하는 것이 필요하다.(조은하, 2021)

교회는 신뢰와 권위를 회복하기 위하여 교회의 본질과 그리스도인의 신앙에 비판적 성찰이 있어야 하며 오늘날 세상 속에서 하나님 앞에 책임 있게 사는 삶에 대해 고민해야 한다(대니얼 카스티요, 2021). 교회와 신앙의 본질 회복과 더불어 제자직과 시민직의 통합, 교회의 공공성, 그리스도인의 사회책임에 대한 논의는 이후 한국교회의 회복을 위한 중요한 논의의 과제이다(정재영, 2021). 이를 위해서 교회 안에서 비판적 성찰을 통한 합리적 이성적 판단, 삶과 영성의 통전성, 교회의 공공성 회복, 종교적 언어와 사회적 언어, 즉 이중언어의 소통능력과 공감능력, 시대 변화를 읽고 마땅히 교회가 해야 할 바를 찾아야 한다(톰 라이트, 2020). 이러한 교회의 방향에 대한 논의는 최근 공공신학에서 활발히 이루어지는데 공공신학에 대한 개념은 학자들에 따라 다양하게 이루어지고 있다. 스텍하우스에 의하면 "공적인 신학이란 공적인 논쟁들이나 문화, 사회, 기술, 경제, 정치에 관한 문제들을 다루고자 하는 신학의 한 종류이며 또한 비기독교 정통들이나 사회과학, 역사학자, 과학자들과 더불어 비판적인 논의를 하고자 하는 신학의 한 종류"이다(스텍하우스, 2005).

특별히 기독교교육은 신학적 앎의 차원을 기독교적 삶의 차원으로 실천할 수 있도록 하는 모든 교육과정이다. 그렇기에 기독교교육은 종합학문적이고 간학문적으로 접근하며 우리의 삶의 자리에 대하여 성찰하고 그에 따른 기독교적 실천이 무엇인가에 대하여 응답하는 활동이다. 이러한 맥락에서 기독교교육은 사회적 변화와 공적 실천에 대하여 특별히 관심을 갖는다. 최근 우리 사회에서 일어나고 있는 변화를 크게 5가지 맥락에서 살펴볼 수 있다. 위드코로나 엔데믹 시대의 도래, 4차 산업혁명과 인공지능의 시대, 기후변화와 생태 위기의 시대, 인구변동으로 인한 저출생, 초고령사회의 도래, 신 냉전시대 등이다. 이러한 시대의 변화는 교회의 공적 역할에 대한 시대적 응답을 요청하고 있다. 기독교교육에 있어서도 공적이며 일상적 영성과 실천을 추구하는 공동체를 세울 수 있도록 교육을 재구조화해야 한다(채혁수, 2020). 이러한 맥락에서 두 가지가 가장 큰 과제이다. 첫째, 교회의 본질에 대한 성찰을 통한 사회 속의 교회의 역할에 대한 재고와 둘째, 교회의 역할 변화를 위하여 교회교육에서 가정-교회-마을이 함께 하는 패러다임 전환의 교육생태계를 만들어 가는 것이 필요하다(조은하, 2021). 특별히 본 글에서는 사회변화의 맥락에서 고령사회를 살아가는 우리 한국사회에서 교회의 역할에 대하여 살펴보도록 하겠다.

II. 한국의 고령사회의 특징

2022년 통계청의 조사에 의하면 65세 이상 고령인구는 901만 8천 명으로 전체 인구의 17.5%이며 25년에는 20.6%로 우리나라가 초고령사회로 진입할 것으로 전망된다. 고령사회에서 초고령사회 도달 연수(65세 이상 고령인구 비중 14% → 20%)는 오스트리아 53년, 영국 50년, 미국 15년, 일본 10년에 비해 한국은 7년에 불과하다. 21년 60세 이상 고령자 10만명 당 코로나19 발생률은 1,039.6명이고 65세 이상 고령자가 코로나19로 인해 멀어졌다고 생각하는 관계는 이웃(48.0%), 친인척(47.7%), 절친한 친구(44.8%)이다. 65세 이상 고령자는 코로나19로 인한 긍정적인 일상생활 변화로 방역·위생 활동 강화(89.7%), 직장에서 단체 회식 감소(71.6%) 순으로 평가하였다. 65세 이상 고령자의 28.7%는 사회단체 참여 경험이 있고, 전체 연령대 참여율(35.8%)보다 7.1%p 낮았다.(통계청, 2022)

UN분류에 의하면 노령인구 비율이 14% 이상인 경우엔 고령 사회로, 20% 이상인 사회를 초고령화 사회로 분류된다. 이러한 고령화의 비율보다도 더 주목해야 하는 것은 유럽의 국가들이 100~70년 걸려 진행되었던 고령화사회에서 고령사회로의 진입이 우리는 15~18년 짧은 시간 내에 진행되었다는 점이다 (고미숙, 정희진, 김태형외 2016).

고령인구가 늘어남에 따라 통계청에서는 2018년 특별히 '활기찬 고령지표'를 작성하여 고령인구의 활동사항을 파악할 수 있도록 하였다. 활기찬 고령지표에서 살펴보면 고령인구의 고용률도 아주 미세하게나마 증가하였고 60대 이상의 인터넷 이용률은 급속하게 증가하고 있는 것을 볼 수 있다.

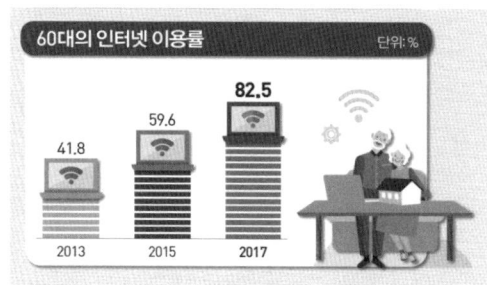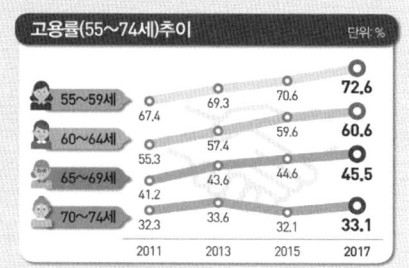

그림1. 2018 활기찬 고령지표 (통계청, 2018)

　이렇게 고령자의 비율이 높아지고 있고 또한 활기찬 고령사회를 지향하는 다양한 정책적 사회적 준비들이 논의되고 있는 상황은 고무적인 현상이라 볼 수 있다. 그럼에도 불구하고 여전히 우리사회의 고령자의 현실은 해결해 나가야 할 부분이 많음도 사실이다.

　우리나라에서 가장 행복한 연령대는 어느 구간인가? 또한 가장 불행한 연령대를 살고 있는 사람들은 누구인가? 2017년 한국보건사회연구원의 조사에 의하면 한국인의 전체 행복지수는 10점 만점에 6.33이었으며 가장 행복한 연령대는 30대였고 가장 불행한 연령대는 60대 이상 이었다. 30대는 미래 안정성(5.96점), 삶의 만족도(6.72점), 주관적 행복도(6.96점), 등 행복 관련 수치 모두에서 1위였다. 그러나 가장 행복도가 낮은 60대는 주관적 행복(6.11점), 삶의 만족(6.02점) 영역에서 하위를 보였다 (동아일보, 2018).

　이러한 결과는 행복 관련 지표가 어릴 때 높았다가 40대에 가장 낮아진 뒤 나이가 들수록 다시 높아지는 U자형을 보이는 게 일반적 추이와는 다른 양상이다. 이러한 이유는 김미곤은 노인빈곤이 가장 큰 영향일 것이라고 분석한다. 이러한 노인빈곤의 문제는 경제협력개발기구(OECD) 회원국 평균의 4배인 노인자살률과도 연관이 된다(뉴시스, 2018).

행복지수와 나이와의 상관관계는 영국의 워윅대 앤드루 오즈월드 교수팀에 의해 연구된 바 있다. 영국의 워윅대 앤드루 오즈월드 교수 연구팀은 지난 1월말 동유럽 알바니아부터 아프리카에 이르는 전 세계 80개국 200만명을 대상으로 해 나이와 행복지수의 상관관계를 분석한 논문을 영국 '사회과학과 의학' 저널에 발표했다. 오즈월드 교수 연구팀은 이 논문에서 생애 전체로 볼 때 행복지수는 U자형을 그리는 것으로 드러났다고 밝혔다.

행복지수는 어린 시절에 높았다가 40대에 가장 낮아지고, 다시 나이가 들면서 다시 높아져서 70세가 되면 다시 어린 시절에 느꼈던 행복지수만큼 회복된다는 것이다. 이같은 결과는 저개발국이나 개발도상국 선진국에서 일관되게 나타났고 결혼 유무. 사회경제적 지위나 직업이나 소득 변화, 자녀유무와는 관계없이 일정하였기에 행복이 나이와 밀접한 관계가 있는 것으로 밝혀졌다. 행복감이 가장 낮은 때는 남녀 모두 44세 전후인데 그 이유는 중년이 되면서 자신의 한계와 능력을 모두 인식하게 되면서 이룰 수 없는 꿈이나 열망에 대한 좌절감을 느끼게 되고 이러한 심리적 양상은 남성보다 여성이 먼저 시작된다. 욕망의 문제는 수입이나 사회적 지위 이미 이룬 삶의 경륜 등과 상관없이 채울수록 팽창하는 것이어서 사회적 활동이나 능력이 최고조인 40대에 절망이나 좌절감도 가장 크게 느끼는 것이다. 70대가 되면서 어린 시절의 행복감을 다시 회복할 수 있는 이유는 '포기'와 '받아들임'에 있다. 주위의 죽음을 경험하면서 자신의 남은 여생의 가치와 의미에 많은 관심을 갖게 되고 그러면서 의미 추구와 가치에 더 많은 행복을 느끼게 되는 것이 일반적인 양상이라는 것이다. 그러나 우리나라는 이러한 보편적인 행복지수와 달리 나이가 들수록 더욱 불행한 양상을 보인다는 것을 주목할 필요가 있다.

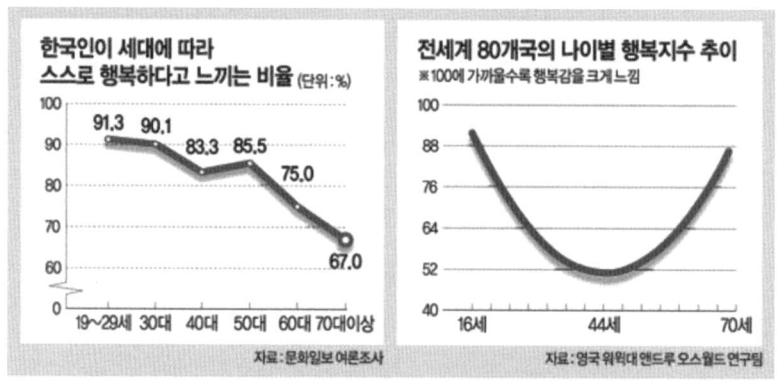

그림2. 한국인의 행복지수 (문화일보)

물론 이러한 차이에 대하여 추상적 주제에 대한 주관적 행복이며 분석방식도 달라서 평면적으로 단순히 분석하고 비교할 수는 없으나 한국사회의 구성원의 삶의 행복지형을 볼 수 있는 측면이며 노년층의 위기를 단적으로 보여주고 있다(문화일보, 2008).

이러한 우리 사회의 변화에 대응하고 사회의 중요한 구성원이 노년을 어떻게 준비하고 또한 행복한 노년을 보낼 수 있도록 준비할 것인가 하는 문제는 개인의 문제를 넘어서서 교육에 있어서도 중요한 주제이다.

III. 노년에 관한 연구의 방향

　노년학은 노년과 인생 후기에 대한 연구이다. 나이 들어감(aging)은 개인, 조직, 문화, 나라 등 여러 다른 요인들에 의해서 영향을 받으며 경험되는 과정이다. 그렇기 때문에 복합적인 배경 속에서 개인적, 정치적, 문화적, 지리적, 역사적, 사회적 경제적인 차원으로 접근하고 관찰해야 한다. 노년을 이야기하면서 가장 기본적인 것은 언제부터 노년인가 하는 문제일 것이다. 보편적으로 나이 들어감을 설명할 때도 신체적 나이, 연대적 나이, 기능적 나이로 구분하였으며 노년학 연구에서는 좀 더 세분하여 성공적 나이, 활동적 나이, 생산적 나이로 구분하기도 한다(Medeiros, 2017). 그렇기 때문에 노년에 대한 연구 및 접근은 간학문적인 맥락에서 이루어져야 하고 현재 경험하고 있는 노년에 대한 다양한 양상들을 주목하는 것이 필요하다(Tannistha, 2017). 특별히 노인교육에 대한 논의는 학습자이면서 동시에 교수자가 될 수 있고 교육자원이 될 수 있는 노인과 노화에 따른 교육을 의미한다.

　19세기 전반까지 성인이나 노인교육을 학교와 같은 공교육적 차원에서 다루거나 사회교육적 차원에서 다루는 것도 거의 전무하던 시기 1833년 안드라고지라는 용어가 고령자 교육의 차원에서 사용되고 이후 성인교육을 의미하는 말로 안드라고지가 전 세계적으로 사용된 것은 1960년대 이후이다. 성인교육학자인 말콤 노울즈는 안드라고지를 페다고지와 구분하여 "성인이 학습하도록 돕는 예술이자 과학"이라고 정의하기도 하였다. 이후 1950년대에 이르러 노화에 관한 연구와 노년학을 기초로 하는 교육 노년학 (Educational Gerontology)이 등장하게 된다. 특별히 제로고지 (Gerogogy) 개념을 주장한 라벨 (J.Label)은 페다고지, 안드라고지, 제로고지를 통합적 차원에서 이해할 것을 주장하였다. 이러한 맥락에서 교육노년학은 미성숙한 학습자에 대한 계획적이며 체계적인 교육학인 페다고지 (pedagogy)와 성인교육으로 대표되는 성숙한 학습자에 대한 상호 작용적인 교수학습과 구성적인 지식이 주를 이루는 교육학적인 노력인 안드라고지 (andragogy)를 초월하여 이 둘을 통합하는 새로운 교육적 실천과 연구가 바로 교육노년학이다(한정란, 2017).

이러한 맥락에서 교육노년학은 연령이나 대상에 따른 구분을 넘어서서 지위 성별에 무관하게 각자의 관심과 이해에 따라 모이고 상호작용함으로 서로 간의 정보를 교환하고 새로운 지식을 습득하고 구성해가는 적극적인 교육의 과정인 것이다. 그렇기 때문에 노년교육학은 새 세대가 결합하는 제3의 교육학으로 불리기도 하며 초세대적인 교육의 의미를 갖는 트라이고지(trigogy) 라는 용어를 쓰기도 한다. 한정란은 이러한 의미에서 노인교육에 대한 논의는 노인을 위한 교육, 노인에 관한 교육, 노인에 의한 교육이라고 정의한다(한정란, 2017).

IV. 노년에 대한 교육생태학적 성찰

노인이란 누구인가? 노인의 사전적 의미는 늙은 사람이라는 뜻이다. 그러나 단순히 몸의 노화만을 의미하지는 않는다. 노인에 대한 학문적 정의는 1951년 국제 노년학회에서 시작된다. 이 당시의 노인에 대한 정의는 긍정적이기 보다는 부정적인 측면이 많이 있다. 국제 노년학회에서 처음 정의된 노인은 첫째, 신체조직에 결손이 있는 사람, 자신을 통제하는 통합능력이 감퇴되어 가는 시기의 사람, 인체 기관 조직 기능에 쇠퇴현상이 일어나는 시기, 생활 적응성이 정신적으로 결손되어 있는 사람, 조직 및 기능저장의 소모로 적응 감퇴현상을 겪고 있는 사람 등으로 정의한 바 있다. 그러나 이러한 부정적 의미가 강조되어 있는 노인에 대한 정의는 이후 다양한 측면에서 보다 긍정적이고 수용적인 면으로 변화하고 있다.

노인에 대한 정의는 개인의 자각에 따라서 달라지기도 한다. 첫째, 노인이라는 것을 자각하는 역 연령 개념에서이다. 주민등록상의 나이로 자신의 노인을 자각하는 것이다. 둘째 사회적 역할에 따라 노화를 나누기도 한다. 은퇴, 손자녀 출생과 같은 경험을 의미한다. 셋째, 노년기 학자 뉴가르텐의 구분처럼 55-64 연소노인, 65-74세의 고령노인이다. 75세 이상은 초고령 노인으로 구분하기도 한다. 넷째, 심리학적인 개념으로 노인을 구분하기도 하는데 '자각 개념' 즉 자신을 어떻게 몇 살로 생각하느냐에 대한 차원에서 구분하는 것이다. 이런 면에서 크로치 (Van Crouch)는 스스로 늙었다고 생각하고, 새로운 배움에 무감각해 지며 배움에 대한 의욕도 없고 젊은이들의 활동에 무관심하고 내일이 불분명하다고 생각하며 듣는 것보다 말하는 것을 좋아하며 좋았던 시절을 그리워하는 특징을 지닐 때 노인이라고 이야기한다(이호선, 2015)

노화과정의 특징은 이렇듯 심리학, 사회학, 생물학, 인류학, 의학, 가족관계학, 그리고 사회복지학 등의 다양한 측면에서 살펴볼 필요가 있음을 주목해야 한다. 그리고 노화과정에서 겪게 되는 과정의 변화가 하나의 보편적인 양식이 있는가 아니면 개인에 따라 특수한 차이가 있는가 하는 점도 주목해 보아야 한다(윤진, 1997). 이렇듯 노화가 되고 노인이 되는 것에 대한 다양한 차원들을 우리가 살펴보면서 크게는 인생주기에 관한 주장들이 보통 나이를 기준으로 이루어지는 경우가 많기 때문에 먼저 나이에 대한 기분과 분류를 살펴보고 노인과 노년기의 특징을 다룬 학자들의 주장을 살펴보는 것이 필요하다.

1. 인생주기를 구분하는 나이의 다양성

인생주기에 관한 기준들로 가장 보편적으로 사용되는 나이를 보면 그 내용과 용도 그리고 기준에 따라 다음과 같은 다섯 가지로 나누어질 수 있다.

첫째, 신체적 나이 달력에 의한 나이이다. 이는 출생후 달력에 의해 지나간 날들을 계수한 것으로 모든 사람에게 똑같이 적용되는 것이다. 이러한 나이는 사회의 행정 절차 및 법률 및 관습과 규범에 중요한 기준이 된다. 둘째, 생물학적 나이는 생리적 발달의 성숙의 정도와 신체의 건강 및 성장수준을 나타내는 것이다. 폐혈량이나 혈압 신진대사 근육의 유연성 등이 포함된다. 신체적 나이와 생물학적 나이가 일치되지 않으며 생물학적 나이가 적을수록 잔여수명이 많다고 볼 수 있다. 셋째, 심리적 나이이다. 신체적 나이가 증가하면서 심리적 나이도 성숙하게 되고 적응이 동시에 이루어지고 있는 가를 볼 수 있는 나이이다. 청소년기에 자아정체감이 이루어지고 성인기가 되면 배우자에 대한 의식과 직업에 대한 인식들이 이루어지고 건실한 삶을 위한 시민의식 등이 이루어지는 가등을 볼 수 있는 지표이다. 넷째, 사회적 나이이다. 이것은 한 사회가 규정하는 사회적 규범의 나이이다. 학교 들어갈 나이, 결혼할 나이, 취업하고 승진 및 은퇴할 나이 등 사회에서 규정하고 기대하는 나이를 의미한다. 이러한 나이에 적합한 역할을 하도록 요구받는 것이며 그러한 사회적 기대를 저버릴 때 비난을 받기도 하는 것이다. 다섯째, 자신이 스스로 느끼는 나이이다. 신체적 나이가 70이 넘었다 하여도 스스로 50세라 느끼고 그 수준에서 사업과 사회활동을 한다면 자각 연령은 50세이며 신체적 나이가 50이어도 손주가 출생하고 정년퇴직을 하고 스스로 노인이라 느낀다면 사실상 노인이 되는 것이다. 그렇기 위하여 몇 살부터 노인이라 할 수 있는가는 이렇듯 나이 기준으로도 상당히 복합적일 수 있는 것이고 한 사람의 사실상의 나이를 종합적으로 판단해 보는 것이 필요하다(윤진, 1997).

2. 노년기에 대한 심리학적 접근

심리학적 관점에서 노년기를 설명한 대표적인 학자는 에릭슨(Eric Ericson)이다. 인생 주기를 8단계로 설명한 에릭슨은 노년기를 60대 이후의 단계로서 자아통합과-절망의 단계로 본다. 자아통합이란 자기의 지나간 일생에 대하여 통전적으로 이해하고 수용함으로써 집착과 욕심에서 벗어나 자신의 삶을 관조적으로 감사함으로 보는 것을 의미하고 절망감이라는 것은 자신의 삶이 무의미하게 흘러갔고 후회할 일이 너무 많으며 모든 것이 불운하고 불만족스럽다고 느끼는 것을 의미한다. 이러한 절망감에 빠지면 우울 경향에 빠져 남들과 자신을 원망하면서 보내게 되는 것이다. 이러한 시기가 자아 통합으로 가기 위하여 가족과 친구들이 그의 삶을 인정하고 수용할 수 있도록 돕는 것이 필요하며 7단계 (40-50)의 시기에 자신의 이익과 번영에만 관심을 쏟는 것이 아니라 자손들과 타인을 위한 봉사 및 헌신 등 사회적 가치가 있는 일에 관심을 가지고 활동할 수 있도록 돕는 것이 필요하다(정옥분, 2014).

개인과 사회 간의 상호작용 속에서 노년기를 설명한 학자인 헤비그허스트 (Robert Havighurst)는 연령에 따른 개인의 발달 과업을 제시한 사람이다. 개인의 발달과업은 신체적 성숙과 문화적 상황이라는 두가지 차원에서 이루어지고 이러한 발달과업을 수행하는 것이 건강한 삶이라고 평가하는 것이다. 헤비그허스트의 이러한 인생 주기에 따른 발달과업은 모든 사람을 보편적인 과제로서의 발달과업을 제시하는 한계점을 가지고 있지만 실제 교육프로그램을 개발하는 지침으로서는 중요한 공헌을 하기도 하는 이론이다. 그에 따르면 6단계에 해당하는 성숙 후기 (약 60세 전후)는 인생의 마지막 단계로서 은퇴와 같은 사회적 유리에 적응할 수 있는 준비, 새로운 생활 및 역할에 대한 재개입, 건강에 대한 적응, 퇴직에 따른 수입 감소에 대한 준비, 배우자 죽음에 대한 준비, 동년배와의 유대강화, 사회공동체와의 관계 재설계, 생활에 적합한 물리적 환경 재조정 등의 과업이 있는 시기이고 이러한 과업을 준비하는 것이 필요한 것이다 (윤진, 1997).

단기 횡단법을 이용한 연구로 인생의 계절론을 제안한 레빈슨 (Daniel Levinson)은 전 생애주기를 5개의 시대로 구분하고 각 시대마다 약 20년간의 기간을 잡고 각 시대 속에는 몇 개의 단계가 있고 과도기가 포함되어 있다고 한다. 성인중기 (40-65)는 인생의 절정기로서 지혜 포용력이 절정에 달하게 되면 후배나 제자들에 대하여 관용적이 되는 시기이다. 성인후기 과도기 (59-65세)는 신체적 노화와 동료들의 노화를 확인하면서 불안감을 갖기도 하고 자신의 권위와 힘이 상실되어 감에 따라 새로운 형태의 업무와 놀이에 자신의 에너지를 투여하고자 하는 시기이다(Daniel Levinson, 2007).

3. 노년기에 대한 사회적 의미

피터 래슬릿 (Peter Laslett)은 인간의 삶을 4단계로 나누는데 부모 의존의 시기, 독립, 개인적인 성취, 자식이나 사회에의 의존의 시기로 본다. 윌리엄 새들러 (William Sadler)는 배움과 성장의 시기, 가정을 이루는 시기, 자기실현을 하는 시기, 노화와 죽음 등으로 인생의 시기로 나눈다. 여기서 제 4단계의 시기로 앞의 3단계의 경험이 축적된 시기이며 동시에 인생의 마지막을 준비하는 시기이기도 한 것이다(홍기빈, 최재천, 유인경외, 2016).

전통적으로 연장자는 대접을 받았고 '원로원'이라는 기구로 볼 수 있듯 노인들의 경험과 식견 판단과 지혜는 사회의 운영에 있어서 매우 존중되었으며 지역공동체에서도 촌로는 일정한 권위를 지니고 있었다. 노인은 그 지역의 작은 도서관과 같은 역할이었다. 그 사회가 축적해 온 자료와 스토리와 이론을 알고 있었으며 세상을 보는 눈, 삶을 경영하는 지혜, 타인과 관계 맺는 능력 등은 젊은이보다 우위에 있었다. 그러나 근대로 넘어오면서 전문지식이 경험을 대체한다. 산업사회의 빠른 변화는 유연성과 적응성이 뛰어난 젊은이들의 능력을 더욱 중요한 가치로 변하게 하였고 소비사회에서 젊음은 욕망의 코드로 대변되어 갔다. 미디어는 노인을 궁상스럽고 궁핍하고 고집스럽고 촌스러운 존재로 그려가기 시작하였고 공적 담론의 장에서도 노인은 의미가 증발해 버린 일종의 문화적 황무지가 되어버렸다. 젊음의 신화가 노년의 경험과 죽음에 대한 담론들을 기피하면서 노년 담론 자체가 희소담론이 된 것이다(김찬호, 2018).

그러나 지금 세계는 대량 생산시대에서 변화를 모색하고 있다. 선진국들은 이미 고령화 사회가 되었고 한국도 그 대열에 합류하면서 노인에 대한 새로운 사회적 이해가 필요한 때가 되었다. 이러한 변화 속에서 노인에 대한 새로운 이해 및 인식이 등장하고 있다(Tannistha, 2017). 프랑스는 60세 이후는 "제3세대"라고 부른다. 새로운 시대로 다시 진입한다는 뜻이며 미국에서는 65세 이상을 존경과 우대의 의미로 '선배시민'이라고 부른다. 또는 황금연령층이라고 부르기도 한다. 스위스에서는 노인의 별칭이 '빨간 스웨터'인데 이는 60세 생일에 장수하라는 의미가 포함되어 빨간 스웨터를 선물하는 관습에서 비롯되었다. 세계 장수국인 일본은 '실버'라는 말을 자주 이용한다. 우리 나라는 어른을 높여 부르며 존경과 우대의 의미를 담아 '어르신'이라고 부르기도 한다. 최근 부상하는 노인 호칭으로 6G세대가 있는데 이것은 머리는 회색(Grey), 세련되고 (Grace), 점잖고 (Gentle), 위대한 한국을 일구어낸 (Great) 마음은 언제나 푸른 (Green) 인생의 황금기(Golden age)를 맞이할 세대라는 의미를 지니고 있다 (이호선, 2015). 이러한 논의는 노년기에 대한 부정적 의식이나 편견에서 벗어나 새로운 이해를 추구하는 방향성을 보여주고 있는 것이다.

4. 노인에 대한 새로운 이해

중요한 것은 나이 들어감에 대한 즉 노화에 대한 보편적이고 상식적인 편견과 오해가 만연하다는 사실이다(강영옥, 2016). 마크 윌리암스는 노화에 대한 일반적인 편견을 다음과 같이 설명한다. 첫째, 노인들은 하루하루 퇴화되어 가는 보편적인 존재들이다. 둘째, 노화를 줄이기 위하여 체중을 줄여야 한다. 셋째, 나이가 들면 인지활동이 정상적이지 않다. 넷째, 나이가 들면 창의력이나 호기심도 줄어든다. 다섯째, 노화는 노력해서 조절할 수 있는 것은 아니다. 여섯째, 노인은 사회적 경제적으로 부담스러운 존재이다. 일곱째, 노인은 성에 대하여 관심이 없다. 여덟째, 나이 들면 요양원에 들어가 사는 것은 당연한 것이다(Wiliams, 2017). 이러한 것은 사회에 만연되어 있는 편견이기 때문에 노인

문제에 대하여 새로운 시각을 갖는 것이 필요하다.

　첫째, 패러다임의 전환이다. 노인들을 사회문제나 불리집단으로 보는 기능주의적 입장에서 벗어나 그들의 지위나 자원 경험을 사회구조에서 노인들의 위치와 그 위치를 재점검하는 사회 정치적인 접근으로의 전환이 필요하다. 둘째, 기능주의적인 노년이해에서 비판적인 노년이해로 전환하여야 한다. 즉 노년 스스로가 역량을 키우고 기존의 편견들을 바꾸는 것이 필요하다(한정란, 2001). 셋째, 미래사회의 변화의 관점에서 노인을 바라보아야 한다. 노년층의 교육수준은 향상되었으며, 의학기술의 획기적인 발달로 노인의 건강상태는 향상되었으며 사회활동을 할 수 있는 능력과 여건이 크게 개선되었다. 노인의 경제활동이 증가되고 있고 세대관계의 중요성이 더 증가되고 있는 상황이다(한정란, 2006).

　이러한 맥락에서 노년기를 건강하고 행복하게 보낼 수 있는 사회적 문화적 여건들이 형성되는 것이 필요한데 그중 하나가 노년교육의 활성화이다. 교회는 그 구성원에 있어서 노년 인구가 아동 청소년 인구에 앞서고 있다. 노년기에 있는 교회 구성원들을 새로운 교육의 대상으로서 노인에 의한 노인을 위한 노인의 교육의 관점으로 설계하는 것이 어느 때보다도 요청되는 것이다. 노후생활준비교육의 대상자는 첫째, 젊은이로서 예방적 차원에서 중년은 노화관리와 대비적 차원으로서 간이세대는 부양자의 차원에서 필요하다. 두 번째, 노인 관련 봉사나 전문적인 일을 하는 인력자원들이 노인에게 이러한 차원을 제공할 수 있도록 교육해야 하고 세 번째 노인당사자들을 위한 교육으로서 당사자로서 사회, 심리적 준비를 위해서 또는 노년의 생을 재정비하고 준비하도록 돕는 입장에서 필요하다. 이러한 맥락에서 교회에서 이루어지는 통전적 노인교육을 위한 방향을 다음과 같이 제안하고자 한다.

V. 활기찬 노년기를 위한 교육생태학적 관점에서 기독교교육

1. 노년교육에 대한 교육생태학적 접근

위에서 논의한 바대로 노년에 대한 이해와 노년교육은 다양한 문화와 사회적 컨텍스트안에서 이루어져야 한다. 다시 서술하여 노년에 대한 교육은 전 생애 발달의 관점에서 접근하는 것과 아울러 발달의 생물생태학적 모델에서 접근해야 한다. 이는 발달이 생물학적 심리적, 사회적 문화적 맥락에서 발생하는 것뿐아니라 그 맥락에서 상호작용하기도 하며 해석되어야 하기 때문이다. 이러한 1979년 심리학자 브론펜 브뢰너(Uri Bronfenbrenner)에 의해서 소개되어 왔다(Bronfenbrenner&Morris, 2006). 미시체계, 외체계, 거시체계와 이러한 상호작용인 중간체계 그리고 이러한 3개의 시스템이 시간이 지나면서 역동적으로 변화한다는 시간체계가 있다(Bjorklund, 2015).

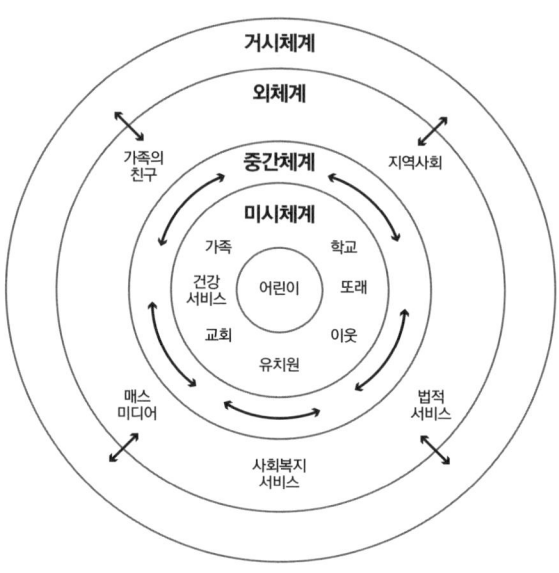

　노년기에 대한 이해도 이러한 생물생태학적인 시스템의 관점에서 이루어져야 한다. 이것은 가족과 친구, 직장, 교회, 마을공동체 안에서의 한 개인의 나이 듦을 성찰한다는 것이다. 그리하여 교육내용은 경제적 측면, 사회생물학적 측면, 심리적 측면, 사회문화적 측면, 가족학적 측면, 여가활용의 측면 등을 고려한 차원에서 계획되어야 한다. 경제적 측면은 노후 경제의 대책과 관리, 신체생물학적 측면은 노화과정의 이해와 적응, 건강관리를 위한 생활습관, 치매예방, 심리적 측면은 우울감 등 정신관리, 의존성과 자율감의 통제, 자기 유용감의 증진, 노인성격의 특징과 심리적 욕구 이해, 사회 문화적 측면에서는 사회지원체계의 활용, 역할수행을 위한 방법, 효 가치 전수, 노인통념에 대한 인식의

재 구조화 등이 필요하다. 가족학적 측면에서 노년기 가족 간의 유대감 증진, 세대갈등해소, 고부관계 설정, 역할전환과 적응, 조부모 역할, 황혼이혼과 재혼, 치매가족 적응, 호스피스와 죽음 등이며 여가활용 측면에서는 적당한 운동과 취미생활, 자원봉사활동, 노인활동 등이 있을 수 있다.

이러한 내용은 노령전기와 중기, 후기 등으로 나누어 이루어질 수 있으며 지식의 습득과 정보 제공과 같은 교육과 아울러 특정 기술 습득이나 향상 참가자의 지지와 격려와 효율성을 위한 소규모 집단 등도 다양하게 활용해야 한다(홍숙자, 2000).

2. 몸에 대한 새로운 시각과 비판적 성찰로서의 교육

나이 들어감을 제일 먼저 인식하는 것은 몸에서 시작한다. 이것은 주관적이거나 객관적인 차원에서 모두 적용되는 일이다. 그러나 현대사회에서 나이 든다는 것에 대한 인식은 다분히 부정적이다. 이러한 부정적인 인식은 몸의 정체성의 영역에서 더욱 확연하게 나타나기 때문에 끊임없이 자신의 몸이 나이가 들어가는 것을 부인하고 부정하면서 젊어지는 것에 대한 선망을 가지고 있는 것이 사실이다. 완경을 늦추기 위하여 호르몬제를 복용하고 주름을 없애기 위하여 성형수술을 하고 젊은 시대의 몸은 선망의 대상이 되어지고 젊어 보인다는 것은 서로에 대한 찬사와 같은 인사가 되어 있다. 인간의 몸은 자연스럽게 생로병사의 과정을 따라 변화하게 되어 있고 이러한 과정을 자연스럽게 받아들이고 그러한 변화에 맞는 역할을 하는 것이 필요하다. 이러한 부분은 고미숙은 '청춘으로부터 해방'으로 설명한다. 외모와 성적 욕망으로부터 자유로워질 수 있는 몸으로부터의 자유를 통하여 정신적인 풍요로움, 비우는 훈련을 통하여 해방과 삶의 여정들을 자연스럽게 받아들이는 자세를 갖는 것이 필요하다 (고미숙, 남경아, 정희진, 2017).

3. 생각의 유연성을 담보하는 창조적 시도로서의 교육

노년에 대한 편견 중 하나는 생각이 경직되어 있다는 것이다. 기존의 생각을 바꾸려 하지 않고 자신의 생각을 고집하며 새로운 것을 받아들이는 인지적 차원의 유연성이 없다는 것이다. 그러나 이러한 생각의 경로도 다분히 교육을 통하여 유연성을 유지할 수 있도록 할 수 있는 중요한 영역이다. 노년기의 심리적 자아강도를 유지하는 방법에 대한 심리학적 연구를 주목할 필요가 있다. 네덜란드 심리학자 제인 로에빙어 (Jane Loevinger)는 680명의 여성을 대상으로 18세, 25세, 32세, 42세, 54세까지 자아강도를 테스트 한다. 최종 400여명의 설문지가 완성되어 자아강도를 하위 2단계, 중위 3단계, 상위 3단계로 구분하였는데 연구결과 70-80프로가 18세에 측정한 자아강도 수준을 나이 들면서도 유지한다는 점이다. 10퍼센트의 사람들만이 자아강도가 지속적으로 상하하였는데 이들의 심층 인터뷰 결과 그 공통적인 특징은 문제에 새로운 방식으로 해결책을 모색하고 다른 방법으로 생각하는 행동유형을 가졌던 사람들이라는 것이다. 자아강도가 높아지기 위해서 새롭게 고민하고 새로운 사람들은 만나고 새로운 것을 받아들이면서 꾸준히 자신 스스로 문제를 해결하는 방법을 모색하는 것이 중요한 점이다. 이러한 생각의 습관들을 연습한다면 노년기의 우울증, 자아강도의 약화, 자기 효능감의 저하 등을 막을 수 있는 방법이 된다.(이승욱, 2016.)

나이가 들면 자연스럽게 뇌가 줄어들게 된다. 이중 가장 빨리 심하게 줄어드는 부분은 전두엽이다. 신경병리학자 셰이퍼에 의하면 정상노화의 경우 가장 신경세포가 빨리 줄어드는 부분이 전두엽 중에서도 전두극이라는 가장 앞부분이다. 전두엽의 기능의 핵심은 '의욕과 정보제어능력' '생각전환' '창의력' 이렇게 세 가지로 나눌 수 있다. 생각의 노화를 막기 위해서 생각 전환과 창의성이 발휘되는 활동을 적극적으로 해야 하며 생각의 유연성을 가질 수 있도록 해야 한다. 전두엽이 노화되는 경우 유연한 생각이나 자신에 대한 반론을 꾀하는 것을 두려워하고 거부하는 경향이 강화된다. 결정의 자리나 토론의 자리에 생각의 유연성을 가진, 전두엽의 활동이 활발한 사람들이 결정권의 자리에 참여할 수 있도록 하는 것이 필요하며 경청과 토론 등의 다양한 기회를 갖는 것이 필요하다(와다 히데끼, 2013).

의학자 와다 시데끼는 생각의 노화를 극복하기 위한 방법으로 다음과 같은 제안을 한다. 성공체험에서 사로잡히질 말 것, 전례를 답습하고자 고집하지 말 것, 생각이 타인과 같아야 한다고 생각하지 말 것, 단정지어야 만족하는 것은 인지 퇴행이니 양자택일 논의나 한 가지 답에 만족하지 말 것, 가설을 중요시 여기고 생각의 폭을 넓힐 것 등이다. 나이 들수록 기존 가치관에서 벗어나고 작은 실패를 거듭하며 거듭 도전해야 하며 결과를 알 수 없는 취미를 즐기는 것이 필요하다(와다 히데끼, 2013)

이러한 차원을 위하여 교회의 간세대 간의 만남을 늘리고 교수방법에 있어서 토론과 참여를 증진시키는 방법을 사용하는 것이 필요하다. 소그룹 공동체가 다양한 구성원으로 이루어지거나 혹은 다양한 연령그룹 등이 정기적으로 만날 수 있도록 구성하는 것은 창의적이고 유연한 인지를 유지할 수 있도록 돕는 중요한 방법이 되는 것이다. 김정희는 다양한 연령의 자유로운 소통과 연대를 연령주의를 떠나 연령통합을 이루는 것이 필요함을 설명하고 있다. 이러한 연령통합은 유연한 인지적 차원의 교육이라는 관점에서도 유용한 것임을 알 수 있다(김정희, 2018, 222).

4. 소명의 재발견으로서 은퇴와 일에 대한 교육

노년기를 준비하면서 반드시 해야 하는 것은 일에 대한 재조정이다. 그리고 은퇴에 대한 구체적인 계획을 심리적인 차원과 아울러 경제적이고 실제적인 차원에서 수립하는 것이 필요하다. 홍기빈은 50대에서 70대까지의 세대를 노년이 아닌 '제2의 중년'이라고 칭하면 자신만의 가치를 창출해 내는 시기가 되어야 한다고 제안한다. 30에서 50까지는 '제1 중년'으로서 사회수습기간으로 가정하여 산업사회의 다양한 기술과 지식, 경험 등을 쌓아가는 시절이며 50이후는 그 경험과 시간을 바탕으로 하여 우리 사회의 필요한 새로운 가치를 창출하는 시기로 이해하고 그것을 준비하는 것이 필요하다는 것이다.

새로운 가치를 생산하기 위하여 몇 가지의 준비가 필요하다. 첫 번째는 자산으로서 기술, 정서, 지식, 관계 이러한 유형, 무형의 자산을 쌓는 것이 중요하고 또한 자신이 가지고 있는 자산이 무엇인가를 파악하고 발견하는 것이다. 두 번째는 자율성이다. 자율성은 스스로 생각하는 능력으로서 창조적인 사고를 위한 능력이다. 세 번째는 스토리를 새롭게 구성하고 창조할 수 있어야 한다. 50까지의 인생에서는 스토리가 다양하게 펼쳐질 수 있지만 50이후에 스스로 자신의 스토리를 만들지 않고서는 예전의 스토리에 집착하면서 살게 되기 때문이다. 따라서 자신의 새로운 스토리를 만들어 가야하고 그렇게 하기 위해서 자신의 강점과 가능성을 정확히 파악할 수 있도록 돕는 것이 필요하다. 더 나아가 이러한 새로운 스토리 창출을 위한 공동체 모임이나 협동조합과 같은 형태의 모임이 도움이 될 수 있다 (홍기빈, 2016). 그리하여 노년의 일은 직업의 차원을 떠나서 자신의 소명을 재조정하고 발견하는 관점에서 계획하여야 한다. 이를 위하여 삶의 과정에서 가졌던 다양한 경험과 지식이 소명의 차원에서 새롭게 일로 이어질 수 있는 교육이 필요하다.

은퇴교육은 이를 위한 구체적 교육이다. 은퇴교육은 구체적인 노후 생활준비교육을 통하여 노후 생활에 대한 사회학적인 폭을 넓히고 사전에 예방적 조치를 할 수 있으며 개인적인 차원에서는 교육을 통하여 노인 개개인의 문제해결능력과 잠재력을 키움으로써 자신의 노후 문제를 스스로 해결해 갈 수 있도록 돕는 것이다(홍숙자, 2010).

5. 삶의 의미와 가치를 추구하는 동반자로서 관계교육

노년기는 그 어느 때보다 가족과 친구의 관계가 중요한 시기이다. 특별히 가족의 관계에서 주목해 볼 수 있는 것은 조손관계이다. 이것을 체를린과 퍼스텐버그는 "그랜드 페어런츠 커리어(grandparants career)"라고 명칭한다(Jill, 2015). 조부모가 손주들에게 미치는 영향은 다방면에 있어서 중요하고도 의미 있다. 유아시절 조부모하고의 잦은 만남은 청소년기 정서적인 차원의 문제를 감소시키며 긍정적인 사회행동은 강화하는 것으로 밝혀졌다. 유아시절 경험한 조부모와 긍정적 관계는 대학시절에서 그들의 가치관 형성과 아이덴디티를 형성하고 종교적 믿음을 세우는데 많은 영향을 미치고 이렇게 어린 시절 조부모와 잦은 만남을 가졌던 사람들은 성인이 되어가면서도 더욱 친밀한 관계를 유지하게 된다. 조부모는 손자녀를 통해 생의 연속성을 인지하며 인생의 경험과 지혜 등을 통해 새로운 의미의 생산성을 경험하게 되며 손자녀의 성취를 통해 만족감을 얻기도 한다. 손자녀는 조부모를 통해 결속력의 증진, 가족공동체의 의미와 역사를 계승하고 가족에 대한 소속감과 자기 정체감을 경험하게 되는 것이다(김동기외, 2010). 문화인류학자 미드(Mead)는 전통사회의 노인세대는 경험이 많은 지혜로운 사회이기 때문에 조부모 세대를 모르거나 심리적 물리적으로 조부모와 떨어져 산 손자녀들은 그만큼 문화적 손실을 본다고 지적한다.

그러나 이러한 영향력 있는 관계이지만 역할과 거리유지는 조부모의 나이, 퇴직 여부, 건강상태, 경제적 상황 등 여러 여건들에 의하여 좌우될 수 있다. 고정적인 관계유형을 추구하는 것보다 더욱 자율적이고 자유스러운 관계 설정을 위한 자발적 선택이 필요하다(홍숙자, 2010). 최근 한국사회는 조손 양육이 많아지는 과정에 있으나 이러한 때에 조부모로서 양육을 방법 및 조부모의 역할, 또 결혼한 자녀들과의 관계 등에 대한 부분의 교육은 활성화되어 있지 않다. 이러한 교육사각지대에 있는 영역들을 교회교육의 차원에서 관심을 갖고 실제적 논의들을 이어갈 수 있는 교육적 관심이 필요하다.

6. 영적 안녕을 추구하는 신앙생활을 위한 교육

종교가 노년기에 어떠한 영향을 미치는가 하는 부분은 기독교 노인교육에 있어서 의미심장한 주제이다. 종교적 신앙의 강도는 우울과 부적 관계가 있으며 종교적 참여는 불안을 약화시킨다. 그리고 종교성은 성별, 연령 코호트, 사회 경제적 상태의 영향을 통제한 후에도 안녕감을 유지하는 데 중요한 역할을 한다. 설리번(Sullivan)이 미국의 다양한 종파의 기독교인들을 상대로 살펴본 결과 예배에 규칙적으로 참여한 경우 낮은 사망률을 보였고 이는 다른 변인들을 통제한 후에도 여전히 동일했다. 종교활동에 참여하는 것이 심리적 과정 또는 수명연장에 영향을 주었다는 것이며 종교적 신념을 가지고 있는 사람이 죽음을 맞이하는 경우 사후 세계에 대한 믿음으로 인하여 죽음을 더욱 편안하게 맞이하며 사별 후에도 마음의 안정을 찾을 수 있는 부분에 있어서 많은 기여를 한다는 것이 확인되었다(이동영외, 2018).

노년 연구를 위하여 678명의 수녀들을 15년 동안 추적 연구한 데이비드 스노든은 100세 이상을 넘긴 수녀들의 생애를 통하여 그들이 장수하고 건강하게 살 수 있는 두 가지 요소를 영성과 공동체의 힘이라고 한다. 긍정적인 전망을 가지고 슬픔과 기쁨에 관한 충격들을 완화시킬 수 있으며 심지어는 병도 빨리 치유되며 삶의 질을 향상시키는데 있어서 영성이 결정적인 역할을 하는 것이다. 두 번째 요인은 공동체의 힘인데 수녀 공동체의 끊임없는 지원과 사랑의 네트워크 속에서 삶의 기쁨과 슬픔을 함께 나누고 성취를 축하하고 소망을 나누는 것은 품위 있는 노년을 보내는데 있어서 결정적인 역할을 하는 것이다(유은실, 2003). 노년기에 있는 사람들이 예배에 참여를 독려할 수 있는 예배환경, 그리고 그들의 삶의 주요한 의미들이 신앙 안에서 찾아갈 수 있도록 돕는 신앙공동체를 활성화하고 지지하는 것이 필요하다.

V. 나가는 말

아프리카 속담에 '노인 한 명이 죽으면 도서관 하나가 없어지는 것과 같다' 는 말이 있다.

고령사회를 맞이한 우리 사회가 기억해야 하는 격언이며 기독교교육과정에서도 창조적으로 성찰해야 하는 중요한 명제이다. 우리 사회의 고령사회에 대한 사회적 여건이나 교육적 준비 및 문화적 수용은 미흡한 수준이며 그렇기에 나이가 들어갈수록 행복지수가 떨어지는 현상이 나타나는 것이다. 이러한 현상 속에서 교회는 노년을 위한 교육적 준비와 구체적 실천에 더욱 관심을 가져야 한다. 노년을 준비할 수 있는 교육, 노년을 행복하고 활기차게 보낼 수 있는 교육, 노년을 돕고 보살필 수 있는 교육의 차원에서 교육은 계획되어야 한다. 이를 위하여 아동과 청소년 청년을 중심으로 진행되었던 교회교육의 차원을 노인교육까지 확장시켜야 하며 이를 위한 전문성을 확보하는 것이 필요하다. 이를 위하여 다음과 같은 교육적 논의가 새롭게 성찰되어야 한다.

첫째, 교육생태학적 관점에서 노년교육이 이루어지기 위하여 노년에 대한 통전적이고 전인적인 이해가 있어야 하며 이를 위하여 노인에 대한 사회학적, 심리학적, 문화적인 간학문적이며 간세대적인 이해가 있어야 한다.

둘째, 활기찬 노년을 보내기 위한 교육을 위하여 교육의 내용이 신학적, 성서적 내용을 포함하여 몸에 대한 이해 및 건강 및 호스피스나 죽음에 대한 준비교육, 경제적 차원의 문제를 해결할 수 있는 실제적 방안, 관계정립을 위한 소통과 커뮤니케이션 교육 등 노년기의 요구에 맞는 다양한 교육내용이 설계되어야 한다.

셋째, 노년기의 신체적 특징을 고려한 교육환경을 확보할 필요가 있다. 청력이 약화된 것을 고려한 미디어 시스템, 시각적 차원의 편안함을 가질 수 있는 교재 및 기재, 또한 건강상태를 고려한 편안한 의자와 책상 등과 같이 노년기를 고려한 교육환경이 마련되는 것이 필요하다.

넷째, 최근의 노년기는 65세 이후여도 건강하고 활기차며 다양한 일들을 경험하고 수행할 수 있는 세대임을 기억하여 수동적 학습자에서 능동적 교육자로 자리매김할 수 있도록 하는 것이 필요하며 다양한 토론, 새로운 경험, 세대 간 소통 등 역동적인 교육이 될 수 있도록 하는 것이 필요하다. 고령사회에서 활기찬 노년을 보낼 수 있도록 하는 통전적이고 전인적인 기독교교육의 설계가 새롭게 성찰되어야 하는 때이다.

※본 글은 『기독교교육논총』에 수록된 "활기찬 노년기를 위한 교육생태학적 관점의 기독교교육"(2019)을 수정 보완한 글임.

참고문헌

Bjorklund Barbara R. (2015) . 성인 및 노인심리학, 이승연 외 역, 서울:시그마프레스.

Erber, Joan T. (2016). 노화 그 오해와 진실, 강영옥 역, 서울:시그마프레스.

Jill Quadagno (Aging and the Life Course: An Introduction to Social Gerontology,

    McGraw Hil.

Levinson, Daniel J. (2003). 남자가 겪는 인생의 사계절, 김애순 역, 서울:

    이화여자대학교출판문화원

Medeiros Kate de Medeiros (2017). The short guide to aging and gerontology, Bristol, UK ;

    Chicago, IL, USA : Policy Press.

Snowdon, David(2003). 우아한 노년, 유은실 역. 서울:사이언스북스

Tannistha Samanta (ed) (2017) Cross-cultural and cross-disciplinary perspectives in social gerontology (New York: NY Springe.

Wiliams Mark E (2017). 늙어감의 기술, 김성훈 역, 서울:현암사,

고미숙외 5인 (편) (2017). 나이듦 수업 : 중년 이후, 존엄한 인생 2막을 위하여,

    파주:서해문집

김동기, 김은미 (2010). 사회적응의 노인심리학 서울:학지사, 2010.

김정희 (2018), 고령사회 진입에 따른 한국교회 대응방안 연구, 기독교교육논총, 56, 222

김찬호 (2018). 생애의 발견: 한국인은 어떻게 살아가는가?, 서울:문학과 지성사

김회권(2021). 사회선교의 정당성과 전망에 대한 고찰, 신학과 실천 73, 753

대니얼 카스티요/ 안재형 역(2021). 생태해방신학, 고양: 한국기독교연구소.

스텍하우스/ 심미경 역(2005). 지구화-시민사회-기독교윤리, 서울:도서출판 웨스터하우스.

스티븐 니콜스/ 김광남 역(2014). 본회퍼가 말하는 그리스도인의 삶, 서울: 아바서원.

와다 히데끼 (2013). 생각의 노화를 멈춰라, 하현성 역, 서울:행복포럼. (원저 2011)

윤진 (1997). 성인 노인 심리학, 서울:중앙적성출판사.

Stuart-Hamilton, Ian (2018). 노화의 심리학, 이동영외 역, 서울:서울대학교출판문화원.

이호선 (2015). 노인과 노화, 서울:시그마프러스.

정재영(2021). 코로나 팬데믹 시대에 교회의 변화와 공공성, 신학과 실천 73, 865.

조은하 (2021)., 마을교육공동체와 기독교 성인교육:중년기를 중심으로,

　　　　신학과 실천 76.517-520.

채혁수(2020). 뉴노멀(New Normal)시대의 교육목회, 신학과 실천 72, 495-500.

톰 라이트/ 이지혜 역(2020). 하나님과 팬데믹, 파주: 비아토르.

통계청. 2022.

파커 팔머/ 김찬호, 정하린 역(2012). 모든 것의 가장자리에서, 파주: 글항아리.

파커 팔머/ 김찬호역(2012). 비통한 자들을 위한 정치학: 왜 민주주의에서 마음이

　　　　중요한가?, 파주: 글항아리.

한국일 (2016). 선교적 교회의 이론과 실제, 서울:장로회신학대학교출판부.

한정란 (2017). 교육노년학:노인을 위한, 노인에 관한, 노인에 의한 교육, 서울:학지사.

한정란 외 10인 (편) (2006), 세계의 노인교육, 서울:학지사

홍기빈외 6인 (편) (2016)). 50플러스 시간:50+ 플러스의 시간 : 제2중년의 시대 빛나는 인생

　　　　후반전 설계도, 파주:서해문집.

홍숙자 (2010). 노년학 개론 서울: 하우.

동아일보,2018년 10월17일, http://www.donga.com/news/article/all/20181017/92435686/1

Newsis,2018년 10월 17일 https://www.msn.com/ko-kr/news/national

문화일보,2008년4월2일자

http://www.munhwa.com/news/view.html?no=2008040201035230024001

공적 교회 아홉 번째 모습_

공적교회 회복을 위한 생태신학적 요인고찰
: 생태적 위기 대응을 위한 공교회성 회복의 길

신익상 _ 성공회대학교, 한국교회환경연구소, 한마음교회

I. 들어가는 말

기후위기. 우리는 아직 이 위기가 어떤 뜻인지 잘 모르는 것 같다. 이 위기는 지금껏 문제가 되어 온 어떤 것들에 얹힌 새로운 문제 중 하나가 아니다. 지금껏 문제가 되어 온 것들을 해결하기 위한 목표를 향해 더욱 힘차게 내달려야 할 이유를 하나 더 제공하는 문제로 취급되어서는 안 된다.

"교회의 공공성 회복"을 예로 들어보자. 교회가 공적교회로 거듭나는 것은 그 자체로 매우 중요한 일이다. 오늘날 교회가 교회다움을 회복하기 위해 넘어야 할 가장 중요한 몇 고개 중 하나다. 교회의 대사회적 신뢰가 바닥에 떨어진 지 이미 오래고, 헬조선이 된 한국 사회에서 불안과 두려움에 빠진 MZ세대에게 희망의 아이콘은커녕 외면과 조롱의 대상이 된 지도 오래다. 이는 주로 교회가 사회 내에서 책임을 다하는 모습을 보여주지 못하기 때문이다.

한국 사회의 번영과 함께 성장하면서 그 번영의 지분을 어느 정도 함께 공유하게 된 교회는 스스로 예언자 역할을 외면했다. 성장에 성공한 일부 교회는 과한 풍요를 누리며 부적절하게도 하나님의 은총을 찬미했다. 그것이 정말 하나님의 뜻에 맞는 풍요인지는 중요하지 않았다. 풍요는 너무도 달콤했기에, 풍요한 교회의 변방에 놓인 교회조차도 그 풍요를 동경하며 풍요한 교회만큼이나 그 달콤함에 집착하는 경우가 많았다. 눈앞의 풍요, 그러나 언제 멈출지 모르는 풍요에 집착하게 되면, 변화의 적기를 놓치는 경우가 많다. 적어도 한국 교회는 그러한 변화의 적기를 매번 놓쳐왔다. 이제 변화의 기회가 얼마 남지 않았다.

기후위기는 그 얼마 남지 않은 변화의 순간을 제공한다.

그런데, 진짜 문제는 교회의 변화를 요구하는 목소리와 움직임이 기후위기를 어떻게 이해하고 있는가에 있다. 단적으로, 교회가 공공성을 회복하기 위해서 생태신학적 작업이 필요한 것인가? 그렇다면 번지수를 잘못 찾았다. 그것도 아주 단단히 잘못 찾았다. 기후위기를 비롯한 생태적 위기는 교회가 공공성을 회복하는 데 보탬이 되는 하나의 수단이 아니다. 기후위기는 교회의 공공성 회복을 성취하기 위한 여러 문제 중 하나가 아니라, 모든 목표와 문제에 우선하는 급박한 상황 자체다.

기후위기는 우리가 적응해 오던 환경 자체를 되돌릴 수 없이 변화시켜서 인류를 포함한 수많은 생명의 생존 자체를 광범위하고 예측 불가능하게 위협한다. 이렇듯 수많은 존재의 생존 여부가 문제인 상황에서 공적교회의 회복이 이 문제를 감당할 충분한 목표가 될 수 있는가? 오히려 공적교회의 회복이라는 목표가 기후위기라는 더 큰 상황을 감당하기 위해 스스로 목표의 권좌에서 내려와야 하지 않겠는가?

교회의 변화 노력은 지금 새로운 갈림길에 서 있다. 지금껏 익숙하게 잘해온 방식을 계속 잘 이어갈 것인지, 아니면 전혀 새로운 방식을 찾아갈 것인지. 이 갈림길에서 내려 보이는 정경은 기후위기가 몰고 오는 생존 기반의 붕괴다. 모든 권리의 가장 기초적인 기반인 생존의 문제 앞에서 정의와 평화, 생명에 관한 모든 말들은 그 기능을 상실할 수밖에 없다. 하여, 교회의 변화 노력은 지금까지 잘해왔던 방식을 통해 달성할 수 있는 목표를 추구해서는 안 된다. 우리는 지금 우리가 지니고 있지 않은 경험에서부터 새로 시작해야 한다. 공적교회라는 이상과 목표는 기후위기 대응이라는 목표를 기준으로 새롭게 조정되어야 한다.

단적으로, 조금 더 나은 '사회'를 만드는 데 초점을 맞추어 제시된 공적교회의 이상은 이제 보다 나은 '사회와 지구 생태계' 만들기에 초점을 맞추어야 한다. 이러한 이상을 교회의 이상으로 실현하기 위해 교회는 '메시아적인 삶의 양식'을 현실의 삶과 사회 제도에 어떻게 적용할 것인가를 제시해야 한다. 이러한 삶의 양식을 사회에서 생태 전반으로 확장하기 위해 공적교회는 '영성의 총체성'을 오늘의 상황에 맞게 이해하여 수용해야 한다. 이러한 공적교회는 생태적인 공적교회로서, 이후의 글은 생태적인 공적교회를 향해 나아가는 여정이다.

2. 사회-생태 변화: 그 의미와 얼개

보다 나은 사회와 지구 생태계를 만들기 위한 목표를 '사회-생태 변화'(social-ecological transformation)라고 이름 붙이자. 그리고, '사회-생태 변화'의 의미를 밝히기 위해 지금 인류를 비롯한 지구의 모든 생명에게 변화가 필요한 이유와 그러한 변화는 어떠한 변화인가를 설명하는 것에서 시작해보자.

확실히 변화를 위한 노력의 지형도가 극적으로 바뀌었다. 인간사회에만 초점이 맞추어진 변화를 위한 노력이 더는 유효하지 않게 되었다. 다시 말해, 변화가 필요한 이유가 바뀌었다. 이 극적인 변화를 주도하고 있는 가장 두드러진 상황은 기후위기다. 기후위기는 그 원인이나 결과나 할 것 없이 너무도 복잡하게 연결되어 있어서 인간이 적절하게 관리할 수 있다고 생각하기 어렵다. 더욱이, 기후위기와 더불어 진행되고 있는 생태계 위기는 복합적 위기이기에 이에 걸맞게 보다 폭넓고 기밀한 변화의 방식이 요청된다.

생태계는 많은 영역과 요소들이 복잡하게 얽혀 있어서 하나의 변화가 다른 많은 변화에 관여할 수 있다는 사실을 하나의 예를 들어 확인해 보자. 지구 온난화가 진행되면서 극지방의 얼음이 녹아내리는 경우 어떤 일이 벌어질 수 있을까? 얼음이 녹아내리면 그 주변 바닷물의 염분 농도에 변화를 준다. 쉽게 말해 바닷물이 덜 짜게 된다. 덜 짠 바닷물은 더 짠 바닷물보다 가벼워서 보통의 경우보다 더 천천히 가라앉게 된다. 이렇게 되면 바닷물의 순환에 영향을 주어 해류의 흐름을 늦추게 된다. 이게 더 극단적으로 진행되면 해류의 흐름이 멈출 수도 있다. 해류의 흐름이 멈추게 되면 바다 표면의 산소가 풍부한 물이 깊숙한 바다로 전달될 수 없게 되어 심해에 사는 많은 생명체의 목숨을 앗아갈 것이다. 극지방의 얼음이 녹아내렸을 뿐인데, 무수한 해저 생명이 죽게 된다. 이같은 전망은 아주 먼 미래의 일이 아니다. 지금도 대서양과 태평양의 해류의 순환 속도가 조금씩 느려지고 있다는 보고가 여기저기서 들려오고 있다. 지구 생태계의 연결망을 따라 기후위기도 함께 퍼져나간다.

이에 따라 우리는 '변화'라는 말에 두 가지 뜻을 담아낼 필요가 있다. 첫째, 지구 온난화의 근본 원인인 화석연료/원료 의존적 경제·사회를 극복해야 한다.

둘째, 천천히 적응하는 변화가 아니라 '사회 전체의 급진적인 변화'가 일어나야 한다. 이러한 변화라면, 지속 가능한 발전[1]이나 지속가능발전목표(SDGs),[2] 녹색 경제, 그린뉴딜로는 부족하다. 우리가 직면한 위기는 이 모든 대책을 합한 것보다 크므로 우리 사회의 변화 또한 더욱 커야 한다.

오늘날 자본주의적 시장사회[3]는 인류문명 전체는 물론 지구를 통째로 집어삼키려 하고 있다. 이러한 사회를 착취와 지배의 논리로 이해하고 인류 사회와 지구 생태가 복잡한 연결 속에서 이 착취와 지배 속에 신음하고 있는 현실을 급진적으로 변화시키고자 하는 것, 다시 말해 사회-생태 시스템 자체의 변화를 도모하는 것, 그것이 바로 '사회-생태 변화'가 의미하는 바다.

---

1) '지속 가능한 발전'이란 용어가 처음 공식적으로 사용된 것은 1987년 UN 산하 세계 환경과 발전 위원회에 제출된 『브룬틀란트 보고서: 우리 모두의 미래』에서였다. 이 보고서는 생태계의 지속 가능성, 사회정의, 경제성장을 모두 보장하는 깨끗한 성장이라는 의미에서 이 용어를 사용하고 있다. 생태계를 파괴하지 않으면서 경제성장을 계속해 나가는 방안을 모색하겠다는 뜻이다. 하지만, 경제성장을 위해 산업이 잘 돌아가면 돌아갈수록 인간이 배출하는 온실가스는 늘어나고 기후위기는 더욱 심화한다. 이런 점에서 지속 가능한 발전이 정말 가능한가는 논란의 여지가 많다.
2) '지속가능발전목표'란 2015년 유엔 총회가 지속 가능한 발전을 위해 채택한 목표를 말한다. 2016년에서 2030년까지 15년간 이행하는 것으로 되어 있다. 개발된 국가와 개발도상국을 대상으로 하며, 17개 목표와 169개 세부 목표로 짜여 있다. 이 목표가 '지속 가능한 발전'을 위한 목표이므로 지속 가능한 발전이 갖는 논란을 계승하고 있기도 하다. 이것은 17개의 목표 사이에 서로 충돌이 일어나는 것으로 나타난다.
3) 시장사회란, 시장가치가 인간 활동의 모든 영역에 스며들어 생활양식이 된 사회를 말한다. 노동시장, 교육시장, 문화시장 등의 용어가 아무렇지도 않게 자연스러운 사회 말이다.

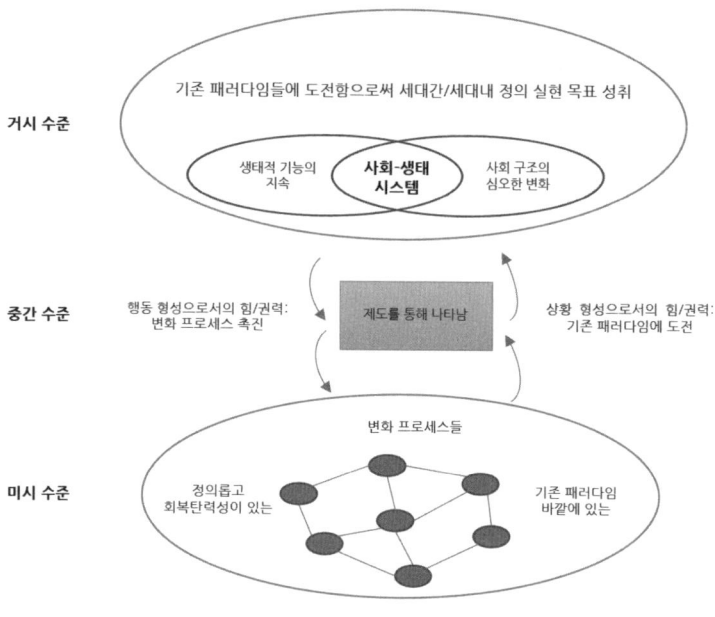

그림1. 사회-생태 변화의 얼개 [4]

    스테파니 지버스-글로츠바흐(Stephanie Sievers-Glotzbach)와 줄리아 췌르지히(Julia Tschersich)는 어떤 운동이나 변화 시도가 사회-생태 변화에 부합하는지를 평가하는 기준을 네 가지로 제시한 바 있다. 변화의 방향, 변화의 폭, 변화의 시간틀, 그리고 변화의 깊이. '변화의 방향'은 세대 간 불평등과 부정의의 문제는 물론 세대 내 불평등과 부정의의 문제를 극복하기 위한 방향으로 나아가고 있는가를 판단한다. 이렇게 함으로써 실천과 구조의 연결을 추구한다. '변

---

[4] Stephanie Sievers-Glotzbach and Julia Tschersich, "Overcoming the process-structure divide in conceptions of Social-Ecological Transformation: Assessing the transformative character and impact of change processes," *Ecological Economics* 164(2019), Article 106361.

화의 폭'은 변화가 사회-생태 시스템에 집중되고 있는가를 살피기 위한 기준이다. '변화의 시간틀'은 변화가 현재 진행 중인 장기적 과정들과 관련되는지를 살핀다. 마지막으로, '변화의 깊이'는 행위(agency)와 구조가 어떻게 연관되는지를 살핀다. 행위와 구조 사이에 서로 작용하는 권력의 문제를 다루면서 말이다.

이러한 평가 기준을 토대로 사회-생태 변화가 어떻게 가능할지에 관한 얼개를 그려볼 수 있다. 지버스-글로츠바흐와 췌르지히는 사회-생태 변화가 거시 수준, 중간 수준, 미시 수준의 세 수준을 통해 진행된다고 본다(〈그림1〉 참조). 이 세 수준이 서로 연결되어 상호 작용함으로써 말이다. 이 생각을 우리의 논의에 가져와서 사용해보자.

1) 거시 수준

거시 수준은 사회-생태 변화의 '목표'에 해당한다. 목표는 두 가지다 — 생태계가 지금처럼 지속하고, 그렇게 만들기 위해 사회 구조는 근원적으로 변화하고. 지구 생태계가 파괴된 까닭은 지금도 계속되고 있는 산업 문명 때문이다. 따라서, 지구 생태계가 지속가능하려면, 생태계 파괴의 원인인 인류 사회의 구조가 온통 변화해야 한다. 이러한 변화는 기존 구조에 도전함으로써 세대 간, 세대 내 불평등과 부정의를 극복하고 정의를 실현하는 것과 맥을 같이한다.

지금의 시대를 함께 살아가고 있는 사람들 사이의 불평등한 관계 속에서 고도로 산업화하여 충분히 개발된 문명사회가 만들어진다. 이러한 사회는 막대한 온실가스를 뿜어내는 주범이 된다. 이 온실가스로 인한 생존 위협은 지금의 시대를 함께 살아가고 있는 사람들, 특히 온실가스에 그다지 책임이 없는 가난하고 개발이 안 된 지역 사람들에게 우선적이고 더 치명적인 문제로 들이닥친다. 더욱이, 지구 온난화로 인한 생존권의 문제는 인간과 동시대를 살아가는 다른 생명체들에겐 더욱 치명타가 된다.

지구 온난화로 인한 불평등의 문제는 동시대를 살아가는 생명체들 사이에서만 나타나지 않는다. 더욱 불공평하고 억울한 관계는 세대 간 관계로 나타난다. 지구 온난화는 온실가스가 어느 정해진 한계치를 넘어서기 전까지는 큰 문제가 되지 않는다. 이런 까닭에 몇 세대를 거치며 온실가스가 쌓여가더라도 위기의 징후를 피부에 와닿게 느끼기 어렵다. 아니, 불가능하다. 우리는 지금 그렇게 쌓여간 온실가스가 한계에 거의 도달했거나 이미 넘어선 시기를 지나고 있다. 200여 년 전부터 시작된 일이 이제야 심각한 사태로 피부에 와닿게 나타나기 시작한 것이다. 이렇듯 지구 온난화는 세대와 세대 사이의 불평등으로 나타난다. 이 불평등한 관계는 지금 세대보다 이후 세대에게 더욱 가혹한 결과를 몰고 올 것이다.

생태계 내의 모든 존재가 복잡하게 연결되어 있음을 떠올릴 때, 여기에 동반하는 문제도 복잡하게 연결되어 나타나리라고 예상할 수 있다. 이 슬픈 예상은 빗나가지 않는다. 같은 시대를 살아가는 모든 존재들의 생존 문제는 서로 연결되어 복합적인 현상으로 나타나며, 이 세대의 생존 문제와 이후 세대의 생존 문제도 서로 연결되어 복합적인 현상으로 나타난다. 너무도 복잡하게 얽혀서 진행되므로, 이 현상들이 어떤 식으로 전개될지는 아무도 알 수 없다.

사회-생태 변화의 거시 수준은 이러한 모든 상황을 직시하며 제시되는 목표다. 동시대를 함께 살아가는 모든 존재 간의 불평등과 부정의, 그리고 서로 다른 시대를 살아가는 모든 존재의 세대 간 불평등과 부정의가 해소되는 방향으로 사회-생태 시스템이 변화되는 것을 목표로 한다. 이러한 목표는 사회-생태 전반의 구조적인 변화를 통해 구체적으로 실현될 수 있다. 따라서, 사회 구조의 심대한 변화를 통해 지속할 수 있는 생태계를 보장하는 사회-생태 시스템을 만들어야 한다. 이것이 사회-생태 변화의 거시 수준에서의 목표다.

2) 미시 수준

미시 수준은 사회-생태 변화를 위한 변화 프로세스들이 얼마나 변혁적인지가 드러나는 수준이라고 할 수 있다. 이 수준에서 변화를 향한 구체적인 '행동'이 일어나기 때문이다. 이러한 변화의 과정들은 거시 수준의 목표에 따라 정의로운 사회와 원래 상태를 회복할 수 있는 생태를 추구하는 구체적인 실천과 운동들이다. 이러한 행동들은 기존 사회 구조의 한계를 극복하는 행동들이기에 주로 기존의 사회가 늘 해오던 방식을 벗어난다. 미시 수준의 변화 프로세스로는 지역에서 전개되는 사회 운동, 사회적 기업, 시민사회 이니셔티브, 행위자

네트워크 등을 들 수 있다.

여기서 문제는 미시 수준의 실천과 운동이 거시 수준의 목표를 정말 실현할 수 있을까에 있다. 구체적 변화 프로세스들이 사회-생태 변화를 위한 목표와 어떻게 상호작용할 수 있을까? 이 문제는 사실 매우 중요하고 현실적인 문제다. 현장에서 헌신하는 활동가들의 활동이 사회-생태 변화를 이루어 낼 거라는 희망이 없다면 그 활동가는 쉽게 회의감에 빠져서 활동의 활력을 잃게 될 것이다. 기후위기 대응에 있어서는 더욱 그러한데, 개인이나 집단의 실천이 거대한 지구적 변화에 비해 너무도 보잘것없어 보이기 때문이다. 이러한 회의감이 미시 수준의 활동 전반으로 확산한다면 활동 자체가 무너져내릴 것이다. 이렇게 되면 사회-생태 변화 자체가 불가능하게 된다. 그래서 필요한 것이 미시 수준과 거시 수준을 중간에서 이어주는 중간 수준이다.

3) 중간 수준

중간 수준은 미시 수준에서 진행되는 변화 프로세스들의 변혁적 영향을 강조하는 방식으로 미시 수준과 거시 수준을 연결한다. 이 수준에는 제도와 힘(권력)이 위치한다. 미시 수준에서의 행동은 제도를 수정함으로써 기존의 사회 구조에 도전하고 사회-생태 변화에 영향을 미친다. 이 수정된 제도는 또한 거시 수준의 목표를 달성할 수 있도록 힘을 실어줌으로써 미시 수준의 변화 프로세스들을 촉진하고 안정적으로 진행될 수 있게 돕는다. 이런 식으로 제도는 미시 수준의 실천이 거시 수준의 목표인 사회-생태 시스템의 구조적 변화를 이루게 하며, 동시에 거시 수준의 목표를 달성하기 위해 미시 수준의 실천이 더욱 안정적으로 강화될 수 있도록 한다. 이런 식으로 미시에서 거시로, 다시 거시에서 미시로 힘이 작용하는 순환 운동이 가능케 된다. 힘은 제도를 매개로 실천과 구조를 연결한다. 한편, 제도는 힘을 재분배하여 사회 구조를 구체화한다.

한마디로, 힘(권력)의 배치는 실천과 구조의 역동적 관계를 가능케 하는 통로라고 할 수 있다. 이러한 힘의 배치는 제도를 통해 이루어진다. 변화를 위한 실천들은 제도를 통해 기존의 사회 구조를 거슬러 구조적 변화의 상황을 형성하는 힘(권력)으로 작용하고, 다시 이렇게 변화된 구조는 역시 제도를 통해 변혁적 성격을 지닌 변화 프로세스들을 촉진하는 행동 형성의 힘(권력)으로 작용한다. 이러한 힘(권력)의 작용이 선순환함으로써 미시 수준과 거시 수준이 연결되며 사회-생태 변화를 향해 나아가게 된다.

중간 수준이 어떻게 작동하는가를 살피기 위해 '사회 변화'에서 예를 하나 들어보자. 1987년 전두환 군사정권의 4.13 호헌 조치와 박종철 고문치사 사건, 이한열 최루탄 피격 사건 등으로 촉발된 6.10 민주항쟁은 대통령 직선제를 주요 골자로 하는 이른바 87년 체제를 낳았다. 여기서 80년대 민주화 운동과 그 정점으로서의 6.10 민주항쟁은 미시 수준의 변화 프로세스에 해당한다면, 87년 체제는 민주화라는 거시적 목표를 위한 제도의 확립이라고 할 수 있다. 이 체제는 미시 수준의 행동(민주화 투쟁)이 거시 수준의 목표(민주화)를 이루기 위한 상황 형성적 권력의 출처이자, 대통령 직선제를 통해 변화된 시민의 정치역량이 시민사회의 성장으로 나타나게 한 행동 형성적 권력의 출처이기도 하다.

하지만, 불행하게도 중간 수준은 대단히 불안정하다. 상황 형성의 힘과 행동 형성의 힘이 선순환하는 역동적인 성찰적 구조를 유지하기가 매우 어렵기 때문이다. 87년 체제의 경우 권위주의적 기득권 세력에 의해 선순환을 통해 실천과 구조가 역동적으로 연결되는 길이 차단되는 경우가 다반사였다는 점을 상기할 수 있다. 제도는 힘을 재분배하는 역할을 다해야 하지만, 실상은 권력 독점의 장이나 수단이 되는 경우가 더 많다.

생태적인 문제와 관련된 최근의 사례는 이러한 문제를 잘 보여준다. 2023년 7월, 환경부 장관은 환경부 1급직 실장 3명을 모두 퇴직시켰고, 8월 25일, 3명 중 2명을 국토교통부 출신으로 임명했다. 차관은 일찌감치 대통령실 출신이 임명된 상황이었다. 국토교통부의 개발주의를 환경부의 환경 보전적 접근이 견제해 왔었는데, 이제는 환경부도 개발에 힘을 실어주는 제도적 기관 역할을 하게 된 것이다. 개발 중심의 제도적 편향은 그대로 개발주의적 권력 편향으로 나타난다.

따라서, 불안정한 중간 수준의 문제를 해결하기 위한 노력이 사회-생태 변화가 긴박하게 요청되는 시대에 이 긴박함보다 더욱 긴박하게 요청된다. 공적교회가 교회의 공공성을 고민하고자 할 때, 이 고민의 시작점은 미시 수준의 행동이나 거시 수준의 목표가 아니라 중간 수준의 제도와 힘이 되어야 한다. 여기서 이 고민을 조금 더 개진해 보도록 하자. 교회의 동기부여 자체인 메시아 사건과 행동과 실천의 근거인 영성을 통해서.

　메시아 사건에 대한 고민은 변화의 힘이 어떤 삶의 구조를 통해 나타날 수 있는지를 다룬다. 요컨대, 편향된 제도와 힘의 불평등한 분배 구조가 부정의한 세상을 만들어가는 것이 현실임을 직시할 때, 이러한 현실을 어떻게 변혁의 목표에 부합하도록 변화시켜 나갈 것인가를 메시아적 삶의 구조를 살핌으로써 생각해보고자 한다.

　영성에 대한 고민은 공적교회가 변화의 범위를 어떻게 생태적 영역에까지 확장할 수 있겠는가의 문제를 다룬다. 교회의 공공성 회복이 사회 변화에서 사회-생태 변화에까지 이르는 길을 영성의 총체성을 통해 밝히고, 이것이 어떻게 현대 생태 운동과 연대할 연결고리를 만들어낼 수 있는지를 생각해보고자 한다.

3. 변화의 힘: 메시아적인 삶

　중간 수준의 불안정성 문제는 무엇보다 기존의 제도에서 새로운 제도로 전환하기 매우 어렵다는 현실적인 문제 때문이라고 할 수 있다. 기존의 제도가 잘못되었다는 것을 안다고 하더라도 바꾸는 일이 쉽지 않다. 제도를 바꾸어 사회-생태 변화를 향해 나아가려고 해도, 기존의 제도가 갖는 관성이 있어서 충분한 전환이 이루어지기 어려운 경우가 많다. 한마디로, 사람들은 익숙한 것에서 낯선 것으로 넘어가는 것을 어려워하거나 두려워한다. 그러다 보면, 기존의 제도 내에서 문제를 해결하려고 시도하게 된다. 문제의 근본 원인이 그 제도 자체에 있는데도 말이다.

   지속가능발전목표의 경우가 이를 잘 설명해준다. 지속가능발전목표는 온실가스 과다 배출의 근본 원인인 산업 개발을 계속하면서도 온실가스는 줄여나가겠다는 생각이 반영된 목표다. 산업사회라는 기존의 사회 제도를 유지한 채 기후위기라는 문제에 대처하겠다는 목표인 셈이다. 독일은 이 지속가능발전목표에 따라 1990년 대비 2020년까지는 40%, 2050년까지는 80~95% 온실가스 감축을 목표로 하고 있다. 독일 교회 또한 이러한 정책에 실질적으로 참여하여 성과를 냈지만, 2020년까지의 목표인 온실가스 40% 감축에는 결과적으로 실패했다. 그 중요한 요인 중 하나는 지속가능발전목표의 목표끼리 서로 충돌이 일어나기 때문이다. 독일의 루터교에 속한 베를린 교회 공동체는 어린이 교육의 질을 높이기 위해 유치원을 확장하고자 했다. 지속가능발전목표에 따르면 유치원 확장은 "모두를 위한 교육"이라는 네 번째 목표에 부합하는 활동이다. 그런데, 본의 아니게도 유치원 확장은 13번째 목표인 "기후변화와 그 영향력을 제어하기 위해 즉각적 대책 마련하기"에 역행한다는 사실을 발견했다. 유치원 확장은 건설개발사업에 해당하고 이는 온실가스 방출 증가를 유발하기 때문이다.

   그런데, 독일 교회의 목표충돌 사례는 단지 교육의 기회 확대와 기후 보호의 불일치 문제가 아니다. 더 정확하게는 교육의 기회 확대가 현재의 산업화 시스템 내에서 진행될 때 온실가스 증가로 이어지는 문제다. 유치원 확장이 건물 증축을 비롯한 교육 인프라를 독일의 산업 구조 속에서 구축하는 것과 연관되는 한 유치원 확장은 반드시 개발사업을 통해서만 실현될 수밖에 없고, 그 결과 온실가스가 증가하는 것이다. 다시 말해, 지속가능발전목표의 여덟 번째 목표인 "경제성장" 내에서 네 번째 목표인 "모두를 위한 교육"을 추구할 때 결국은 열세 번째 목표인 "기후변화 대책 마련"을 만족할 수 없게 되는 문제다. 현재의 산업사회 제도를 유지한 채 기후변화에 충분히 효과적으로 대처하기는 대단히 어려운 일이다. 산업사회가 바로 기후위기의 원인이기 때문이다.

중간 수준에서 경제성장 일변도의 제도가 변화하지 않으면 사회-생태 변화는 요원하다. 그런데, 문제는 우리가 지금 가진 것, 그래서 너무도 익숙하고 능숙한 제도는 경제성장을 추구하는 제도뿐이라는 점이다. 어떻게 하면 이 제도로부터 새로운 제도로 넘어갈 수 있을까? 이 질문을 움켜쥐고 교회로 무대를 옮겨보자. 교회는 이 질문에 무엇으로 답할 수 있을까? '메시아적인 삶'이다.

1) '메시아적인 삶'의 양식

메시아적인 삶이 어떤 삶인가를 가장 잘 보여주는 성서의 본문은 고린도전서 7장 29~31절이다. 이 본문에서 바울은 다음과 같이 적고 있다.

형제들아 내가 이 말을 하노니 그 때가 단축하여진 고로 이 후부터 아내 있는 자

> 들은 없는 자 같이 하며, 우는 자들은 울지 않는 자 같이 하며 기쁜 자들은 기쁘지 않은 자 같이 하며 매매하는 자들은 없는 자 같이 하며, 세상 물건을 쓰는 자들은 다 쓰지 못하는 자 같이 하라 이 세상의 외형은 지나감이니라
>
> _ 고전 7: 29~31, 개역개정

이 본문에서 핵심은 '마치 ~이 아닌/없는 것처럼'이라는 권유다. 그리고, 이 권유를 둘러싸고 있는 두 개의 문장은 첫째, 때가 얼마 남지 않았다는 문장과, 둘째, 이 세상의 외형(형식)은 결국 사라질 거라는 문장이다. 이 두 개의 문장은 '마치 ~이 아닌/없는 것처럼'이라는 형식을 취하는 삶의 태도가 무엇 때문에 필요한가를 설명한다. 이 두 문장을 조금 더 살펴보자.

때가 얼마 남지 않았고 이 세상의 외형(형식)은 사라질 거라는 말은 종말이 가까이 왔다는 뜻으로 읽힌다. 하지만, 바울은 종말 자체에 관심을 기울이고 있는 것이 아니다. 종말이 가깝다는 인식 속에서 현재의 삶을 다시 생각해보자는 것이 바울의 제안이다. 말하자면, 바울은 관점을 바꾸라고 요구한다. 남은 시간이 점점 줄어들고 얼마 남지 않은 상황에서 필요한 것은 새로운 관점으로 현재를 살아내는 것이라는 얘기다. 종말은 새로운 삶의 방식을 요구할 수 있는 상황이자 근거를 제공한다. 더 정확하게는, 새로운 가치와 의미의 근거를 제공한다. 이 세계의 외형(형식)은 종말에 이르러 의미와 가치를 상실할 테니 새로운 의미와 가치가 요청될 수밖에 없다.

여기에는 주목해서 봐야 할 점이 두 가지 있다. 첫째, 바울은 종말에 이 세계가 사라진다고 말하지 않고 이 세계의 외형(형식)이 사라진다고 말하고 있다

는 점이다. 둘째, 이 세계의 외형(형식)이 무의미해지는 근거는 메시아적인 구원을 통해 초월이 일어날 거라는 바울의 이해에 있다는 점이다. 바울에 의하면, 메시아적인 구원은 이 세계 내에서, 이 세계가 새로워지는 것과 관련된다. 지금과 종말 사이에 놓인 시간 속에서 '메시아적인 새로운 삶'이 요청되고, 그렇게 해서 종말이 준비된다. 그래서 메시아는 종말에 오는 것이 아니라, 종말 직전에 이 세계를 새롭게 하고자 도래한다.

'마치 ~이 아닌/없는 것처럼'이라는 삶의 태도를 바울이 요청하는 것은 이러한 배경에서다. 이 세계에 속해 있지 않은 것처럼 이 세계에 속하는 삶. 이 세계의 외형(형식)을 입고 있지만 그 외형(형식)에 좌우되지 않는 삶. '마치 ~이 아닌/없는 것처럼'은 종말과 지금의 삶과의 관계를 명확하게 한다. 종말에 대한 대망으로 현재가 헛되게 소비되거나 포기되는 게 아니라, 고난스러운 현실 속에서 새로운 삶을 살아냄으로써 오히려 현재가 새로운 의미와 가치로 풍성하게 된다. 종말에 대한 예감이 오히려 현재의 삶을 가득 채우는 잠재력이 되는 것이 바로 '메시아적인 삶'이다. '메시아적인 삶'은 이 세상을 떠나서 살아갈 어떤 삶에 초점이 맞추어져 있는 것이 아니다. 이 세상 속에서 살아내는 삶에 초점이 맞추어져 있다.

현재의 삶 속에서 내게 주어지는 사회적이고 문화적이고 정치적이고 경제적인 여러 여건과 상황이 있다. 이러한 여건과 상황을 완전하게 벗어나는 것이 '메시아적인 삶'이 아니다. 이러한 여건과 상황 '속에서' 이러한 여건과 상황을 넘어서는 것이 '메시아적인 삶'이다. 성서학자 데이비드 커크(David W. Kuck)

는 "'마치 ~이 아닌/없는 것처럼'의 세계에서 존재가 누리는 자유"라는 제목의 논문에서 '마치 ~이 아닌/없는 것처럼'이라는 삶의 태도가 오늘날 어떤 의의를 갖는지에 관해 다음과 같이 적었다. "바울은 오늘날 우리가 세계화, 에큐메니컬 관계, 문화적 다양성 등의 영역에 참여하면서 어떤 형식의 비판을 취해야 할지에 관한 플랫폼을 제공한다."

따라서, '메시아적인 삶'은 정치와 관련된 것이며 그 삶이 기거하는 시간으로서의 메시아적 시간은 역사 속에서 이해되어야 할 대상이다. '마치 ~이 아닌/없는 것처럼'은 적어도 기독교 신앙에 들어선 이들에게는 역사 안에서 자기 자신과 긴장 상태에 놓이도록 한다.

기억하자. 예수를 따르는 사람이고자 하는가? 그러한 사람이 추구하는 삶을 '메시아적인 삶'이라고 할 수 있다. 이러한 삶을 사는 사람은 지금의 시간을 메시아적인 시간으로 받아들여 매 순간을 소중하게 산다. 역사 안에서 역사에 충실한 삶을 살아간다. 어떻게 충실하게 살아가는가? 이 세상에서 자신에게 주어진 여건과 상황 속에 있으면서도 그러한 여건과 상황을 넘어서서 새로운 의미와 가치로 변화시키며 산다. 이것이 바로 '마치 ~이 아닌/없는 것처럼' 사는 삶, 자기 자신과의 긴장 속에서 사는 삶이다.

하지만, 여전히 설명되지 않은 부분이 있다. 주어진 여건과 상황 속에서 살면서 그 여건과 상황을 넘어선다는 말이 무슨 뜻일까? 그러한 여건과 상황 안에서 가장 일상적인 삶을 살아가면서 그 속에서 그러한 삶을 살아가는 자신을 깊이 성찰한다는 뜻이다. 이러한 성찰은 일종의 혁명적 성격을 지닌다. 성찰이 현재의 삶을 온통 의문시하는 것으로 향할 경우, 현재의 가장 일상적인 삶은 비록 그 형식은 여전히 유지되더라도 더는 그러한 삶이 의미 있는 효과를 제공하지는 못하게 된다. 그 형식은 유지되나 그 효력은 멈추어서는 상황에 놓이게 되는 것이다.

악덕 고용주와 고용인과의 관계를 생각해보자. 일단 고용주와 고용인과의 관계는 절대적인 관계는 아니다. 우연히 그런 관계로 만난 것이라고 할 수 있다. 이 관계 속에서 주로 갑의 위치에 서는 고용주가 올바르지 못한 힘을 고용인에게 휘두를 경우를 생각해보자. 고용주와 고용인으로 나뉜 우연한 관계 속에서 고용인은 그 자체로 이런 나뉨 속에서 자신이 처한 사회적 형태와 상황을 적나라하게 보여준다. 동시에, 바로 그런 이유에서 고용인만이 이 부당한 나뉨을 폐지하고 이러한 사회적 형태로부터 자기 자신을 해방할 수 있다. 다시 말해, 고용인은 자신을 악덕 고용주와의 관계에서 그 반대에 놓인 존재로 위치시키는 방식으로 해방적일 수 있는 것이 아니라, 그러한 부당한 관계 자체가 우발적이고 절대적이지 않음을 드러냄으로써 해방된다 — 고용인이나 마치 고용인이 아닌 것처럼. 악덕 고용주는 고용인과의 현 관계를 지속시키기 위해 그 관계가 수정 불가한 절대적인 관계인 것으로 만들고자 하지만, 고용인은 이 관계의 우발성을 드러냄으로써 그 관계의 실질적인 효력을 정지시킬 수 있다.

기존의 의미와 가치는 효력이 정지되고 새로운 의미와 가치가 획득되는 방식은 깊은 자기 성찰이 기존의 사회적 형태에 대한 성찰로 확장하는 혁명적인 삶에서 찾을 수 있다. 이것이 바로 '마치 ~이 아닌/없는 것처럼'이라는 메시아적인 삶의 태도가 제시하는 방식이다. 바울이 얼마나 종말을 간절히 기다리며 글을 썼는가와 상관없이, 그가 촉구하는 그리스도인의 삶 자체, 다시 말해 소명 받은 이들의 삶 자체는 역사 '안에서의' 변화의 문제였다.

2) 중간 수준에 '메시아적인 삶' 적용하기

바울의 '메시아적인 삶'은 역사 안의 삶이고 동시에 역사 내에서 주어진 외형(형식)을 유지하면서도 그에 따라 살지는 않는다는 점에서 저항적이며 정치적이라고 할 수 있다. 우리의 당면 과제가 기후-생태 위기에 대응하기 위한 사회-생태 '변화'이기에, 메시아적인 삶이 갖는 정치적이고 혁명적인 성격이 이 변화에 적용될 만하다. 여기서 메시아적인 삶의 양식을 중간 수준에 적용한다는 것이 의미하는 바는 경제성장 일변도의 정책과 제도가 메시아적인 삶의 양식에 의해 그 효력을 정지하고 새로운 제도와 정책을 향해 재형성되어야 한다는 점이다. 어떻게 이것이 가능한가?

앞서 밝혔듯이, 중간 수준의 힘(권력)은 둘로 나눌 수 있다. 하나는, 더 나은 사회-생태 시스템을 향한 미시 수준에서의 실천을 촉진하는 행동 형성으로서의 힘(권력)이다. 또 하나는, 기존의 사회 구조에 도전함으로써 거시 수준의 사회-생태 시스템이 변화할 수 있도록 하는 상황 형성으로서의 힘(권력)이다. 이 두 힘(권력)은 모두 제도와 정책을 통해 작용한다. 이 중에서 행동 형성의 힘(권력)이 효력을 발휘하기 위해서는 목표가 되는 사회-생태 시스템이 어느 정도는 안정적일 필요가 있다. 그래야 실천이 교란되지 않기 때문이다. 반면, 상황 형성의 힘(권력)은 보다 나은 사회-생태 시스템을 구축하고자 작용하는 것이기에 사회-생태 시스템의 안정성을 폐지하여 변화시킨다.

사회-생태 시스템이 안정과 변화를 오가며 보다 나은 사회-생태 시스템으로 이행되는 데 있어서 핵심적인 것은 제도와 정책이다. 사회-생태 시스템의 안정은 제도와 정책의 일관성에서 나오며, 사회-생태 시스템의 변화는 역시 제도와 정책의 변화에서 나오기 때문이다. 다시 말해, 제도와 정책이 중간 수준의 두 힘을 모두 매개하여 순환케 한다. 사정이 이러하기에, '마치 ~이 아닌/없는 것처럼'이라는 메시아적인 삶의 양식이 제도와 정책의 안정과 변화를 연결하는 데 적용될 필요가 있다. 메시아적인 삶은 정치적이고 혁명적이므로 힘(권력)을 매개하는 제도와 정책의 문제를 다룰 수 있는 중요한 삶의 양식이 될 수 있기 때문이다.

이를 위해 중간 수준에서 문제가 무엇이었던가를 다시 상기해보자. 현재의 제도와 정책이 변화하기란 쉽지 않기에, 사회-생태 변화를 추구하는 사람들이 회의주의와 열패감에 빠지기 쉽다는 문제였다. 그렇기에, 현재의 제도와 정책이 힘의 선순환을 이루면서 사회-생태 변화에 참여함으로써 스스로를 변모해 갈 수 있도록 하는 방식에 대한 고민이 요청된다. 메시아적인 삶의 양식은 이를 가능케 하는 방법을 제공할 수 있다. 메시아적인 삶은 현재의 일상적인 삶이 갖추고 있는 형식을 유지하면서, 그 형식이 기존에 추구하던 내용을 멈추고 새로운 내용을 실현해 나가는 삶이기 때문이다. 기왕의 제도와 정책을 따르면서, 그 제도와 정책의 부조리를 성찰적 접근을 통해 멈추어 내고, 새로운 정책과 제도로의 이행을 위한 절차를 새로운 정책과 제도를 향한 목표 속에서 밟아나가는 것. 이것이 '마치 ~이 아닌/없는 것처럼'의 태도로 중간 수준에서 메시아적인 삶의 양식을 실현하는 길일 것이다. 이렇게 함으로써 제도와 정책의 지난한 변모 과정을 기존의 제도와 정책 속에서 정치적이고 혁명적인 방식으로 만들어 갈 수 있을 것이다. 그렇게 해서 '마치 ~이 아닌/없는 것처럼'은 현세적 시스템이 실질적으로 효력을 끼치지 못하게 만들고, 그래서 그 시스템의 지속이 형식적으로는 유지되나 기존의 영향력은 폐지되도록 한다. 우리가 지니고 있는 제도와 정책이 새로운 제도와 정책으로 이행할 계기를 마련하게 되는 것이다. 메시아적인 삶의 양식을 갖춘 힘(권력)은 현재 또는 기존의 제도와 정책하에서라도 구체적인 실천들과 사회-생태 변화를 매개하는 실질적인 힘이 된다.

지속가능발전목표의 예로 다시 돌아가 보자. 경제성장을 위한 정책과 제도 위에 설정된 이 목표가 사회-생태 변화를 위해 미시적 실천과 거시적 구조를 매개하는 힘(권력)의 통로 역할을 할 수 있도록 만들 수 있겠는가? 메시아적인 삶의 양식을 따르면 불가능한 것도 아니다. 우선, 지속가능발전목표의 17개 조항 각각을 유지하되 구체적인 실천 속에서 서로 목표충돌이 일어날 때마다 사회-생태 변화라는 목표에 얼마나 부합하는지를 평가하여 우선순위를 정할 수 있다. 이렇게 제도의 형식을 유지하며 행동 형성의 힘(권력)이 될 수 있다. 동시에, 사회 구조를 심오하게 변화시켜 생태적인 기능을 지속하고자 하는 거시적 목표에 부합하도록 이 17개 조항은 늘 성찰의 대상이 되어야 한다. 그렇게 해서, 자기 자신과의 긴장이라는 방식으로 유지와 폐기를 반복하며 새로워짐으로써 새로운 사회-생태 시스템을 지향하는 새로운 제도와 정책으로 거듭날 수 있다.

메시아적인 삶의 양식은 중간 수준의 제도와 정책에 변화의 힘을 제공한다. 공적교회는 메시아적인 삶의 양식이 개인의 삶과 교회의 제도는 물론 사회-생태 시스템에 이르기까지 확산할 수 있도록 노력해야 한다. 이러한 노력 속에서 공적교회는 사회-생태 변화를 요구하는 시대에 예언자의 역할을 다할 수 있다.

4. 변화의 폭: 영성의 총체성

공적교회가 사회-생태 변화를 요구하는 시대에 예언자로 서기 위해 필요한 요인을 또 하나 들 수 있다. 영성이다. 사회 변화가 사회-생태 변화로 확대되려면 정서적인 유대의 범위를 인간에서 지구 전체로 넓힐 필요가 있다. 유대와 연대의 범위를 지구 전체로 확장하는 것은 오늘날의 생태학적 사상 조류들과 교회가 만날 수 있는 길을 열기도 하는데, 이로써 공적교회가 동시대와 호흡하며 예언을 성취하는 교회, 생태적인 공적교회로 거듭날 수 있다.

1) 기독교 영성

일반적으로 기독교 영성을 바라보는 시각을 크게 세 가지로 정리해서 제시할 수 있다. 첫째, 영은 육체나 물질과 대립하는 것이므로 영성 또한 물질과 대립하는 것이라는 시각이 있다. 둘째, 영성은 영적인 세계에 대한 개념이라는 시각이 있다. 영성을 현실 세계와는 다른 영적인 세계를 사모하고 중요하게 여기는 태도로 이해하여 은둔생활을 고귀하게 여기는 경우다. 셋째, 영성을 무아지경에 관한 개념이라고 보는 시각이 있다. 이러한 시각은 영성을 이성의 한계를 넘어 심리적 흥분이나 황홀경에 이르는 체험을 얻는 것이라고 보는 태도로 열광주의에 빠지기 쉽다. 하지만, 이 세 시각 중 어떤 것도 기독교 영성을 올바르게 본 것이라고 볼 수는 없다. 그렇다면, 기독교 영성을 어떻게 보는 것이 좋을까? 이를 추적하기 위해 기독교 영성의 유래와 역사를 개관하도록 하자.

구약성서에서는 하나님의 영을 가리키는 히브리 말로 '루아흐'(ruach)를 찾을 수 있다. 하나님의 입김(창 1:2)이나 기운(시 104:30) 등을 가리키는 말로 사용된 이 단어는 모든 피조물 속에 깃든 하나님 영의 창조적이고 역동적인 사역, 세상에 작용하는 하나님의 영, 힘, 능력, 생명, 마음 등을 의미하였다. 이뿐만 아니라, 루아흐는 훨씬 다양한 의미로 사용되고 있는데, 바람, 손, 열기, 호흡 등을 예로 들 수 있다.

신약성서에서 영을 뜻하는 단어를 찾는다면 '프뉴마'(pneuma)를 꼽을 수 있다. 이 헬라어는 영(spirit)의 라틴어 기원과 관련되는데, 교부 유세비우스 히에

로니무스(Eusebius Hieronymus, 347-420)가 프뉴마의 형용사형인 프뉴마티코스(pneumatikos)를 라틴어 스삐리뚜알리스(spiritualis)로 번역했기 때문이다. 프뉴마티코스는 '영적인 사람'의 의미로 사용되었으며, 이때 영적인 사람이란 모든 기독교적인 삶의 원천인 예수의 영 안에서 생명이 강화된 사람을 뜻했다.

명사 프뉴마에 대응하는 라틴어는 스삐리뚜스(spiritus)로 이 말이 영어 스피릿(spirit)의 진정한 라틴어 기원이라고 할 수 있다. 영적인 것에 대한 바울의 가르침은 그의 편지 곳곳에서 발견되는데(고전 2:14, 롬 8:5, 갈 5:16-18), 여기서 '영적인 것'이란 물질적인 것과 대립하는 것이 아니라 성령을 따라 사는 것을 의미한다.

히에로니무스 이래 처음으로 영성이라는 말을 사용한 사람은 리에츠의 감독 파우스투스(Faustus of Riez, 400-490)다. 그는 '영적인 것'의 본래 의미를 따라 성령을 따른다는 의미에서 스삐리뚜알리따떼(spiritualitate)라는 동사를 사용했다.

영성을 명사형으로 명확하게 기록한 사람은 9세기 초 풀다의 수도사 칸디두스(Candidus of Fulda, 770-845)다. 그는 영성을 스삐리뚜알리따스(spiritualitas)라는 라틴어 명사로 표현했다. 그런데, 그는 이 단어를 성령을 따른다는 의미로 사용하지 않고 육체성이나 물질성에 대립한다는 의미로 사용함으로써 처음으로 영성의 원래 취지와는 다른 이해를 제시했다.

유감스럽게도 칸디두스의 영성 이해는 그 후 오랫동안 계승되는데, 대표적인 인물이 13세기 토마스 아퀴나스(Thomas Aquinas, 1225-1274)다. 초기에는 영성을 성령을 따르는 것으로 이해하던 토마스는 후기에 이르러 칸디두스를 따라 육체적인 것이나 물질적인 것에 반대되는 개념으로 이해했고, 그의 이러한 이해가 그대로 중세기 영성 개념을 형성하기에 이르렀다. 이러한 흐름 속에서 영성을 성직자 또는 특별한 종교인들이 가지는 능력이나 특성으로 보는 경향이 자라났다. 결국, 일반 신자들에게는 영성이 극히 미미하며, 고위 성직자나 신비한 능력을 지닌 수도사들에게 영성이 있다고 믿기에 이르렀다.

이러한 경향은 17세기 프랑스 신비주의 영성으로 이어져서 인간의 노력을 억제하여 신의 활동을 온전하게 해야 완전한 삶을 살 수 있다는 믿음이 퍼졌다. 지나치게 수동적이며 중립적인 태도로 사는 것을 경건한 종교적 삶이라고 보았고, 이러한 삶을 영성(spiritualité)이라고 이해한 것이다.

종교개혁 이후 개신교 전통은 영성에 대한 중세 수도사들의 이해나 신비주의적인 이해를 좋지 않게 보았다. 세속을 떠난 수도원의 현실 도피적인 경향, 신비적인 것에 너무 몰두하는 경향 등이 모두 윤리적인 요소를 무시하는 도덕폐기론이라고 보아 비판했다. 그래서 개신교는 영성이라는 말을 대체할 다른 대안을 찾았는데, 그 대안으로는 경건, 헌신, 완전 등이 있다. 하지만, 개신교의 이러한 시도 속에도 영성은 물질적인 것과 대립한다는 생각은 여전히 따라다녔다는 점에서 개신교의 대안이 칸디두스의 영향에서 완전히 결별했다고 보기는 어렵다.

20세기에 접어들어 영성이 새롭게 발굴되기 시작했는데, 그 문을 연 것은 가톨릭 신학자 에티엔느 질송(Étienne Gilson, 1884-1978)이다. 그는 "영성의 신학과 역사"라는 강의를 통해 영성을 재발굴했고, 이를 계기로 영성이라는 말이 다시 활발하게 사용되기 시작했다. 결국, 영성을 비판적으로 보아온 개신교에서도 20세기 중반 이후 영성에 관심을 기울이기 시작하여 오늘에 이르고 있다.

20세기 이후 영성이 재조명되면서 여러 학자에 의해 다양한 정의가 시도되었는데, 몇 가지를 소개하면 다음과 같다. 월터 프린사이프(Walter Henry Principe, 1922-1996)는 영성을 구현된 신앙으로 정의했다. 브래들리 핸슨(Bradley C. Hanson)은 삶을 통한 기독교 신앙의 체험이라고 보았고, 산드라 슈나이더스(Sandra M. Schneiders)는 삼위일체론적이고 기독론적이며 교회적인 종교적 체험이라고 정의했다. 한국의 문화신학자 김경재는 영성을 다음과 같이 정의한다.

> **그리스도인 자신의 삶 속에, 교회 공동체 삶 속에, 그리고 이 세상 역사의 과정 속에 임재하는 하나님의 창조적 입김을 심도 깊게 체험하면서 삶의 전 영역을 자유, 사랑, 공의, 평화로 변하게 하는 창조적 변혁의 힘.**

이상의 정의들을 검토할 때, 현대 기독교 영성의 성격을 다음과 같이 정리해 볼 수 있다. 첫째, 기독교 영성이란 기독교 신앙에 입각한 삶 자체, 또는 삶의 방향이다. 둘째, 하나님과의 합일을 추구하는 신앙의 삶이다. 마지막으로 셋째, 신앙의 체험, 훈련, 실천으로 이루어지는 전인적이고 총체적인 삶이다.

여기서 주목할 것은 영성을 전인적이고 총체적인 삶이라고 본다는 점이다. 전인적이라고 하는 것은 칸디두스 이후 영과 육체를 대립의 관계로 보는 이원론적 사고를 거부하는 것으로, 영과 육체가 불가분의 관계 속에서 상호 보완적이며 조화를 이룬다는 의미다. 영과 육체는 구분되기는 하지만 분리되지는 않는다는 것이다. 총체적이라고 하는 것은 영성의 영역이 개인의 내면세계에 제한되지 않는다는 의미로 인간과 인간의 관계로 확장되어 간다는 의미다. 하지만, 최근 들어 기독교 신비주의를 새롭게 발굴하는 과정에서, 그리고 관계성과 얽힘을 강조하는 현대 사상 조류와의 대화 속에서, 기독교 영성에 대한 이해 내에서 총체성이 내미는 관계의 폭이 더욱 확장되었다. 인간과 인간 사이의 관계는 물론, 나아가 생물과 무생물을 포함하는 모든 피조물과의 관계로 확장되어 나가는 것을 영성의 총체적 성격으로 보게 된 것이다.

특히 영성의 총체적인 성격은 영성이 개인의 차원을 넘어서 사회적이고 역사적이고 지구적이며 우주적인 차원까지 아우른다는 점에서 중요하다. 공적교회가 사회 변화를 넘어 사회-생태 변화로 넘어가는 데 있어 영성이 중요한 역할을 할 수 있겠기 때문이다.

2) 영성의 총체성과 사회-생태 변화

메시아적인 삶의 양식이 중간 수준의 제도와 정책에 변화의 힘을 제공한다면, 영성의 총체성은 거시 수준의 사회-생태 시스템을 공적교회 내에서 상상할 수 있도록 돕는다. 이는 영성의 전인성과 총체성의 얽힘을 통해 가능하다. 전인적인 영성과 총체적인 영성이 분리될 수 있는 것이 아니라 영성이 갖는 두 개의 성격이라면, 영성에 있어서 전인성과 총체성은 서로 얽힌 관계에 있다고 할 수 있다. 한 개인의 온전한 전인성은 관계의 확장을 통해서 달성될 수 있는 것이다. 영성의 이러한 성격은 현대 뇌과학과 관련된 인간에 관한 철학적 이해와 통하는 바가 있다. 이를 위해 철학자이자 과학 전문 저널리스트인 마르틴 후베르트(Martin Hubert)의 인간상에 대한 견해를 검토해 보자.

그는 인간을 정신과 물질로 나누어 이해하면서 정신을 인간다움의 정수로 보는 견해(전통적 인간상)와 정신을 물질에 수반하는 허상으로 보는 견해(환원주의적 인간상) 모두가 현대 뇌과학에 기반할 때 적절하지 않은 인간 이해라고 지적한다. 그리고, 현대 뇌과학의 견해를 고려할 때 가장 적절한 인간상을 제안한다. 이 인간상을 여기서는 '전인적 인간상'이라고 부르자. 전인적 인간상에서 '나'는 뇌, 육체, 환경이 상호작용해서 구성된 것이라고 본다. '나'는 환경과 신체의 상호작용 속에서 뇌가 만들어낸 구성물이라는 것이다.

하지만, '나'라는 인식이 뇌가 생산한 구성물이라고 해도, 이것이 '나'는 허상이고 물질인 뇌만 진짜라는 뜻은 아니다. 환원주의적 인간상에서와 마찬가지로 '나'는 뇌가 생산해 낸 구성물이라고 보는 것은 맞다. 그러나, 전인적 인간상에서는 이러한 구성물이 단지 순수하게 뇌의 산물이라고 말하지는 않는다. '나'라는 구성물은 뇌에서 구성된 것이긴 해도, 환경과 신체의 실제 개입 없이는 절대로 구성될 수 없는 종합적인 결과물이라고 본다. '나'는 뇌만으로도, 신체만으로도, 주위의 세계만으로도 설명할 수 없는 '총체적인' 것이라는 말이다. 뇌의 구성물이긴 하지만 뇌만으로는 구성될 수 없는 그런 구성물. 뇌의 범위를 뛰어넘고, 신체의 범위를 뛰어넘고, 주위 세계로 이어지는 전체로서의 구성물. 그게 '나'다.

그럼, 전인적 인간상에서 정신은 어떻게 될까? 전인적 인간상도 정신이 실재한다는 것을 인정한다. 인정하는 정도가 아니라 아주 중요하게 생각한다. 하지만, 전인적 인간상에서는 정신의 성립 자체가 물질을 꼭 필요로 한다고 본다. 뇌, 신체, 주위 환경, 곧 외부 세계와의 상호작용으로 탄생하는 전체로서의 '정신'과 그러한 정신을 기반으로 형성되는 구성물인 '나'는 물질적인 요소들과 떼려야 뗄 수 없는 밀접한 관계를 맺고 있다. 따라서, 전인적 인간상에서는 정신이 '나'를 형성하는 중요한 실체임을 인정하지만, 그것이 물질과 대립하는 것이 아니라, 전체(정신)와 부분(물질)의 관계로 서로 밀접하게 연결되어 있다고 본다.

마지막으로, 전인적 인간상의 결정적인 특징이 있다. 다른 인간상은 인간을 이해하는 데 외부 환경을 별로 고려하지 않는다. 보통은 인간 신체 내부의 문제로서 인간을 이해하려고 한다. 세계와의 상호작용은 세계와 별개로 구분되는 인간이 성립되고 난 나중에야 고려될 사항으로 본다. 반면, 전인적 인간상에서는 인간을 이해하기 위해서 외부 환경이 필수적이다. 세계와의 소통과 상호작용, 연결 자체가 인간을 구성하는 필수적인 요소라고 본다. 다시 말해, 전인적인 인간은 총체적이기 때문에 전인적이다. 현대 기독교 영성이 추구하는 영성과 딱 맞아떨어지는 인간 이해라고 할 수 있다.

이렇듯 현대 뇌과학의 인간 이해는 놀랍게도 기독교 영성을 이해하는 방식과 거의 일치한다. 현대 뇌과학에 기반해서 인간을 이해할 때, 기독교가 추구하는 영성은 과학적 기반 위에서 수행될 수 있다는 말이 된다. 우리 인간 자체가 영성의 기반이다. 인간의 됨됨이는 신체를 경계로 하는 몸 안에서만 형성되는 것이 아니라, 다른 인간과의 관계, 사회와의 관계, 다른 생명체와의 관계, 나아가 생명체 아닌 돌과 같은 것과의 관계를 통해서 형성된다. 영성은 이러한 기반 위에서 올바른 관계를 맺어감으로써 올바른 인성을 형성하여 신을 닮아가는 삶의 과정이라고 할 수 있다. 또는, 영성은 원래 인간이 그렇기에 그러한 인간다움을 실현하는 과정 자체이다.

그렇다면, 인간은 인간 그 자체로 생태적인 존재라고 할 수 있다. 자연과 별개의 존재가 아니라 자연과 연결되어 그 부분이기에 인간일 수 있는 것이다. 인간은 스스로 만들어낸 문화 속에서만 인간다운 것이 아니라, 자연과의 유대가 필연적으로 있어야만 인간일 수 있다. 따라서, 인간은 자연과 문화가 연속된, 이를테면, 자연-문화 연속체다. 인간은 그 자체로 생태적이며, 따라서 영성 또한 언제나 생태 영성이다.

기독교 영성과 현대 뇌과학 기반의 인간에 관한 철학적 이해를 결합해서 생각할 때, 인간으로 구성된 사회 또한 언제나 생태계와의 연속성 속에서 숙고해야 한다. 인간이 언제나 생태적이라면, 인간사회 또한 언제나 생태적이다. 따라서, 사회 변화 또한 언제나 사회-생태 변화일 수밖에 없다. 인간과 인간사회가 형성되기 위해서 그 바깥에 있는 것처럼 보이는 존재들이 얼마나 소중한 역할을 다하고 있는가를 깨달아 살아가는 삶이 바로 생태 영성일 수밖에 없다.

사회-생태 변화를 추구하는 데 있어서 공적교회는 생태 영성을 가지고서 함께할 수 있다. 생태 영성은 사회-생태 변화의 목표를 설정하는 데 있어서 거시 수준에서 방향타 역할을 할 수 있기 때문이다. 이미 교회는 그 역사와 전통 속에서 생태 영성을 형성해 왔다. 비록 교회의 주류에 편입하지는 못했지만 말이다. 따라서, 생태 영성을 오늘의 문제와 상황에 맞게 되살려 사회-생태 변화에 참여하는 것은 공적교회의 소명이다.

5. 나가는 말 : 생태적인 공적교회

결론적으로, 생태적인 공적교회는 '마치 ~이 아닌/없는 것처럼'이라는 메시아적인 삶의 양식과 총체성을 기반으로 전인성을 추구하는 생태 영성을 통해 사회-생태 변화에 참여하는 교회다. 생태적인 공적교회가 구체적으로 생태적 위기 시대에 실천해야 할 일들을 딱 두 가지만 제안하면서 글을 마치고자 한다.

첫째, 생태적인 공적교회는 사회-생태 변화를 위한 중간 수준의 문제에 관심을 기울여야 한다. 제도와 정책이 사회-생태 변화를 위한 것으로 체질이 변하도록 함으로써 이 변화를 위한 힘(권력)이 잘 운용될 수 있도록 해야 한다. 이때 필요한 교회의 태도는 메시아적인 삶의 양식이다. 이 중간 수준은 교회의 제도와 정책, 그리고 사회의 제도와 정책으로 나눌 수 있다.

교회의 제도와 정책을 위해서 생태적 공적교회는 사회-생태 변화를 모색하는 정책위원회를 두어 교회 전반의 정책과 지향에 참여할 수 있도록 해야 한다. 또한, 정책위원회의 정책 수립의 방향을 제시하고 평가할 수 있는 연구기관이 함께해야 한다. 사회-생태 변화는 사회와 생활 전반의 구조가 바뀌는 문제라 하나의 전문 영역에서 다 다룰 수 없는 융복합적 문제다. 따라서, 정책위원회와 연구기관은 목회자나 신학자만으로 구성되어서는 안 되며, 다양한 분야에서 전문성을 가지는 신자들을 대거 영입해야 한다. 최소한 다양한 분야의 전문가들 그룹과의 연계 속에서 정책이 수립되고 구체적인 로드맵 위에서 정기적인 평가와 정책 수정을 진행해야 한다. 생태적인 공적교회의 지도력은 신자가 참여하며 연대하는 민주적 지도력이어야 한다.

사회의 제도와 정책을 위해서 생태적인 공적교회는 사회-생태 변화가 사회적으로 추구될 수 있도록 정치적인 입법 투쟁에 참여해야 한다. 제도와 정책이 어느 정도 안착한 사회에서는 저항의 방식이 입법을 통한 제도와 정책의 변화를 목표로 해야 한다. 그런데, 이러한 입법 투쟁이 정치적이어야 한다는 의미는, 입법의 과정과 결과가 실효성을 얻도록 하기 위한 인적 변화를 병행해야 한다는 뜻이다. 법은 법 스스로 만들어지고 집행되지 않는다. 그것을 해석하고 적용하는 인간(들)에 의해 만들어지고 집행된다. 따라서, 입법 투쟁은 시민을 대신해서 법을 집행하는 사람들의 구성을 점검하고 필요하면 변경하는 정치적 행위여야 한다. 옳지 않은 것은 일단 멈추어 세워야 한다. 생태적인 공적교회는 메시아적인 삶의 양식이 사회에 제도와 정책에 반영되도록 투쟁하는 예언자들의 공동체이기 때문이다.

둘째, 생태적인 공적교회는 거시 수준의 목표인 사회-생태 변화가 교회와 사회에서 인식되고 수용될 수 있도록 생태 영성을 구체적으로 적용하여 확산시켜야 한다. 현실 도피적이거나 실제로는 정신 승리인 승리주의에 빠지지 않는 사회적이고 생태적인 영성이 교회와 사회의 에토스로 자리를 잡을 수 있도록 사력을 다해야 한다. 이러한 노력 또한 제도와 정책의 문제가 될 수밖에 없는데, 제도와 정책의 구체적인 내용이 사회와 생태의 긴밀한 얽힘과 연속성을 담아내야 일상적인 삶이 사회-생태 변화에 맞게 살아질 수 있기 때문이다. 생태적인 공적교회는 교회와 사회의 제도와 정책이 생태 영성의 실현으로 이어질 수 있도록 제도와 정책의 구체적인 내용을 신학을 포함한 다양한 인간 문명 속에서 지혜를 발굴하여 제시해야 한다. 여기에 신학자와 목회자의 시대적 사명이 있다.

메시아적 삶의 양식을 통해 생태 영성을 살아내는 교회, 무수한 존재들이 오늘날 이 시대의 위기에 신음하며 지구 곳곳에서 간절히 기다리고 있는 교회, 바로 생태적인 공적교회다.

공적 교회 열 번째 모습 _
공적교회 회복을 위한 여성신학적 요인고찰

한국교회의 '공공적(公共的)' 역할에 대한 여성주의적 제언

백소영 _ 강남대, 기독교 사회윤리학

1. 각자도생의 한국 사회, 공적 존재감을 잃은 한국 개신교

최근 수년간 폭행과 살인 기사가 끊이지 않았거니와, 이번(2023) 여름은 '묻지마 칼부림'까지 연이어 등장하며 시민사회를 요동시키고 있다. 자신만 불행하게 사는 것 같아 남도 불행하게 만들고 싶었다는 신림역 살해범, 누군가 자신을 공격하려 든다며 정신병력을 호소했다지만 정작 자신이야말로 평화롭게 거리를 걷던 사람들을 차로 치고 칼로 무자비하게 찌른 '가해자'였던 서현역 살해범. 놀이 삼을 일이 따로 있지, 오리역, 이대역, 부천역, 논현역… 이어지는 허위 칼부림 제보자들의 IP를 추적해서 잡고 보니 세상만사 짜증 나서 한 번 해본 장난이었단다. 실제로 칼을 들고 늦은 밤이나 이른 새벽 주택가를 배회하거나 인파 많은 지역을 돌아다니다 잡힌 사람들도 있었다. 2030 젊은 남자들의 폭력성으로 치부할 일도 아니다. 연이은 실패와 우울감에서 일면식도 없고 열심히 사는 또래 여성을 기어이 찾아가 잔인하게 죽인 20대 여성, 친구끼리 싸웠다고 단짝을 죽인 여고생 사건도 다 올해(2023년) 일어난 일이다. 작년엔 전남편을 주검조차 찾을 수 없을 만큼 조각조각 살해해 유기한 여자, 내연남과 모략을 세워 남편을 폭포에서 밀어 죽인 여자까지… 가해자와 피해자를 남자와 여자로 나눌 일이 아니었다. 그럼 소위 MZ라고 분류되는 젊은이들이 문제인가? 하지만 그렇게 생각하자니 가족을 죽이고 자살하는 가장에, 동기간 살해 사건, 보험금을 노린 남편의 아내 살해 등 중장년도 노년도 예외가 아니다. 어쩌다 대한민국 사회가 온통 분노와 혐오, 죽음과 죽임의 사건들로 가득하게 되었을까?

지구가 온난화의 경고를 넘어 펄펄 끓게 된 것(Global Boiling)에는 원인이 있듯이, 우리 사회가 이렇게 된 데에도 원인이 있을 터이다. 물론 뚜렷하게 관찰되는 사회 현상에 한 가지 원인만 있는 것은 아니지만, 나에게 묻는다면 가장 근본적인 것으로 '희망 없음'을 말할 것 같다. 삶의 고통이야 전근대 사회인들 없었겠나. 하지만 신분제의 견고한 제도적 벽에 가로막혀 '희망'이라는 기대감도 없던 사회였기에 난 대로 살아가는 것이 다수의 구성원에게 문화적 당연(taken-for-granted)이었을 거다. 하지만 근현대인(modern person)은 개인의 역량에 따라 자신의 삶의 자리나 상태를 바꿀 수 있는 (자유) 민주주의 제도 속에서 산다. 그런 근현대인에게 자신이 선택했고 미래가 보장되는 일이라면 현재의 고통은 참을 만하다. 아니 참아야 한다. 쏟아지는 잠을 견디고 공부하면 좋은 성적을 올릴 것이고, 좋은 학점으로 대기업에 취직하면 고액 연봉을 받을 테니까. 이어지는 안정적 직장은 남들이 부러워할 만한 행복한 가정을 만드는 토대가 되고…. 적어도 근현대 사회가 구성되고 한동안은 이렇게 미래를 보장받으려 현재를 참고 견디고 버틴 구성원들이 많았다.

하지만 산업자본주의를 지나 소비자본주의의 시절인 오늘날은 성실함과 인내로 무장하고 전문지식이나 해당 직급 관련 정보들을 업데이트하여도, 졸지에 자리를 잃는 사람들이 급증하는 '고용유연성'의 시대이다. 더구나 '생각하는 기계'의 발명으로 특징되는 제4차 산업혁명 이후엔 급변하는 사회 조직의 작동방식에 살아남는 사람들보다 뒤처지는 사람들이 더 많다. 이번에만 어찌어찌 살아남으면 될 일도 아니다. 현 시스템의 방식대로 사는 일에 '낙오'한 이들이 이미 많은데 앞으론 더욱 많아질 전망이다. 근현대 사회에서는 가장 효율적 조직이었던 정치 관료제(Bureaucracy)도 사회 변동의 빠르기에 적절하게 대응하지 못해 여기저기서 구멍이 난다. 가정도 최후의 보루가 아니다. 외벌이 노동이든 맞벌이 노동이든 가정을 유지하는 주요 자원이 임금인 집들은 가장이나 구성원의 실직으로 물적 토대를 잃는다. 남녀노소 할 것 없이 벼랑 끝에 몰린 삶이지만, 어디를 봐도 달려가면 받아줄 '안전한 공동체'가 없다. 하여 최근 시민사회 구성원들 사이에서 공감하는 생존 전략은 하나다. 각자도생! '묻지마 범죄'가 급증하니 삼단봉을 사고 호신용 스프레이 구매율이 올라갈지언정, 공권력을 신뢰하지는 않는다. 남편이나 아내를 믿고 자녀들을 믿고 투자하느니 그냥 혼자 살면서 당장 가능하고 내가 누릴 수 있는 소소한 행복을 즐기는 것이 안전하다는 청년들의 계산은 비혼을 하나의 문화 트렌드로 만들었다.

공공기관도 가족도 정서적 안정감과 보호를 제공할 수 없을 때 교회가 그런 '공적'[1] 역할을 한다면 얼마나 좋을까? 그런데 한국교회는 현재 우리나라의 사회 구성원들로부터 입법, 사법, 행정 관료제보다 더 신임을 얻지 못한다. 다른 종교와 비교해서도 그렇다. 한국기독교 목회자 협의회에서 2023년 1월 9일~16일 조사한 "한국인의 종교 생활과 신앙 의식 조사" 결과에 따르면, 응답자들은 개신교에 유난히 부정적이었다. '이기적이다'(68.5%), '물질 중심적이다'(67.4%), '권위주의적이다'(58.8%)와 같은 항목에는 반수 이상이 동의했으며, '남을 잘 돕는다'(13.3%), '약자 편에 선다'(9.6%), '도덕적이다'(7.9%), '세상

---

1) 나는 '공적'과 '공공적'을 구별하여 논의하려 하는데, 큰 범주에서 '공공적'인 역할 역시 공적 범주에 들어가므로 서론 부분에서는 '공공적' 보다 익숙한 표현인 '공적'을 사용하려 한다. 공공성에 관해서는 소제목 3에서 다루겠다.

과 잘 소통한다'(8.9%)는 항목에 긍정적으로 답한 사람들은 열에 한 명꼴이거나 그에도 못 미치는 결과가 나왔다.[2] 특히 무종교인들의 종교 호감도를 보니 불교가 가장 높았고(29.5%), 다음이 가톨릭(27.2%) 순이었다. 개신교(4.7%)는 사실상 종교의 기능을 상실한 유교(7.5)보다도 호감도가 낮게 집계되었다.[3]

하긴 불교냐 가톨릭이냐, 개신교냐 도토리 키 재고 있을 상황도 아니다. 3천 명의 표본집단 이외에 종교인구를 파악하기 위해 별도로 9,182명을 조사한 결과에서도 종교인 비율(모든 종교 포함)은 역대 가장 낮게 나타났는데(36.6%), 이는 절반 정도의 비율로 집계되었던 5년 전 조사에 비해도 10% 이상이 줄어든 것이다. 무엇보다 현재 종교를 가지고 있지 않은 이유로 '종교에 대한 불신과 실망'(28.1%)보다 높게 나온 것이 '종교에 관심이 없어서'(39.7%)였는데, 이에 대해 정재영 교수는 우리 사회가 전반적으로 영적인 내면세계에 관한 관심보다 물질적 성공과 부유함을 열망하는 방향으로 변화한 것으로 분석했다.[4] 교회 내 신자들의 이탈률도 눈에 띄게 증가하였다. "그리스도인이지만 교회는 나가지 않는", 소위 '가나안 성도'라고 불리는 교인 비율이 꾸준히 증가하였는데, 2012년 10.5%, 2017년 23.3%에 이어 올해는 29.3%로 집계되었다.[5]

물론 이번 조사는 코로나19로 인하여 정상적인 교회 활동이 2년 반 이상 멈춰 있었던 점과 온라인 예배의 활성화와 일상화를 고려해야 할 터이다. 하지만 입문 정도의 신앙이나 주일 성수만 하는 교인들에 비해 신앙적 성숙도나 교회

---

[2] 정재영, "한국인의 종교와 종교의식", 『기독교사상』 775호 (2023. 7), 18.
[3] 정재영, 위의 글, 19.
[4] 정재영, 위의 글, 17.
[5] 김선일 "한국교회의 종합적 관찰을 통해 영적 갱신의 가능성을 진단하다." 『기독교사상』 775호 (2023. 7), 26.

참여도가 높았던 가나안 교인의 경우 재출석 의사가 82.7%나 된다는 것은,[6] 조직으로서의 교회를 부정한다기보다는 이전 교회에서의 신앙생활이 충분히 의미와 만족을 주지 못했다는 것을 의미한다고 볼 수 있겠다. 이 지표와 직접 연결하여 설계된 질문은 아니지만, '교회가 수행해야 할 가장 중요한 역할이 무엇이냐'는 물음에, 목회자들이 '예배, 교육, 양육, 교인 돌봄'(29.7%)을 1위로 꼽은 데 비해, 평신도들이 '사회적 책임, 공적 역할'(30%)을 1위로 꼽았다.[7] 이러한 지표들을 종합할 때, 한국의 개신교회가 우리 사회에서 책임적인 공적 역할을 하고 있지 못하다는데, 교회 내부자와 외부자의 공감대가 형성되고 있다고 보겠다.

하지만 한국 땅에서 교회가 늘 이 모양은 아니었다. 일제 치하에서도 전란 직후도 공권력이 못 해주는 보호와 도움을 교회는 제공했더랬다. 민족정신 일깨워주며 3.1 운동의 거점이 되었던 것도 한국교회였고, '밀가루 신자'를 양산하기는 했지만 그래도 교회에 가면 먹을 것 공짜로 주더라고 교회 인심을 칭찬하던 시절이 있었다. 한국교회가 어쩌다 이렇게 되었는지에 대한 사회학적, 신학적 분석은 부족하나마 그동안 몇 권의 단행본과 논문들을 통하여 설명했다.[8] 신앙의 사사(私事)화와 물질주의 신앙을 주된 원인으로 지적했었다. 이러한 원인은 재차 강조되어야 하겠다. 하지만 이번 글에서는 같은 논점을 반복하는 것보다, 여성주의적(feminist) 시각에서 가장 근본적인 것, 즉 위계적이고 독점적인 구조에 초점을 두고 말해볼까 한다.

---

[6] 김선일, 위의 글, 28.
[7] 전병철, "거룩한 외침을 회복하기 위한 거북한 외침", 『기독교사상』 775호 (2023. 7), 46.
[8] 자잘한 논문들도 많이 있지만, 대표적인 단행본으로 『우리의 사랑이 의롭기 위하여: 한국교회가 무교회로부터 배워야할 것들』 (대한기독교서회, 2005), 『세상을 욕망하는 경건한 신자들』 (그린비, 2013), 『교회를 교회되게』 (KMC, 2014)가 있다.

2. '주인-지배적(kyriarchal)'이고 '주-중심적(kyriocentric)' 인 한국 개신교

'라떼는 말이야'를 극도로 싫어한다는 요즘 젊은이들의 '트렌드'를 무조건 인정하거나 무작정 비난할 일은 아니다. 다만 하나의 사회 현상으로 그 '실재'를 파악하는 것은 중요하다. 고무적인 형태로 드러나는 것은 아니지만, 대한민국 사회에도 드디어 근대적 의미의 '개인'이 제대로 드러났다고 보는 것이 맞겠다. 가문 대신 조직에 충성하고, 왕조 대신 공화국에 충성하는 것은 결코 '근대적 개인'이 아니다. 애국심이나 애사심이 나쁘다는 말이 아니다. 근대적 개인은 합리성에 근거하여 판단하고 행동하는 개인이다. "어디 아버지 말씀에 토를 달아!" "옛말에 스승님 그림자도 밟는 게 아니라고 했다." 그야말로 옛말이다. 전근대적 발상이다. 물론 근현대 청년도 아버지 말씀이 타당하고, 스승님 말씀이 전문적이라면 '합리적 판단'에 근거하여 듣고 따른다. 그러나, 미리 정해진 수직 위계에 따른 상하복종 관계는 거부한다. 요즘 젊은이들이 못 배워서 그런 게 아니라, 실은 그것이 근대적 개인의 원칙이기 때문이다. 우리나라의 경우 근현대사의 특수성으로 인해 개인의 도래가 지연되고, 상당 부분은 '병리적'으로 드러났을 뿐이다.[9]

개신교의 역사적 발전과정이 근대의 개인화 과정과 중첩된다는 것은 다수의

---

9) 여기서 '병리적'이라고 한 의미는 하필 극도의 개인주의와 소비자본주의가 창궐하는 시점에서 '개인'이 발생하다 보니, 계몽주의 사상가들이 이상적으로 꿈꾸었던 '시민'의 단계에 이른 개인들이 많지 않다는 의미였다. 그저 자신의 개인적 기호나 취미를 인권으로 여기는 이들이 많고 그러한 기호나 취미조차도 과연 주체적으로 형성된 것인가를 묻는다면 회의적이다.

사회학자나 역사학자들이 이미 정리한 바다.[10] 더구나 '만인은 하나님 앞에 모두가 왕 같은 제사장'이라면서 신앙인 단독자의 권위를 외치던 마르틴 루터 이래 개신교가 강조한 '신앙 주체'는 근대적 시민의 도래에 사상적 바탕이 되었다. 그러나 중세 유럽의 '가톨릭교회'라는 거대한 위계적 시스템에 대하여 저항하며 새롭게 평신도 신앙 주체를 선언했던 개신교 교회는 과연 평등한 조직을 만들어냈을까? 개신교회의 특성상 중앙집권적 조직이 없다는 것은 '자유'의 측면이 강했던 것인데, 이것이 자본주의적 경쟁 구도와 맞물리니 담임목사의 카리스마를 중심으로 개별 교회 성장론으로 귀결되어 버린 사례들이 많았다. 이는 비단 한국만의 일은 아니다.

하지만 한국교회는 다른 나라의 개신교와 비교해도 유난히 제왕적 목회자, 획일적인 교리와 성서 읽기를 통한 '주인-지배적(kyriarchal)' 특성이 강하다. 이는 여성주의 신약성서 학자인 엘리자베스 쉿슬러 피오렌자(Elisabeth S. Fiorenza)의 표현이다. 피오렌자는 그리스 신화에서 자신이 아버지를 잡아먹고 차지한 왕좌를 아들들에게 빼앗길 것이라는 신탁을 두려워하여 아내 메티스를 잡아먹은 제우스 신화에서 가부장제의 주인-지배적 시스템의 원형을 찾는다.[11]

> 아테나 신화는 주인-지배적인 힘과 지식의 체계가 아버지와 딸을 투쟁하게 만들고, 그들이 "현명한 여성"을 역사적 망각과 홀대에 떠넘겨서 요령껏 처리할 때만 아버지와 어머니를 화해시킬 수 있음을 보여준다. 이러한 홀대는 과학

---

10) 논자의 졸고 『세상을 욕망하는 경건한 신자들』에서 이러한 '친화성(affinity)'의 과정을 분석하였다.
11) 엘리자베스 쉿슬러 피오렌자, 김호경 옮김, 『성서-소피아의 힘: 여성해방적 성서 해석학』 (서울: 키아츠, 2021), 32-33.

이 여성을-곤충과 같은-해부를 위한 "대상"으로 바꿀 수 있는 근거를 제공한다. 지배적인 과학과 신학은 여성을 그들의 지적이고 학문적이고 신학적인 주체, 혹은 권위 있고 합법적인 개체로서 인식하지 않는다. 왜냐하면 지배적인 과학과 신학은 사회적이고 종교적인 지배를 위하여 계속해서 여성의 지혜와 지식을 편입시키고 마음대로 주무르기 때문이다.[12]

피오렌자는 가부장제적 교회 구조 속에서 주체로서의 여성 입지가 박탈된 상황을 비판했지만, 사실 카리스마 유형의 개신교 교회의 경우는 평신도의 주체성도 확립하지 못했다. '군사부일체'라는 유교적 가치가 아직 해체되지 않은 상황에서 '영적 지도자'로서 개교회 목회자의 위치가 겹치고 나면 목사는 개교회의 '가장(家長)'이 되어버린다. 한국 개신교의 특성을 형성하던 1920-30년대 한국교회를 비판하면서 이광수는 양반-상놈하던 시대가 갔음에도 목사, 장로와 평신도 간의 계층구조가 심하고, 더구나 세상과 교회를 이분화하여 평신도의 소명인 세상일을 통한 하나님의 역사를 외면한다며, 주체적 신앙고백 한 줄이 없는 것은 스스로 성서를 읽고 생각하는 이성적 신앙이 없기 때문이라고 지적했다. 하여 한국교회를 보고 있노라면 '유교의 독재를 벗어났는데 새로이 독재자를 만난 기분'이 든다고 말이다.[13] 거의 한 세기 전의 평가이나 오늘날 성찰해보아도 틀린 이야기가 아니다. 오히려 세상은 점점 앞으로 나아가는데 교회는 계속 멈춰 있다 보니 그 간극이 첨예해졌을 뿐이다. 이런 구조 속에서 평신도는 주체적 신앙인 개인으로 성장할 수 없다. 특히 이중적 위계로 고통받는

---

12) 피오렌자, 앞의 책, 33-34.
13) 이광수, "금일 조선 야소교의 결점", 『전집』(삼중당, 1963), 17: 20-26, 백소영, 『우리의 사랑이 의롭기 위하여: 한국 교회가 무교회로부터 배워야 할 것들』(대한기독교서회, 2005), 73에서 재인용.

여신도들의 경우는 더욱 열악하다. 단순히 여성 안수를 법제화하고, 여성 장로의 숫자를 비례제로 정립하고, 일부 걸출한 여성을 교회의 지도자로 세우는 것만으로는(물론 다 필요한 일이다) '여신도의 평신도 주체성'을 확립할 수 없다.

교회의 '주인-지배적' 특성에 더하여 개신교의 '주-중심적(kyriocentric)' 특성은 신자들의 주체성을 박탈하는 과정을 더욱 강화한다. 주님, 그러니까 예수님 중심의 교회 상호작용이 왜 나쁜가? 나 중심성을 버리고 주님 중심으로 살아야 교회가 이 땅의 하나님 나라가 될 것 아닌가? 물론 맞는 말이다. 하지만 피오렌자나 여타 다른 여성신학자들이 비판하고 있는 '주-중심성'이란 교리화된 신앙 대상으로서의 '주 예수'의 율법적(교회법적) 강조가 오히려 예수께서 넘어가셨던 유대교의 '주인-지배적' 특성을 기독교 안에서 재연하기 때문이다. 유대교 율법의 자리에 '주-예수-그리스도' 교리가 굳건하게 서 있다.

그리스도인의 핵심적 덕목인 '자기부정'은 결코 개별 자아 자체의 포기를 의미하는 것이 아니었다. 예수의 맥락이나 초대교회 공동체의 의미를 고려한다면, '자기부정'은 이미 현재의 시스템 안에서 확고한 자기를 가진 사람들의 사적 욕망과 이기심을 극복하라는 뜻이었다. 그러나 중세 가톨릭의 제도화된 면벌(죄) 방법들을 제거하는 과정에서 강조된 '오직 예수'의 교리는 신자 개인들을 '벌레만도 못한 죄인'이지만 '오직 은총'으로 구원을 입은 수동적 객체를 만들어 버렸다. 그리고 이런 '수동적 객체로서의 신자'는 서구에서 형성된 그대로 한국에 직수입되었다. 그리고 '정통 신앙'이라는 이름을 달고 신앙적 주체가 되려는 신자들을 정죄하는 율법이 되었다. 20세기 기독 지성의 한 사람이었던 함석헌은 자신의 자아 속에서 갈등하고 투쟁하며 토하듯 고백해내는 삶으로서의 신앙고백 없이 주문처럼 예수 이름만 불러 구원에 이르려는 개신교도들을 '안일교도'라고 비판했다.

> 피는 들었다면서 네 손이 희구나. 네 입술이 그늘에 시드는 나뭇잎 같구나. … 누가 네 믿음 보장하더냐? '한다더라'가 뭐냐? … 마른 나뭇잎조차 다른 잎으론 못 바꿀 개성이 있거든 너희는 꼭 같이 판에 찍은 그림으로 영원한 생명 사려느냐? … 참을 배워라. … 갈보리에 흘렸던 피, 그 피 네게 무슨 상관이 있느냐? 너 위해, 네 몸 위에, 네 혼 위에, 흘려 네 피 된 산 피 말이지. … 네 손이 왜 희냐? … 네 피 흘릴 맘 한 방울 없어 그저 남더러 대신 흘려달래 살고 싶더냐? … 힘은 아니 들고 빌어 삶, 생각은 아니하고 "더라"만 외는 빛, 이름을 빌망정 삶을 어찌 빌 수 있느냐? … 너 살고 싶으냐? 대들어라, 부닥쳐라. 인격의 부닥침 있기 전에 대속이 무슨 대속이냐? 부닥쳐라. 알몸으로 대들어라! 벌거벗은 영으로 그 바위에 돌격을 해라! 너는 그것을 했느냐? …이 놈들, 믿음을 놀음으로 바꿔놓은 이 안일교도 놈들, 아버지 형상 몸에 지키는 참 맘 보면 교만이라 비꼬아 몰고 스스로 거짓 겸손 자랑하는 너야말로 인간주의자들.[14]

결국 '스스로 하는 신앙'을 포기한(혹은 포기 당한) 평신도들은 예수가 가르친 '하나님 나라'를 자기 혼 안에서 곱씹어 100배, 60배, 30배 삶의 열매를 얻지 못했다. 오히려 예수님의 씨앗과 땅의 비유는 자본주의적 번영을 가르치는 강단의 소리를 통과해 신자들의 사적(私的) 성공에의 열망으로 변질되었다.

개신교의 경우 세상에서의 직업 영역에 대한 성취동기나 욕구는 종교개

---

14) 함석헌, 『수평선 너머』 함석헌 저작집 23 (서울: 한길사, 2009), 426-443.

혁 이전의 신자들에 비해서 월등하게 높다. 개신교가 천명한 '직업 소명'이라는 교리가 결정적 역할을 했다. 막스 베버가 "이세상적 금욕주의(thisworldly asceticism)"라고 부른 삶의 자세다. 전적으로 타락한 인간은 자신의 구원 상태를 위해 할 수 있는 바가 전혀 없으니 오직 '믿을' 뿐이고, 하나님의 '은총'을 구해야 할 일이다. 그러나 자신이 구원을 받기로 '예정'된 사람인지를 확인할 가능성은 있으니, 그것은 직업 소명 안에서 그가 하나님의 임재 안에 있는지 없는지를 아는 방법이라는 것이 칼뱅주의적 주장이다. 성실하고 근면한 노동 태도, 놀라운 업적과 성과는 바로 하나님의 동행을 입증하는 외적 증거들이라는 가르침이다. 중세를 막 빠져나온 개신교도야 구원 상태의 확인이 절실했을 일이고, 이들이 하나의 '습관'으로 만들어놓은, 금욕적이기까지 할 정도로 쉼을 모르는 직업 영역에서의 질주는 20세기 말까지도 대한민국 교회가 "청부론"과 "고지론"에 몰두하는 정당한 근거요 동기로 작동했다.[15]

그러나 "하나님의 은혜"라면서 간증 무대를 가득 채웠던 성공 사례들은 21세기에 들어와 후기-근대(late-modern)의 신자유주의적 무한경쟁의 시스템이 기승을 부리는 환경에서 점점 줄어들 수밖에 없었다. 개신교 교인이라고 하여 구조조정을 피할 수 있는 것이 아니며, 명예퇴직의 길에서 '구원'을 받는 것도 아니니까. 성실하고 경건하게 살았는데 기승전-망(亡)을 경험한 개별 신자들은 통전적(wholistic) 존재로서 자신이 되는 법, 스스로 신앙과 삶을 연결하고 종합하는 법을 배운 적 없기에 예배당에 와서 무릎 꿇고 자신의 실패나 좌절을 하나님과 목사님 앞에 '감정적으로' 호소했다. 미국발 '번영신학'이 최근 20년간 유

---

[15] 상세한 논의는 막스 베버의 이러한 논점에 근거하여 개신교도들의 사회적 열망을 정치, 경제, 가정 영역에서 분석한 책 『세상을 욕망하는 경건한 신자들』을 참조하라.

난히 '변성'하게 된 맥락도 경기침체나 고용불안정성과 무관하지 않다. 단순명료한 교리와 공동체적 연대감을 강화하는 개신교 내 사이비 집단들의 성행도 이 연장선에서 읽어볼 수 있다.

그런데 신앙적 주체성의 결여가 엉뚱하게 사적 욕망으로 전이되는 것보다 더욱 '문제적'인 것은 소위 집단적 분노로 전이될 때이다. 성서와 교회 전통을 '주-중심적'으로 읽는다는 것이 성서에 대한 축자영감적 수용과 전통 교리의 무비판적 수용이라고 믿고 있는 이들이 '공적'으로 뭉칠 때 나타나는 무서움이다. '주님의 권위'를 대체한 목회자들에 의해 제기되고 평신도가 '기독 신앙의 사수'라는 이름으로 결집하는 이슈들을 보면 기가 막힌다. 도대체 '종북좌파게이페미'는 어떤 생명체일까? 현재의 사회적 혼란과 신앙적 위협을 가져온 '주적'의 이름이란다. 사는 것이 팍팍한 것은 이상한 사상을 심어놓으려는 사회주의적인 지식인들 때문이고, 가정이 흔들리고 붕괴되는 것은 게이와 페미니스트 때문이라는데, 개별 집회마다 분노를 표출하며 따로따로 비난하다가 어느덧 '한 생명체'로 통합되어 버렸다. 자고로 적은 하나이고 힘이 세 보여야 전투력이 모아지는 법이다. 기독 신앙인으로서의 집단적 분노를 표출하는 이들은 단 한 번도 얼굴 대 얼굴로 만난 적 없고 의미 있게 관계하지 않았다. 무조건 받아들이라는 말이 아니다. 함께 만나 서로의 의견을 나누고 때론 격렬하게 토론하는 공론의 장(場) 한번 갖지 않고서, 자신들의 이미지 속 허상의 존재들을 격렬하게 혐오하고 순교적 자세로 분노하며 싸운다.

집단화된 분노로 교회의 '공적' 참여를 하고 있다는 믿은 이들은, 적어도 자신들의 분노를 '감정적 분노'라고 평가하지는 않을 것이다. 그들에게 이것은 신앙적 분노다. 마치 예수께서 장사치들로 가득한 예루살렘 성전에서 불같이 화를 내시며 장사판을 다 뒤엎었듯이, 신앙에 입각한 정당한 분노라고 말이다. 그런데 참 이상하다. 예수님은 기도하는 집에서 장사하며 강도의 소굴이 된 점에 분노하신 분이다. 지금 그런 일을 벌이고 있는 한국 개신교 초대형교회들이 한 둘인가? 그런데 그런 교회들을 향해서는 결집된 분노가 표출되는 것을 보지 못했다. '우리 교회 목사님'께서 그 부분에 대해서는 문제 삼지 않으셨고, 결집된 분노를 표출해야 하는 의제라고 규정하지 않으셨기 때문이다. 결국 서론에서 언급했듯이 가나안 교인이 꾸준히 증가하는 것도 이런 현상과 무관하지 않다. 가나안 교인들의 신앙적 성숙도를 보면 오히려 초기 신앙인들보다는 교회를 오래 다니고 내부적 공동체 참여도가 높았던 경우가 많다. 아이러니하게도 신앙적 주체성을 얻고 교회의 본질적 의미를 스스로 묻고 찾는 성도들이 결과적으로 교회를 떠나게 된다는 것이다. '목사님께서 말씀하시니 무조건 순종'이라는 전근대적, 시대착오적, 반성서적 덕목을 내면화하고 체화한 교인들 위주로 돌아가는 교회에 미래가 있을까? 아무리 생각해도 미래 세대, 다음 세대에게도 그 덕목을 가르칠 성서적, 윤리적 근거가 나에겐 없다.

3. 교회가 회복해야 할 공공성

　시민사회의 구성원에게 '민폐 집단'이라는 오명을 벗고, 공적으로 기여하는 교회로 거듭나기 위해서 우리는 무엇을 해야 하나? 무엇보다 먼저 교회가 시민사회에 '공적'으로 참여한다는 것과 '공공(公共)성'을 만들어가는 참여를 한다는 것은 구별되어야 한다. 앞의 사례에서도 보았지만, 근본주의적 신앙을 가지고 세상을 '교화'하기 위한 '공적' 참여도 가능하기 때문이다. 하지만 공공성을 담보하지 않은 공적 활동은 자주 사적 열망을 공공 공간에서 표출하는 민폐를 끼치게 된다. 사실 제대로 '공적'이라면 '공공성'을 담보할 수밖에 없기는 하다. 그럼 '공공'은 무슨 뜻일까? 개인이 곧 시민이 아니듯 많이 모여 있다고 공공성을 공유하는 무리라고 할 수는 없다. 군중, 무리, 대중과 구별되는 시민들의 '공공성'을 논하려면 사상사적 어원을 살펴봐야 한다. 그리스어 politeia는 플라톤이 『대화』에서 그리스 도시국가의 정치적 주체인 시민의 자격을 논하며 사용했던 단어인데, 이를 키케로가 라틴어 publica로 번역했다. 영어 public은 여기서 유래했다. 그러니까 정치사상사에서 '공공'의 의미는 시민사회와 긴밀하게 연결되어 있었고, 공동체 전체의 일에 대한 구성원 전체의 권리와 의무를 내포하는 개념이라고 할 수 있다. 그러니까 '공공'이란 모두가 누려야 하는 것을 의미하고, 그래서 모두가 책임져야 하는 무엇이다.

　기독교 신앙의 기초가 되는 유대 공동체의 신앙고백은 그 시작부터 '공공'적인 삶과 긴밀하게 연결되어 있었다. 고대 도시국가와 제국의 틈 사이에서 유리

방황하면서 강요된 노역이나 계약 노동을 통해 연명하던 집단들 간의 언약적 연대로부터 시작한 공동체였기 때문이다. 그들은 '공공'에서 배제되었던 경험을 가진 사람들이다. 그래서 초기 이스라엘은 어떤 특정한 개인이나 집단이 하나님의 것인 땅과 사람을 향해 소유 선포를 하지 못하도록 법 규정을 정하고 이를 성스럽게 지키려 했다.(적어도 지켜야 한다는 사회적 합의는 있었다.) 예수의 나사렛 선언도, 초대교회의 '권위 나눔'과 '소유 나눔'의 실천도 실은 하나님의 이름으로 '모두의 것'을 함께 누리려는 삶과 직접적으로 관련이 있다. 따라서 언어의 뜻에 합당한 교회의 공적 참여는 오직 '공공성'을 확보하기 위한 실천일 때만 신앙적이라고 말할 수 있겠다. 그리고 교회의 존재 이유는 세상에서 '공공성'을 확보하고자 하는 삶이기에, 신앙적으로만 산다면 언제나 '공공적'일 수밖에 없었다.

그러나 기독교가 제국의 종교가 되는 과정에서 신앙은 이원화되었다. 일반 평신도들의 신앙생활은 사사(私事)화, 영화(靈化)되었고 한편으로 사제집단의 '공적' 활동은 국가정치 권력과의 직접 연루되며 신정 정치 시대를 열었다. 한나 아렌트가 'private'의 어원을 분석하며 '무엇이 박탈된'이라고 풀었던 것은 기독교의 공(공)적 활동을 언급함에 시사하는 바가 크다.

> 타인이 보고 들음으로써 생기는 현실성의 박탈, 공동의 사물 세계의 중재를 통해 타인과 관계를 맺거나 분리됨으로써 형성되는 타인과의 '객관적' 관계의 박탈, 삶 그 자체보다 더 영속적인 어떤 것을 성취할 수 있는 가능성의 박탈, 사적인 영역은 곧 타인의 부재이다.[16]

---

16) 한나 아렌트, 이진우·태정호 옮김, 『인간의 조건』 (서울: 한길그레이트북스, 2009), 44.

그녀가 정의한 '사적인 것'의 정치 철학적 함의는 동질성의 '우리 집단'이 되어버린 현재의 기독교인들에게 자기반성적 깨달음으로 인도한다. 오늘날 다수의 신자 공동체에 '타인'이 없기 때문이다. 다름이 없기 때문에, 오직 내적 언어로 통용되는 고백적□교리적 상호작용만이 존재한다. 그래서 우리가 아무리 우리만의 답을 가지고 공적 세계에 참여한다 해도, 그것은 엄격한 의미에서 '공공성'은 아니다. '공적'이기에는 박탈된 것, 즉 우리와 다르게 생각하는 이들과의 진지한 대화 가능성이 없다.

사실 현재 우리가 이해하는 '신앙인의 공적 참여'의 근거들은 대개가 중세적 종교 제도로서의 가톨릭 타락의 정점에서 '저항하는 자들'이라 불리며 등장한 개혁주의자들로부터 받은 유산이다. 물론 신앙의 본질이나 핵심 전통의 회복 면에서 종교개혁가들은 지대한 공헌을 하였다. 무엇보다 신앙인들이 공적 세계에서의 활동을 통해 신앙적 소명을 다하려 했던 지점은 고무적인 일이었다. 막스 베버가 '이세상적 금욕주의(thisworldly asceticism)'라고 부른 삶의 자세 말이다. 개신교도들은 신앙적 기준으로 세속사회를 살아가면서 '사회적 시민'의 역할을 성실히 수행했다. 자주 그들의 '과도한 노동 의욕'이 일반인들의 질타를 받을 만큼!

그러나 그들의 '공적 세계에서의 책임적 활동'을 '공공성'이라고 부르기에는 '박탈된 것들'이 치명적이다. 이원론을 극복하며 세속사회도 하나님의 뜻이 이루어져야 할 하나님의 섭리 영역으로 인정한 것까지는 좋았다. 그러나 이들의 근면, 성실, 경건했던 노동윤리는 '부르주아들만'의 의미 추구였다. 더 정확하게는 '서구' '유럽' '백인' '남자' '중산층' 시민들이 하나의 '우리' 집단을 형성하고 자신들의 사회적 이익을 위해 만든 '성스러운 사회윤리'였다는 말이다. 영국 청교도들에 의해 정립되고 미국 청교도들이 실천하게 되는 교회의 사회 언약적 차원에서 타자로서 배제된 이들은 누구였는가? 그리고 이들의 종교적 주장에서 탈각된 유대-기독교적 신앙 전통의 주요 내용은 무엇인가?

뒤의 질문부터 언급하자면, 로마제국의 국교 시절도, 중세는 말할 것도 없고, 개신교적 언약 사상에서 탈락된 히브리인들의 공공성을 담은 아주 중요한 개념은 '희년' 사상이다. 땅도, 사람도 결국은 다 여호와의 것이라는 주장의 사회적 함의와 제도적 실천 말이다. 땅도 공공재요 인간의 노동력도 어느 특정 집단이 '노예처럼' 부릴 수 있는 것이 아니라는 이 '공공성'의 주장이 탈락되었다는 점에서는 칼뱅도 아우구스티누스만큼이나 감점 대상이다.

첫 번째 질문을 뒤에 답하는 이유는 '희년' 사상의 익숙함에 비해 '시민권의 박탈' 부분은 신자들에게 다소 생소한 부분이라고 생각해서이다. 상세한 설명이 필요하겠다. '시민(市民)'이 누구인가? 전통사회의 신민(臣民)과 대비해보면 금세 이해가 간다. 신(臣)은 상형문자로 사람이 등을 굽히고 왕 앞에 꿇어 엎드린 모양이다. 한마디로 '꿇어야 하는 사람'들이 신민이다. 신하는 왕에게, 종은 주인에게, 여자는 남자에게, 아이는 어른에게…. 그렇게 상하 위계질서가 존재하는 사회에서 복종하든 순종하든 꿇어야 하는 사람들이 신민이었다. 이들과 달리 시민은 중세도시 자유 상인, 행정가들을 비롯하여 봉건제의 '신'을 벗어나 비교적 자유롭고 독립적으로 자신의 생산노동에 종사하던 사람들이다. '부르

그(burg)'는 성(곽)의 의미인데 그 안에 사는 사람들이 '부르주아'다. 그러니까 봉건적 질서에서 꿇지 않아도 되는 사람들! 평등하게, 합리적으로, 자신의 노동에 정당한 대가를 위하여 상호작용하던 '시' 안의 사람들이 '시민'이었다.

하지만, 누가 '시민'인가? 시 안에서 산다고 모두 시민은 아니었다. 고대 아테네에서도 유럽의 독립도시 안에서도 '시민'은 재산을 가진 평민 남자들을 의미했다. 이들의 의미 추구였던 것이 '시민사회'다. 여기에는 노예도, 여성도, (이주) 노동자들도 모두 배제되었다. 공공의 것이 '시민의 것'을 의미한다면, 노동자, 여성, 이주자들은 그것을 누릴 권리가 없다. 따라서 시민사회에서 시민으로 규정된 사람들만이 주장하고 합의한 '공공의 것'은 주체 면에서도 주장 면에서도 심각하게 '박탈당한 것'이 있다는 말이다.

한 가지 구체적인 예를 교회 전통에서 들어보자. 개신교 가정윤리를 말하는 신학자들과 목회자들 주류는 '남편과 아내가 존재론적으로는 평등하나 기능적으로는 위계적'이라는 주장을 한다. 참으로 애매하다. 그러니까 창조되기는 평등하게 창조되었으니 그 본질에 있어서는 같으나, 가정이 하나의 공동체로서 잘 운영되기 위해서 기능적으로는 남편에게 '꿇으란' 이야기다. 지금도 아름답고 부드러운 언어로 공공연하게 전파되고 있는 가정 담론이다. 왕 같은 남편에게 순종하라고, 교회가 그리스도께 하듯 그렇게 아름답고 순종적인 아내가 되라고. 오경이 기록되던 당시, 바울이 살던 문화적 배경과 사회구조를 읽어내지 못하고 현대 낭만적 가정 담론으로 재포장된 개신교의 가정윤리는 여성들이 인간으로서 누려야 할 가장 근본적인 것을 '박탈'하고 있다. 즉, 자기 자신이 되는 것 말이다. 하나님의 형상을 닮은 주체로서, 아내나 엄마 이상의 자기가 되는 것, 그것을 실현하도록 고무하고 지원할 신학적 근거가 개신교 가정 담론 안에는 없다.

요컨대 1) 우리끼리 논의해서 우리만의 답을 가지고 공적 영역으로 참여하려는 내부자적 언어와 일방향의 시도는 '공공성'을 담보하지 않으며, 2) 우리의 교회가 전달받은 신앙적 유산 중에서 '공(공)적' 내용이 심각하게 박탈되거나 탈락되었다는 것, 그리고 무엇보다 3) 신앙인 개인이 신앙적 유산을 주체적으로 성찰할 능력을 박탈당한 것이 문제라면, 우리는 어떻게 이를 극복하고 신앙적 정체성을 가지면서도 시의적 적합성을 가지는 개신교 사회 담론과 실천을 모색할 수 있을까? 교회의 공공성 회복을 통해 사회에 필요한 존재가 될 수 있을까?

4. 공공 신학으로 충분한가? 여성주의적 관점에서

근현대 시민사회 '정의'(justice) 이론의 대표적 학자인 롤스(John Rawls)가 '교집합적 정의(overlapping consensus)'라는 개념을 제시한 이래 교회의 공적 참여를 말하는 학자들은 종교가 헌법과의 교집합 부분에서 시민사회의 공적 주체가 될 수 있다고 말한다. 공공 신학의 대표적 주자인 스택하우스(Max. L. Stackhouse)도 공공 신학의 주된 과제를 교회와 시민사회 사이의 공동선을 위한 합의 도출로 보았다. 이러한 주장들은 청교도 언약 사상의 미국적 확장의 연장이다. 공공 영역에서의 청지기적 사명이라는 칼뱅주의적 전통 말이다. 영적인 에스페란토에 회의적인 집단들과는 달리(공약불가능성), 스택하우스는 "횡단적 합리성"(transversal rationality)을 주장했다. "에큐메니칼 공공 신학의 중요 과제는 포스트모던 시대에 새롭게 도래하는 글로벌 문명을 해석하고 안내하기 위해 근현대적 발전들 속에 내재된 이러한 요소들을 발견하고 그것을 비판적으로 평가하고 개혁하는 것"이기에, 인권, 생태계, 공정무역, 책임적 테크놀로지, 질적 의료 등의 공공 주제들을 횡단하며 함께 논의하자는 것이다.[17] 교회는 정당도 아니고 신정 정치 집단도 아니지만, 평신도 사회윤리 성숙을 통한 시민적 참여가 중요하다는 주장이다.

같은 비전으로 조성돈 교수는 성숙한 사회윤리를 가지고 공적 참여를 하는 개인들을 연대케 하는 제3지대에 주목하면서, '기독교윤리실천운동'이 대표적인 단체라고 평가한다. 가톨릭과 같이 대표성을 갖는 상징적 인물이 없는 개신교로서는, 일종의 사회와 교회 사이의 중간지대로서 "한국 사회의 문제를 기독교적 가치관으로 먼저 지적하고 이슈화해" 나가고 이를 다양한 심포지움이나 세미나, 지침서를 통해 대중화하는 것이 중요하다는 지적이다.[18] 그것이 제3지대로서의 개신교적 사회단체들의 주요 역할이라는 것이다. 나 역시 제3지대의 공적 역할에 대해서 공감하는 바이다.

그러나 이미 존재하는 사회구조에 대한 문제의식은 가지지 않고, 공적 참여

---

17) 맥스 스택하우스, 새세대교회윤리연구소 초청강연 기고문 『공공신학, 어떻게 실천할 것인가?』 (서울: 북코리아, 2008), 30.
18) 조성돈, "교회의 신뢰회복을 통한 한국교회의 공공성 확립", 기독교윤리실천운동 엮음, 『공공신학』 (서울: 예영 커뮤니케이션, 2009), 113-114.

의 적극적 자세와 역량만을 강조하는 것은 여성주의적 시각에서 볼 때 위험하다. '우리 모두의 것(공공성)'이 박탈된 참여일 가능성이 있기 때문이다. 교회가 오늘날 공적 담론화와 참여의 영역이라고 주장하는 '가정' 영역에서 예를 들어 보자. 개혁주의 전통의 신학자들은 가정도 공적 담론의 영역이라고 강조한다. 영국에서 청교도들이 국교도 친화적인 왕권에 의해 교회와 사회 개혁에 실패하자 이를 가정 안에서 이루는 방향성으로 전환했던 역사가 있다. 국교도의 박해를 피하는 과정에서 사적 영역으로 숨어버린 것이다. 그때부터 가정을 교회의 가장 작은 형태로 인식하면서 축소된 사회를 하나님의 뜻대로 운영하며 그 안에서 사회를 개혁할 미래의 일꾼들을 길러내려 했다. 그랬기에 청교도 가정은, 분명 공적 차원과 사회적 목표를 가지고 있었다.

우리나라에서도 개혁주의 신학자들과 목회자들은 가정의 공적 비전을 찬성하고 강조한다. 예를 들어, 장신근 교수의 '교육 생태계' 개념은 '시민적 책임을 다하는 경건한 신자' 양성을 위한 교회와 가정, 학교, 그리고 시민사회(단체) 간의 유기적 교육을 강조한다. "마치 자연 생태계 속에서 생명이 유기적 관계 속에서 상호의존하며 상생하는 하나의 전체를 형성하는 것처럼, 여러 교육 현장들이 구분되어 존재하지만 유기적으로 연결되어 상호의존과 상생을 지향함으로써 전체적인 하나를 이루는 환경"이 '교육 생태계'라 한다.[19] 가정은 이런 '교육 생태계'의 주요한 영역으로서 공적 책임을 다해야 한다는 주장이다.

하지만 현재 존재하는 핵가족의 구조적 문제에는 접근하지 않고서 청

---

19) 장신근, "그리스도인의 삶과 공공성-공적 삶에 기여하는 그리스도인을 양육하는 기독교 교육", 앞의 책, 128.

교도 시절에 담론화한 내용 그대로 가족 간 결속을 말하고 다음 세대 양육에 대한 공적 참여를 강조하는 것이, 과연 사회 자체가 재구조화되고 있는 시점에서 공감대를 형성할 수 있을까? 현대의 공사 이분적인 칸막이화(compartmentalization)와 성별 분업적 구조의 문제를 놓치고서 가정의 공적 참여, 교육 생태계로서의 역할을 말하는 것은 한계가 있기 때문이다.

여성주의적 관점에서 볼 때,[20] 결국 사회와 교회 사이의 소통을 통해 교집합을 찾으려는 공공신학자들의 '공적 참여' 제안은 그 이전에 검토해야 하는 한 중요한 과정을 생략하고 진행되어왔다. 교집합을 만든다는 것은 이미 있는 기존의 주장과 질서, 이론을 전제로 한다. 교회나 사회가 현재 가지고 있는 주장과 이론 안에서 배제된 사람들의 의미 추구가 없는지를 점검하지 못하고 시작하는 협상이요 소통이라는 말이다. 아직도 우리의 시민사회에는 자신들의 주장이 공적 협상 테이블에 올라가지 못했던 사람들이 많다. 때문에, 종교가 이미 삭제, 배제해버린 영역은 반영하지 않은 채 이미 기존 시스템과 규범, 교리가 정당화한 체계 안에서만 교집합을 논하는 것은 정당하지 못하다. 교집합에 들어갈 가능성이 '닫힌' 이슈는 영영 논의되지 않을 수도 있기 때문이다.

'신앙공동체와 사회 간의 교집합적 동의 지점에서 시작하는 교회의 공적 참여'라는 이해가 갖는 또 하나의 한계성은 종교가 가진 '너머' 혹은 '초월'의 차

---

[20] 나는 여성주의(feminism)을 다음과 같이 정의했다. "페미니즘이란, 현 체제 밖의 시선이고 사유이고 언어이다. 5천년 가부장 역사 가운데 가장 대규모로, 가장 지속적으로 시스템 안에 있었으나 현재의 시스템을 만드는 데 참여한 바 없고, 이 시스템 안에서 자기 위치 역시 스스로 결정한 바 없었던 여성들이 대표성을 가질 수 있는 '주의'이다. 그러나 가부장적 시스템을 옹호하며 개인으로써 '명예 남성'의 삶을 선택한 생물학적 여성들의 의미 추구는 '체제 안'의 사유와 행동이기에 페미니즘이 아니다. 또한 생물학적 남성(그리고 그 어떤 자기 정체성을 가지든)이라 해도, 주체로서의 자기주장이 현재의 시스템을 만드는 데 반영되지 못했던 사람이라면 그 역시 은유로서는 '여성'이기에 그의 자기 해석은 페미니스트적 성찰에 포함되어야 한다." 백소영, 『페미니즘과 기독교의 맥락들』(서울: 뉴스앤조이, 2018), 20-21.

원이 배제될 위험이다. 유대-기독교적 세계관은 동시대 사회와의 교집합에서 시작하지 않았다. 너머의 관점에서 현재의 사회질서를 비판하고 대안적 사회를 건설하려 했다는 말이다. 나는 이를 '초월적 역사의식'이라 부른 바 있다. '초월적 역사의식'이란 "세상을 초월하시나 동시에 세상과 역사에 관계하시는 하나님 신앙에 기반을 둔 의식으로서, 신앙인들이 하나님의 영역으로서의 세계와 역사에 책임감을 가지고 참여하는 가운데 하나님의 뜻을 이루도록 신앙인들을 동기부여하고 이끄는 의식"을 의미한다.[21] 이는 앞에서 말한바 닫힌 교리나 이미 내려진 답을 가지고 사회에 참여하는 것을 의미하지 않는다.

'초월적 역사의식'은 콘텐츠라기보다는 일종의 관점이고 의식이다. 유대-기독교적 세계관과 신앙관이 가지고 있는 '하나님-중심주의'의 고백적 시각이 이 세계의 질서를 언제나 상대화한다는 것, 유일신 하나님 신앙고백의 실제적, 정치적 함의는 이 땅의 그 어떤 사회질서나 집단도 우상시, 절대시하지 않는다는 것, 그리고 그 하나님이 가장 사랑하시는 법도란 '어느 한 사람의 배제나 탈락도 없이 형제자매 되는 관계적 질서'로서의 하나님 나라를 이루는 일이라는 것을 의미한다. 이는 앞서 언급한 '주-중심적' 태도와 다르다. 개신교의 교리가 일상화되는 과정에서 형성된 '주-중심주의'는 예수님이 아닌 교회의 다른 '주(성직자)'를 양산해냈고, 평신도들의 주체성을 박탈하는 방식으로 진행되었기 때문이다. 그러나 하나님의 관점은 오히려 절대와 완전의 자리에 오르려 하는 세상의 특정 집단이나 제도를 반대하고 저항하며 세속사회의 시민들과 더불어 '모두를 포함하는 공동체'의 사회적 실현 방안을 함께 논의하게 한다. 그래서

---

21) 백소영, 『우리의 사랑이 의롭기 위하여』(서울: 대한기독교서회, 2005), 46.

그 관점은 현 시스템을 초월하나 동시에 역사의식을 동반한다.

한 사람도 배제하지 않는 우주적 보편 공동체인 '하나님 나라'! 우리는 사도바울의 고백을 기억하고 공유한다. 예수 그리스도의 십자가 아래는 빈부귀천, 남녀노소의 차별이 무(無)화된다는 고백 말이다. 최근 새로운 시각에서 사도바울을 읽어낸 알랭 바디우는 사도바울의 위대함이 바로 예수 사건을 "보편성을 향해 나아가는 개별 사건"으로 해석했다는 점이라고 했다. "보편화될 수 있는 개별성"을 "정체성을 추구하는 개별성"과 구분하면서, 바디우는 역사와 사회 안에서 분명 개별적 사건이되 그 사건이 어떤 특권적이고 특수한 이익을 넘어가는 것이어야 한다고 말했다.[22] 그것이 '공공성'을 찾아가는 과정이고, 그러한 참여에 한해서 교회는 '공적'일 수 있다. '하나님 나라'는 사회학적으로 말하자면 '유토피아'이다. 즉 아직 이 땅에 장소가 없는 곳이라는 말이다. 그러나 미래에서 현재의 우리를 끊임없이 불러내고 있는, 하여 그 미래를 기준으로 현재를 기억하라고 촉구하는 기준점이다. 때문에 '그' 미래를 현재로 불러오기 위해 '지금' 우리의 자리에서 개별 사건을 일으키는 그 모든 신자는 크건 작건, 개인으로 하건 단체로 하건, 이미 '신앙의 공적 참여'를 그 삶 안에서 실천하고 있다.

---

[22] 이 부분에 대해서는 부족하나마 『세상을 욕망하는 경건한 신자들』 결론 부분을 참조하면 좋겠다. 물론 알랭 바디우의 『사도바울-제국에 맞서는 보편주의 윤리를 찾아서』 (서울: 새물결, 2008), 18, 24-27, 31-32, 43-50을 참조하면 더 좋다.

공적 교회 열한 번째 모습 _
공적교회 회복을 위한 영성신학적 요인고찰

교회의 공공성 회복을 위한 창조영성적 제언

최대광 _ 공덕감리교회, 감신대 객원교수

들어가는 말

은퇴한 종교학자 최준식은, 종교를 죽음극복기술이라고 직설했는데, 이것 역시 정확한 말이 아닌 것이 분명하지만, 또한 새겨 들어야 할 말이기도 하다. 모든 사람이 죽음을 앞두고 있고, 이 죽음에 대한 공포는 이미 아기 때부터 시작된다고 한다. 최준식은 프로이드를 비판적으로 계승한 어네스트 벡커의 항문기 이론을 재구성하면서 이렇게 말한다: 이 구멍에서는 참기 어려운 냄새가 나고 그 보다 더한 것은 유아 당사자 뿐 만 아니라 어느 누구나 싫어하는 구린 것이 나온다. 유아는 항문기 때 바로 이 사실을 발견한다. 유아는 그 구멍에 손가락을 넣어 보기도 하고 똥을 여기저기 발라 보기도 한다. 이런 과정에서 유아는 비로소 육체의 존재성이나 기능에 대해 눈을 뜬다.[1] 사람의 의식은 몸을 넘어서지만, 자신은 몸에 한정되어 있다는 것을 깨닫는 지점은 이미 어린시절이란 것이다. 그리고 자기 자신 역시 죽는다는 것을 알게 된다. 나아가 오디푸스 콤플렉스로 진행되어 아버지를 살해하려는 욕망은, 자신이 처해진 상태에서 벗어나기 위한 몸부림이라는 것이며, '처해진' 상황이란, 의식은 나를 초월해도 나는 몸을 벗어날 수 없으며, 이 몸은 죽을 수밖에 없으니, 이를 벗어나려는 시도가 아버지 살해욕망으로 발전된다는 것이다.

물론 사회적으로 이것은 용인될 수 없다. 그런데 어릴적 부터 인간을 지배해 오는 죽음에 대한 공포를 극복하기 위해, 인간은 본능적으로 죽음을 멀리하고 생명을 선택하려 하며 죽음에서 벗어나려는 행동이 결국 성性에 대한 집착 곧

---

1) 최준식, 『죽음 또 하나의 세계』서울: 동아시아, 2006, 11쪽.

쾌락에 대한 집착이 아니라, 生에 대한 집착이라는 것이다. 종교란 이러한 방식으로 해결될 수 없음을 제시하면서, 어릴 적 가지고 있던 삶과 죽음의 이분법적 세계관을 극복하게 한다. 그렇다면 종교란 단지 죽음극복기술이라는 환원주의적 언어로 다 설명할 수는 없겠지만, 적어도 사람들에게 '죽음극복기술'을 통해 내가 살아 있는 것이 단지 '도피'가 아니라는 것을 알려주고, 이보다 더 깊이, 피상적인 인간의 경험보다 더 심층적인 체험과 삶의 의미와 나아가 이 체험이 일상의 선善한 실천이 되게 하는 것이 종교의 기능일 것이다. 환원론적 정의일 것이지만 사회적 측면에서 볼 때, 종교의 공공성이란, 죽음 앞에 서 있는 인간의 불안을 덜어주고, 나아가 세상을 살아나갈 때, 선하게 살게 하는 순기능이 있다 할 수 있을 것이다. 그리고 이보다 한 걸음 더 나아가, 몸을 넘어선 의식의 심층적 차원과 하나 되는 것, 곧 기독교적 의미에서는 신과의 연합(union with God)이나, 불교적 개념에서는 내가 곧 부처다 혹은 내가 '전체'다라는 깨달음을 통해 물질에 대한 욕망(이것도 죽음을 회피하기 위한 집착이다)을 덜어주면서, 결국 오늘날과 같은 생태위기의 시대에 자기 자신을 절제하고 욕심을 내지 않는 대안적 삶을 제시할 수 있을 정도로, 제대로 된 길로 가는 종교는 사회가 유지되는 데 있어 대단히 중요한 기능을 한다 할 수 있다.

그런데 왜 이런 길로 가지 못하고 공공성의 훼손과 더불어 종교 특히 개신교가 스스로 위기의 상황으로 들어가고 있을까? 교회 공공성의 회복이란 교회의 사회적 책임에 관한 말을 전제로 한 말일 것이다. 또한 이 말은 교회가 공공성을 갖지 못했다는 전제 아래 가능한 말이다. 종교 그 자체의 기능만 한다면, 적어도 최준식의 말과 같이 죽음극복기술이라는 차원 아래만 머물러 있더라도, 교회의 공공성은 무시못할 차원일 것이다. 물론 지금도 그렇게 하고 있지만, 특히 우리나라의 경우 이런 긍정적인 부분보다 부정적인 부분인 극우적 정치문화에 집착하여 공공의 영역을 분열시키거나, 가짜뉴스에 선동되고 이를 확대 재생산하여 사회에 증오를 확산시키는 행위를 하고 있기도 하다. 그렇다면 교회가 공공성을 훼손하고 이로 인해 스스로 게토화의 길을 걷게 된 이유와 그 과정은 과연 무엇인가를 먼저 진단해야 할 것이다. 이 논문은 교회의 공공성이 심각하게 훼손된 이유에 대해 밝힐 것이고 (사실 이것 역시 나의 시각과 내가 수집한 자료를 읽고 판단한 것이지만), 그 대안적 도구로 창조영성을 제안할 것이다.

몸말

미국 성공회의 주교이자 신학자인 존 쉘비 스퐁은 『기독교 변하지 않으면 죽는다』라는 도발적 제목의 책에서 자신이 지적하고자 했던 것을 전근대적 문자주의[2]라고 말하고 있다. 그는 나는 하나님의 현존에 대해 항상 그리고 거의 신비적인 인식을 가지고 있다.[3]라는 신실한 신앙인의 삶을 보여주고 있지만, 성서와 교리적 전통은 우리의 세계 특히 우리가 상식적으로 알고 있는 과학적 세계관과 완전히 동떨어진 세계관에 안에서 기록된 것이라는 것이다. 쉽게 말해, 성서와 전통이 만들어진 세계 안에서 이들도 스퐁처럼 하나님의 현존에 대해

---

[2] 존 쉘비 스퐁, 김준우 옮김, 『기독교 변하지 않으면 죽는다』서울: 한국기독교연구소, 2001, 25쪽.
[3] 위의 책 31쪽.

항상 그리고 거의 신비적인 인식을 가지고 있었지만, 이들이 표현하는 표현방식은 과학 이전의 신화적 세계관이라는 것이다. 그런데 문제는 그 '알맹이'를 우리의 문화 안에서 받아 21세기를 살아가는 우리의 언어와 세계관으로 읽으려 하지 않고, 과거의 세계관까지 '진리'로 받아들여 스스로 게토화 하기 때문에 결국 기독교의 미래는 없다는 말이다. 특별히 사도신경을 비평한 부분에서 스퐁은 이렇게 일갈하고 있다:

> 사도신경의 결론 부분은 성령에 관한 것인데 성령은 오순절에 교회를 만들었으며, 계속해서 오늘날에도 교회를 하나님의 임재로 채울 것이라고 고백된다. 첫째로 우리는 오순절에 관한 모든 상징들이 예수가 올라가셨다고 전해지는 똑 같은 삼층천에서 나온 것임을 주목할 필요가 있다. 성령을 보낸 이야기의 배후에 있는 생각은 지구가 우주의 중앙이라는 것과 하늘 위에 사는 하나님은 자신의 선물을 지구 위에 퍼부을 수 있다는 생각이다. 둘째로 사도들은 성도들이 교제하는 속에 성령이 나타나 '거룩한 공회'를 계속해서 새롭게 할 것이라고 주장한다. 교회 역사를 통해 교회가 실제로 성도들이 분명히 교제하며 사는 것처럼 보였던 때가 있었다. ... 그러나 동시에 교회의 역사에는 끔찍한 순간들도 있었는데, 거룩한 전쟁들, 신성한 십자군, 종교재판, 비열한 반 유태주의, 노골적인 살인적 인종차별주의, 성차별주의, 동성애 공포증이 그것이다.[4]

사도신경을 비평하던 스퐁은 사도신경이 결합 될 당시의 세계는 하늘-땅-지하라는 삼층적 세계관 아래, 우주는 하늘에 귀속되어 있고, 하늘의 빛이 별이라는 '구멍'을 통해 관찰된다는 전 과학적 세계관이 지배하던 세계였다. 그러니

---

4) 위의 책 45쪽.

성령은 성부에 의해서 위에서 아래로, 하늘에서 땅으로 숨을 쉬듯 부어진다는 생각이었다. 또한, 교회는 거룩하고 경건한 공회라고 초대교회의 성도들은 고백했지만, 중세와 근세를 거쳐, 2차대전에 이르기까지, 교회에 의해 벌어진 야만적 사건들 역시 우리 모두 알고 있다. 그렇다면 사도신경을 진정 우리의 신앙으로 고백할 수 있겠는가? 고백할 수 있다면 어떻게 고백해야 할 것인가?

그런데 문제는 교회의 역사는 '껍데기'와 '알맹이'를 구분하지 못하고, 껍데기를 알맹이로 이해하는 방식을 취해왔다. 곧 종교와 영성이 추구하는 하나님의 현존에 대해 항상 그리고 거의 신비적인 인식 아래 하나님과 동행하며 그 '체험'과 '깨달음'으로 삶을 구성하며 살아가는 방식 대신, 껍데기를 신앙으로 고백하고 절대화하려는 전통 때문에 전근대적 문자주의가 출현하는 것이고, 이것이 근본주의 나아가 현재 우리나라에서는 우파적 반공주의까지 구성하고 있는 것이다. 교회에서 동정녀 탄생과 육체부활에 문제를 제기해 보라. 그 반응이 어떻게 될 것인지! 지방과 연회까지 들썩일 수 있다.

그렇다면 왜 알맹이와 껍데기가 뒤섞여 우리의 신앙고백을 구성해 왔으며, 이 고백 때문에 우리 스스로가 고민해야 했는지에 관해 알아보도록 하자.

1. 위로부터의 신학과 아래로부터의 신학

김경재가 틸리히의 『조직신학』중 중심 주제를 발췌하여 설명한 책 『틸리히 신학 되새김』에서 틸리히가 계시중심의 그리스도론 곧 케리그마적 기독교에 대한 요약에 대해 대단히 간략하게 설명하고 있는데 이는 다음과 같다:

> 정통 신학이 강조하는 방법, 곧 '위로부터의 신학' 입장에 따르면 대답은 간단명료하다. 예수가 그리스도이신 것은 하나님의 예정이요 선택이요 결단이며, 하나님 자신이 마리아 동정녀의 몸일 빌려 이 세상에 육신을 입고 육화(incarnation)하셨기 때문이다. 우리는 그 결과를 보고 '은혜와 진리'가 충분한 그리스도라고 고백하게 된다. 계시를 일으키는 주체자 하나님이 모든 일을 결정하셨다. 인간 예수의 노력이나 신도들의 결단은 중요한 일이 아니다. 기독교라는 종교는 '하나님의 자기계시'를 듣고, 보고, 받아들이고 순명하여 구원의 선물을 받는 종교다.
>
> 또 하나의 방법은 '아래로부터의 신학' 또는 '변증신학'이라 부르는 것이다. 틸리히의 변증신학에 의해 '예수가 그리스도이시다'라는 동일한 확신과 고백에 도달하지만, 왜 그런가에 대한 답을 찾아가는 방법이 다르다. 변증신학에서는 역사적인 인간존재인 예수로부터 시작해서 그리스도의 고백으로 나아간다. 그래서 틸리히는 일반에겐 너무나 익숙한 '예수 그리스도'라는 호칭을 굳이 '그리스도이신 예수'(Jesus as Christ)라고 부른다.[5]

어거스틴에서 루터와 칼빈을 거쳐 최근의 신정통주의에 이르기까지의 신학을 '정통'이라고 보는 신학과 틸리히와 같은 자유주의 신학을 간략히 소개하며 나름 중립성을 지켜내기 위해서 김경재는 신학의 방법론을 가리키고 있지만, 사실 그 안에서 일어난 '효과'(effect)를 살펴보아야 한다. 단지 신학적 방법론만 위로부터 (신으로부터) 혹은 아래로부터 (인간으로 부터)가 아니다. 그리고 '신'으로 부터라 해도 결국 인간이 구성하는 신학이 아닌가?

---

[5] 김경재, 『틸리히 신학 되새김』 서울: 여해와함께, 2018, 78쪽.

교황청에서 일반사제까지 내려오는 상하구조에 반기를 들고, 루터가 성서 하나만 들고 개혁을 외치고 나왔지만, 그 역시도 위로부터의 신학을 단지 그 종교적 조직만 **빼놓을** 뿐이었다. 에라스무스가 인간의 자유의지에 대해 말을 할 때, 루터는 '노예 의지론'으로 맞받아쳤다. 루터는 하나님의 절대주권을 보호하기 위해, 인간 스스로의 자유는 없다고 말하고 있다. 곧 하나님의 은총을 받을 것인가 말 것인가 하는 것은 인간에게 달려 있는 듯 하지만, 예수 천당, 불신 지옥이다. 곧 은총을 받지 못하면 '지옥'이니, 사실 그에게 해당된 선택권은 이미 정해져 있다는 것이다. 그래서 노예 의지론인 것이다. 이런 계시 중심의 기독교 신앙은 필연적으로 계시의 저편에 있는 인간의 자유와 대립하게 된다. 즉, 신의 계시에 '반한' 인간을 설정하게 되는 것이다. 창조영성을 보면서 밝힐 것이지만, 바로 이런 세계관 아래서 타락/구속적 세계관 곧 아담의 원죄로 인해 우리 모두가 필연적으로 죄인일 수밖에 없고, 기독교는 죄인에 대한 십자가 구원이라는 신학적 틀이 성립될 수밖에 없다. 또한, 인간을 죄인이라 설정하고 있기 때문에, 인간은 신의 계시의 반대편에 선 '타자'가 규정되면서, 구원받은 자와 구원받지 못한 자라는 이분법이 성립된다. 정도에 따라 근본주의, 원리주의로 변형될 수 있는 기본적 틀이 만들어진 것이다.

이와는 달리 '아래로부터의 신학'이 있는데 이를 '비케리그마적 신학'이라고 지칭하기도 한다. 국내에서 비케리그마적 신학을 가장 가열차게 소개시킨 사람이 변선환이다. 이런 비케리그마적 신학운동의 대표주자는 프릿츠 부리와 철학자 야스퍼스였다. 야스퍼스는 소위 '정통'주의 신학자와 목사들이 상명하복식 계시신학을 주장하며 히틀러를 지지하고 이에 복종하라는 신학을 만들어 내는 것에 경악했다. 저들은 구원vs. 멸망이라는 히틀러 편에 서느냐 마느냐로 재구성했던 것이다. 앞서 말했듯 소위 '정통'이라고 하는 위로부터의 신학적 사유 틀 안에 형성된 뇌가 이런 말도 안되는 세계관을 '쉽게' 구성한 것이었다. 그래서 야스퍼스는 다양한 신학자들과의 대화를 통해 하나님을 이해하는 '철학적 신앙'을 강조했고, 기독교 절대주의에 저항하면서, '축의시대'라는 개념을 소개한 것이었다. 곧, 동서양 수 많은 종교적 천재들이 기원전800-200년 사이에 출현했다고 말하며 (붓다, 공자, 조로아스터, 이사야, 예레미야 등), 의도적으로 예수를 제외시키고 있다.

아래로 부터의 신학 혹은 비케리그마적 신학이란, '계시를 믿는' 종교 구조가 아니다. 위로 부터의 신학자들은 이미 자신들이 다 답을 가지고 있다고 하며 이를 받아들이지 않으면 구원받지 못한 '타자'다. 그러나 비케리그마적 신학이란, 다양한 철학은 물론 다양한 학문적 분야, 이를테면 문학과 예술을 포함하여 과학에 이르기까지 다양한 토론과 읽기와 글쓰기를 통해, 또한 체험을 통해, 하나님을 '찾아가는' 것이다. 완전히 하나님을 알 수 없고 그리스도를 알 수 없으니, 가장 구체적인 앎을 통해 보편적인 영역으로 확산해 가는 것 (사실 이 방식은 영국 중심의 경험론의 방식이다)임과 동시에, 그리스도를 알아가고 그 가운데 나를 알아가는 방식이다. 이렇게 보면 소위 '정통'이라고 하는 계시 중심주의는 암암리에 신의 영역 밖에 있는 '타자'를 설정해 놓고 이 '죄인'들에 대한 '정복주의'적 선교를 강조하는 반면, 비케리그마적 신학은 만남을 통해 타자 안에 있는 하나님의 형상을 알아가는 방식이니, 타자는 나에게 가르침과 도움을 줄 수 있는 소중한 존재가 된다. 그래서 이들은 '대화'라는 방식을 대단히 중요시 여긴다. 물론 인간은 누구나 자기 한계를 지니고 있고, 이로써 하나님으로부터 떨어진 한정적 존재이나, 또한 이들은 하나님의 형상을 지닌 존재이기도 하다. 그러니 비케리그마적 방식이나, 아래로부터의 신학은 대단히 수행적이며 때로 이성적이라 할 수 있다. 인간을 구원받은 자와 멸망할 자로 나누어 계시 안의 존재와 계시 밖의 존재로 이분하는 것 대신, 모든 인간 안에 있는 신성한 영역 혹은 '하나님의 형상'을 인정하고 있기 때문에, 대화란 배움이며, 인간 안에 존재하는 내적 선함인 하나님의 형상을 찾아가는 구조로 진행된다. 김재준은 이런 성향을 불교에서 찾으면서 이렇게 말한다:

> **불교에서는 깨달은 자, (각자覺者 붓다)는 누구에게나 열린 것이고, 깨달은 자로서 고타마 싯다르타의 특별한 위상은 인정하지만 아미타 붓다 등 다른 부처들도 존재한다고 생각한다. 이른바 구원의 보편성, 개방성, 우주성에서 배타적이 아니라 포용적이고 보다 휴머니즘적이다. 이 때문에 많은 사람들이 불교에 매력을 느낀다.**[6]

김재준은 불교와 기독교가 '다른' 형식이라고 말하고 있지만, 기독교 안에서도 이런 영성전통도 있었다. 앞으로 밝히겠지만, 창조영성도 역시 '아래로부터의 신학'으로 구성된 영성적 방법론이다. 매튜폭스는 위로부터의 신학을 타락/구속 전통이라 칭했고, 아래로부터의 신학을 '창조영성'이라 칭했다. 그런데 문

---

[6] 위의 책 79.

제는 아래로부터의 신학적 방식이 우리나라에서는 언제나 '아웃사이더'였다는데 있다. 위로부터의 신학과 아래로부터의 신학이 어느 정도 긴장감 있게 존재하면서 서로가 창조적 발전을 이룬 것이 아니라, 99프로 이상의 절대적 기독교인들이 '위로부터'의 신학 아래 영성이 구성되어 있고, 극 소수가 '아래로부터'의 신학을 하고 있을 뿐이다. 그렇다면, 도대체 왜 이런 현상이 일어난 것일까? 간략하게 살펴보도록 하자.

2. 위로부터의 신학에서 근본주의에로

스티브 브르워와 다른 저자들이 편집한 책, 미국식 복음의 수출 Exporting American Gospel에 의하면, 종교적인 사람들 가운데 스스로 '근본주의자'라고 불리워지기 원하는 사람은 없다[7]라고 했다. 이들은 '근본주의' 보다, 복음주의 혹은 '주권주의'로 스스로를 정체화 한다. 근본주의 Fundamentalism의 원형은 20세기 초반 프린스턴 대학교에서 발행된 팜플렛에서, 근본: 진리를 향한 증언 The Fundamentals: A Testimony to the Truth에서 처음으로 사용되었다고 한다. 당시 성장하고 있었던 합리주의와 현대주의에 대한 반발로, 양보할 수 없는 5가지의 기독교 교리를 제시한 것이 그 출발점이었다: 성서 무오설, 그리스도의 신성과 죄인을 위해 십자가에서 죽으심, 예수의 부활과 승천 그리고 심판을 위한 재림, 사탄과 비기독교인들의 멸망, 예수를 믿는 자들의 부활과 하늘나라

---

[7] Brouwer, Steve and Others, *Exporting American Gospel*, (London: Routledge, 1996), 263.

에서 하나님과 영원히 사는 것[8]이었다. 즉, 보수적 개신교인들이 합리주의적 시대정신, 곧 '아래로 부터의 신학'에 반발하여 핵심적인 개신교 진리를 곧 '계시'를 제시한 것이었다.

구조주의적 틀로 살펴본다면, 이들은 신앙을 비합리의 항에 위치시키고, 합리성을 비신앙의 항에 위치시켜, 합리성을 신앙과 이항대립적으로 파악하려고 한다. 그러니까 애초에 '아래로 부터의 신학'은 합리적 위치에 서 있기 때문에 비신앙적인 것이라는 말이다. 그렇지만, 합리주의는 비록 전통적인 기독교의 세계관에 때로 위협적이거나 때로 수정을 요청하기는 했지만, 반신앙적이라는 것은 그들만의 생각일 뿐이다.

그런데, '보수주의' 혹은 '전통주의'라고 하지 않고 구태여 이를 '근본주의'라고 칭하는 이유가 있다. 이에 대해, 스티브 브로우워는: 이들이 근본주의적이라고 할 수 있는 것은 그들이 사회/정치학적 운동에 관여할 경우 (때때로 아주 강력한 민족주의적 믿음을 가지고 있을 때)에 해당한다[9]라고 말하고 있다. 보수주의란 과거 전통과 삶의 방식에 회귀하는 개인적인 삶의 형태라면, 근본주의는 정치적 운동을 통해 합리주의적 삶의 양식을 몰아내고, '이들이 생각하는' 혹은 '이들이 집단적으로 동의한' 신의 계시를 타자에게 강요하거나, 모든 사람들이 이것을 인정하는 세상으로 만들려고 하는 것이다.

크리스 헤지스가 쓴 『지상의 위험한 천국』은 미국의 근본주의와 이의 전위세력이라고 할 수 있는 근본주의적 주권주의에 관해 비판적으로 검토하고 있다. 이 글에서, 크리스 헤지스는 근본주의의 발생원인을 다음과 같이 밝히고 있다:

---

[8] McGrath, Alister, *Modern Christian Thought*, (London: Blackwell Publishers., 1993), 230.
[9] Brouwer and Others, 264.

수백만 미국인을 그 운동속으로 이끌어온 고통, 혼란, 소외, 고통과 절망은 실재하는 것이다. 많은 미국인들은 자신들의 삶이 붕괴된 것에 책임이 있다고 비난하는 문화에 반격을 가하고 있다. 그들은 민주적 전통과 계몽적 가치가 자신들을 배반했다고 믿는다. 그들은 감각 상실, 고통이나 기쁨이나 사랑을 느끼지 못함, 거대한 공허감, 무서운 고독, 통제 상실에 관해 말한다. 개인적 자유와 선택으로 이루어진 합리적이고 자유주의적인 세계는 많은 사람들을 차례 차례 뱀 구덩이에 빠져들게 했다. 그리고 많은 사람들이 볼 때, 자유민주주의 사회는 그들의 공동체 가정, 삶이 분열되고 자멸할 때에도 수동적으로 방관했다. 이 절망 속에서 이 신자들은 과학과 법과 합리성의 세계에 대한 신뢰와 믿음을 포기했다. 그들은 개인적 선택과 자유를 의도적으로 피한다. 그들은 자신들을 저버린 세계를 예언자와 신비한 표징으로 가득한 새롭고 영광스러운 세계로 대체해왔다.[10]

이들은 5가지의 교리 혹은 신의 계시를 내세워 결국 이 가치로 신의 계시 밖에 있는 '죄인'들 때문에 미국의 가치와 문화가 망가졌고 붕괴되고 있다고 믿는다. 그래서 합리주의는 개개인을 공허하게 만드는 사탄의 전략이니, 이를 공격하여 파괴해야 한다고 믿는다. 그런데, 카렌 암스트롱은 근본주의자들이 성서의 '신화적' 그리고 '상징적' 언어를 '과학적'으로 오독한 데에서 찾고 있다: 종교적 믿음을 과학과 마찬가지로 증거의 문제로 만드는 것은 심각한 잘못이었다. 신학적 언어는 전혀 다른 차원에서 작동하기 때문이다. 종교적 언어는 본래 상징적이었다. 종교적 언어가 문자 그대로 해석되면 역겨운 것이었지만, 상징적으로 해석되면 톨스토이의 단편들처럼 초월적 실재를 드러내는 힘을 발휘[11]한다고 했다. 암스트롱에 의하면, 성서의 신화적 언어란 곧 상징과 은유의 언어인데 이를 근대의 시대정신을 표현한 과학적 논리로 읽으려 했다는 것이

---

10) 크리스 헤지스, 정연복 옮김, 『지상의 위험한 천국』, 서울: 개마고원, 64쪽.
11) 암스트롱, 카렌, 『신을 위한 변론』, 서울: 웅진, 2010, 426-27쪽.

다. 그래서 성서 안에 있는 알맹이 곧, 하나님이 늘 나와 같이 계시고, 나는 하나님의 '현존'속에서 살아간다는 삶의 방식과 체험과 신화적 세계관을 '계시'라고 하면서 뒤섞어 놓았고, 이에 관해 합리적 의심을 하는 모든 사람들은 기독교의 적이 되었고 정복대상이 되어 왔던 것이다.

결론적으로 근본주의는 전통주의의 옹호에서 출발하며, 합리적 세계관을 거부한다. 이를 묶어낼 수 있는 이들은 세속과 '다른' 자신들 만의 성聖스러운 세계관을 설정하고, 세속주의를 적대자로 간주한다. 움직일 수 없는 근본인 성서의 신화적 부분을 받아들이지 않으면 신앙이 없는 사람이 되는 것이다. 나아가, 종말론적 심판이 오면, (성서의 신화적 세계관을) 믿지 않는 신의 계시 밖의 사람 혹은 '적'들은 마귀와 함께 파괴당할 것이다. 그러나, 혹시라도, 이들이 '회개'하여 근본주의화 되면 멸망을 면할 수 있다고 말한다. 실로 대단히 폭력적 세계관인데도 우리에게 낯설지 않은 이유는 이미 이런 세계관이 한국의 기독교를 형성하는 보편문법이기 때문이다.

2.1. 한국의 근본주의와 반공주의

서양에서 근본주의가 '위로부터의 신학'이라는 구조 아래 더더욱 정치적이며 폭력적으로 성립되었다면, 한국의 근본주의는 좀 더 독특한 문화적 배경을 가지고 성장했다. 조선의 역사 역시 공자에 대해 재해석한 주자학을 절대화하고 같은 신유교 중 하나인 양명학을 '이단'이라고 몰아 세웠던 근본주의적 전통이 있었지만, '기독교' 안으로 근본주의를 한정시켰을 때, 그 시초를 이 땅에 처음 선교를 들어왔던 선교사로부터 찾아야 할 것이다. 조선에 선교사로 들어온 사람들의 성향을 분석한 배덕만은 다음과 같이 말하고 있다:

> 이만열 교수가 분석한 자료로는, 초창기 장로교와 감리교의 신학반 (후에 평양신학교와 협성신학교로 각각 발전함)에서 가르친 교수들이 총 55명 이었고, 그 가운데 한국인 교수 16명을 제외한 39명의 외국인 교수 중 33명이 미국인이었다. 장로교 선교사 중 출신학교가 밝혀진 16명 가운데 7명이 프린스턴신학교 출신이었다. 당시 프린스턴신학교는 벤자민 워필드와 그래샴 메이첸의 영향하에 근본주의 신학의 요람으로 전성기를 누리던 때다. 이런 상황에서 한국교회에 미국의 근본주의적 신학이 전수되고 뿌리를 내리게 되었음이 틀림없다.[12]

결국 선교사들은 미국의 '근본주의'적 운동 아래 탄생한 사람들이었으며, 이들의 신학이 조선에서 신학의 원형으로 자리를 잡을 수밖에 없었다. 선교사들은 당시 선교사들의 잡지에서 한국을 소개하기도 했지만, 한국의 유교나 불교 그리고 무속을 한국 선교의 방해물들[13]이라고 칭하면서, 동양의 종교적 유산을 가난의 원인으로 보고 있었다. 그리피스는 유교와 무속을 두고 아예 한국의 악마들[14]이라고 명명하기도 했다. 타종교는 계시 밖에 있으니 개종시켜야 하며 '악마'이기도 한 것이었다. 그런데 한국 기독교의 독특성이 있었다. 배덕

---

12) 배덕만, 『한국의 개신교 근본주의』, 서울: 대장간, 2010, 33쪽.
13) Vinton, C.C., Obstacles to Missionary Success in Korea in Missionary Review of the World, December, 1894, p.841.
14) Griffis, William E., A Modern Pioneer in Korea: The Life Story of Henry G. Appenzeller, (New York: Fleming H. Revell Company, 1912), p.232.

만이 밝혔듯이, 해방 전 한국 개신교 인구의 70-80%를 차지하던 서북 출신 개신교인들이 대거 남하하는 사태가 발생[15]했다. 이미 전쟁 전 이들은 대거 남하하여 공산주의자들을 계시 밖의 존재 곧 '악마'로 인식하던 중, 6.25전쟁이 일어나게 된 것이다. 또한, 전쟁으로, 교인들이 대거 목숨을 잃게 되면서, 눈에 보이는 명확한 '적'이 설정된 것이었다:

> 전쟁 발발 직후인 1950년 10월 신안군 진리교회에 '48인 순교기념탑'이 건립된 것을 시발로, 1951년 8월에 성결교 호남지방회가 중동리교회에 문준경 전도사의 순교기념비를 건립했고, 종전 직후인 1953년 12월에는 24명의 개신교 신자들이 집단학살 당한 전남 영암군의 영암교회에 순교비가 세워졌고, 1954년에는 한기련의 주도로 서울 남산에 '순교자 기념관'을 건립하려는 시도가 행해지고, 1956년에는 신축된 논산병촌교회가 '순교자기념예배당'으로 명명되고, 1957년에는 진리교회에 순교기념비가 건립되고, 1959년에는 병촌교회에 '6.25동란 순교자 기념비'가 건립되는 등 '순교성지'를 조성하려는 움직임도 활발하게 나타났다.[16]

기념사업이 진행되면서, 순교담론은 한국 개신교 신자들에게 신실한 신앙의 원형을 형성시켜 주었고, 해방 후 공산주의자들에게 두 아들과 자신의 목숨까지 빼앗긴 손양원 목사는 대중적 영웅으로 추앙되었다.

또한 일제시대 신사참배 거부로 목숨을 잃은 주기철 목사와 손양원 목사는 1970년대 후반, 주기철 목사와 손양원 목사의 순교이야기를 영화화한 〈저 높은 곳을 향하여〉(임원식 감독)와 〈사랑의 원자탄〉(강대진 감독)이 많은 관객을

---

15) 배덕만 op.cit. 41쪽.
16) 강인철, 『한국개신교와 반공주의』, 서울: 중심, 2007, 152쪽.

끌어 모으면서 일년 사이에 순교 영화가 두 편이나 제작·상영되었던 일도 주목할만하다.[17] 이런 순교담론을 통한 신화화된 신앙과 북에서 남으로 이주해 온 이주민 기독교인들의 공산주의에 대한 적개심이 결합되면서 한국의 기독교 근본주의는 타자 곧 '공산주의'가 위치하게 되었다. 전쟁 후 한국 장로교의 경우 4명중 1명이 월남한 기독교인[18]이었다. 이들은 북한에서의 반공투쟁으로 인한 순교자의 후예라는 자부심[19]으로 가득 찬 사람들이었다. 이들은 한국 개신교의 양대 조직인 장로교회와 감리교회에 막강한 조직적 영향력을 행사하면서, 순교담론의 신화화를 통해 반공주의를 확산시키고 강화하게 된 것이다.

이로써 한국교회는 노동자들의 노동운동이나, 약자를 위한 사회참여에 대단히 소극적이 되고, 계시종교로써 반공주의를 내면화 한 성서해석의 보수주의와 문자주의로 스스로를 정체화하게 된다. 그런데, 이런 신화화된 순교담론을 통해 형성된 반공주의는 보수주의 안에 내면화 하고 있다가, 2000년대 들어서면서 근본주의적 성격 곧 정치참여적 성격을 띠게 되었다. 강인철은 이를 다음과 같이 기록하고 있다.

> 요컨데, 1970년대부터 1980년대까지 개신교 진보세력의 전유물처럼 여겨져 왔던 '기도회 정치 (prayer meeting politics)'가 2000년대에 들어서는 개신교 보수세력에 의해 전가의 보도처럼 활용되고 있다. 2005년 11월에 개신교 보수세력이 주도하는 '기독교 사회책임'과 '뉴라이트 전국연합'이 나란히 창립된 데 이어 2006년 6월 말에는 '뉴라이트 전국연합'의 산하 조직인 '기독교 뉴라이

---

17) 위의 책 157쪽.
18) 위의 책 433쪽. 조형, 박명선, 북한출신 월남인의 정착과정을 통해서 본 남북한 사회구조 비교 164-167쪽 재인용.
19) 위의 책 437-438쪽.

트'까지 결성됨으로써, 개신교 보수세력들은 정치사회(political society)와 교회의 갭을 메워줄 연결조직까지 확보한 셈이 되었다.[20]

이들이 폭발적으로 늘어난 이유가 있었다. 1997년, 반공을 모태로 한 주류 집단이 야당이 되었고, 햇빛정책을 통해 북한과의 소통이 활성화되었다. 한번도 객관화되지 않았던 '반공'이 분석과 비판의 대상이 되면서, 의식의 위기가 시작된 것이다. 또한 80년대를 기점으로 금서에서 해제된 마르크시즘, 교육수준이 높아지면서 서서히 높아져 가는 합리주의, 동양철학에 대한 새로운 인식, 종교의 상대주의가 터져 나오기 시작하면서, 이들 모두 '자유주의'로 과거 '공산주의'와 같이 묶여지면서 자유주의자=공산주의자로 인식되며 이들은 한국사회를 망가뜨리며, 교회를 파괴하는 존재로 인식되게 된 것이다. 물론 정도의 차이는 있지만, 비케리그마적 신학자인 변선환이 북한 출신 반공주의자 김홍도에 의해 공산주의자로 낙인이 찍히게 된 것도 쉽게 이해할 수 있는 부분이다. 지금도 교회 안에서 자유주의자와 진보주의자를 구분하지 않고 모두 다 좌파 혹은 빨갱이라고 말한다. 그래서 한국교회의 목회상황에서 자유주의적 설교를 한다는 것은 다수의 근본주의자들에게 폭력을 당할 각오를 해야 하는 것이다.

계시 중심의 신학, 위로부터의 신학이 주류가 되면서, 이에 저항하는 아래로부터의 신학이 미미했던 한국교회가 어떤 길로 가고 있는지 이제 쉽게 이해할 수 있다. 위로부터의 신학을 구성하는 5가지의 근본교리는 사실 대단히 비합리적이고, 현대 과학적 사고방식으로는 받아들이기 힘든 은유적인 것인데 이

---

20) 위의 책 27쪽.

를 통째로 '믿는' 것이 믿음이라 강요하고 있는 것이다. 그런데 지금 이것이 아무렇지도 않게 한국교회 안에서 일어나고 있다. 진정한 알맹이는, 이런 믿지 못할 것을 믿게 되는 것이 아니라, 내가 하나님 안에 있고 하나님 이 내 안에 있음을 느끼고 그 현존 아래 살아가는 영적 생활일 것이다. 그런데 이런 종교적/영적 삶과 신화를 어지럽게 섞어놓고 여기서 벗어나고 있지 못한 것이 한국교회의 현 주소다. 스퐁 말과 같이 변하지 않으면 기독교는 죽을 것인데, 살아날 가망이 별로 없는 것이다.

그렇다면 이런 '위로부터의 신학' 케리그마적 계시신학의 폭력성을 극복할 수 있는 아래로부터의 기독교 신학이 중심이 된 영성 곧 삶의 방식은 무엇일까? 그래서 교회가 어떤 정신적 폭력을 가해하는 곳이 아닌, 포용과 사랑을 통해서 타자를 이해하면서, 서로와의 대화속에 하나님의 일면을 발견할 수 있는 '아래로부터의 신학'에 의한 '아래로부터의 영성'은 무엇이 있을까? 앞서 밝힌 데로 창조영성을 통해 이에 응답해 보고자 한다.

3. 아래로부터의 신학으로의 창조영성

초대교회의 교부 중 한 명인 펠라기우스가 어거스틴으로 부터 이단으로 몰렸던 가장 큰 원인 중 하나는 태어난 아기는 하나님의 형상을 지니고 있다였다.[21] 하나님의 형상과 창조의 선함이 신학의 출발점이었던 펠라기우스의 아

---

21) 뉴웰, 필립, 정미현 옮김 『켈트영성이야기』서울: 대한기독교서회, 2001, 22.

래로부터의 신학은 어거스틴의 위로부터의 신학으로는 도저히 받아들일 수 없는 이단적인 것이었다. 왜냐하면 태어난 아기는 부모로부터 물려받은 죄인이고 (원죄) 어거스틴은 원죄의 전달을 성욕으로 이해했기 때문에, 성욕에 의해 만들어진 죄인이기 때문이다. 이미 우리가 알고 있듯이 원죄는 (혹은 원죄라 기독교 전통이 지칭한 것은) 창세기 제 3장에 기록되어 있다. 그런데 원죄를 처음 개발한 사람은 어거스틴이었다. 달리 말해, 어거스틴 이전에 그 누구도 원죄를 전제하여 신학을 구성하지 않았다는 것이다.

그렇다면, 펠라기우스는 창세기 3장을 어떻게 읽고 있었을까?:

> 아담과 하와가 선악과를 따먹었을 때, 그들은 자유의지를 사용한 것이었고, 그 선택의 결과, 그들은 더 이상 에덴동산에서 살 수 없었다. 우리가 이 이야기를 들을 때, 우리는 그들의 불순종에 놀라고 그 결과 그들은 에덴에서의 완전한 행복을 누릴 자격이 없다고 결론을 내린다. 그리고 우리는 또한 선악과라는 나무에 대해서 놀란다. 선악과를 먹기 전에, 그들은 선과 악의 차이에 대해서 알지 못했다. 그래서 그들은 인간으로 하여금 자유로운 선택을 행할 지식을 얻지 못했던 것이다. 선악과를 먹음으로, 그들은 이 지식을 얻게 됐고, 그 순간부터 그들은 '자유'해졌던 것이다. 그래서 그들이 에덴에서 쫓겨 났다는 이야기는 실상 어떻게 인간이 그 자유를 얻게 됐는가에 관한 이야기인 것이다. 선악과를 먹음으로 아담과 하와는 성숙한 인간이 되어 그들 행위에 대해 책임을 지게 된 것이다. 하나님께서 이런 은총을 내려 주셨는데, 이에 불순종 할 수 있겠는가? 아담과 하와가 에덴동산에 머물러 있었을 때, 이들은 마치 어린아이와 같았다. 그들은 그저 어떤 윤리적인 이유 없이 하나님께 복종하였던 것이다.[22]

---

22) Van de Weyer, Robert, eds., *The Letters of Pelagius: Celtic Soul Friend*, (New York: Arthur James/Little Giddings 1995), 33.

인간의 자유의지와 함께 선악과는 결국 '성장'을 상징한다는 말인데, 사실 이러한 해석은 현대 심리학자들이 아담과 하와의 이야기를 이해하는 방식이기도 하다. 애초에 아담은 하와를 내 뼈 중의 뼈요 살 중의 살 곧 뼈와 살이 나의 것이라고 하였다. (창2:23) 하와와 자기 자신을 구분하지 못한 것이다. 곧 자크 라캉의 거울상 단계 이전의 (9-18개월까지)를 뜻한다고 한다. 선악과를 먹고 '눈이 밝아졌다'라는 것은(창3:7) 나와 타자를 구분했다는 것이고, 벗은 몸에 관한 수치심을 아는 것이고, 이제 원초적 통합 곧 켄 윌버식으로 말하자면 우로보로스 단계를 벗어나는 의식의 성장이라 할 수 있다.[23] 놀랍게도 펠라기우스는 창세기 3장을 현대의 심리학자들과 같이 인간의 의식성장으로 이해하고 있던 것이다. 그렇지만, 이와 같은, 창세기 제 3장의 독법은 비단 펠라기우스의 독특한 해석이 절대로 아니다. 창세기 제 3장을 기록한 저자 역시 이와 같았고, 어거스틴 이전의 교부들도 이렇게 해석했다. 아니 그 이전, 예수도 몰랐고, 폭스의 주장대로라면 바울도 몰랐던 논리였다. 그러나 어거스틴은 완전히 다른 해석을 하고 있다, 우리에게는 익숙하지만, 당시에는 처음 보는 논리였다:

> 아우구스티누스의 논리는 이전의 기독교 교리와 확실히 달랐고, 많은 기독교인들은 그의 주장을 간악한 것으로 여겼다. 전통을 따르는 수 많은 기독교인들은 아담의 죄가 후손들에게 직접 전달되었다는 원죄이론이 기독교 신앙의 중추적 역할을 하는 두 가지 토대, 즉 하나님이 행한 선한 창조와 인간이 지닌 의지의 자유를 뒤흔든다고 믿었다. 대부분의 기독교인들은, 세례를 받기 전에는 아담의 죄와 자신의 죄로 인해 더럽혀져 있었으나, 세례를 통해 '모든' 죄로부터 정결케

---

[23] 입으로 자신의 꼬리를 문 뱀의 형상. 원불교의 원형상처럼 무한을 뜻하기도 하지만, 켄윌버는 이를 자의식이 깨어나기전 자신과 타자를 하나로 인식하는 최초의 의식상태라 파악한다. 더 자세한 사항은 켄 윌버, 『에덴을 넘어』서울: 한언, 2009 참조. 특히 1부 66-82쪽을 보라.

되었다고 생각했다. 이집트인 교사였던 장님 디디무스(Didymus the Blind)의 말대로 이제 우리는 우리가 창조되던 때처럼 죄에 물들지 않은 채 각자의 주인으로서 다시 한번 태어난다고 기독교인들은 믿었던 것이다.[24]

처음에는 어거스틴의 논리가 '위험한' 것이었고, 창조의 선함을 훼손시키는 불손한 것이었다. 이 원죄란 무엇인가? 어거스틴은 모든 인간은 죄에 의해 회복할 수 없을 정도로 손상된 본성을 아담에게서 물려받았다[25]고 말한다. 이 육체는 애초에 영혼의 통제하에 있었지만, 영혼에 맞서 봉기를 일으켰으며 육체에 의해 영향을 받은 영혼은 자신의 자유를 통해 사악한 쾌락을 느낀다[26]라고 했다. 곧 육체의 반란이란 성욕이라는 것이다. 어거스틴의 이와 같은 주장에, 펠라기우스와 그 사상적 맥을 같이하는 율리아누스는 아담과 이브는 낙원에서 죽음과 성욕 때문에 고민하지 않았다고 한다. 죽음과 성욕은 '태초에는' 자연의 섭리였기 때문이다[27]라고 주장했다. 그러나 어거스틴은 이렇게 말한다: 아담과 이브의 의지에 따른 행위를 통해 우주의 섭리를 변화시켰는데, 의지에 따른 단 한번의 행위가 보편적 자연은 물론 인간의 본성까지도 타락시켰다.[28] 곧 인간의 의지는 원죄 이전에도 타락했으며, 이 타락은 우주 전체를 지배하는 하나님의 선함을 파괴시킬만한 엄청난 것이었다. 율리아누스는 아우구스티누스가 성적 방종과 성적 욕구를 혼동하고 있다[29]라고 말했지만 어거스틴은 이렇게 대답한다: 성욕을 자극받을 때 이를 통제할 수 있는 사람이 있는가? 아무도 없

---

24) 일레인 페이걸스, 『아담, 이브, 뱀』 서울: 아우라, 2009, 245쪽.
25) 위의 책, 208쪽.
26) 위의 책, 210쪽.
27) 위의 책, 247쪽.
28) 위의 책, 248쪽.
29) 위의 책, 262쪽.

다! 성욕이 발동하는 순간엔 의지의 결정에 응답할 '도리'란 없다[30]라고 답한다.

그러니, 성에 의해 탄생했고 성욕의 지배를 받는 인간은 구제불능이다. 그래서 그는 신의 은총 외에 그를 구할 수 없게 되어 있으며, 성교없이 태어난 예수에 의해 구원이 가능할 수 밖에 없게 된 것이다. 죄로 인해 파멸한 인간은 이제 어쩔 수 없이 외부의 간섭을 절실히 필요로 하는 상황에 처해 있다고 주장하는 아우구스티누스의 이론은, 세속의 권력을 정당화했을 뿐만 아니라, (필요하다면 강압적인 형태를 띠는) 교회의 권위 역시 인간의 구원을 위해, 필수적인 것으로 보았다.[31] 이렇게 보면, 어거스틴의 이론은 교회가 지배하던 로마에게 있어 대단히 호감적 신학이었다. 곧 '위로부터의 신학'이 성립되게 된 배경이고, 교회와 로마가 왜 이 신학을 채택하게 됐는지를 설명할 수 있는 것이며, 어거스틴 이전 교부신학 때는 오히려 '아래로 부터의 신학'과 '수행'이 신학자들과 기독교인의 삶의 중심이었다는 것을 보게 된다. 그렇다면 그들은 누구일까? 매튜 폭스는 그 전통에 대해 이렇게 말하고 있다:

> 창조중심의 영성 전통이 여태 서구교회에서 끊임없이 억압되어 왔다. 이레니우스와, 힐데가드와, 프란시스와 아퀴나스와 같은 사람들이 창조영성의 대표적인 사람들이었지만, 그와 동시에 소위 이단들 예를 들자면 펠라기우스, 스코투스 에리우게나, 마이스터 엑카르트, 지오다노 부르노, 데이야르드 샤르뎅은 이유 없이 고통을 당하였고 폭력을 경험했다. 그리고 대부분의 창조중심의 신비가들 예를 들자면, 힐데가드, 메히틸트, 엑카르트, 노리치의 줄리안, 쿠사의 니콜라스 그리고 이레니우스는 조직적으로 무시되어 왔다.[32]

---

30) 위의 책, 262쪽.
31) 위의 책, 233-234쪽.
32) Fox, Matthew, Original Blessing, (New York: Jeremy P. Tarcher/Putnam, 2000), 38.

이들은 전통적인 교회사와 신학에서 자주 등장하는 인물들이 아니다. 그렇지만 이들은 타락/구속적 시각에서 신학과 영성을 구성하지 않고, 창조중심으로 구성하였다는 것이다. 곧 위로부터의 신학이 아닌 아래로부터의 신학자들이었다. 미쉬러브와의 인터뷰에서 매튜 폭스는 영성을 어떻게 규정하느냐의 질문에 대해 폭스는 이렇게 대답하고 있다:

> 네, 나는 기본적으로 영성을 엑카르트가 우리 존재의 가장 내적인 영역이라고 말하는 것으로 이해합니다. 가장 내적인 헌신과 경험인데 이는 곧 우주적 경험입니다. 나는 영성을 공동체의 축하와 치유, 사회정의와 같은 것과 분리될 수 없다고 생각합니다. 그러나, 영성은 피상적인 것이 아니고, 우리의 깊이에서, 우리의 심연에서 살아가는 것이어야 합니다. 곧 바울이 말한, 겉 사람의 것이 아닌 속 사람의 것이어야 한다는 겁니다.[33]

내적인 것은 우주적인 것이다. 곧 가장 깊은 것은 가장 높은 것이다. 마이스터 엑카르트의 표현이다. 이에 엑카르트는 이렇게 말한다:

> 신을 참으로 가짐은 마음 (Gemt)에 달려 있고, 신을 향한 내적이고 정신적인 전향과 노력에 달려 있는 것이지, 계속 한결같이 신을 생각하는 것(Darandenken)에 달려 있지 않다. 왜냐하면 신에 대해 계속 한결같이 생각하는 일 자체가 본성상 불가능한 것이거나, 대단히 어려운 것인데다가 최상의 것도 아니기 때문이다. 사람들은 생각된 신(einem gedachten Gott)에 만족해서는 안된다. 왜냐하면 만약 생각이 소멸된다면, 신도 또한 소멸될 것이기 때문이다. 우리는 오히려 참되고 본질적인 신을 가져야 한다. 그 신은 인간의 사유와 모든 피조물들의 생각 너머 아득히 높이 있다. 만약 인간이 의지적으로 신으로부터 등을 돌린다 하

---

[33] http://www.williamjames.com/transcripts/fox1.htm

더라도, 신은 소멸하지 않는다.[34]

엑카르트에 의하면 인간의 근저는 하나님이다. 그렇다면, 겉 사람과 속 사람이란, 피상적인 것과 심층적인 것이며, 하나님의 형상과, 삶의 경험과 집착으로 구성된 상象들의 온갖 이미지와 이에 의해 생겨난 습관과 관성의 덩어리인 생각(Darandenken)들의 집합체다.

이러한 이해는 오히려 오히려 유식불교를 통해 더 잘 이해될 수 있는데, 불교에서는 오감 (다섯가지 의식)에 의해 파악된 색色이 제 6의식인 의意에 의해 집착되고 그 뒤에 있는 제 7식인 말나식 곧 '나라는 의식'에 의해 제 8식인 아뢰아식에 업業으로 저장되어 사물이 삼계에 윤회하는 범부의 삶을 떠나는 해탈이 곧 근저인 불성으로 나아가는 길을 제시한다. 그런데 심층마음인 아뢰아식은 7식의 '내'가 집착하여 (6식) 그 집착으로 인한 색色 곧 사물의 상이(예를 들어 사과를 봤다 한다면 내가 과거에 집착하여서 만들어진 사과의 이미지가 결합되어 8식에 저장되니, 후에 사과를 보면, 사과 자체를 있는 그대로 보는 것이 아니라, 과거에 집착하여 보았던 사과의 왜곡된 이미지를 보는 것이다). 아뢰아식은 모든 것을 있는 그대로 품어내는 '바탕'이다. 인간의 심층과 표층을 유식의 세계관으로 재구성한 한자경은 다음과 같이 말하고 있다:[35]

> 인간은 현상적으로 보면 전체 세계의 일부분으로서 각각 서로 다른 위치를 점하고 서로 다른 지위를 갖는 서로 다른 별개의 존재이지만, 근본에 있어서는 일체

---

34) 마이스터 엑카르트, 요셉 퀸트 편역, 이부현 옮김, 『마이스터 에크하르트 독일어 논고』, 서울: 누멘, 2009, 80쪽.
35) 한자경, 『심층 마음의 연구』, 서울: 서광사, 2016. 28

의 현상적 차이를 넘어 서로 다르지 않은 '하나'의 존재, 대등한 존재이다. 개체가 서로 다른 각각이면서도 또 서로 다르지 않은 하나일 수 있는 것은 개체가 표층과 심층 두 층위의 존재이기 때문이다. 개체는 표층에서 전체의 일부분일 뿐이지만, 심층에서는 전체를 포함하고 있어 그 자체가 곧 전체가 된다. 그러므로 개체는 표층에서는 서로 다른 남이지만, 심층에서는 서로 다르지 않은 하나이다. 표층에서는 개체가 전체의 일부분일 뿐이지만, 심층에서는 개체가 그대로 전체이며, 따라서 전체는 개체에서 반복된다. 이와 같은 개체와 전체, 표층과 심층의 관계는 다음과 같이 도표화된다.

심층마음을 유식불교에서 '아뢰아식'이라고 한다면, 엑카르트에게 있어서 이 심층마음은, 근저다 (하나님이라는 '이름'은 영어에서는 God이며 히브리어로는 야훼이고 이슬람은 알라라 하며, 일본어로는 가미다. 곧 이름일 뿐이다. 그렇다고 근저라고 하면 또 다른 이름이 아닌가? 이것이 언어가 가지고 있는 한계이고 어쩔 수 없이 대상화시켜 지칭해야 만하는 한계다. 원불교도 붓다의 원형을 원형상이라고 하면서 '원'을 그려놓고 절하지 않는가?). 곧 우리의 '근저'는 하나님의 근저라고 하는데 이는, 우리의 심층 마음 곧 영혼은 하나님께 맞닿아 있다는 것이다. 결론적으로, '나'라는 분리된 의식의 (7식) 집착으로 (6식) 인해 선택적으로 사물을 파악한 왜곡된 색이 아뢰아식 곧 근저 안에 '종자'로 존재하여 사물을 있는 그대로 보지 못하게 하는 것이다. 그래서, 불교는 나의 집착 속에서 형성된 종자에 의하여, 사물을 보지 말고, 있는 그대로 보라, 엑카르트는 하나님의 눈으로 세상을 본다라고 말 한다. 위에서 엑카르트가 말하는 남에 의해서 형성된 神이란, 똑같이 6식의 집착을 '나'라는 7식에 의해 아뢰아식 곧 근저에 종자로 새겨놓은, 있다 사라지는 神이기에, 존재와 생각을 넘어선 하나님과 맞닿은 소멸하지 않는 근저를 바라보라는 것이다.

근저로서의 하나님은 나뿐만이 아닌 모두의 근저가 되고, 우주의 근저가 된다. 그래서 이 근저로 돌파해 들어가는 것, 곧 내 안으로 들어가, 내가 습관적으로 만들어 사물을 이해한 상象을 모두 다 내려놓고, 근저 곧 하나님 안에서 자유하는 것이다. 이에, 폭스는 영성이란 심층에서 나오는 것이며, 이를 삶의 길 Way of life이라고 한다. 내 근저 되시는 하나님과 내가 늘 같이 있는데, 삶의 다양한 상황을 있는 그대로 받아들이며, 늘 새롭게 펼쳐지는 세상에 대한 '놀람'과 '경외'라고 말한다. :

> 예, 삶의 길 입니다. 삶의 길이란 우리 인생의 모든 것에 응답하게 인도합니다. 이것이 나무의 아름다움이거나, 바람이거나, 고난이거나, 아픔이거나, 창조성이거나죠. 영성은 이 모든 것에 대한 응답입니다. 창조전통은 우리의 가장 기본적인 응답은 '와우'하는 경험이라고 말합니다. 곧 경외와 놀람입니다. 랍비 헤셀은 지혜는 경외감에서 나온다고 했고, 영성은 그냥 지식이 아니고 바로 그 지혜의 경험입니다. 과학이 우주와 우리의 존재에 대해서 놀라운 소식을 알려줄수록 곧 어떻게 190억년 전 최초의 불덩어리가 결정했는가에 따라, 지구가 존재할 수 없었다는 이야기 등 우리는 놀라게 되죠. 신비는 이 놀라움에서 시작됩니다.

자신의 에고가 혹은 피상적 자아가 전오식 (오감)을 통해 6식의 집착으로 7식 곧 내가 형성한 이미지로 사물을 볼 때, 세상의 온갖 사물은 전혀 놀랍지 않다. 그러나 놀라움이란 언제나 이런 이미지를 넘어선 곳, 있는 그대로 보는 곳에서 시작된다. 특히 랍비 헤셀은 엑카르트의 '근저'에 해당하는 것을 '공감'이나 '긍휼'로 보았다 (엑카르트는 모든 피조물의 '근저'라고 하나 헤셀의 공감은 인간과 하나님간의 관계에 국한될 수 밖에 없다). 그래서 삶의 길a Way of Life 이란, 그냥 사는 것이 아니라, 하나님과의 공감적 '경외'이고, 이것은 이미 다 정해진 것이 아니라, 삶 안에서 찾아가는 것이며, 나아가, 창조된 세계와 공감하고 그 공감과 긍휼의 범위를 확산시켜 나가는 것이다. 그래서 이 공감의 영역은 사람 간의 화해이며, 자연과의 화해다. 이러므로써 하나님과의 평화, 사람간의 평화, 생태와 평화를 이루는 것이다. 이런 영적 삶의 길은 앞서 밝혔듯이 아래로 부터의 신학이며 수행적 삶인 것이다.

그렇다면 창조영성의 네 가지 길 곧 삶의 길을 통해 하나님과 사람들과 자연을 경외감을 통해 이해해 가며, 그 가운데 나를 발견하는 형식에 관해서 살펴보도록 하자.

3.1. 긍정의 길 (via-positiva) : 평상시의 삶의 방식

타락/구속 영성전통은 인간을 '죄인'으로 보는 것에 반해 창조영성은 인간 안의 근원적 선함을 강조한다. 특히 폭스의 경우 중세 도미니칸인 마이스터 엑카르트를 창조영성의 중심인물로 삼는데, 그의 신학은 창세기와 요한복음에 뿌리를 두고 있다. 그의 신학을 핵심적으로 요약할 수 있는 말은 바로 이것이

다: 말씀은 흘러 나오나 그 안에 있다. 흘러 나오나 그 안에 있다. 하나님으로부터 말씀이 흘러나오나 그 안에 있다. 이 말은, 첫째, 말씀의 형상(Idea)은 하나님 안에 있고 우리는 흘러나와 있는 것이다. 그러나 둘째, 하나님 밖은 아무데도 없다. 하나님 안에서 밖으로 흘러나오지만, 하나님 밖은 없고, 우리의 원형상은 하나님 안에 있다. 영생은 죽어 가는 것이 아니라, 이미 하나님 안에 있으며 이에 대해 단지 무지할 뿐이다. 셋째, 말씀을 뜻하는 히브리어 '다바르' 인데, 폭스에 의하면, 다바르는 어원상 에너지를 뜻한다. 곧 말씀은 하나님 안으로부터 흘러나와 피조물이 되지만, 여전히 하나님 안에 있고, 그 원형상은 하나님의 근저에 있다 (지금 우리가 있는 하나님 안고, 우리 영혼의 자리를 구분하기 위해 '근저'라는 말을 사용한 것이다). 우리 영혼의 근저는 하나님으로부터 창조적 에너지를 받아 지금 이 자리에 '존재'한다는 말이다. 생성철학적으로 보면, 존재하는 것은 '생성' (becoming)되고 있는 것이며, 생성됨이란, 늘 하나님으로부터 더불어 있다는 말이 된다. 그러니 우리는 하나님 '안'에 있으며, 하나님 근저에서 나온 우리의 생명은 여전히 하나님 안에 있으므로, 결코 우리와 하나님은 나누어 질 수 없다. 우리뿐 만이 아니라 존재하는 모든 것은 하나님의 '창조'에 의해 하나님 '안'에 있기 때문에 피조물과 인간은 하나님 안에서의 신성함을 공유하고 있는 것이다. 그러니까, 요한복음은 늘 하나님과 언제나 같이 있다고 하는 신학적 장치인 것이다.

폭스는 과학자 루퍼트 쉘드레이크와 공저한 책, T.he Physics of Angel 『천사의 물리학』에서 디오니시우스가 생각했던 우주의 구성과 아리스토텔레스의 우주를 다음과 같이 도표로 그려내고 있다. 이런 원형적 세계관을 중심으로 이 우주의 공간을 힐데가드 빙엔은 천사의 영역이라 하였다, 곧 고대의 삼층천적 세계 아래 공간은 천사 하나님, 혹은 창조적 에너지 다바르의 에너지를 전달하는 곳이 된 것이다. 프로렌스 성당의 천장과 이런 세계관 아래서 글을 쓴 단테의 신곡을 구스타브 도래가 그려낸 그림도 같이 보도록 하자.

『현대물리학과 동양사상』을 쓴 초프라는 특히 인도의 명상적 세계관을 물리학적으로 이해하고 있는데, 폭스가 주장하는 바는 서양의 우주론 역시 현대의 물리학과의 창의적 대화를 통해 이해하고 소통해야 한다는 것이다. 곧 이런 세계관은 사실이 아닌 것으로 판명이 났지만, 적어도 공간은 아무것도 없는 '차가운' 우연적 공간이 아니라는 것이다. 곧, 하늘의 태양과 땅과 우주는 모두 하나님으로부터 나와 생성되고 있으며, 내 호흡 내 몸의 세포 하나하나, 하나님의 은총이 아닌 것이 없다는 '의식'이 만들어낸 것이다.

미국의 물리학자 브라이언 스윔은 중력을 원초적 신비[36]라고 말하고 있다. 곧 과학이 (비록 이 역시 신화적 요소도 있지만) 우주의 시초를 대폭발이라고 하고 이로 인해 우주가 지금도 생성되고 있다 하여도, 중력이 없이는 형성 자체가 되지 않았다고 말한다. 중력을 원초적 신비라고 말한 이유는 어디서 중력이 왔는지 과학적으로도 알 수 없기 때문이다. 이것이 전제가 되어서 가장 작은 단위인 양자와 중성자가 움직이고, 우주가 확산되며 사라지지 않고 운행하고 있으며, 우리의 몸도 분해되어 사라지는 것이 아니라, 몸을 유지하며 살아 있는 것이다. 이 중력을 샤르뎅은 아예 '사랑'이라고 말하기도 한다. 곧 과거의 천동

---

[36] 브라이언 스윔, 『우주는 푸른용』, 서울: 분도, 2019, 35쪽.

설적 세계관이 아닌 현대의 과학적 세계관 속에서 재구성된 창조중심의 긍정의 길을 샤르뎅은 이렇게 표현하고 있다.[37]

이에 관해 최대광은 다음과 같은 설명을 덧붙이고 있다:

> 인간이 포함된 우주의 원뿔 제일 위에 정점이 있는데 거기에 오메가가 그려져 있습니다. 가운데는 '검게' 인간적-그리스도적이라고 되어 있는데요, 인간 안에 내재하신 그리스도이니 인간적-그리스도적이라 한 것이고, 바깥쪽은 사물인데 그 가운에 정점이 찍혀 있습니다. 사물 안에 내재한 그리스도라는 것입니다. 사물 안에 내재한 그리스도와 물질이 인간을 감싸고 있으나, 이들의 꼭대기에는 오메가가 있습니다. 샤르뎅이 말했듯, 영원히 인간과 사물을 넘어선 '거리'입니다. 그러나 인간과 사물 안에 내재한 말씀인 그리스도께서는 그 정점으로 인간과 우주의 모든 사물을 이끌고 있습니다.
>
> 오른편 그림을 보면, 제일 외곽에 인간-우주의 정점이 있죠. 그리고 가운데 그리스도의 정점이 있는데, 하나님의 중심이라고 하는 가운데 점과 살짝 떨어져 있습니다. 떨어져 있는 점, 곧 하나님의 중심이야말로, 사물과 영원한 거리를 두고 있지만, 그리스도께서는 또한 왼편 그림을 보면 사물과 연결되어 있기도 합니다. 연결-거리라는 이중적 의미는 범재신론적 형식이라고 할 수 있습니다. 하나님은 우리와 모두 안에 내재하시지만, 우리와 모두를 너머서 계십니다. 너머서 계신 분을 향해 그리스도께서 인간과 사물을 이끌고 인도하시는 것, 그리고 너머 계신 하나님께서 이끄시고, 새롭게 창조하시는 것 이것이 하나님과 우리의 관계이며, 우리는 매 순간 그리스도를 통해 그 오메가 포인트로 나아가고 있는 것입니다.[38]

---

37) 최대광, 『하나님의 창조안에 머물다』 서울: 신앙과지성사, 2023, 224쪽.
38) 위의 책 224-225쪽.

중력은 우리를 서로 끌어들이면서, 결국은 끝을 향해서 나아가게 하는데, 우리를 흩어지지 않게 하고, 마지막으로 그리스도의 정점인 오메가포인트로 이끌어 가는 것, 바로 이런 것들이 모두 '긍정'의 삶의 방식이라 할 수 있을 것이다. 매 순간 존재하고 살아가는 삶 그 자체가 은총이고 은혜인 것이다.

3.2. 부정의 길 (via-negativa) : 침묵과 고통에서 배우는 삶의 방식

낮이 있으면 밤도 있듯이, 삶의 밝은 면이 있으면 어두운 면도 있다. 근본주의적 기독교에서는 어두운 면, 계획의 실패를 죄와 마귀의 장난으로 보지만, 창조영성은 어둠과 부정적 경험도 길 (via/path)라고 받아들인다. 미국의 정신과 의사인 제럴드 메이는 그의 책 『영혼의 어두운 밤』에서 이렇게 말한다: 나는 1995년에 암 진단을 받았다. 그것은 나쁜 일이었다. 그러나 이 경험이 나로 하여금 하나님과 사랑하는 사람들과 어느 때 보다 가까이 가게 했고 이것은 아주 좋은 일이었다. 항암치료는 힘들었지만, 이로 인해 나는 완전히 치유됐다. 이를 보고 나는 아주 좋은 일이라 평가했다. 그런데 후에 항암치료는 심장병을 가져왔고, 나는 심장이식을 기다리고 있다. 이와 같은 일을 겪으며, 나는 궁극적으로 좋은 것과 나쁜 것을 결정한다는 것을 포기했다. 나는 진짜 아무것도 모른다. 세상의 가치 판단에서 보면 아무것도 모른다. 어둠과 실패도 하나님과 동행하시는 방식이다. 몸의 질병으로 인해 항체가 생겨나고, 고통으로 말미암아 그리스도의 고난과, 지구와 이웃의 고난에 긍휼함을 갖게 된다. 고난과 아픔과 상처는 하나님과 분리된 결과가 아닌, 이를 통해 내 근저가 되시는 하나님의 중심으로 들어가는 길이다.

그래서 고난과 아픔에서 벗어나려 하는 것이 아니라, 충분히 느끼며 고난이 주는 의미를 파악해야 한다. 특히 시편 23편은 이렇게 노래하고 있다:

> 주님은 나의 목자시니, 내게 부족함 없어라.
> 나를 푸른 풀밭에 누이시며 쉴 만한 물 가로 인도하신다.
> 나에게 다시 새 힘을 주시고, 당신의 이름을 위하여 바른 길로 나를 인도하신다.
> 내가 비록 죽음의 그늘 골짜기로 다닐지라도,
> 주님께서 나와 함께 계시고,
> 주님의 막대기와 지팡이로 나를 보살펴 주시니,
> 내게는 두려움이 없습니다.
> 주님께서는, 내 원수들이 보는 앞에서
> 내게 잔칫상을 차려 주시고, 내 머리에 기름 부으시어 나를 귀한 손님으로 맞아 주시니,
> 내 잔이 넘칩니다.
> 진실로 주님의 선하심과 인자하심이
> 내가 사는 날 동안 나를 따르리니,
> 나는 주님의 집으로 돌아가 영원히 그 곳에서 살겠습니다.

고난의 길을 영혼의 어두운 밤으로 승화한 십자가의 성 요한은 다음과 같은 그림을 그리고 있다:

긍정의 길과 같이 모든 인간의 길은 하나님 안에 있지만, 부정을 품어 안고,

모든 것을 내려놓고 단순하게 성령의 열매만 드러나게 하는 길이란, 하나님의 근저로 들어는 길은 '부정'을 통하는 것이다. 특히 폭스는 이를 그대로 둠 (let be / let go)라 하는데, 동양인인 우리에게는 집착하지 않는 것, 비우는 것, 내려놓는 것, 이렇게 표현할 수 있을 것이다. 집착을 내려놓고 있는 그대로를 받아들이는 길은 바로 침묵과 고통에서 배우게 되는 길이다. 삶과 싸워 지쳐 쓰러진 이후, 싸울 필요가 없음을 느끼듯, 부정의 길은 비우는 길이다. 폭스는 이를 두고, 긍정의 길만으로는 가볍다 고 한다.

3.3. 창조의 길 (via-creativa) : 기쁨과 아픔을 예술로 표현하기

이 길은 서양의 영성전통에서 거의 없던 것이었다. 폭스는 예술이 곧 묵상이라고 하면서, 예술로의 묵상 Art as Meditation을 기독교의 금욕적인 기도에 대안으로 제시했다. 물론 후에는 입장이 바뀌지만, 그만큼 예술적 작업은 영성훈련에 대단히 중요한 요소이기도 하다.

하나님의 말씀은 '흘러나오나 그 안에 있다고 했는데, 창조가 흘러 나오는 방식은 그냥 대충 된 것이 아니라는 것을 생물학과 물리학을 통해 할 수 있다. 또한, 자연은 예술가들의 창의력의 원천이 됐다. 하나님께서도 세상을 창조하시면서 '좋았더라, 선하다'라고 하셨다. 창조된 작품을 통해 자신의 내면을 발견한 것이다. 특히 베르댜예프는 '무로부터의 창조'를 '자유로 부터의 창의력'

과 연결시키면서, 제도적 성직이 아닌 예언자적 영감이 영성을 신비화 한다 (이용도 목사, 조직은 인간의 자유를 억압하지만, 자유는 인간을 신비화한다).

그림과 시와 음악을 통해 내 내면에 숨겨 있던 예술가를 발견하면서, 내적인 無 곧 '자유'를 확인하고, 하나님의 자유와 우리의 형상을 발견할 수 있는 것이다. 또한 작품은 만들다 보니 우연히 만들어지는 '과정'인 가운데, 나와 타자의 '자유'가 결합된 예술성이 드러나기도 한다.

그래서 예술가는 내적인 자유이며, 표현력인데, 이런 자유로운 예술성이 억압받았을 때, 대량살상무기와 마약과 같은 곳으로 창조성이 분출될 위험이 있다고 말한다. 특히 몸에 대한 억압을 통해 인간의 창의성에 무관심했던 타락/구속의 영성전통도 이에 관한 책임이 있다고 말한다. 그래서 내면에 있는 예술가의 창의적 작업을 통해, 하나님과 생태 (자연과 타자)를 표현하고, 하나님께서 '좋았더라'라고 했듯이, 우리 모두가 '좋다'라고 하는 예술과 삶의 도구가 출현해야 하는 것이다. 특히 제도화된 교육에서 인간의 창의력을 억압하는 것, 평가하는 것, 못한다고 면박을 주는 것은 결국 파괴적 창의력을 만들어 낼 수 있다는 점을 기억해야 할 것이다.

3.4. 변형의 길 (via-transformativa) : 창조영성과 사회변혁

마리아와 마르다는 누가복음과 요한복음에 나오는 자매다. 이 두 복음서에서는 이들의 성격차이를 묘사하는데, 특히 중세기독교에서는 마르다는 활동적 (active)이고, 마리아는 묵상적 (contemplative)라고 하면서 마리아적 삶을 살아야 한다고 강조했다. 특히 누가복음 10장 38절에서 42절까지 기록된 마르다와 마리아의 대립구도를 해석하면서, 마리아는 예수의 말씀에 집중한 선한 사람으로, 마르다는 여러 생각 곧 세상에 대한 생각으로 산만했던 질투 많은 여성으로 이해해 왔다. 그러나 마이스터 엑카르트는 마리아는 '처녀'로 마르다는 '부인'으로 해석한다. 처녀란, 예수의 말씀을 듣되 열매가 없는 사람으로, 부인이란, 실천에서 열매를 맺는 사람이라는 것이다. 마르다가 예수의 말씀을 듣고 있는 마리아에게 나를 도우라 하소서라 했는데, 엑카르트는 이에 대해 다음과 같이 해석을 하고 있다: 마리아가 말씀에만 집중하여 말씀만 탐닉하게 하지 마시고 실천하여 열매를 맺게 하소서.

  변형의 길은 '실천'의 길이며, '치유'의 길이다. 특히 폭스는 이 변형의 길의 핵심을 '자비' (성경에는 긍휼로 되어 있다. 구약에서 말하는 하나님의 사랑이 곧 긍휼이다)라고 했다. 특히 폭스는 이 '긍휼'에 관해 이야기할 때, 아브라함 여호수아 헤셸로부터 많이 배웠다고 고백하고 있는데, 헤셸은 특히 '기도'를 하나님과 인간의 '공감'의 장 안에서 이해하고 있다: 공감은 감추어진 것을 불러낸다. 우리들 각자의 말로 표현하지 못하는 슬픔, 양심의 가책, 희망, 갈망 등 우리의 벙어리냉가슴 속에 얼어붙은 엄청난 무게들을 지니고 있다. 기도를 통해 그 얼음이 깨어지고, 우리의 감정들이 우리의 정신을 움직이기 시작하여 출구를 찾기 시작한다. 공감은 표현을 낳는다.[39]라고 말한다. '공감'안에서 기도라

---

39) 아브라함 여호수아 헤셸, 김준우 옮김, 『하느님을 찾는 사람』 서울: 한국기독교연구소, 2013, 97쪽.

는 말로 '표현'하는 것, 그래서 하나님과 나와의 간극이 녹아 없어지는 것이 인간과 하나님이 공유하는 '공감'의 장이다. 그래서, 기도의 최고 목표는 하느님을 표현하고, 하느님과의 관계 속에서 자기를 발견하는 일이다.[40]라고 말한 것이다. 서양에서는 '하나님과의 연합'이라는 말로 표현하지만 헤셸은 하나님과 인간과의 '공감'과 '긍휼' 안에서의 '연합'이라는 표현을 한다:

> 탄원할 때 조차도, 도움을 받을 생각이나 보호받을 생각이 기도의 내면적 행위를 구성하는 것이 아니다. 좋은 결과를 바라는 마음은 기도하도록 이끄는 동기는 될 수 있지만, 기도를 드리는 가장 중요한 순간에 우리의 의식을 채우는 내용이 되지는 못한다. 연주자가 약속된 보수를 받기 위해 연주를 시작할 수는 있지만, 손가락 끝으로 빠르게 은밀한 소리들을 만들어내는 열정적인 순간에는 연주가 끝난 다음에 받을 보상에 대한 생각은 거의 하지 않는다. 그의 존재 전체가 음악 속에 몰입한다.[41]

이렇게 기도를 통해 하나님의 긍휼 안에 몰입하는 사람은 또한 이 공감의 장 안에 있는 다른 사람과 생태를 발견하며 또한 이 안에 있는 나를 발견한다. 폭스는 특히 긍휼을 사랑과 정의의 결합이라고 하며, 이 긍휼을 표현한 예언자들을 '실천적 신비가'(mystic in action)라고 말하기도 한다. 신비를 일체 곧 '사랑'이라고 말한다면, 행동은 '정의'라 할 수 있고, 사랑과 정의가 결합된 실천을 폭스는 '긍휼'이라고 말한다. 공감의 장 안에 서로의 마음을 나눈 사람은 당연히 '행동'하게 되는 것이다. 곧 하나님과의 공감의 장에서, 내 주변 아픔과의 공감

---

40) 위의 책, 96쪽.
41) 위의 책, 76쪽.

의 장 안에서 긍휼함에 몰입하여 행동하는 것, 바로 이것이 변형의 길인 것이다.

폭스는 자비함을 '사랑과 정의' 곧 예언자적 공의의 사랑으로 보고 있다. 사랑하여 변혁해가는 것, 이것이 변형의 길이다. 자본주의적 비인간주의, 노동착취와 고통 속에서의 '아픔'을 충분히 공유하고(사랑), 이런 상황 속에서 고통스러워하는 외국인노동자와 젊은이들과의 '연대'를 통해(사랑+정의), 아픔의 근원에 저항하기 위한 운동(정의)이 긍휼함이며, 이는 창조영성의 수행을 '실천'으로 구체화하는 것이다. 이 세상이 하나님의 긍휼 안에 있으니, 기도와 영적 수행을 통해 하나님의 긍휼 안에 있는 나와 세상을 체험하고 깨닫고, 긍휼하신 하나님과 같이, 파괴되는 생태에 깊은 '긍휼'을 느끼며 이를 벗어나기 위한 운동과 실천을 해 나가는 것, 이것이 변형의 길인 것이다.

나아가, 폭스는 자비를 생태와 우주를 가슴에 품어 안는 축제라고 한다. 사실 이 말은 그가 시바의 춤을 창조라고 이해한 인도의 영성에서 많은 영향을 받은 것인데, 우리식으로 다시 이 말을 재구성하면, 긍휼의 길은 기쁨과 유쾌함의 길이라는 것이다. 이것이 없으면 사랑할 수 없고, 정의로울 수 없다. 축제가 사라진 참여는 금방 시들해 지는 것과 같다.

긍정의 길을 통해 하나님의 은총을 온 몸으로 받아들이고, 부정의 길을 통해 낙담하지 않고 오히려 자신을 성찰하며, 충분한 긍정과 충분한 부정을 통해 내적 창의력을 개발해 나가며, 이를 정의를 향한 실천인 긍휼로 나아간다면, 내 삶과 주변과 생태의 삶을 더 충만하게 하고, 풍부하게 하며, 세상을 변혁시키는 공적 역할을 계시 중심의 근본주의적이고 배타적 기독교보다 훨씬 더 깊고 넓게 실천할 수 있을 것이다.

나가는 글

앞서 스퐁은 문자주의와 근본주의를 비판하기 전 나는 하나님의 현존에 대해 항상 그리고 거의 신비적인 인식을 가지고 있다라고 전한 바 있다. 그가 신앙인이라는 사실은 신화가 교리화된 고백이 아니라, 바로 위와 같은 체험과 삶의 길 (way of life) 때문이다. 공적교회로의 기독교가 어려워진 이유는, 신화와 영적인 체험적 방식이 뒤섞여 있기 때문이다. 이 글에서 신화적 세계관과 뒤섞인 신학이 케리그마적 계시신학으로 변모하고 이 극단주의가 근본주의로 변형됐으며 우리나라의 경우 반공주의와 결합되어서 건강한 신학적 공공성이 성립되지 못하는 것을 밝혀냈다.

이에 대한 대안으로 아래로 부터의 신학을 간단히 해설하고, 이에 맞는 영성인 창조영성을 소개하였다. 물론 사람의 생각으로 구성된 것이 완벽한 것은 없을지라도, 창조영성과 아래로부터의 신학이 좀 더 활발하게 논의되고, 이것이 전통과 물줄기가 되어서, 계시중심의 폭력적 신학이 주류가 된 한국교회에 '소화기' 역할을 할 수 있다면, 또한 이 전통들에 대한 이해가 확산되어서, 한국의 신학에 계시 중심의 신학만 있는 것이 아니라, 아래로 부터의 신학전통이 있다는 것을 확인하고, 읽고 공감하고, 이것을 창조영성을 통해서 실천할 수 있다면, 기독교의 공공성이 많은 부분 회복될 수 있음은 물론, 더 건강한 신학적 전통들이 생겨날 수 있을 것이다.

스퐁은 상징과 본질 혹은 신화와 교리가 뒤섞여 있는 지금 기독교를 지적하

---

40) 위의 책, 96쪽.
41) 위의 책, 76쪽.

면서, 그 역시 아담과 하와의 원죄의식에서 출발한 기독교 신학에 문제를 제기하고 있다. 그러면서 다음과 같이 말한다: 진화론은 아담과 이브가 기껏해야 전설적인 존재들인 것으로 만들었다. 첫 부모들이 없었으며, 또한 첫 부모들이 불순종한 행동이 인류 전체에 영향을 미칠 수는 없다. 그러므로 죄속으로 타락했다는 것도 없었다. 그러나 모든 사람들이 여전히 우리의 가장 깊은 자아, 또는 가장 진정한 자아가 되고자 노력한다는 의식이 있다.[42] 곧 모든 이들 안에 있는 근저, 하나님의 형상을 찾아내고 그리로 살려고 노력한다는 것이며, 예수는 바로 이 삶을 살아가신 분이다. 곧, '예수 안에 있는 하나님' 곧 예수가 체험한 하나님으로 되돌아가자는 역사적 예수를 소개하면서 '아래로부터의 신학'을 주장하는 것이다. 스퐁은 예수를 영의 사람[43]이라고 하며, 예수를 영적 스승으로 읽자는 것이다. 또한 예수 안에 있는 하나님을 엑카르트가 기술한 신비주의적 신앙, 곧 그가 제기했던 하나님께서 현존하신다는 의식을 제시하기도 한다. 쉽게 말해 기독교는 아래로 부터의 '수행적 신학'이 중심이 된 영성신학을 제시했다고 볼 수 있다. 마치 웨슬리가 '실천신학'을 강조했던 것은, 삶의 '체험'과 괴리된 사변적 신학과 거리를 두었다는 말과 일맥상통한다.[44]

특히 올해 기록적인 더위로 인해 우리 모두가 지구온난화와 기후변화에 대해 동의하고 심각하게 생각하니 만큼, 창조영성에 대한 관심과 연구/실천 모임, 이 영성을 활용한 활동이 더 활발히 이루어져야 할 것이고, 아래로 부터의

---

[42] 스퐁 op.cit. 128쪽, 130쪽.
[43] 위의 책, 133쪽.
[44] 케네스 콜린스, 이세형 옮김, 『존 웨슬리 톺아보기』서울: 신앙과지성사, 2016, 55쪽. 신학교에 입학하려는 웨슬리에게 어머니가 실천신학을 중점적으로 공부하라는 말에 대해 그는 (웨슬리는) 경험적이고 실천적인 방식으로 신앙의 가장 깊은 세계를 알게 되었다고 주장한다.

신학이라 한 것 만큼, 신학읽기는 물론, 다양한 학문과 삶의 분야와의 열린 대화와 독서 모임, 실천 모임 등을 통해 목회자들은 설교가 탄생해야 하고, 교회의 목회방향이 설정되고 모임을 통해 이것이 공유되면서 하나의 운동이 되어야 할 것이다.

공적 교회 열두 번째 모습 _
공적 교회 회복을 위한 공공신학적 요인 고찰

국가보안법에 대한 인권 신학적 비판/ 국가보안법을 중심으로

최형묵 _ 천안살림교회, 기독교윤리학

I. 시작하는 말

사상과 양심의 자유는 인권의 요체로서 민주주의 사회에서 당연히 보장된다는 것이 상식이다. "국가는 개인이 가지는 불가침의 기본적 인권을 확인하고 이를 보장할 의무를 지닌다."(헌법 제10조) 대한민국의 헌법 역시 이를 명문화해두고 있다. 그러나 우리 사회에서는 '빨갱이' 또는 '종북'으로 낙인찍히는 순간 그 상식이 무용지물이 되고 마는 또 다른 '상식'이 통용되고 있다. 반공주의를 전면에 내세운 분단국가 체제를 합법적으로 뒷받침하는 수단으로서 국가보안법이 존재하기 때문이다. 1948년 제정된 이래 국가보안법은 국가의 시책에 이견을 제시하고 저항하는 이들에게 무시무시한 족쇄가 되어 왔을 뿐 아니라 양심과 내면의 자유까지 속박하는 엄청난 위력을 지녀왔다.

처음에 그것은 분단체제하에서 권위주의를 유지하는 임시적이고 부수적인 장치로 여겨졌지만, 실제로 그 효과는 그 기대와는 전혀 달랐다. 정치적 민주화가 진전되고 남북관계가 개선되는 상황에서도 민중운동과 통일운동을 제약하고 사상을 통제하는 장치로서 위력을 발휘해왔다. 그것은 사회적 운동을 제약하는 것뿐만 아니라 학문과 예술 활동 전반을 통제하였고 사람들의 내면세계를 규율해왔다. 국가보안법은 1987년 민주화 이후 몇 차례의 존폐논란을 겪으면서도 2023년 오늘까지 건재하며 여전히 강력한 위력을 발휘하고 있는 중이다.

오랫동안 국가보안법에 대한 연구는 제대로 이뤄질 수 없었다. 그에 대한 연구 자체가 그 법의 위반으로 간주될 수 있는 소지를 안고 있는 만큼 쉽사리 접근하기 어려운 금기사항이었기 때문이다. 게다가 그 법이 적용된 사례와 관련된 자료들에 쉽사리 접근할 수 없었던 점도 연구에 어려움을 더하는 한 요인이었다. 1987년 민주화와 1990년대 초반 북방정책과 남북관계의 진전으로 비로소 국가보안법의 의의를 재조명할 수 있는 환경이 조성되었다. 1990년 전후 선구적인 연구(박원순1·2·3)와 또한 1990년 처음 시작된 헌법재판소의 위헌심사 절차가 진행되는 과정을 통해 그 법리상의 문제점은 비로소 본격적으로 검토되었다. 이후 법조계와 법학계를 중심으로 여러 연구들이 축적되어 왔고, 근래에 이르러서는 민주화를 위한 변호사 모임에서 발간한 저작들에서 그 법리상 문제점들이 본격적으로 다뤄졌다(민변1·2).

놀랍게도 국가보안법에 관한 신학적 논고는 찾아보기 어렵다. 분단국가 체제를 강고하게 유지해온 장치로서 국가보안법에 대한 신학적 논고를 찾아볼 수 없는 이례적인 사태를 어찌 이해해야 할지 탐구하는 것 자체가 하나의 연구 주제가 되지 않을까 싶을 정도이다. 친미반공분단국가의 형성과 전개 과정에 대중을 반공이데올로기에 통합시키는 역할을 맡았던 교회(강원돈1, 375-376)의 입장에서는 그렇다 하더라도 민중신학의 입장에서도 이에 관한 기왕의 논고가 없다는 것은 뜻밖이다. 국가보안법 위반 혐의로 법정에 서야 했던 많은 청년, 학생들이 신앙의 논리로 스스로를 변호해야 했던 현실을 생각하면 더더욱 이례적이다. 분단체제를 비판하면서도 내면까지 장악한 강박 규율을 미처 떨쳐내지 못한 탓일까? 공연한 상상만은 아니다. 실제로 반공주의의 금기를 넘어서는 것은 간단한 일이 아니었다. 신학자들도 그 금기의 한계를 늘 의식해야 했고(서남동, 197) 그것을 넘어섰을 때는 여지없이 국가권력의 서슬 퍼런 칼날을 맞을 수밖에 없었다. 예컨대 1988년 KBS 〈심야토론〉에서 홍근수 목사가 "공산주의가 왜 문제입니까?"라고 했던 발언은 곧바로 국가보안법 저촉 사유가 되었다. 그 사유를 포함하여 그 밖의 다른 활동이 국가보안법을 위반했다는 이유로 그는 1991년 구속되었다. 이전의 권위주의 체제하에서의 사정과 달리 1987년 민주화 이후 그리고 1990년대 초반 남북교류의 진전이 이뤄진 상황에서도 그와 같은 일이 벌어졌으니, 여전히 한계를 넘어서면 안 된다는 강박관념이 은연중 작동하고 있었는지 모르겠다.

어찌 되었든 그간 국가보안법에 대한 신학적 논고가 이뤄지지 않은 상황 가운데서, 이 글은 그 논의를 시작해보려고 한다. 앞서 말했듯, 국가보안법이 지닌 법리상의 문제점에 대해서는 이미 법조계와 법학계에서 상당한 검토가 이루어졌다. 이 글은 그 결과들을 참고하면서 이에 대해 신학적으로 접근할 때 특별히 어떤 점을 주목해야 할지 유념하고자 한다. 신학적 입장에서 이에 대해 접근할 때 오늘날 더는 신학적 과제로서 회피할 수 없는 보편적 인권에 대한 인식을 바탕으로 할 수밖에 없다. 이 글은 먼저 그 입장을 분명히 밝힌 후에, 국가보안법이 지닌 문제점들을 간략히 재확인하고, 이어 신학적으로 접근할 때 가장 주목하여야 할 문제점이 무엇인지 고찰한 후 결론에 이르고자 한다.

II. 보편적 인권과 그리스도교 신학

1. 보편적 인권에 대한 신학적 근거

보편적 인권의 요구를 그리스도교의 입장에서 어떻게 수용할 것인가 하는 것은 중요한 신학적 쟁점이 되어 왔다(이에 관한 상세한 논의는 최형묵1, 72-112 참조). 근대 계몽주의의 대두 및 정치적 혁명과 더불어 제기된 보편적 인권에 대해 그리스도교 신앙의 입장에서 처음부터 선뜻 수용하기 어려워했던 국면이 있었던 것은 사실이다. 근대 세계에서 비로소 형성된 '인권'이라는 개념과 그 문제의식이 전통적 신학의 입장에서는 낯설었기 때문이다. 또한 프랑스혁명 등 근대적 인권 개념을 형성한 일련의 정치적 혁명들이 지닌 반그리스도교적 성격 또한 그에 대한 거부감을 불러일으키는 요인이 되기도 하였다.

그러나 근대의 정치혁명을 뒷받침한 계몽주의 자체가 성서 및 신학의 유산을 재해석하는 측면을 지니고 있었을 뿐만 아니라, 더 거슬러 올라가 종교개혁이 진정한 근대적 주체로서 개인의 발견을 초래한 측면에 대한 인식이 점차 부각하면서 그 입장은 달라지기 시작하였다. 보편적 인권의 요구는 복음의 진실에 부합하는 것으로 점차 여겨지게 되었다. 여기에 〈세계인권선언〉의 탄생배경이 되었던 세계전쟁과 전체주의의 끔찍한 경험은 그리스도교 신학에도 결정적인 자극이 되었다. 그 결과 오늘날 그리스도교 신학은 보편적 인권의 요구를 성서에 부합할 뿐 아니라 복음을 구체화하는 것으로 확고하게 받아들이고 있다. 물론 천부인권 개념과 오늘날 역사적·사회적으로 형성된 인권 개념의 관계에 대해 논란의 여지가 없는 것은 아니다. 하지만 인권을 정당화하는 근거의 차이가 인간 존엄성의 엄연한 진실을 부정하는 이유가 되지는 않는다. 오늘날 신학적 입장에서 인권의 정당화 문제는, 한편으로 역사적·사회적으로 형성된 인권 개념과 소통하면서 그 고유성을 드러내는 방식으로 그 근거를 모색하는 과제를 안고 있다.

성서에서 보편적 인권의 근거로서 가장 널리 받아들여지는 것은 이른바 천부인권의 근거가 되는 하느님의 형상 개념이다(창세 1:26-27). 성서의 창조론은 인간이 '하느님의 형상'을 부여받았다는 것을 중요한 초점으로 하고 있다. 이에 따르면, 인간은 다른 피조물들과 연대 가운데서 책임적인 존재로서 하느님의 형상을 구현하는 사명을 부여받았다. 신학적인 의미에서 인간이 부여받은 하느님의 형상은 인권의 가장 근본이 되는 근거이다. 이 개념은 한편으로 피조된 인간의 한계에도 불구하고 하느님의 형상을 지닌 인간의 고귀함을 승인하고 있다는 점에서 보편적 인권의 신학적 근거가 된다.

그 하느님의 형상이 온전히 구현되지 않고 지배와 억압으로 갈등을 겪는 인간의 역사적 현실 가운데서, 성서는 하느님이 억압받는 백성을 선택하여 계약을 맺고 그들을 해방하였다고 증언한다. 가난하고 억압받는 사람들의 생존과 자유를 보장함으로써 인간사회 안에서 하느님의 뜻을 이룬다는 성서의 근본정신은 율법과 예언의 핵심이 되었다.

예수 그리스도는 이웃을 자기 자신처럼 사랑하라고 함으로써(마태 7:12,

19:19) 인간들 사이에서 서로가 서로에게 존엄한 존재가 되는 관계를 형성할 것을 가르쳤다. 나아가 인간으로서 존엄성을 부정당한 이들을 일으켜 세우고자 하였다. 가장 보잘것없는 사람에게 한 것이 곧 그리스도의 길을 따르는 것이라고 가르쳤는가 하면(마태 25:40), 스스로 죄인과 가난한 자, 과부와 고아, 억압당하는 이들과 함께 하며 그들의 권리를 옹호하였다. 예수가 여러 가지 방식으로 한 영혼의 소중함을 일깨운 것(마태 10:28; 누가 12:4-5, 누가 15:1-7) 역시 그 어떤 외적 폭력에 의해서도 침해될 수 없는 인권의 소중함을 일깨운다. "사람이 안식일을 위해 있는 것이 아니라 안식일이 사람을 위해 있다"(마가 2:27)는 말은 실정법적 제도의 폭력에 휘둘려서는 안 될 인간 삶을 환기한다. 그것이 복음의 진실이다.

사도 바울은 그리스도 안에서 유대인이나 그리스인이나, 종이나 자유인이나, 남자나 여자나 아무런 차별이 없다는 것을 역설하였다(갈라 3:28-29). 사도 바울이 말한 인의론(認義論)은 일체의 자격이나 업적과 상관없이 그리스도 안에서 하나라는 것을 강조한 점에서 보편적 인권의 중요한 근거가 된다.

사실 보편적 인권에 대한 성서적·신학적 근거는 매우 확고하며, 그 전거를 찾자면 넘쳐날 정도로 풍부하다. 그것은 보편적 인권의 요구가 그야말로 세계적 차원에서 당연시되는 규범적 요구로 받아들여지기 이전부터 확인된 사실이다. 1948년 〈세계인권선언〉이 형성될 때 인권을 옹호하는 매우 다양한 종교적 전통의 지혜들이 참조되었을 뿐 아니라 그 가운데서 그리스도교적 유산 또한 중요한 몫을 차지하였다(Ishay, 68-70). 근대의 정치혁명 가운데 프랑스혁명의 반그리스도교적 성격이 종종 강조되기는 하지만, 영국과 미국의 정치혁명 등에서 그리스도교적 유산이 재해석되어 영향을 끼친 측면도 간과할 수 없다. 근대적 인권 개념의 형성 과정 그 자체 안에서 그리스도교적 유산은 적극적으로 재해석되어 온 것이다.

문제는 지금 우리가 주제로 삼고 있는 국가보안법을 신학적으로 검토할 때 어떤 점을 주목하여야 할 것인가 하는 점이다. 이 때 보편적 인권에 대한 문제의식이 그 바탕이 되어야 하겠지만, 국가의 안보를 절대시하면서 인권을 유린하는 제도와 현실에 대해서는 그에 걸 맞는 접근방법이 요청된다. 보편적 인권에 대한 신학적 근거를 확인하는 것에서 나아가 국가와 인권에 대한 문제의식을 더욱 분명히 해야 할 필요성이 있다는 것이다.

2. 하느님의 주권과 지상의 국가권력

신학적 입장에서 국가보안법을 정면으로 다루고자 한다면 인간의 삶에 앞서는 국가안보의 정당성에 관한 성찰부터 시작해야 할 것이다. 과연 국가권력의 절대화를 뒷받침하는 법률이 정당성을 지닐 수 있는지부터 문제시하여야 한다. 그리스도교 신앙은 이와 관련하여 매우 오랫동안 깊은 통찰의 역사를 지니고 있고 그에 따라 풍부한 지혜를 쌓아 왔다. 그리스도교의 역사 자체가 그에 관한 분투 과정에서 형성되었다고 해도 지나치지 않을 만큼 국가권력에 대한 통찰은 신앙의 중심적 과제였다.

우리 현실에서 국가보안법에 관한 신학적 논고를 거의 찾아볼 수 없음에도 불구하고, 한국 그리스도인들 역시 그에 관한 심각한 문제의식을 지니고 있었다. 1970년대 사실상 헌정질서를 유린한 유신체제가 국가보안법과 반공법으로 국민을 억압하고 스스로의 체제를 절대시할 때 이에 맞선 한국 그리스도인들의 입장은 국가권력의 절대화에 대한 신학적 입장을 매우 분명하게 보여 주고 있다(김삼웅, 217).

"인간의 기본권은 국가가 있기 이전에 하나님께 받았다. 국가는 하나님의 주권 아래서 인간의 기본권인 생명과 재산과 자유를 지킴으로써 인간으로서의 축복받은 상태를 즐길 수 있게 보장하는 정치적 한 단위다. 정부는 이와 같은 목적으로 나라 살림을 위임받은 공복이다. 따라서 국가와 정부는 차원이 다르며 정부에 대한 충성이 곧 국가에 대한 충성이 아니다. '모든 권세가 하나님에게서 왔다'(로마 13장)는 말은 권세에 대한 복종을 말하기에 앞서 집권자의 한계를 규정하는 것이다. 집권자는 위와 같은 기능을 위임받은 자로서 그 한계 안에서만 그 권세를 행사해야 한다는 말이다. 인간의 기본권인 생존과 자유를 뺏는 권세는 하나님의 뜻을 배반하는 것이다. 절대권은 하나님에게만 속한 것이다. 그런데 이 절대권을 도용하여 상대적인 것이 절대화할 위험성을 막기 위해 땅 위에 어떠한 하나님의 형상도 만들지 말라고 했다(십계명). 그리스도교는 상대적인 것이 절대화된 것을 우상이라 하고 그것과의 투쟁을 지상명령으로 삼는 전통을 갖고 있다."(《한국 그리스도인의 신학적 성명》 1974. 11.)

하느님의 주권 아래서 지상의 권세, 곧 국가권력의 한계를 설정한 그리스도교의 입장은 오랜 기원을 갖고 있다(이하 최형묵2 참조). 그 입장은 성서적 신앙을 형성한 원초적인 사건, 곧 출애굽의 역사에서부터 비롯되었고 이후 지속된 제국과 국가권력의 횡포에 맞서면서 더욱 강화되었다(민영진, 66).

성서에서 하느님의 주권 개념은 인간사회 안에서 지배와 억압을 부정하고, 따라서 하느님 앞에서 그 백성이 모두 동등한 주체로 인정되어야 한다는 것을 보증하는 근거이다. 그것은 하느님의 백성이 제국의 권력체제로부터 탈출하여 해방된 평등주의 공동체를 구현하는 과정에서 분명하게 확립되었다. 그 의의는 사사 기드온 이야기(사사 6-8장)에서, 그리고 현실적 요구로서 왕권체제의 수립 요구에 맞선 사무엘의 경고(삼상 8:4-17)에서 분명하게 드러난다. 성서는 고대 근동에서 신의 주권이 지상 국가의 이념을 정당화해준 것을 거부하고, 백성을 위하여 권력을 제한하여야 한다는 입장을 취하고 있다. 성서는 하느님의 주권에 의한 제한된 왕권 개념을 제시하고 있는 것이다(Pixley, 37). 근대 서구의 정치적 혁명과정에서 등장하여 오늘날 국가권력의 일방적 집중을 견제하는 장치로서 일반화된 삼권분립의 정신은 이와 같은 성서의 제한된 권력 개념과 무관하지 않다(Agamben, 13).

하느님의 주권 개념은 국가권력이 형성된 것과 동시에 등장한 예언자들의 선포에서도 일관된 핵심이었다. 예언자들에게서 하느님의 주권은 백성들 사이에서 정의실현 요구로 구체화되었다. 하느님의 주권은 정의의 근거이자 국가권력의 횡포에 대한 방패막이였다. 가난한 자들의 권리를 짓밟고 불의를 일삼는 국가권력에 대한 예언자들의 질타는 얼마나 신랄한가? 스스로를 절대시하며 불의를 저지르는 국가권력은 설령 그것이 민족적 정치공동체의 한 형식이라 하더라도 부정의 대상이 될 수밖에 없었다(예레 21장 등). 결국 현실의 권력체제가 정의를 이룰 가능성이 희박해졌을 때 하느님의 주권 개념은 '새 하늘 새 땅'으로 표상되는 하느님 나라와 메시아 통치에 대한 대망으로 급진화한다(이사 65:17 등).

하느님의 주권에 대한 구약성서의 입장은 신약성서에서 예수의 하느님 나라 선포로 재확인되고 강화되었다. 예수의 말씀과 삶의 핵심으로서 하느님 나라는 궁극적 목적으로서 종말론적 성격을 지녔고, 그 나라와 지상의 나라는 화해할 수 없는 것이었다. 세상의 통치자들에 대한 비판(마가 10:42), 빌라도와의 대화 가운데 당신의 나라는 세상에 속하지 않는다고 한 것(요한 18:36)은 하늘의 나라와 땅의 나라에 대한 예수의 입장을 분명히 보여 준다. 가이사의 것과 하느님의 것에 대한 논란(마가 12:13-17; 마태 22:15-22; 누가 20:20-26)은 흔히 땅의 나라와 하늘의 나라가 병존하는 현실을 인정한 것으로 해석되기도 하지만, 사실은 황제의 것에 골몰하는 사람들 앞에서 하느님의 것을 강조한 것으로 봐야 한다.

사도 바울은 기본적으로 종말론적 이상으로서 그리스도의 주권에 의한 세상의 통치를 주장하였지만(고전 15:24; 골로 2:10,15 등) 또 다른 한편 권위에 대한 복종을 주장하였다(로마 13:1-7). 이로부터 로마의 '황제숭배'는 거부하지만 제국 내의 '공공질서'를 용인하는 초기 그리스도인들의 태도가 결정되었다(Troeltsch, 204-205). 권위에 대한 복종을 말한 사도 바울의 주장은 끊임없는 주석상의 문제를 안고 있는데(Pohle, 14), 그 주장은 가이사의 것과 하느님의 것을 구분한 예수님의 말씀과 더불어 교회역사에서 국가권력에 대한 그리스도인의 태도와 관련하여 중대한 영향을 끼쳤다. 하느님의 주권 또는 그리스도의 주권과 더불어 국가권력이 병존할 수 있다는 입장이 형성된 것이다. 이는 하느님의 주권에 대한 포기를 뜻하지 않는다. 공동선 또는 공공성의 실현 요구에 부합하는 한 국가권력의 존재가 용인된다는 점이 중요하다.

그리스도교 역사에서 하늘의 나라와 땅의 나라, 하느님의 나라와 인간의 나라에 대한 관계설정 문제는 지속적으로 논란이 되어 왔고, 역사적 국면에 따라 각기 그 해법이 강구되어 왔다. 그 가운데서 주요 관심사는 세속국가와 동일시되지 않는 하느님 나라를 구별하고 과연 하느님의 주권이 어떻게 땅의 현실에서 구체화될 수 있는가 하는 것이었다(南原繁, 62). 물론 중세기에 하느님 나라를 대리하는 것으로 간주된 교회가 독단에 빠져 세속국가를 지배하는 양상을 띠기도 하였다. 그것은 사실상 하느님 나라가 완전하게 세속 국가권력의 속성에 통합되는 자가당착에 해당하는 것이었다. 하지만 하느님의 주권에 대한 문제의식은 그 과오를 넘어서게 하는 근거가 되었고 국가권력에 대한 그리스도인의 태도를 가다듬게 하는 계기를 부여하였다. 이에 따라 그리스도인은 어떤 권위에 복종하고 저항할 것인가를 부단히 고심하지 않을 수 없었다(최형묵3, 95).

근대 헌정국가가 등장한 이래 오늘날 정교분리는 일반적으로 받아들여지고 있다. 이것은 일차적으로 종교 또는 교회로부터 국가의 분리를 뜻하며(중세적 질서의 종식) 또한 역으로 국가에 의한 종교 또는 교회의 간섭(신앙의 자유 침해 등)을 배제하는 것을 뜻한다. 그러나 이것은 정치와 종교가 무관하다는 것을 뜻하지 않는다. 양자는 분리되어 있으되, 인권의 보장 등 공동선의 실현을 위한 목적에서 서로 협력할 수 있는 한편 역으로 양자 가운데 어느 한편이 그 목적을 위배할 때 피차간 저항과 간섭은 피할 수 없다는 것을 함축한다. 특별히 그리스도인의 입장에서는 세상의 모든 영역에 관철되는 하느님의 주권에 대한 믿음이 중요하다. 그것은 배타적 독단이 아니라 다른 신앙과 신념체계를 지닌 사람들과 공존하는 현실에서 보편적 공동선을 구현하는 방식으로 이뤄지도록 하는 과제를 오늘 그리스도인에게 짊어지게 하고 있다.

요컨대 그리스도교 신앙의 입장에서는 그 자체의 고유한 목적으로서 '국가보안'이라는 개념 자체가 용인되지 않는다. 그것이 용인될 수 있다면, 그것은 국가가 공동선에 부합하는 정의를 이룸으로써 하느님의 정의를 이루는 수단으로서 복무하는 조건 안에서일 뿐이다.

이러한 입장에 따라 현재 대한민국의 국가보안법을 어떻게 평가할 수 있을까? 그 평가를 위하여 국가보안법의 기원과 적용, 그리고 그것이 지니는 문제점을 간략히 살펴보겠다.

III. 보편적 인권을 침해하는 국가보안법

1. 국가보안법 제정과 남용의 역사

국가보안법은 1948년 12월 1일 대한민국 법률 제10호로 제정되었다. "국가의 안전을 위태롭게 하는 반국가활동을 규제함으로써 국가의 안전과 국민의 생존 및 자유를 확보하는 것을 목적"으로 한다는 것이었다(황동하, 4). 일제의 잔재인 치안유지법을 그대로 모방한 그 법은 '형법이 제정되기 전 건국 초기의 비상사태에서만 적용되는 임시조치법'으로서 한시적인 성격을 지녔다(민변1, 14). 그 제정 배경에는 명백한 정치적 동기가 있었다. 1948년 8월 정부수립 직후 반민족행위자처벌법이 시행되자 위기에 처한 집권세력이 10월 19일 발발한 여순사건을 빌미로 서둘러 제정한 것이다. 반민족 행위자 처벌 정국을 반공 정국으로 바꾸려는 것이 그 정치적 동기였다(민변1, 13).

1953년 휴전협정 직전 형법이 제정되었음에도 불구하고 국가보안법은 전시의 치안 상태 및 국민에게 주는 심리적 영향을 고려한다는 명분으로 존속되었다(민변2, 14). 애초 6개조에 불과했던 그 법은 권위주의 정권을 거치면서 더욱 확대되고 보강되었다(황동하, 5). 1961년 5월 16일 쿠데타로 집권한 박정희 정권은 그 해 7월 3일 별도의 반공법을 제정하여 국가보안법을 보완하였다. 국가보안법은 "정부를 참칭하거나 국가를 변란할 목적"이 있는 행위만을 처벌하는 것이었지만, 반공법은 목적을 따지지 않고 겉으로 드러난 언행 자체를 처벌대상으로 삼는 포괄적 성격을 지녔다. 그 포괄적 처벌조항은 1980년 전두환 정권이 반공법을 국가보안법으로 흡수 통합할 때 그대로 반영되었다. 고무·찬양, 회합·통신, 편의제공, 불고지죄 등 악명을 떨치고 있는 그 조항들이다(황동하, 9).

국가보안법은 헌법이 보장하는 기본권을 제약하는 가운데 정권유지를 위한 강력한 수단이 되어 왔다. 사실상 이적단체로부터 국가를 보호한다는 목적보다는 정권에 저항하는 행위와 노동운동을 포함한 민중운동을 탄압하고 나아가 국민의 사상까지 통제하는 수단으로 남용되어 왔다(서희경, 436). 그것은 이념이 다른 타자를 악마화함으로써 증오와 적대를 제도화하는 폐해를 지니고 있을 뿐 아니라 생각과 말 자체를 통제의 대상으로 삼은 점에서 내면적인 양심의 자유까지 침해하고 있다(민변2, 15-70). 대한민국은 '이면헌법'이 지배하는 사회라는 말(백낙청)은 헌법을 뛰어넘는 바로 그 국가보안법의 위력을 두고 하는 말이다. 그것은 남북간 체제 대결의 부차적 결과에 그치지 않고 사회 내의 여러 '분단' 이데올로기를 조장하고 양산한다. 이른바 '남남갈등'을 조장할 뿐 아니라, 여러 차별의 논리를 정당화하는 밑바탕이 되고 있다. 예컨대 '빨갱이' 또는 '종북주의자'라는 규정은 모든 합리적·윤리적 판단을 정지시키는 효과를 발휘하고, 그렇게 특정한 대상을 비인간화하는 논리는 다른 사회적 소수자들에게도 동일하게 적용된다.

1948년 국가보안법이 제정된 이래 몇 차례 폐지 기회가 있었음에도 불구하고 74년이 지난 오늘 2023년에 이르기까지 폐지되지 않은 채 존속하고 있다. 첫 번째 기회는 1953년 형법이 제정될 때였지만 앞서 말한 바와 같은 이유로 무산되었다. 두 번째 기회는 1988년 정부의 7.7선언을 통한 남북간 교류 확대와 동구권 국가들과의 수교 의지 천명, 그리고 1991년 남북간 유엔 동시 가입

이 성사된 즈음이었다. 그때 역시 폐지되지 않았다. 1990년 헌법재판소의 국가보안법 제7조의 제한적 적용을 전제로 한 한정합헌결정과 더불어 계속 존속한 국가보안법은 국민 내부 통제수단으로 위력을 발휘하였다. 2004년 노무현 정부가 국가보안법 개폐를 천명한 것은 세 번째 기회였다. 당시 정부의 여러 개혁입법들(국가보안법 폐지, 과거사법, 언론법, 사학법)이 동시에 반대에 부딪힌 가운데 국가보안법 폐지는 다시 수포로 돌아갔다. 그렇게 존속한 국가보안법은 오늘에 이르기까지 존속하는 가운데 국민의 말과 행동을 통제하는 수단으로서 위력을 발휘하고 있다(민변1, 12-24; 민변2, 15-70).

> "국가보안법은 해방 이후 냉전과 대결의 76년 역사 속에서 우리 사회 구성원 모두의 내면을 점령한 법이다. 국민 각자의 인권과 평등을 지켜주지 못하는 헌법을 밟고 올라 인간존엄을 파괴하고 사상·양심의 자유와 표현의 자유를 훼손하고 평등권을 침해하면서도 그 침해의 부당성조차 느끼지 못하게 만든, 말 그대로 헌법 위의 법이다."(민변1, 21)

2. 국가보안법의 법리상 문제점

국가보안법이 지닌 문제는 그 기원과 역사적 맥락, 특히 실제 적용된 사례와 그 맥락 등을 입체적으로 조명할 때 더욱 뚜렷하게 드러날 것이다. 그 사례들은 이미 충분히 알려져 있거니와(박원순2; 황동하 등), 이 글에서는 그 법리상의 문제점을 간략히 살펴보려고 한다. 이 역시 법조계와 법학계의 기왕의 연구를 통해 충분히 밝혀졌지만(박원순1·3; 민변1·2 등) 이 글의 논리전개 맥락상 필요한 범위 안에서 최소한으로 집약하고자 한다. 그 법리상의 문제점을 주목하면 어떻게 그렇게 불합리한 법률이 긴 세월 동안 사람들의 삶을 옥죄고 있는지 새삼 실감하게 될 것이다.

그 법리상의 문제는 위헌성, 중복성, 상충성 등 크게 세 가지 범주로 나누어 생각해볼 수 있다(박원순3, 15-62). 위헌성은 헌법에 위배되는 성격을, 중복성은 형사법과 중복되는 성격을, 상충성은 남북교류관계법 등 다른 법률과 충돌되는 성격을 말한다.

국가보안법은 헌법의 하위법이지만 사실상 헌법 위에 군림하면서 기본권을 심각하게 제약하고 있다. 예컨대 헌법이 보장하고 있는 인간의 존엄과 가치(제10조), 신체의 자유(제12조), 양심의 자유(제19조), 언론·출판, 집회·결사의 자유 및 허가·검열의 불인정(제12조), 학문·예술의 자유 등을 유린해 왔다(박원순3, 16; 민주법학, 15). 이는 여러 적용사례들을 통해 널리 알려져 왔다. 또한 국가보안법은 어떤 사람에게는 적용되고 어떤 사람에게는 적용되지 않아 법 앞에서의 평등이라는 원칙에 위배되는 경우가 빈번하다. 그 사례는 숱하게 많지만 1989년 평양축전의 같은 현장에 있었던 임수경은 처벌되고 박철언은 처벌되지 않은 것은 그 단적인 예이다. 이에 대해서는 이른바 '통치행위' 논리로 사법적 판단의 유보를 정당화하고 있지만, 이는 '행정의 법률에의 구속'이라는 근대 법치국가원리에 위배된다(박원순3, 27). 또한 국가보안법은 추상적이고 모호한 규정으로 죄형법정주의를 위배한다. 죄형법정주의란 유추해석을 동반하지 않고 명확하게 형벌의 성격을 규정하여야 하고 또한 그 형량이 적정하여야 하는 요건을 갖추어야 한다는 것을 뜻한다. 국가보안법은 그 요건에 부합하지 않고 그렇기에 수시로 오용되어 왔다(박원순3: 29-35). 이러한 문제를 야기하는 국가보안법의 핵심으로 반국가단체에 대한 이른바 찬양·고무를 처벌하는 제7조가 자리하고 있다. 이로 인해 명백하게 현존하는 위험 행동 이전에 생각만으로도 처벌이 가능하게 된 것이다. 국가안보를 이유로 기본권을 제한하는 것은 엄격히 제한되어야 함에도 불구하고(헌법 제37조 2항), 국가보안법은 이를 현저히 위배하고 있다. 또한 기능상 헌법재판규범의 지위를 갖는 국제인권조약에도 위배되고 있어 대한민국이 가입한 각종 인권 규약 기구로부터 끊임없이 폐지요구를 받고 있다.

1990년 헌법재판소의 최초 위헌심사에서는 한정합헌이라는 옹색한 결정이 내려진 바 있고, 현재 여덟 번째 위헌심사가 진행되어 그 판결이 예정되어 있으나 아직까지 유보상태에 있다. 한정합헌의 논거는 위헌의 소지가 있으나 자유민주적 기본질서에 위해를 줄 경우에 한정하여 적용되고 있고, 적용시 헌법이 보장하는 기본권 제한의 요건을 엄격히 따른다는 신뢰를 바탕으로 한 것이다(박원순3, 43). 그러나 그 신뢰가 근거 없다는 것은 실제 적용사례들을 통하여 충분히 알 수 있다.

그럼에도 불구하고 옹색한 한정합헌 논리가 가능하게 된 것은 대한민국 헌법 자체가 지니는 모순된 조항에 근거하고 있는 측면도 있다. 헌법 제3조의 영토조항과 제4조의 통일조항의 충돌이다. 분단체제하에서 통일을 지향하는 조항이 문제시될 것은 없으며, 이 조항에 비추어 볼 때 국가보안법은 명백히 위헌이다. 문제는 한반도와 그 부속도서를 영토로 한다는 조항이 과연 실효성 있는 조항인가 하는 것이다. 바로 이 조항 때문에 북한을 반국가단체로 보는 논리가 성립하고 이에 따라 국가보안법이 정당화되는데, 이 모순을 어떻게 해결할 것인가에 대해서는 매우 다양한 논의들이 있다. 남북한의 유엔 동시 가입 등 역사적 환경의 변화로 이미 사문화된 조항으로 보아 폐기되어야 한다는 견해가 있는가 하면 설령 그 조항이 존속하고 있다 하더라도 어떤 조항이 헌법의 근본가치개념에서 우월한 효력을 지니고 있는지 판단할 수 있다는 견해도 있다. 복잡한 법리적 논의가 필요할 수 있지만, 문제의 핵심은 사실상 주권국가로 간주되는 북한과 남한의 관계를 어떻게 규정할 것인가 하는 것이고, 그에 대한 합의에 따라 헌법적 규범 역시 변화를 동반해야 한다는 것이다(박원순3, 17-23). 과거 동서독이 그러했듯 현재 남북관계는 주권국가로서 상호관계를 맺고 있는가 하면 동시에 분단국가로서 그 관계의 특수성을 지니고 있다(민변1, 286-291). 이에 대한 해법이 과제이지 현재의 모순된 헌법 조항의 일방에 의존하여 국가보안법의 합헌성을 인정하는 것은 타당치 않다.

다음으로 국가보안법은 대부분의 조항이 형법 및 기타 형사특별법규와 중복되어 있다. 국가보안법이 형법이 제정되기 이전에 임시조치법으로 제정된 사실을 환기할 필요가 있다. 따라서 형법이 제정되고 나면 마땅히 폐지되었어야 했다. 국가보안법의 해당 사항은 형법과 형사특별법규로 충분히 규율할 수 있기 때문이다. 그럼에도 존속하는 이유가 뭘까? 딱 한 가지 조항에서 차이가 있다. 바로 제7조 1항의 찬양·고무·동조죄이다(박원순3, 48; 홍성우, 28). 명백하게 현존하는 위험 행동 이전에 생각과 말 자체만으로 단죄할 수 있는 근거이다. 국가보안법은 바로 이 때문에 존재한다는 것을 법 그 자체로 웅변해 주고 있다. 게다가 국가보안법은 특별형사소송규정을 두어 일반 형사소송법의 예외를 광범위하게 규정하고 있다. 참고인의 구인·유치, 구속기간의 연장, 공소보류 등이 그 예이며, 심지어는 담당 수사관에 대한 포상 규정까지 두고 있다. 이것은 전적으로 공안수사기관의 편의를 위한 것으로 이른바 공안사건의 남용을 조장하는 요인이 되고 있다(민변3, 429-430).

 끝으로 국가보안법은 1990년 8월 1일부터 시행된 남북교류협력에 관한 법률과 정면으로 상충되고 있다. 이 법률은 특별히 1988년 7.7 선언과 더불어 변화된 남북관계와 국제질서를 반영하고 있다는 점에서 중요한 의의를 지닌다. 그러나 그 법률이 사실상 국가보안법 적용의 예외를 두고자 하는 방편으로 의도되었다는 데 문제가 있다. 앞서 말했듯 그간 정부는 '통치행위론'으로 당국자의 교섭행위를 정당화해왔다. 그 옹색한 논리의 허점을 보완하기 위한 수단으로 이 법률이 제정된 것이다. 변화된 남북관계를 조율하기 위해서는 국가보안법을 폐지하면 되었을 것을, 여전히 존속시킨 채 그 적용의 예외를 보장하는 법률을 따로 만든 것이다. 따라서 남북간의 관계를 대등한 법적 당사자로 전제하는 논리 위에 있는 법률, 그리고 이와 상반되는 적대적 관계의 논리 위에 선 법률이 병존하는 상황이 되었다(박원순3, 61). 이는 모두에게 법 앞에서의 평등을 구현해야 할 법치주의 정신을 훼손하고 그 대상에 따라 법률을 각각 임의적으로 적용하는 사태를 야기하고 있다. 정부의 교섭과 기업인의 교류는 합법화되지만, 민간의 통일운동은 규제의 대상이 되는 모순된 현실이 제도적으로 보장되는 기이한 사태가 발생한 것이다.

이 밖에도 국가보안법의 법리상의 문제와 그 적용효과에 대해서는 더 지적해야 할 사항이 많다. 예컨대 잠입·탈출, 회합·통신, 편의제공, 불고지 조항 등은 그 폐해가 심각하다. 누군가를 돕는 것도 죄가 된다면 그것은 인간의 본성에 반하는 것이며, 가족에 대한 불고지가 죄가 된다면 그것은 반인륜적이라 할 수밖에 없다. 이제껏 국가보안법은 주로 정권에 저항하는 이들을 옥죄는 수단이 되어 왔다. 하지만 최근에는 북한을 탈출한 이들이 가족간의 재회를 시도하는 과정에서 그 법률의 저촉을 받아 고통을 겪는 사례들이 늘어나고 있다. 국가안보를 목적으로 이처럼 광범위하게 기본권이 제약 당하고 심지어는 반인륜이 정당화되는 현실이 지속되어야 할까?

IV. 법치주의와 인간의 존엄

오늘날 헌정국가 안에서 어떤 법의 존재는 그 자체로 실정적 효과를 지닌다는 것을 뜻한다. 그것은 이른바 법치주의라는 개념으로 정식화되어 있다. 한국 사회에서 법치주의 개념은 심각하게 오용되고 있지만, 그것은 단지 법질서에 대한 시민의 복종으로 한정되는 의미를 지닌 것이 아니다. 법이 보호하고자 하는 목적, 곧 최고의 법익을 지키는 것을 뜻한다. 권력의 임의적 남용을 방지하는 법치의 이념은 인간존엄을 실현하는 것을 그 기본 목적으로 한다. 근대의 정치적 혁명과 밀접한 관련을 맺고 있는 계몽의 정신과 자연법에 대한 재해석으로부터 형성된 인간존엄의 실현이 근현대 헌정국가가 지향하는 법치주의의 핵심에 해당한다.

"인간의 존엄은 침해될 수 없다. 이를 존중하고 보호하는 것은 모든 국가권력의 의무이다." 오늘날 독일의 기본법 제1조 제1항은 그 정신을 가장 명료하게 보여주는 사례이다. 물론 독일의 기본법은 나치정권의 구체적인 비인간성에 대응하고자 했던 역사적 정황을 반영하고 있다(Maihofer, 20). 오늘날 헌정체제를 이루고 있는 모든 나라들은 각기 저마다의 역사적 정황을 반영하여 헌법을 구성하였기에, 그 나름의 독특성에 따른 차이를 지니고 있다(차병직; 김명주). 그러나 어떤 경우든 예외 없이 그 구성원의 기본권을 보장하는 것을 요체로 하고 있다. 인간존엄을 바탕으로 하는 인권으로서 기본권을 보장하는 것은 오늘날 헌정국가의 핵심적 의무에 해당한다. 각각의 법률들은 그 나름의 목적을 지니겠지만, 인간존엄의 정신을 그 밑바탕으로 하여야 한다는 것은 두말할 것 없다.

이 때 인간존엄이 실제로 무엇을 의미하는지는 논란의 여지가 있는 것이 사실이다. 분명한 것은 인간의 존엄이 극단적으로 말살되는 한계상황에서 그 의미를 가장 강렬하게 체감한다는 것이다(Maihofer, 20). 흔히 통용되는 '인간답지 못한 행동'이나 '인간답지 못한 상황'은 자기 스스로의 행위로 자신을 인간 이하로 전락시키거나 어떤 상황에 따라 인간 이하의 상태에 처하는 것을 뜻한다. 이를 두고 인간존엄의 '침해'라고 하지는 않는다. 법이 보호하는 인간존엄의 침해는 "타인의 인간으로서의 존엄을 위태롭게 하거나 파괴할 때"를 두고 하는 말이다. 그것은 곧 "한 개인의 행동이나 상황 그 자체를 고려한 것이 아니라, 한 인간의 타인에 대한 행동 또는 타인과의 관계를 고려한 것"이다(Maihofer, 22). 그것은 한 인격체의 운명이 자신의 의지에 반하여 타인의 의지에 완전히 내맡겨진 상태, 그리고 그러한 상황 가운데서 누구에게도 호소할 수 없고 무력하게 굴복해야 하는 상황이다. 요컨대 타의에 의해 근본적인 인격성을 부정당하는 상태이며, 그 상태에서 도움을 구할 수 있는 연대성의 파괴 상태를 뜻한다. 그것은 곧 "나의 실존과 공존의 토대가 되는 나 자신에 대한 신뢰와 타인에 대한 신뢰"가 무너지는 것을 뜻한다(Maihofer, 26-27).

오늘날 헌정국가의 법치주의 이념은 "인간의 존엄에 반하는 삶을 강요하는 모든 법적 상태를 폐기하고, 인간다운 삶이 가능한 법적 상태를 창출"하는 것을 지향한다. 그것은 곧 인간존엄을 파괴하는 특정한 행동으로부터 보호하는 것과 동시에 인간존엄을 보장하는 특정한 상태를 형성하는 것을 뜻한다(Maihofer, 63).

신학적 입장에서 볼 때 과연 인간존엄의 이상은 정당화될 수 있을까? 이미 앞에서 전제한 신학적 입장에서 볼 때 그 정당성은 충분하다고 할 수 있다. 일종의 경험적 확신에 해당하는 신앙에 따른 가치규범과 역사적·사회적으로 형성된 보편적 가치규범의 관계는 언제나 신학적 논란의 대상이 되지만(최형묵1, 39이하), 그 상호 간의 적극적 관계는 가능하며 또한 현실에서 필요한 일이기도 하다.

신학적 판단은 항상 역사적·사회적 현실에서 이뤄져야 하기 때문이다.

인간존엄의 이상과 관련한 신학적 성찰을 시도하는 데서 나치의 국가권력에 온 몸으로 맞서 싸웠던 디트리히 본회퍼(Dietrich Bonhoeffer)의 통찰을 되새겨 볼 필요가 있다. 이는 오늘 현실에서 국가권력에 의해 인간존엄이 침해되는 현실에 대한 신학적 판단을 시도하는 데서 매우 중요한 영감의 실마리를 제공한다.

현대의 역사적 지평에서 본회퍼는 그간 개신교 신학의 전통에서 소홀히 되어 왔던 '자연적인 것'을 재조명하여 인의론(認義論)의 관점에서 '자연적인 삶'의 권리가 무엇인지 규명하였다. 본회퍼에게서 "자연적인 것은 타락한 세상에서 하느님에 의해 유지되는 생명의 형태로, 이것은 그리스도를 통한 인의, 구원, 갱신을 지향"(Bonhoeffer, 201; 강원돈2, 202)한다. 본회퍼에 따르면 이와 같은 생명의 형태, 곧 자연적인 삶을 살아가는 인간은 어떤 경우든 목적으로 존재한다. 육체적인 동시에 정신적인 형태로 이루어지는 그 삶이 존엄성을 보장받기 위해서는 육체적인 삶의 권리를 보장받아야 할 뿐 아니라 정신적인 삶의 권리를 보장받아야 한다. 본회퍼가 예시하고 있는 육체적 삶의 권리에는 자의적인 살해를 당하지 않을 권리, 생식의 권리, 강간, 착취, 고문, 자의적 체포로부터 보호받을 권리들이 포함되며, 정신적인 삶의 권리에는 판단하는 것, 행동하는 것, 향유하는 것 등이 포함된다.

본회퍼가 자연적인 것을 주목하고 자연적인 삶의 권리를 옹호한 것은, 자연적인 것을 타락과 동일시하여 부정적인 것으로만 간주하는 태도에서 벗어나 그 의미를 복음의 지평에서 회복하려 한 데 있다. 그 의도는 '자연적인 것'을

"타락 후에 예수 그리스도의 도래를 지향하는 것"으로 정의하고 이를 "타락 후에 예수 그리스도의 도래를 거부하는 것"으로서 '비자연적인 것'을 대비한 데서 분명해진다(Bohnhöffer, 199-200). 여기서 '비자연적인 것'은 '자연적인 것'을 훼손하는 자의적인 시도를 말하는 것으로, 나치의 국가적 폭력의 시도는 그 대표적 실례에 해당한다.

이미 앞서 신학적 입장을 분명히 하였지만, 인간존엄을 극단적으로 파괴한 국가권력에 저항하였던 본회퍼의 통찰은 오늘의 역사적 맥락에서 국가권력에 의해 인간존엄이 파괴되는 현실에 대한 신학적 판단의 근거를 더욱 분명히 해주고 있다. 그 신학적 입장에서 보면 인간존엄의 가치를 내세우는 것은 하느님에 대한 반역을 뜻하는 것이 아니라 인간 안에 새겨진 하느님의 형상을 복원하는 것을 뜻한다. 바로 그 신학적 입장에서 우리는 인간존엄을 침해하는 법률의 부당성을 단호하게 말해야 한다.

V. 마치는 말

이상과 같이, 보편적 인권의 가치를 수용하는 신학적 입장에서 대한민국의 국가보안법의 문제점을 지적했다. 주로 법리상의 문제와 실제 적용에서 나타나는 오용의 폐해를 주목하였다. 그토록 심각한 문제를 지니고 있는 법률이 어떻게 지금까지 질긴 생명력을 지니고 존속할 수 있을까? 사실 이 의문에 대한 답은 법률 자체가 지니는 법리상의 문제에 대한 진단만으로는 충분하지 않다. 분단 상황에서 반공이데올로기를 전면에 내세운 지배체제의 성격을 분석하는 것을 동반할 때 그에 대한 분명한 답을 찾을 수 있을 것이다. 특별히 신학적 입장에서는 그 반공이데올로기를 강화하는 데 주도적 역할을 맡은 한 축으로서 보수교회의 성격을 다루지 않으면 안 될 것이다. 따라서 국가보안법의 역사적 맥락을 충분히 다루지 못한 이 글은 제한적 성격을 지닐 수밖에 없다.

그러나 놀랍게도 국가보안법에 관한 신학적 논고를 찾아보기 어려운 현실 가운데서 본격적인 논의의 물꼬를 여는 것으로 이 글은 의의를 지닌다. 성서적 지평에서 볼 때 국가보안법이라는 개념 자체가 성립할 수 없다는 것이 주요 논지이다. 역사적으로 교회와 국가의 관계에 대해서는 매우 당대의 맥락에 따라 다양한 입장이 개진되었지만, 어떤 경우든 일방적으로 국가의 절대성을 용인하는 신학적 입장은 성립하지 않는다. 이 글이 확인한 또 하나의 중요한 요지이다. 이 글은 국가보안법에 관한 신학적 논의의 서설에 불과하지만, 향후 다양한 이에 대한 비평과 활발한 논의가 이어지기를 기대한다. 국가보안법 폐지의 그 날까지!

참고문헌

강원돈1 (1991). "한국교회에서의 지배이데올로기의 재생산."

　　　　한국산업사회연구회 편.『한국사회와 지배이데올로기』. 서울: 녹두.

강원돈2 (2009). "교의학과 인문·사회과학에 대한 관계를 중심으로 살펴본

　　　　한국기독교사 회윤리학의 학문적 위치."『기독교사회윤리』. 18.

김명주 (2010).『헌법사 산책 - 헌법에 비친 주권의 풍경』. 서울: 산수야.

김삼웅 엮음 (1984).『민족·민주·민중선언』. 서울: 일월서각.

민영진 (1982). "성서로 본 국가권력과 기독교." 한국기독교사회문제연구원 엮음.

　　　　『국가권력과 기독교』. 서울: 민중사.

민주사회를위한변호사모임1 (2021).『헌법 위의 악법 - 국가보안법을 폐지해야 하는

　　　　이유』. 서울: 삼인.

민주사회를위한변호사모임2 (2022).『헌법 위의 악법 2 - 국가보안법, 폐지가 답이다』.

　　　　서울: 삼인.

민주주의법학연구회 (1989).『민주법학』. 창간호.

박원순1 (1994).『국가보안법연구 1 - 국가보안법변천사』증보판. 서울: 역사비평사.

박원순2 (1992).『국가보안법연구 2 - 국가보안법적용사』. 서울: 역사비평사.

박원순3 (1992).『국가보안법연구 3 - 국가보안법폐지론』. 서울: 역사비평사.

서남동 (1983).『민중신학의 탐구』. 서울: 한길사.

서희경 (2012).『대한민국 헌법의 탄생』. 서울: 창비.

차병직 (2022). 『헌법의 탄생 - 국가의 헌법은 어떻게 만들어졌는가』. 서울: 바다출판사.

최형묵1 (2015). 『한국 근대화에 대한 기독교윤리적 평가』. 서울: 한울.

최형묵2 (2017). "교회와 국가의 관계 고찰." NCCK신학위원회 엮음. 『촛불 민주화 시대의 그리스도인』. 서울: 동연.

최형묵3 (2017). "루터의 두 왕국론과 근대 주권국가에 대한 고찰." 『기독교사회윤리』. 39.

홍성우 (1988). "국가보안법의 운용실태와 기본적 인권의 침해." 『인권과 정의』. 145.

황동하 엮음 (2019). 『무섭고도 황당한 국가보안법』. 서울: 그림씨.

南原繁. 윤인로 옮김 (2020). 『국가와 종교 - 유럽 정신사 연구』. 서울: 소명출판.

Agamben, Giorgio. 박진우·정문영 옮김 (2016). 『왕국과 영광 - 오이코노미아와 통치의 신학적 계보학을 향하여』. 서울: 새물결.

Bonhoeffer, Dietrich. 손규태·이신건·오성현 옮김 (2010). 『윤리학』. 서울: 대한기독교서회.

Ishay, Michelline. 조효제 옮김 (2005). 『세계인권사상사』. 서울: 길.

Maihofer, Werner. 심재우·윤재왕 옮김 (2019). 『법치국가와 인간의 존엄』. 서울: 세창출판사.

Pixley, George V. 정호진 옮김 (1986). 『하느님 나라』. 서울: 한국신학연구소.

Pohle, Lutz. 손규태 옮김 (1989). 『그리스도인과 국가』. 서울: 한국신학연구소.

Troeltsch, Ernst. 현영학 옮김 (2003). 『기독교 사회윤리』. 서울: 한국신학연구소.

잘못된 책은 바꾸어 드립니다.
이 책은 저작권법에 따라 보호받는 저작물이므로 무단전재와 무단복제를 금합니다.

공적 교회로 가는 길
12명의 신학자와 목회자가 전하는 공적 교회의 모습

초판 1쇄 2023년 11월 30일

지은이 감리회목회자모임 새물결
펴낸이 김문선
펴낸곳 이야기books
출판등록 2018년 2월 9일 제2018-000010호
주소 경기도 안산시 상록구 부루지1길 40 지층
전화 070-8876-0031
팩스 0504-254-2932
이메일 story-books@naver.com
홈페이지 www.story-books.co.kr

ⓒ감리회목회자모임 새물결, 2023
ISBN : 979-11-91434-16-3　[03230]

가격: 15,000원

※ 이 책은 용지 재활용을 위해 표지 코팅을 하지 않았으며, 친환경 용지로 제작되었습니다.